高等职业教育智慧财经专业群建设新形态系列教材

财务大数据分析与可视化（Power BI 版）

微课版

赵丽生◎总主编
杨　华　高丽萍◎主　编

同濟大學出版社
TONGJI UNIVERSITY PRESS
·上海·

内容提要

本书是高等职业教育智慧财经专业群建设新形态系列教材之一，是在数智经济发展背景下，根据大数据与会计、大数据与财务管理等专业发展需求编写的教材。本书以Power BI为分析工具，将传统理论与信息化技术应用深度融合，使用综合案例介绍Power BI在财务大数据可视化分析方面的应用。全书共五个项目，主要包括财务大数据认知、数据获取和清洗、数据建模、数据可视化、可视化报表设计。

本书既可作为高职专科和高职本科财会类专业的课程教材，也可作为应用型本科财会类专业的课程教材，还可作为职业财会人员更新升级知识和技能的参考用书。

图书在版编目（CIP）数据

财务大数据分析与可视化：Power BI版 / 杨华，高丽萍主编 . -- 上海：同济大学出版社，2023.6

高等职业教育智慧财经专业群建设新形态系列教材 / 赵丽生总主编

ISBN 978-7-5765-0830-7

Ⅰ. ①财… Ⅱ. ①杨… ②高… Ⅲ. ①会计分析—可视化软件—高等职业教育—教材 Ⅳ. ① F231.2-39

中国国家版本馆 CIP 数据核字（2023）第 077173 号

财务大数据分析与可视化（Power BI 版）

杨 华 高丽萍 **主编**

责任编辑 杨 艳 **助理编辑** 郭紫月 **责任校对** 徐逢乔 **封面设计** 渲彩轩

出版发行 同济大学出版社 www. tongjipress. com. cn

（地址：上海市四平路 1239 号 邮编：200092 电话：021-65985622）

经 销 全国各地新华书店

排 版 南京文脉图文设计制作有限公司

印 刷 浙江广育爱多印务有限公司

开 本 787mm × 1092mm 1/16

印 张 21.75

字 数 543 000

版 次 2023 年 6 月第 1 版

印 次 2023 年 6 月第 1 次印刷

书 号 ISBN 978-7-5765-0830-7

定 价 68.00 元

preface

前言

“财务大数据分析与可视化”是教育部发布的《职业教育专业简介（2022 年修订）》中指定的高职大数据与财务管理专业的核心课程，属于“大数据 + 财务”的融合课程。教材编写团队基于前期教学实践，对本书的编写进行了探索性尝试，合理地设计了教材的编写体例和教学内容，以满足教学需求。

本书是以商业智能分析工具——Power BI 为技术工具，支持“财务大数据分析与可视化”及相关课程教学的新形态教材。全书以项目任务式结构组织教学内容，以培养学生具备应用大数据技术进行财务数据获取、清洗、建模和可视化输出等能力为教学目标。

全书共分五个项目：财务大数据认知、数据获取和清洗、数据建模、数据可视化和可视化报表设计。本书在介绍 Power BI 软件的同时，融入财务数据的建模分析与可视化图表绘制。

本书的主要特点有以下四个方面：

1. 融入课程思政元素

全书全面贯彻党的二十大精神，坚持立德树人的根本任务，将思政教育融入财务大数据分析与可视化知识和技能培养体系中，培育学生的社会责任感、使命感和执着专注、精益求精、一丝不苟、追求卓越的工匠精神；培养学生敢于担当、勇于担当、善于担当的意识以及勇于探索、敢于批判的精神，培养学生树立正确的世界观、人生观和价值观。

2. 提升综合职业素质

全书内容的编排和阐述主要突出对学生财务大数据思维、自主学习和思考能力、综合实操技能以及问题解决能力的培养。本书既是财务大数据分析与可视化知识学习与技能训练的综合体，也是思维训练、逻辑训练、职业素养训练、先进科技认知、创新创业和终身学习能力等综合职业能力得以形成的支撑体。

3. 支持传统财会专业转型

本书针对 Power BI 在业务、财务融合的应用需求和应用场景下，细致梳理财务大数据分析岗位需求、深入挖掘真实场景、精心选择序化内容，由浅入深、由易入难，循序渐进地带领读者跨入业财分析的大门。

4. 配套教学资源丰富

全书除配套完备的教学课件、课程标准、练习答案、案例文件及素材文件等教学资源外，还配套微视频讲解，读者可扫描书中的二维码观看。课程已经在智慧树网上线，学生可搜索“财务大数据分析与可视化”加入课程学习。

由于 Power BI 每月更新一次，本书内容与升级后软件存在差异在所难免，我们会定期在智慧树网的在线开放课程上进行资源更新，便于读者使用。

本书由淄博职业学院会计学院杨华副教授、高丽萍教授担任主编。本书各项目编写分工如下：项目一由淄博职业学院组织人事处徐哲副研究馆员编写，项目二和项目三由高丽萍编写，项目四和项目五由杨华编写。全书由杨华负责总纂定稿。齐峰新材料股份有限公司财务总监张淑芳对本书的编写出版也提出了许多有建设性的意见，在此表示诚挚的感谢。

本书既可作为高职专科和高职本科财会类专业的课程教材，也可作为应用型本科财会类专业的课程教材，还可作为职业财会人员更新升级知识和技能的参考用书。

由于新技术正以令人目不暇接的速度更新迭代，加之编者水平有限，书中难免存在疏漏与不妥之处，敬请广大读者批评指正。

编　者

2023 年 4 月于淄博

contents

目录

项目一

财务大数据认知

项目导读

微课 1：数据

数据（Data），就是用来描述事物的符号或代码。在计算机系统中，各种数字、文字、字母、符号、图形、图像、音频等，都被统称为数据。在现实生活中，数据无处不在，身份证号、快递单号等都包含了大量的数据。数据经过一定的加工，就得到了我们平时所说的信息。将数据整理成有价值的信息，可以用于分析生产、运输、销售等方面的问题，从而使数据得到最大化利用。可见，人们是通过数据来得到信息，从而认识世界的。近年来，数据的规模呈几何级数高速增长。据国际信息技术咨询企业——国际数据公司（IDC，International Data Corporation）的报告，2030 年全球数据存储量将达到 2 500 ZB。

请思考：什么是大数据？大数据对财务工作产生了怎样的影响？

思政课堂

大数据是信息化发展的新阶段

2017 年 12 月，习近平总书记在十九届中共中央政治局第二次集体学习时的重要讲话中指出："大数据是信息化发展的新阶段"，并做出了"推动大数据技术产业创新发展、构建以数据为关键要素的数字经济、运用大数据提升国家治理现代化水平、运用大数据促进保障和改善民生、切实保障国家数据安全"的战略部署，为我国构筑大数据时代国家综合竞争新优势指明了方向。

中国特色社会主义进入新时代，实现中华民族伟大复兴的中国梦开启新征程。党中央决定实施国家大数据战略，吹响了加快发展数字经济、建设数字中国的号角。同学们应当树立中国特色社会主义道路自信，加强学习，了解大数据、用好大数据，不断提高对大数据发展规律的把握能力，使大数据在学习和生活中发挥更大作用。

学习目标

知识目标

1. 了解大数据、财务大数据的概念及应用；
2. 了解数据可视化的概念和作用；
3. 熟悉大数据和财务大数据的类型；
4. 熟悉 BI 的概念，区分传统 BI 和自助式 BI 的不同；
5. 掌握大数据和财务大数据的特征；
6. 掌握 Power BI 的概念、特征、功能和 Desktop 界面。

能力目标

1. 能够通过互联网搜集数据和信息；
2. 能够下载、安装 Power BI 软件，注册 Power BI 账号；
3. 能够查阅相关文献。

素质目标

1. 培养学生的大数据素养和财务大数据思维；
2. 培养学生合理使用财务大数据的法律意识和维护财务大数据安全的意识；
3. 培养学生使用 Power BI 解决财务问题的意识；
4. 培育学生的社会责任感、使命感，厚植学生的家国情怀。

任务一 认识大数据与财务大数据

情境导入

大数据被用于改善我们城市和国家的方方面面。目前很多大城市致力于构建智慧交通。车辆、行人、道路基础设施、公共服务场所都被整合在智慧交通网络中，以提升资源利用的效率，优化城市管理和服务。

根据本节知识点和本任务要求，分析大数据的特征。

知识要点

一、大数据

（一）大数据的概念

微课 2：大数据

从人类文明之初的“结绳记事”，到文字发明后的“文以载道”，再到近现代科学的“数据建模”，数据一直伴随着人类社会的发展变迁，承载了人类基于数据认识世界的努力和取得的巨大进步。以电子计算机为代表的现代信息技术的出现，为数据处理提供了自动的方法和手段，人类掌握数据、处理数据的能力实现了质的跃升。信息技术及其在经济、社会发展方方面面的应用，推动数据成为继物质、能源之后的又一种重要战略资源。

大数据（Big Data）的概念，由约翰·马西（John Mashey）于 1998 年提出，之后逐渐延伸到科学和商业领域，它指代一种复杂的数据格式。具体而言，大数据泛指无法在可容忍的时间内用传统信息技术和软、硬件工具对其进行获取、管理和处理的巨量数据集合，需要可伸缩的计算体系结构以支持其存储、处理和分析。大数据为人类提供了全新的思维方式，是人类探知客观规律、改造自然和社会的新手段，这也是大数据引发经济社会变革最根本性的原因。

大数据到底有多大？一组名为“互联网上一天”的数据告诉我们，一天之中，互联网产生的全部内容可以刻满1.68亿张DVD；发出的邮件有2 940亿封之多（相当于美国两年的纸质信件数量）；发出的社区帖子达200万个（相当于《时代》杂志770年的文字量）……

大数据在“数据”一词前增加了一个“大”字，给人一种大量数据的感觉，其实大数据并不仅仅是指数据量很大。大数据包含海量、多样、价值密度低和高速增长的信息，是一种无法用传统技术工具在一定时间内进行采集、处理、存储和计算的数据集合，需要专门的处理模式才能使之发挥更强的决策力、洞察发现力和流程优化力。这些专门的处理模式包括大数据获取技术、大数据存储和管理技术、大数据分析和挖掘技术、大数据可视化展现技术等，通过这些专门的技术最终让数据产生价值。

大数据就在我们身边，与每个人的生活都分不开。例如，我们在浏览网页时，嵌入页面的广告内容是基于大数据用户画像系统进行的精准推荐；当出行呼叫专车时，呼叫者与专车之间的匹配是基于位置、距离、评分系统、拼车方式等多个参数进行的大数据精准匹配模型运算出来的结果。

大数据是信息技术发展的必然产物，其发展使信息化进程进入新阶段，也推动了数字经济的形成与繁荣。信息化经历了两次高速发展的浪潮，信息化1.0阶段始于20世纪80年代，是随着个人计算机大规模普及应用而出现的以单机应用为主要特征的数字化阶段；信息化2.0阶段始于20世纪90年代中期，是互联网大规模商用推动形成的以联网应用为主要特征的网络化阶段。当前，我们正在进入以数据的深度挖掘和融合应用为主要特征的智能化阶段，即信息化3.0阶段。在“人机物”三元融合的大背景下，以“万物均需互联、一切皆可编程”为目标，数字化、网络化和智能化呈融合发展新态势。

（二）大数据的特征

IDC定义了大数据的四个特征，通常称为“4V”。

1. 数据规模海量性（Volume）

大数据的特征，首先是数据规模庞大。随着信息技术的高速发展，数据开始爆发性增长。物联网、工业互联网、车联网、手机、平板电脑、传感器等都是数据的来源或载体。人们日常生活中用到的搜索引擎、社交软件、短视频平台、电商平台等都在产生着数量庞大的数据。大数据的计量单位也在逐渐发展，不再以GB或TB为单位来衡量，而是以PB、EB或ZB为计量单位，从TB跃升到PB、EB乃至ZB级别，见表1-1。只有数据量达到了PB级别以上，才能被称为大数据，需要智能的算法、强大的数据处理平台和新的数据处理技术来统计、分析、预测和实时处理如此大规模的数据。

表 1-1　大数据的计量单位和换算关系

计量单位	换算关系	计量单位	换算关系
Byte	1 Byte=1 024 Bit	TB	1 TB=1 024 GB
KB	1 KB=1 024 Byte	PB	1 PB=1 024 TB
MB	1 MB=1 024 KB	EB	1 EB=1 024 PB ≈ 10^9 GB
GB	1 GB=1 024 MB ≈ 10^9 Byte	ZB	1 ZB=1 024 EB ≈ 10^{12} GB

2. 数据类型多样性（Variety）

如果只有单一的数据，那么这些数据就没有了价值。广泛的数据来源决定了大数据形式的多样性。任何形式的数据都可以应用到实际中，目前应用最广泛的就是推荐系统，如淘宝网、网易云音乐、今日头条等，这些平台都会对用户的日志数据进行分析，从而进一步推荐用户喜欢的东西。日志数据是结构化明显的数据，除此之外还有一些结构化不明显的数据，如图片、音频、视频等，这些数据间的因果关系弱，就需要人工对其进行标注。

3. 数据价值密度低（Value）

大数据的重点，不是其数据量的增长，而是在信息爆炸时代对数据价值的再挖掘。如何挖掘出大数据的有效信息才是至关重要的。大数据最核心的价值是预测，通过对海量数据进行分析整理，预测出下一个事件发生的可能性。价值密度的高低与数据总量的大小成反比，即数据价值密度越低，数据总量越大。虽然价值密度低是大数据日益凸显的一个特性，但是对大数据进行研究、分析、挖掘仍然是具有深刻意义的，大数据的价值依然是不可估量的。毕竟，价值是推动一切技术（包括大数据技术）研究和发展的内生决定性动力。

4. 数据产生和处理速度快（Velocity）

美国互联网数据中心指出，企业数据正在以 55% 的速度逐年增长，互联网数据每年将增长 50%，每两年便将翻一番。国际商业机器公司（IBM，International Business Machines Corporation）研究表明，在整个人类文明所获得的全部数据中，有 90% 的数据是过去两年内产生的。

要求数据处理速度快也是大数据区别于传统数据挖掘技术的本质特征。有学者提出了与之相关的“一秒定律”，意思就是在这一秒有用的数据，下一秒可能就失效，因此这些数据是需要及时处理的。基于这种情况，大数据对处理速度有非常严格的要求，服务器中大量的资源都用于处理和计算数据，很多平台都需要做到实时分析。可以看出，数据价值除了与数据规模相关，还与数据处理速度成正比关系，也就是说，数据处理速度越快、越及时，其发挥的效能就越高、价值就越大。

（三）大数据的类型

大数据不仅体现在量的急剧增长，还体现在数据类型的多样化上。根据大数据的不同内容，可分为结构化数据、非结构化数据和半结构化数据三类。

1. 结构化数据

结构化数据，是指能够用数据或统一的结构加以表示的信息，如数字、符号等。传统的关系数据模型——行数据，存储于数据库，可用二维表结构表示，如图 1-1 所示。结构化数据的特点是：数据以行为单位，一行数据表示一个实体的信息，每一行数据的属性是相同的。所以结构化数据的存储和排列是很有规律的，这对查询和修改等操作很有帮助。但是它的扩展性不好，例如，如果字段不固定，利用关系型数据库也是比较困难的。

简单来说，结构化数据就是数据库，如企业 ERP、财务系统等。企业存储、查询、利用它们来制定商业战略、预判趋势、运行报表、进行分析、优化运营。通过对结构化数据的利用，企业能够提高业务洞察力，更有效率地服务于客户，除此之外还可以及时、持续地得到关键信息以优化业务。

工　号	姓　名	性　别	部　门	薪　水
10251	张成功	男	办公室	7 800
10276	李红娟	女	一车间	9 500
10364	赵玉梅	女	二车间	9 400
10487	金柏举	男	财务部	8 500
10566	杨旭生	男	采购部	9 000

图 1-1　结构化数据示例

2. 非结构化数据

顾名思义，非结构化数据，就是没有固定结构的数据。具体来说，其是指数据字段长度可变，并且每个字段的记录又可以由可重复或不可重复的子字段构成的数据库，如文档、图片、音频、视频等，如图 1-2 所示。使用它不仅可以处理结构化数据，还可以处理非结构化数据。

图 1-2　非结构化数据示例

有报告显示，全世界结构化数据和非结构化数据的增长率分别是 32% 和 63%，网络日志、音频、视频、图片、地理位置信息等非结构化数据数量在所有数据中占比在 80% 左右，并在逐步提升。产生人类智慧的大数据往往就是这些非结构化数据。

对企业而言，相对于存储在关系型数据库里、用二维逻辑表来表现的结构化数据，那些不方便用数据库二维逻辑表来表现的数据就是所谓的非结构化数据。许多企业已经意识到，结构化数据仅仅是企业所拥有数据的一小部分。与业务信息系统中大量用于交易记录、流程控制和统计分析的结构化数据相比，非结构化数据具有某种特定和持续的价值，这种价值在共享、检索、分析等使用过程中得以产生和放大，并最终对企业业务和战略规划产生影响。

3. 半结构化数据

半结构化数据相对复杂，是介于完全结构化数据和完全非结构化数据之间的数据，HTML、XML 文档就属于半结构化数据，如图 1-3 所示。它一般是自描述的，数据的结构和内容混在一起，没有明显的区分。其中，HTML 为超文本标记语言，通过标记符号来标记要显示的网页中的各个部分，如文字、图片、音频等。XML 为可扩展标记语言，是一种用于标记电子文件使其具有结构性的标记语言，其与 HTML 的区别在于：XML 用来传输和存储数据，其重点在于数据的内容；HTML 用来显示数据，其重点在于数据的外观。

```
<?xml version="1.0"?>
<note>
<to>Tove</to>
<from>Jani</from>
<heading>Reminder</heading>
<body>Don't forget me this weekend!</body>
</note>
```

图 1-3　半结构化数据示例

结构化数据可以在关系数据库中找到，多年来一直主导着信息技术的应用；半结构化数据包括电子邮件、文字处理文件以及大量的网络新闻等，以内容为基础；非结构化数据随着社交网络、移动计算和传感器等新技术应用不断产生，广泛存在于社交网络、物联网和电子商务之中。不同类型数据的应用场景见表 1-2。

表 1-2　不同类型数据的应用场景

序号	数据的类型	常用格式	典型应用场景
1	结构化数据	数字、符号等	企业 ERP、财务系统；医疗 HIS 数据库；教育一卡通；政府行政审批；其他核心数据库等
2	非结构化数据	视频、音频、图片、图像、文档、文本等	医疗影像系统、教育视频点播、视频监控、媒体资源管理、文件服务器（PDM/FTP）等
3	半结构化数据	邮件、HTML、报表、资源库等	邮件系统、Web 集群、教学资源库、数据挖掘系统、档案系统等

（四）大数据的应用

按照数据开发应用深入程度的不同，可将众多的大数据应用分为三个层次：描述性分析应用、预测性分析应用和指导性分析应用。目前，在大数据应用的实践中，描述性、预测性分析应用较多，决策指导性等更深层次分析应用偏少。

1. 描述性分析应用

描述性分析应用，是指从大数据中总结、抽取相关的信息和知识，帮助人们分析发生了什么，并呈现事物的发展历程。如美国 DOMO 公司从其企业客户的各个信息系统中抽取、整合数据，再以统计图表等可视化形式，将数据蕴含的信息推送给不同岗位的业务人员和管理者，帮助其更好地了解企业现状，进而做出判断和决策。

2. 预测性分析应用

预测性分析应用，是指从大数据中分析事物之间的关联关系、发展模式等，并据此对事物发展的趋势进行预测。例如，经济学家大卫·罗斯柴尔德（David Rothschild）通过收集和分析好莱坞证券交易所、社交媒体用户发布的帖子等大量公开数据，建立预测模型，对多届奥斯卡奖项的归属进行预测。2014 年和 2015 年，他的预测模型准确预测了奥斯卡共 24 个奖项中的 21 个，准确率高达 87.5%。

3. 指导性分析应用

指导性分析应用，是指在前两个层次的基础上，分析不同决策将导致的后果，并对决策进行指导和优化。例如，无人驾驶汽车是基于对高精度地图数据和海量的激光雷达、摄像头等传感器的实时感知数据的分析，进而对车辆不同驾驶行为的后果进行预判，并据此指导车辆的自动驾驶。

二、财务大数据

（一）财务大数据的概念

财务大数据，是“财务”和“大数据”的有效结合，即利用大数据技术对财务数据进微课 3：
财务大数据

行分析，提炼出能辅助企业进行战略决策的有效信息，使数据成为真正有价值的企业数字资产。

财务大数据利用大数据技术，贯穿申请、审批、交易、报账、支付、核算、报告所有环节，能够快速进行财务信息的归档、存储、核算、查阅等操作，实现无纸化管理以及规范化、统一化和自动化的信息管理。同时，它还能全面分析财务相关指标，可以帮助企业更好地进行生产经营管理、投资决策、风险预警、成本管控和税务自查等。

在信息技术高速发展的背景下，各行各业通过大数据技术实现了对海量的、杂乱的数据的处理和高效利用，创造了更多价值。对于企业而言，借助大数据及其关键技术将传统财务数据转化为财务大数据，可以使企业财务管理网络化、数据化和智能化。对于企业会计而言，利用大数据、人工智能等技术，能够更加快捷地完成预算、核算及决算工作，同时也有助于实现财务登记、审核以及财务档案等财务管理工作的信息化，提升财务会计的工作效率。

（二）财务大数据的特征

相较于传统财务数据，财务大数据有以下三个方面的特征。

1. 数据更加精细化

在手工会计核算和电算化会计核算工作中，对于涉及较多原始单据和业务数据的情况，企业出于降低工作量的考虑，往往会采用合并处理的方式进行会计核算，例如，电商的销售收入数据、员工大量的报销单据等，一般都只制作一笔记账凭证，而不是逐笔编制会计分录和凭证。这种做法只保留了统计结果，而丢失了原有业务中的明细数据和信息，丧失了数据的可追溯性和可分析性。在智能财务时代，通过大数据、人工智能等相关技术的应用，财务人员可以将更加细致的原始数据交由智能机器自动逐笔处理，而不用人工合并录入系统。

2. 数据更加多维化

在传统的会计核算中，企业一般会根据部门、人员、项目、供应商、客户等信息设置一些辅助核算项，来帮助记录业务数据的明细信息。但是，一个业务活动往往具有非常多的数据项和数据维度，例如，出差费用报销业务除所属部门、人员信息外，还包括乘坐的交通工具信息、座位和舱位等级信息、酒店星级、城市信息等多维度的信息，这些数据在进行常规会计核算时，无法通过辅助核算的方式来记录，也就没有办法进行进一步的财务分析。在智能财务时代，财务人员可以利用智能机器从经济业务中提取到更加多维的数据，而不只是简单辅助核算项的数据。

3. 数据更加多元化

在进行传统会计核算和财务分析时，财务人员往往比较关注自己企业的内部数据，却较少涉及行业数据、同行比较数据、宏观经济数据、汇率数据、重要行情指数等。虽然在大数据时代有更多元的数据供财务分析使用，但由于传统财务人员缺乏相关的大数据知识和技术，很少会从外部数据源获取、整理、分析和统计数据。在智能财务时代，财务人员可以利用大数据技术整合更加多元的企业内部和外部数据，而不仅仅是常规的部分企业内部数据。

（三）财务大数据的类型

按照来源不同，财务大数据可以分为企业内部数据和企业外部数据两种。企业内部数据的获取相对容易，企业外部数据主要来自公开的网站。

1. 企业内部数据

企业内部与财务相关的大数据主要来自 ERP 系统或会计信息系统中的财务、业务数据，如用友 U8、金蝶 K3、企业管理解决方案 SAP 等系统中的数据，以及存储在 Access、SQL Server、Oracle 等数据库中的数据。在进行财务分析时，我们需要将这些数据从信息系统中导出。

2. 企业外部数据

企业外部与财务相关的大数据，主要包括政策法规文件、行业数据、客户（供应商）数据、国家统计数据（如国内生产总值 GDP、消费者物价指数 CPI、通货膨胀率）等。

（四）财务大数据的应用

1. 用于提升财务数据质量

在传统模式下，基于谨慎性原则，大部分资产采用历史成本计量，极少允许上调资产价值。但是，市场的瞬息万变导致财务报表与企业真实的经营情况偏差较大，无法反映企业真实的情况。在智能财务时代，财务人员与审计人员可以获得市场上多方面来源的信息，相互验证，公允价值等数据变得更加准确、透明和公开，财务报表的编制在遵循谨慎性原则的同时变得更加公允。

2. 用于提高财务管理效率

在传统模式下，一般按月汇总报告信息，难以实现财务数据的实时统计和分析。在智能财务时代，财务大数据能够实时一体化汇总企业决策所需的信息，如库存数据、生产数据、销售数据、资金运作数据等，为财务决策提供更加高效的数据支持。

3. 用于提高财务管理维度

在传统模式下，企业经营以会计信息为基础，而会计信息强调企业经营结果，是经过处理后的间接信息，难免出现信息滞后现象。在智能财务时代，企业的信息来源不再局限于内部经营记录，而是可以完全覆盖企业生产经营的各个环节资料及外部相关信息，为企业决策提供更加全面的信息保障。

4. 用于降低企业财务风险

在传统模式下，企业难以有效收集和处理经营情况、宏观环境、外部市场和竞争对手动向等财务工作需要的内、外部信息，存在信息不对称带来的经营风险和财务风险。在智能财务时代，财务大数据可以为财务工作提供及时、准确、全面的信息支持，有助于应对企业内、外部可能发生的变化，确保将财务风险降到最低。

任务实训

一、实训任务

登录新浪财经，收集并整理一家上市公司的财务数据和信息。

二、任务实施

任务实施单

实训目标	能够上网搜集上市公司财务数据和信息。
实训环境	投影仪、具备网络查询功能的电脑。
实训内容及要求	【实训内容】 上市公司财务数据和信息的收集和整理。 【实训要求】 1. 收集一家上市公司的财务数据和信息； 2. 整理这家上市公司的财务数据和信息，并保存到 U 盘。
实训步骤	1. 教师讲授实训内容及要求，介绍上市公司财务数据和信息的收集方式和步骤； 2. 将班级分成若干小组，每组 4 人； 3. 每组同学按照教师讲解的操作步骤，进行实操演练； 4. 将整理好的财务数据和信息保存到 U 盘。
实训考核评价	【评价载体】 整理后的上市公司财务数据和信息。 【评价指标】 1. 收集上市公司财务数据和信息，占 30%； 2. 整理上市公司财务数据和信息并保存，占 70%。

知识拓展

获取企业外部数据的一般途径

（1）结构化数据的获取

可以根据需要的结构化数据的特点，选择不同网站。例如，通过国家统计局网站（www.stats.gov.cn）获取各种宏观经济数据；通过中国人民银行网站（www.pbc.gov.cn）获取各种金融统计数据；通过中华人民共和国财政部网站（http://www.mof.gov.cn/index.htm）获取其定期公布的各种财政数据；通过上海证券交易所网站（www.see.com.cn）和深圳证券交易所网站（www.szse.cn）获取各种证券交易数据；还可以通过一些权威的财经类网站，如新浪财经（https://finance.sina.com.cn）、金融界（www.jrj.com.cn）等，获取各种相关数据。此外，一些金融数据库，如 WIND 数据库（https://wind.com.cn）、CSMAR 数据库（https://gtarsc.com）等也可以提供各种有价值的数据，但是这些数据库需要购买后使用。

（2）非结构化数据的获取

对于非结构化数据，我们通常可以通过各上市公司的公告信息或者证券交易所的公告获取，如格力电器（https://www.gree.com/about/investor）。一些行政法规、处罚公告、法律文书等也可以通过相关网站获取。

思维导图

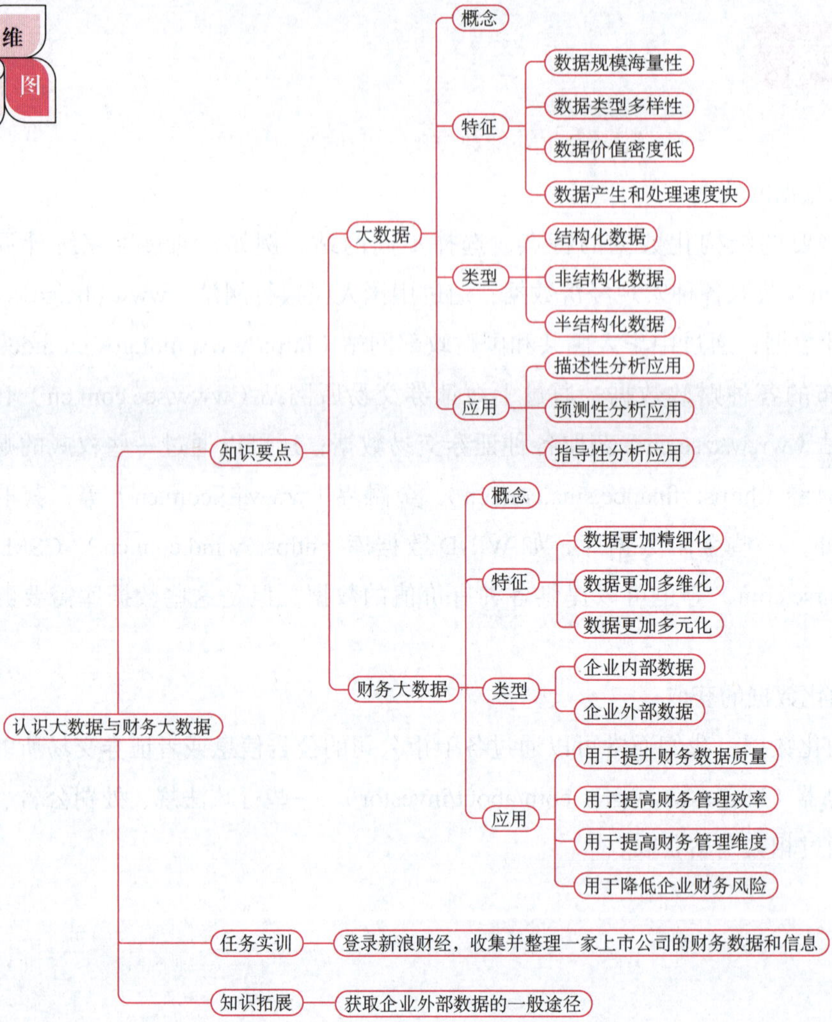

赛证融通测试题

1.（单选题）财务报表属于（　　）。

A. 结构化数据　　B. 非结构化数据　　C. 半结构化数据　　D. 非半结构化数据

2.（单选题）行政法规属于（　　）。

A. 结构化数据　　B. 非结构化数据　　C. 半结构化数据　　D. 非半结构化数据

任务二 认识商业智能分析工具 Power BI

情境导入

在超市中，人们经常会看到货架上的商品都是按照分类进行摆放的，原因在于，对商品进行分类摆放有助于刺激相互关联的商品的销量。不过，一些没有严格按照分类要求摆放的物品同样会产生类似的效果，例如，在国外的有些超市中，人们会发现婴儿的尿不湿和啤酒经常被放在一起售卖，原因是经过数据分析发现，出来买尿不湿的家长以父亲居多。如果他们在买尿不湿的同时看到了啤酒，将在很大程度上产生购买的欲望，这样就可以提高啤酒的销售量。

根据本节知识点和本任务要求，思考 Power BI 的应用价值。

知识要点

一、数据可视化

（一）数据可视化的概念

人类从外界获取的信息中，有 83% 来自视觉，11% 来自听觉，6% 来自其他。由此可以看出，视觉是获取信息最重要的通道，超过 50% 的人脑功能用于视觉的感知，包括解码可视化信息、处理高层次可视化信息和思考可视化符号。可视化是一种映射，可以把客观世界的信息映射为易于被人类感知的视觉模式。这里的视觉模式指的是能够被感知的符号、图形、颜色、纹理等。

微课 4：数据可视化与商业智能 Power BI

数据可视化，就是将工作中处理的各类数据映射为视觉模式，来探索、解释隐藏在数据背后的信息，在保证信息传递的基础上寻求美感，用数据讲“故事”，如图 1-4 所示。因此，数据可视化既是一门科学，又是一门艺术。

图 1-4　数据可视化效果示例

（二）数据可视化的作用

数据可视化的作用包括数据表达、数据操作和数据分析等。

1. 数据表达

数据表达，是数据可视化最原始的作用。数据表达常见的形式有文本、图表、图形、地图等。有些时候，用可视化方式比文字方式表达更直观、更易于理解。借助有效的图形，可以在较小的空间中呈现大规模的数据。

2. 数据操作

数据操作，是以计算机提供的界面、接口等为基础完成人与数据的交互需求。目前，基于可视化的人机交互技术发展迅速，包括自然交互、可触摸、自适应界面和情景感应等在内的多种新技术极大地丰富了数据操作的方式。

3. 数据分析

数据分析，包括定位、识别、区分、分类、聚类、分布、排列、比较、关联等。将信息以可视化的方式呈献给客户，可以直接提升客户对信息的认知效率，并引导客户从可视化结果中分析、推理出有效信息，帮助人们挖掘数据背后隐藏的信息与客观规律，有助于知识和信息的传播。

二、BI

（一）BI 的概念

在互联网时代，人们的一举一动都在产生海量的数据，其中不仅包含着数字和信息，还蕴藏着知识和规律。这些知识和规律需要通过深度挖掘与仔细分析才能获得。由于数据是爆发式增长的，其挖掘与分析工作只能通过计算机完成，商业智能便应运而生。

商业智能（BI，Business Intelligence），泛指针对大数据的解决方案，可以对来自不同系统的数据进行提取、清理、整合、汇总、分析，帮助企业做出有效的预测和明智的决策。

（二）传统 BI 和自助式 BI

传统的数据管理职能主要由 IT 部门来负责。传统的数据分析是 IT 部门的一项工作，业务、财务部门配合 IT 部门执行数据管理，提出需求。IT 部门往往需要理解业务部门的需求，然后制作相关报表，报表格式也较为固定，分析不灵活、不及时，无法满足业务部门的需求。常见的传统 BI 软件有 Oracle BIEE、SAP BO 等。

随着数据分析与业务融合的深入，业务部门逐步成为大数据应用的主角，数据越来越多，需要的分析时间越来越长，企业迫切需要降低数据分析的门槛，自助式 BI 便产生了。自助式 BI 的适用对象不再是 IT 部门的技术人员，而是不具备信息技术专业背景的非专业数据分析人员，如业务、财务人员。与传统 BI 相比，自助式 BI 更灵活，且更易于使用。BI 探索的核心和目的不仅仅是提供一串串数字、一张张报表，更重要的是能解释数字背后的商业行为，进行深层次的信息挖掘。

在自助式 BI 的帮助下，业务、财务人员可以凭借自己的专业知识，对各种可能的情况进行探索，挖掘数字背后的秘密。例如，业务人员通过报表可以看出今年的利润较上年下降了。在分析利润下降的原因时，业务人员可以层层分解：是收入下降了，还是费用上升了？下降和上升的影响因素有哪些？是什么原因造成的？业务人员借助自助式 BI，很容易回答上述问题，并且工作省时、高效。若是按照传统 BI 的流程，这类问题的流程则是先由业务部门向 IT 部门提出数据分析需求，然后由技术人员实现，业务人员再进行验证，那么解决问题的时间可能长达数周甚至数月，如图 1-5 所示。

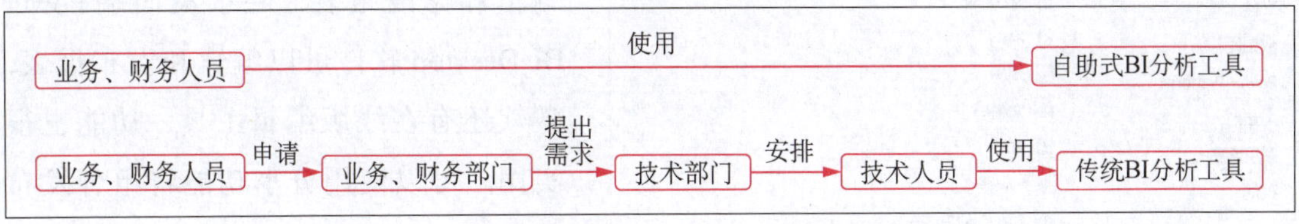

图 1-5　自助式 BI 和传统 BI 应用流程

三、Power BI

（一）Power BI 的概念

在当今互联网时代，由于大数据研究热潮的兴起，以及数据挖掘、机器学习等技术的改进，各种数据可视化应用层出不穷。如何让大数据分析结果生动呈现，也成了一个具有挑战性的事情，随之出现了大量的商业可视化分

微课 5：Power BI

析工具。在众多可视化工具并驱争先的背景下，Power BI 横空出世。

Power BI，是微软官方推出的一种自助式可视化数据探索和交互式报告工具。Power BI 能让静态数据转化为动态报表，是一个让非专业数据分析人员也可以有效整合企业数据，并快速准确地提供商业智能分析的数据可视化“神器”。不论是简单的 Excel 工作簿，还是基于云数据仓库和本地混合数据仓库的集合，Power BI 都可轻松连接到数据源，将重要信息可视化，并根据需要与任何人共享。

Power BI 的操作简单且速度快，能够基于 Excel 工作簿或本地数据库创建“快速见解”。同时，Power BI 也可以提供可靠的企业级服务，不仅可随时用于广泛的建模和实时分析，而且还可用于自定义开发。因此，Power BI 不仅可用作个人报表和可视化工具，而且还可用作团队项目、部门甚至整个企业的分析和决策引擎。

Power BI 可以连接 120 多种数据源，简化数据的准备工作，即时完成数据的统计分析，并生成丰富的交互式可视化报告，发布到网页和移动设备上，供相关人员随时随地查阅，以便实时监测企业各项业务的运行状况。

（二）Power BI 的特征

1. 任何数据（Any Data）

Any Data，表示 Power BI 支持各种数据源，包括文件（如 Excel、CSV、XML、JSON、文本以及文件夹等）、数据库（常见的关系型数据库，如 Access、MSSQL、Oracle、Db2、MySQL 等）、各种微软云数据库，以及其他外部数据源（如 R 脚本、Hadoop 文件、Web 等），如图 1-6 所示。

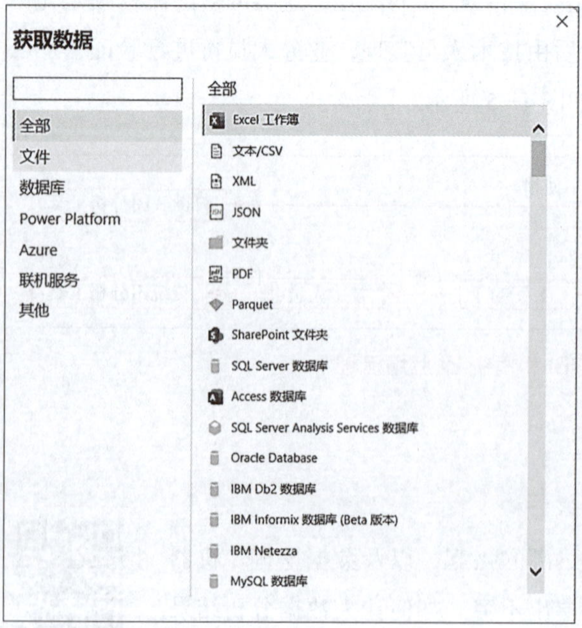

图 1-6　Power BI 支持的数据源

2. 任何地点（Any Where）

Any Where，即可以在任何地方编辑和修改报表，除了桌面端 Power BI Desktop 软件可以编辑和发布报表，微软还有在线版编辑工具，功能也很实用。可以使用分享功能将组合发布的模型或报表发送到邮箱，或者嵌入业务系统中，非常方便，如图 1-7 所示。

3. 任何时间（Any Time）

Any Time，意味着不管是开发者还是使用者，都可以随时通过互联网进行数据分析和决策，如图 1-8 所示。

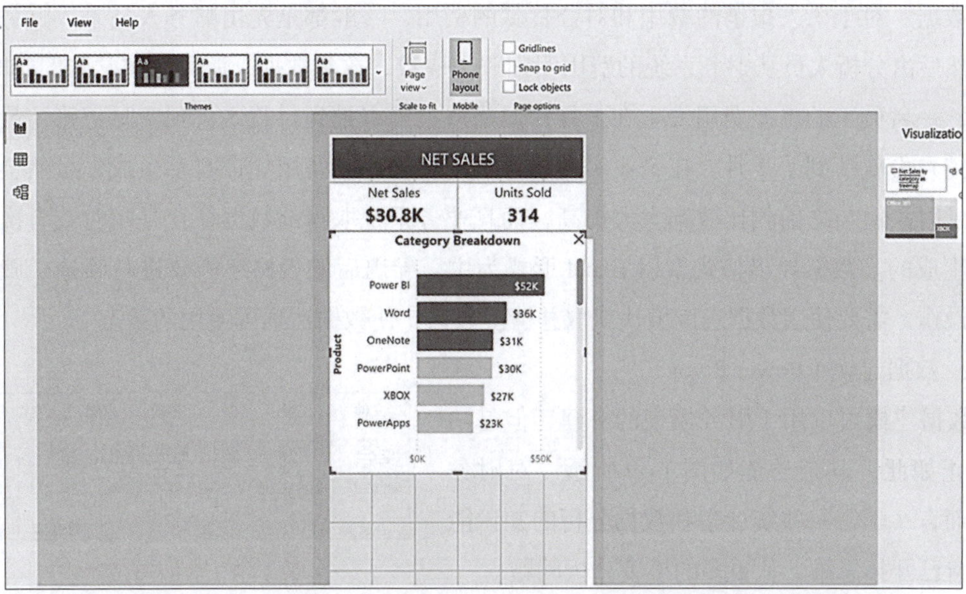

图 1-7　分享功能

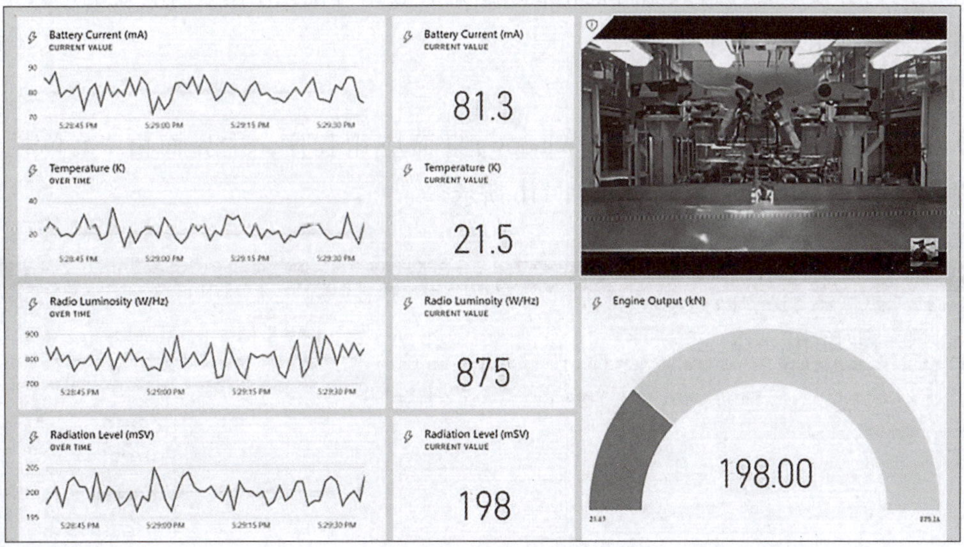

图 1-8　实时流分析

（三）Power BI 的功能

Power BI 整合了数据查询（Power Query）、数据建模（Power Pivot）和数据可视化（Power View）三部分功能。这三部分贯穿了数据获取与清洗、数据建模与分析，以及数据可视化一系列的过程。

1. 数据查询（Power Query）

财务数据一方面来自 SAP、金蝶等财务软件中录入的凭证，另一方面来自业务部门的经营数据。对于个人报销的费用和对公打款的费用，一般都是先由财务人员录入财务系统中，然后由分析人员从财务系统的费用明细账中取数，这类数据来源具有非常强的延时性。例如，一名员工的出差费用发生在 1 月，但是从报销审批到付款，再到实际记账，最后费用报销月份就落到了 3 月。在企业实现财务自动化之后，费用凭证自动生成，虽然会有一定的延时，但与之前相比效率大大提高，而且业务系统取得的数据往往是实时或者次日就可以生成的。数据导出格式多以 Excel 形式为主，导出后的表格还需要进行筛选、归类等清洗操作，需要使用数据查询模块获取并清洗数据，使数据达到可使用的状态。

2. 数据建模（Power Pivot）

数据建模可以用于财务模型的搭建，但是功能不止如此，其余功能如图 1-9 所示。对财务人员而言，学习一些统计学和数据分析的知识能帮助自己开拓思维，从更多的维度分析问题。

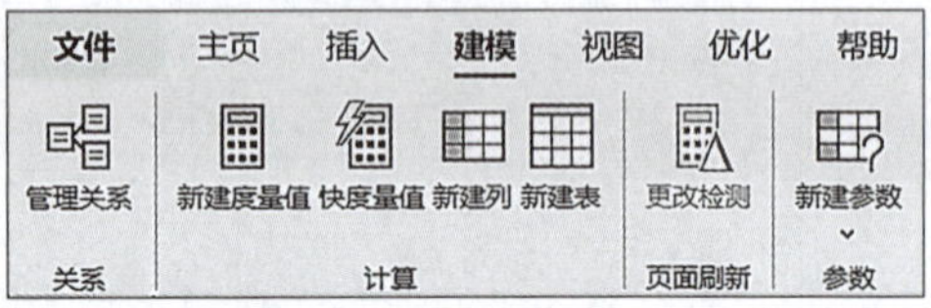

图 1-9　数据建模功能

3. 数据可视化（Power View）

建立的财务模型要通过数据可视化展示出来。数据可视化用图表等直观的形式把数据展示出来，让使用者一目了然。

（四）Power BI Desktop 界面

Power BI Desktop 是 Power BI 的 Windows 桌面应用程序，主界面由“菜单栏”“视图”“报表编辑器”三部分构成，如图 1-10 所示。

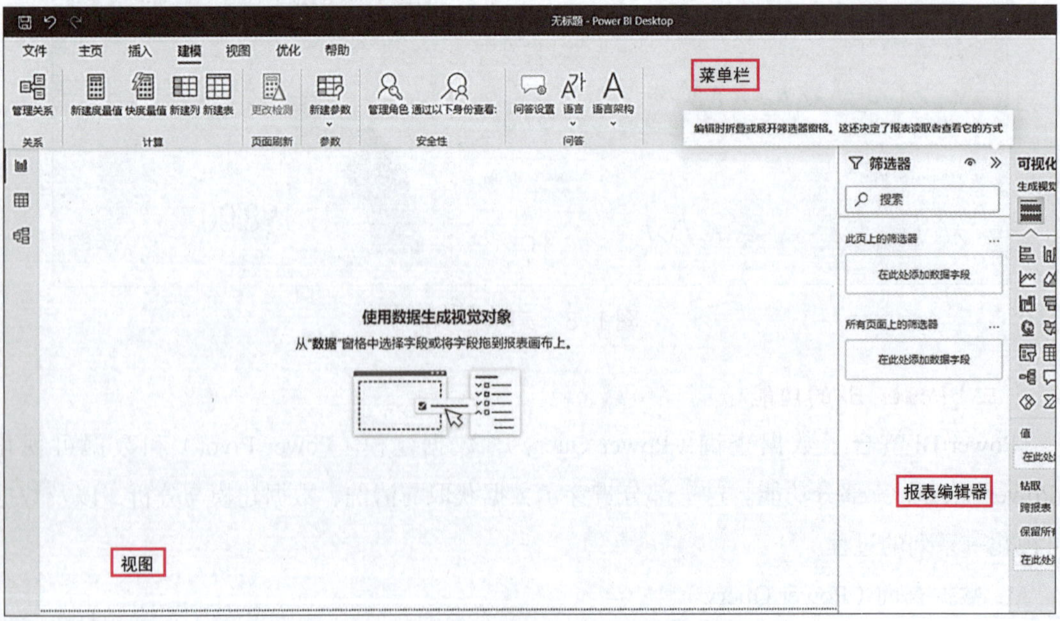

图 1-10　Power BI Desktop 主界面

1. 菜单栏

菜单栏主要有“文件”“主页”“插入”“建模”“视图”“帮助”等选项，可用于进行数据可视化的基本操作，如图 1-11 所示。

图 1-11　菜单栏

2. 视图

视图是显示工作内容的区域，创建可视化效果时，在画布中会生成和显示这些可视化效果。Power BI Desktop 中有 3 种视图，分别是“报表视图”“数据视图”“模型视图”，单击左侧导航栏中的图标可在这 3 种视图之间进行切换。

（1）报表视图

报表视图如图 1-12 所示。在报表视图中，用户可以创建任意数量的、具有可视化图表的报表页，可视化内容可以移动，也可以进行复制、粘贴、合并等操作。报表页的初始状态是一张空白的画布，在画布上可以插入文本、图形、图片，以及条形图、柱形图、地图等各种可视化对象。

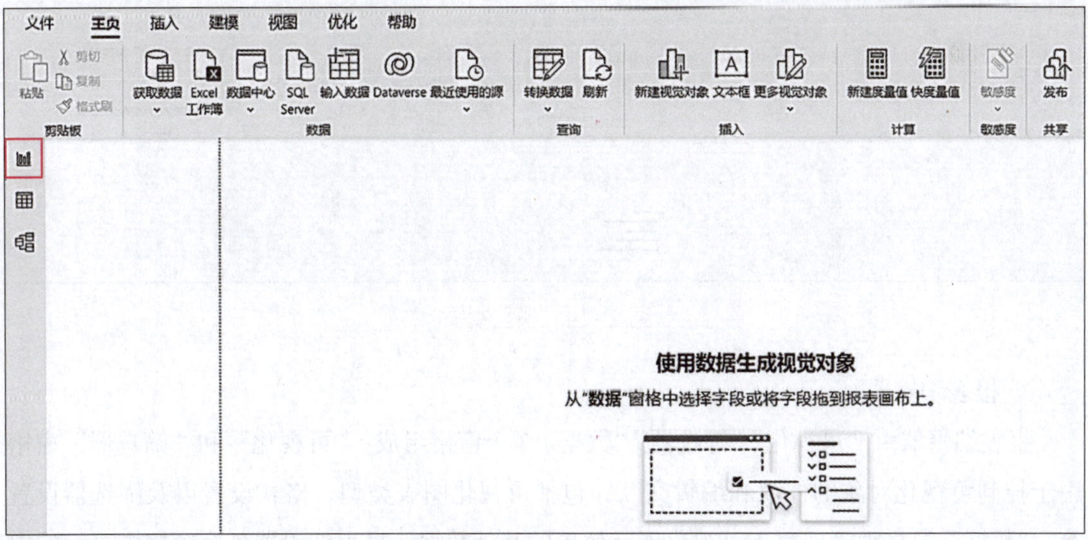

图 1-12　报表视图

（2）数据视图

数据视图显示的是获取并整理后的数据，如图 1-13 所示。用户通过数据视图可检查、

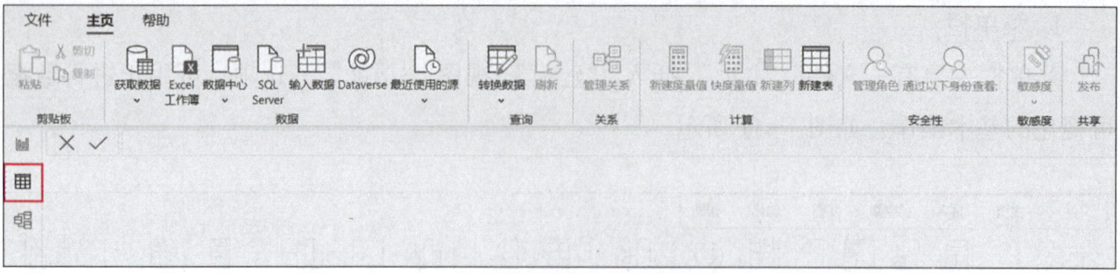

图 1-13　数据视图

浏览和了解 Power BI Desktop 模型中的数据。在需要创建度量值、计算列，或者需要识别数据类型时，数据视图可发挥重要作用。

（3）模型视图

模型视图用于显示模型中的所有表、列和关系，尤其适用于包含许多表且关系复杂的模型，如图 1-14 所示。在模型视图中，可以建立表和表之间的关联，即数据建模。数据建模是数据可视化的基础，因此非常重要。

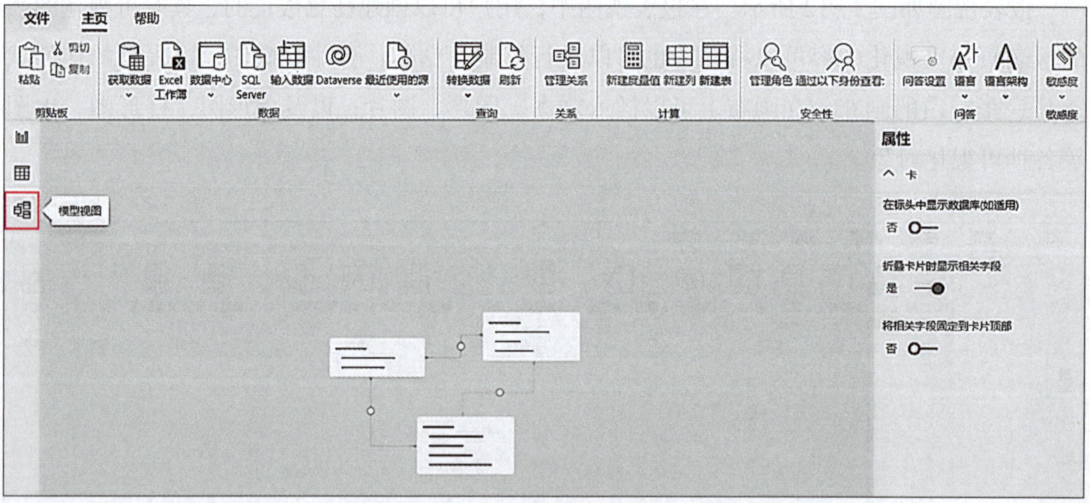

图 1-14　模型视图

3. 报表编辑器

报表编辑器由“可视化”“筛选器”“数据”3 个窗格组成。“可视化”和“筛选器”窗格用于控制可视化对象的外观和编辑交互，包括可视化图表类型、格式设置以及筛选器设置等；“数据”窗格则管理用于可视化展示效果的基础数据。报表编辑器各个窗格中显示的内容会随着报表画布中可视化对象的不同而发生变化。

（1）“可视化”窗格

在“可视化”窗格，可以“生成视觉对象”，其中提供了饼图、折线图、散点图、地图、切片器等可视化图表类型，如图1-15所示；还可以“设置视觉对象格式”，如图1-16所示。

（2）“筛选器”窗格

“筛选器”窗格主要用于查看、设置和修改数据，对可视化图表对象之间的编辑交互范围进行控制。

（3）“数据”窗格

“数据”窗格主要用于显示数据模型中的表、字段和度量值，可根据需要将相应的字段和度量值拖放到“可视化”窗格的参数设置中或“筛选器”窗格的筛选设置中，用以创建动态可视化效果。

图1-15　生成视觉对象

图1-16　设置视觉对象格式

任务实训

一、实训任务

在微软官方网站（https://powerbi.microsoft.com/zh-cn/）下载、安装Power BI软件。

二、任务实施

任务实施单

实训目标	能够下载并成功安装 Power BI 软件。
实训环境	投影仪、具备网络检索功能的电脑。
实训内容及要求	【实训内容】 下载、安装 Power BI 软件。 【实训要求】 1. 下载 Power BI 软件到电脑； 2. 成功安装 Power BI 软件。

（续表）

实训步骤	1. 教师讲授实训内容及要求，介绍下载、安装 Power BI 软件的步骤； 2. 将班级分成若干小组，每组 4 人； 3. 每组同学按照教师讲解的操作步骤，进行实操演练。
实训考核评价	【评价载体】 成功安装 Power BI 软件。 【评价指标】 1. 下载完成 Power BI 软件，占 50%； 2. 成功安装 Power BI 软件，占 50%。

知识拓展

在 Excel 中实现 Power BI 的三个主要功能

Excel 和 Power BI 均为微软出品的办公软件，二者在界面和操作上也有一些相似性，对于熟悉 Excel 的人来说，使用 Power BI 会更加容易上手。Power BI 的三个主要功能都可以在 Excel 的插件中找到，如果不想单独安装 Power BI 软件，也可以尝试在 Excel 2016 及以上版本中完成相应操作。

Excel 自带数据查询功能，在“数据”选项卡中单击“新建查询”按钮，如图 1-17 所示。

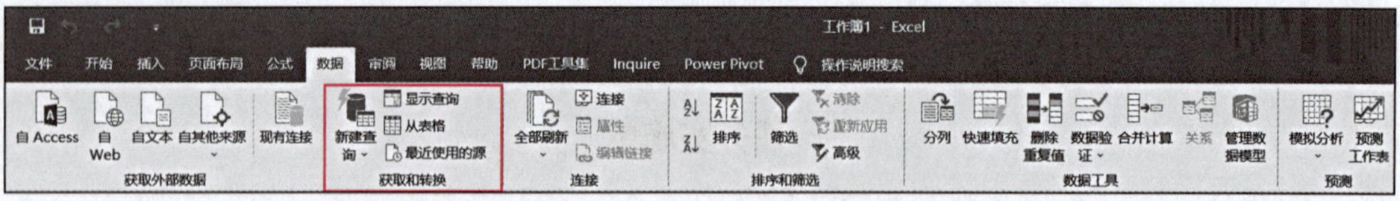

图 1-17 “新建查询”界面

在 Excel 中，可以添加“数据建模”“数据可视化”功能，具体操作步骤如下：

（1）点击 Excel 图标，新建“空白文件簿”，如图 1-18 所示。

（2）在新打开的界面中，单击“文件”，如图 1-19 所示。

（3）在新打开的界面中，单击“选项”，如图 1-20 所示。

（4）在“Excel 选项”界面中，选择左侧“加载项”，之后在界面底部选择“COM 加载项”，单击“转到”，如图 1-21 所示。

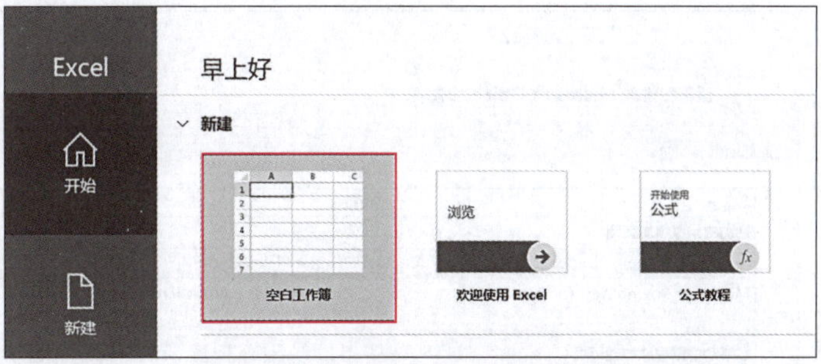

图 1-18 新建“空白文件簿”

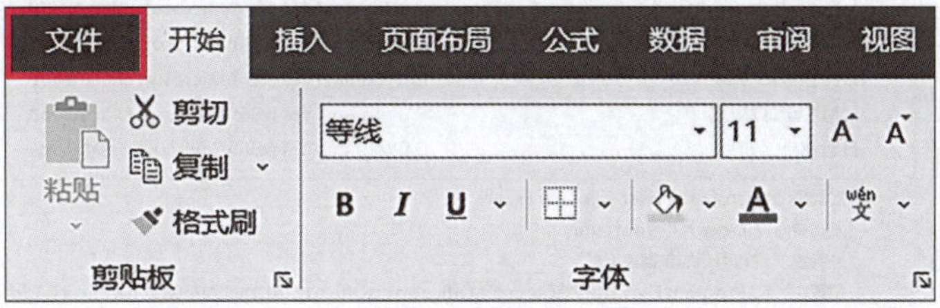

图 1-19 “文件”界面

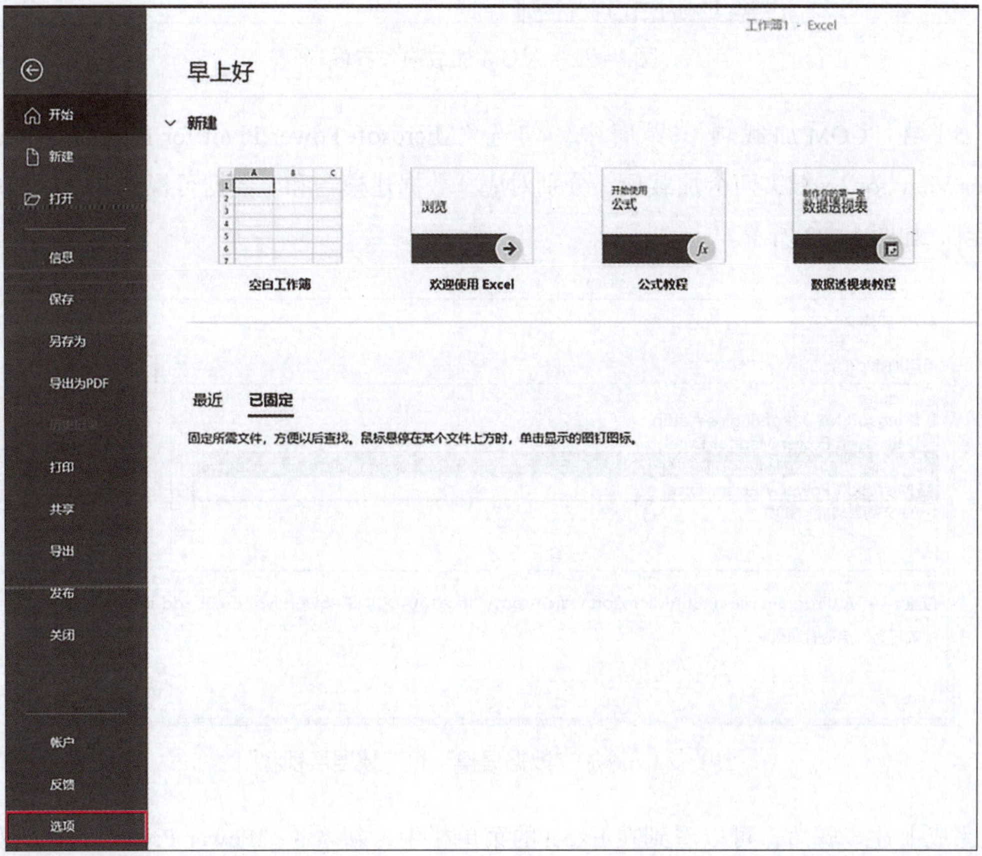

图 1-20 “选项”界面

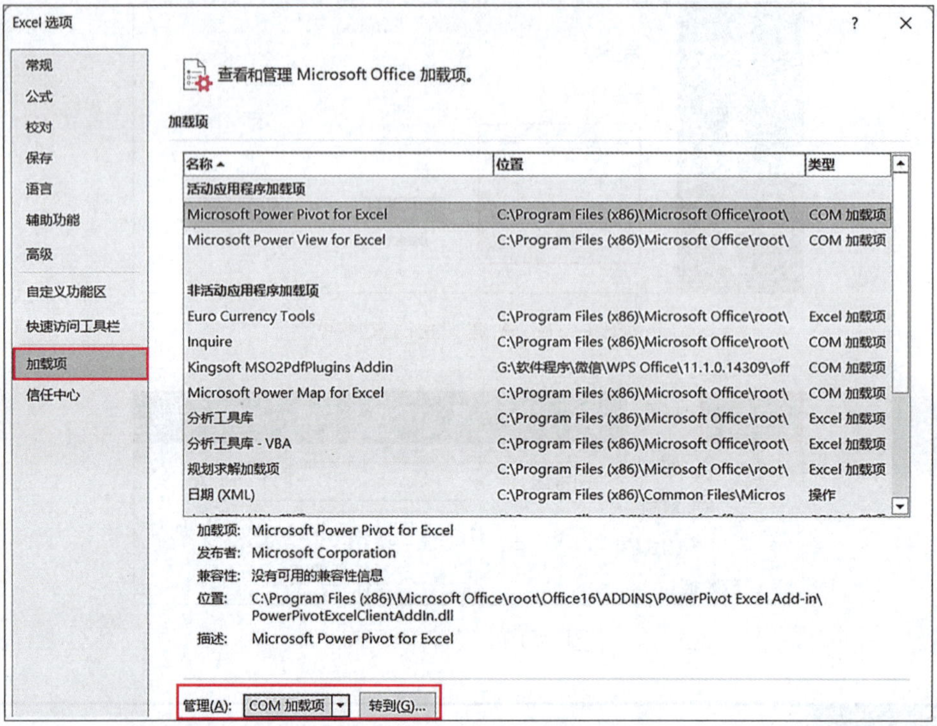

图 1-21 “COM 加载项”界面

（5）在“COM 加载项”界面中，勾选“Microsoft Power Pivot for Excel”“Microsoft Power View for Excel”两个加载项，分别对应“数据建模”和“数据可视化”功能，单击“确定”，如图 1-22 所示。

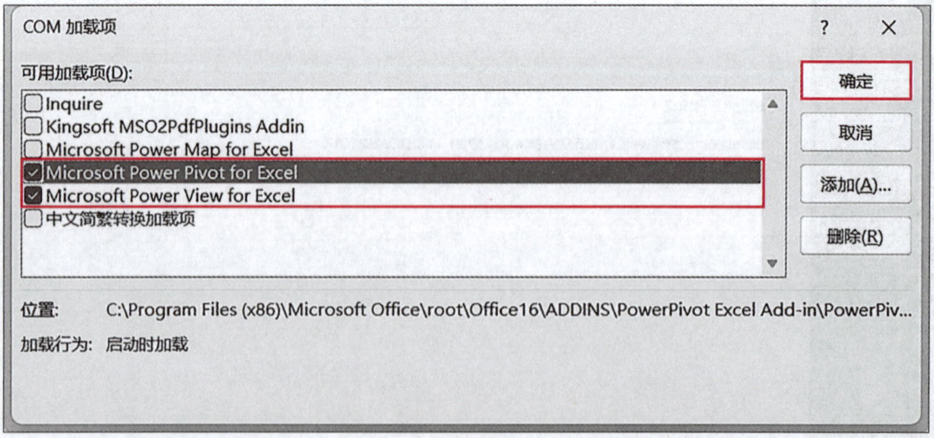

图 1-22 添加“数据建模”和“数据可视化”

完成上述步骤后，可以看到在 Excel 的菜单栏中，新增了“Power Pivot”选项，如图 1-23 所示。

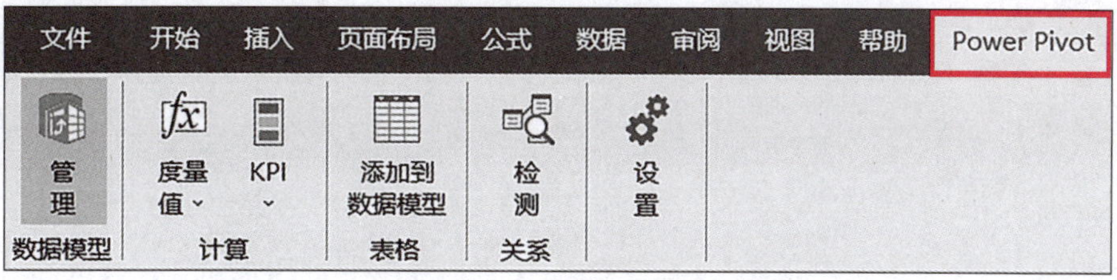

图 1-23 “数据可视化”界面

思维导图

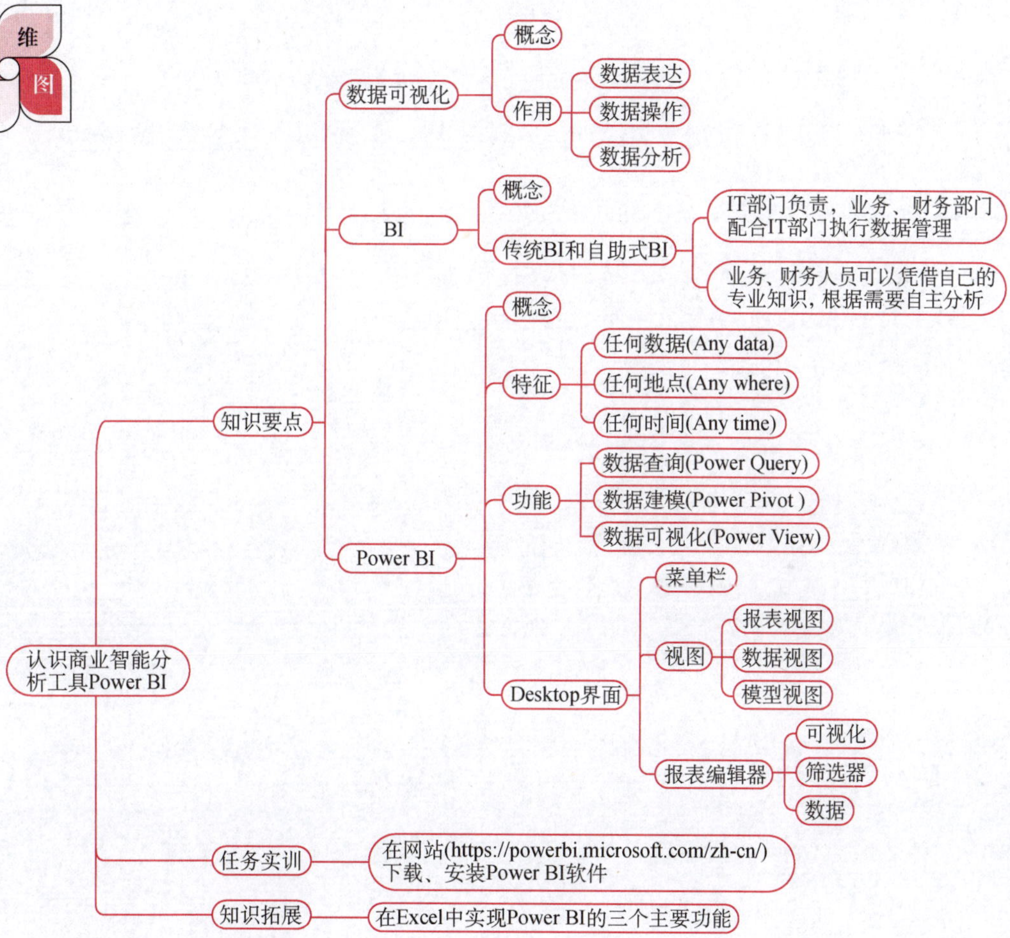

赛证融通测试题

1. （多选题）Power BI 的特征有（　　）。

A. Any Data　　B. Any Where　　C. Any Time　　D. Any When

2. （多选题）在 Power BI 中，整合了（　　）功能。

A. 数据查询　　B. 数据建模　　C. 数据可视化　　D. 数据整理

项目二

数据获取和清洗

项目导读

获取数据，是指Power BI从各种数据源获取数据。Power BI作为一个数据可视化平台，不具备存储数据的能力，所以需要通过连接外部数据源，才能开始对数据进行下一步的操作。常见的数据源有Excel工作簿、PDF文件、数据库以及Web网页，目前使用较多的还是Excel工作簿。此外，Power BI支持与多种数据源连接，具备较强的灵活性。大部分情况下，获得的数据格式不一定是我们需要的数据格式，特别是从Excel工作簿或网上导入的数据，其格式大部分是文本类型，需要我们对数据进行清洗，即通过各种方法将获取的数据整理成正确的数据格式和内容，保证数据满足可视化的要求。

微课6：
获取数据

请思考：财务工作提供的数据多是什么格式？需要在哪些方面进行清洗？

思政课堂

党的二十大报告指出：“江山就是人民，人民就是江山。中国共产党领导人民打江山、守江山，守的是人民的心”，“全党要坚持全心全意为人民服务的根本宗旨，树牢群众观点，贯彻群众路线，尊重人民首创精神，坚持一切为了人民、一切依靠人民，从群众中来、到群众中去”，“始终接受人民批评和监督，始终同人民同呼吸、共命运、心连心”。

当今世界正经历百年未有之大变局，实现中华民族伟大复兴正处于关键时期，我们还会遇到各种各样的风险考验、难以想象的惊涛骇浪。形势越是复杂严峻，越要加强与人民群众的联系，越要凝聚起亿万人民推动事业发展的强大合力，不断实现好、维护好、发展好最广大人民的根本利益，在中国共产党的带领下，实现中华民族伟大复兴。

学习目标

知识目标

1. 了解获取数据和清洗数据的概念及意义；
2. 熟悉将 Excel 工作簿数据导入 Power BI 和从 Web 网页获取数据的流程；
3. 熟悉表格管理的操作；
4. 掌握数据规范性操作和数据行、列操作的流程。

能力目标

1. 能够在 Power BI Desktop 中输入数据；
2. 能够将 Excel 工作簿中的数据导入 Power BI Desktop；
3. 能够从 Web 网页获取数据；
4. 能够熟练进行各项数据的清洗工作；
5. 能够查阅 Power BI 方面的书籍和文献。

素质目标

1. 培养学生使用 Power BI 解决财务问题的意识；
2. 培养学生在探究活动中主动探索的精神；
3. 培养学生执着专注、精益求精、一丝不苟、追求卓越的工匠精神；
4. 培养学生树立正确的世界观、人生观和价值观。

任务一
获取数据

情境导入

数据是产生价值的原材料，精准全面的数据源是进行数据分析工作的基础。近年来，随着数据井喷式增长，越来越多的人想要挖掘数据中隐含的信息。一般来讲，数据来源主要分为企业外部数据来源和内部数据来源，其中外部数据来源包括外部购买、网络爬取、免费开源数据等，内部数据来源包括销售数据、考勤数据、财务数据等。

根据本节知识点和本任务要求，分析获取数据的几种主要方式。

知识要点

在 Power BI Desktop 中获取数据的方法不止一种，可以获取的数据类型也多种多样。以下主要介绍三种常用的数据获取方法：直接输入数据、通过导入的方式获取 Excel 工作簿数据、从 Web 网页获取数据。

微课 7：
在 Power BI
Desktop 中输
入数据

一、在 Power BI Desktop 中输入数据

以输入 Word 文件 2-1“TN 公司 2×20 年销售费用汇总表”中的数据为例，介绍如何在 Power BI Desktop 中输入数据，具体操作步骤如下：

2-1

1. 启动 Power BI Desktop，在“主页”选项卡下点击“输入数据”命令，如图 2-1 所示。

2. 在新打开的“创建表”窗口中选中单元格，直接输入列名称和数据，点击行号下方或者列名称右边的“+”按钮，可以继续在增加的空白行或者空白列中输入数据，在“名称”文本框中可以修改表名，在“列 1”单元格输入列名称“时间”，在“列 2”单元格输入列名称“销售费用”，如图 2-2 所示。输入完成后，点击“加载”按钮。

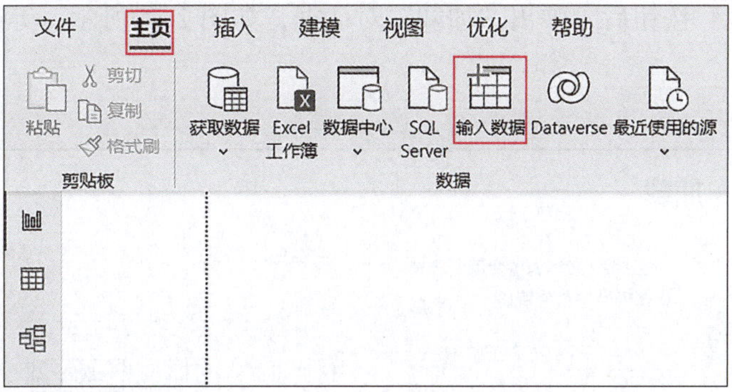

图 2-1 “输入数据”命令

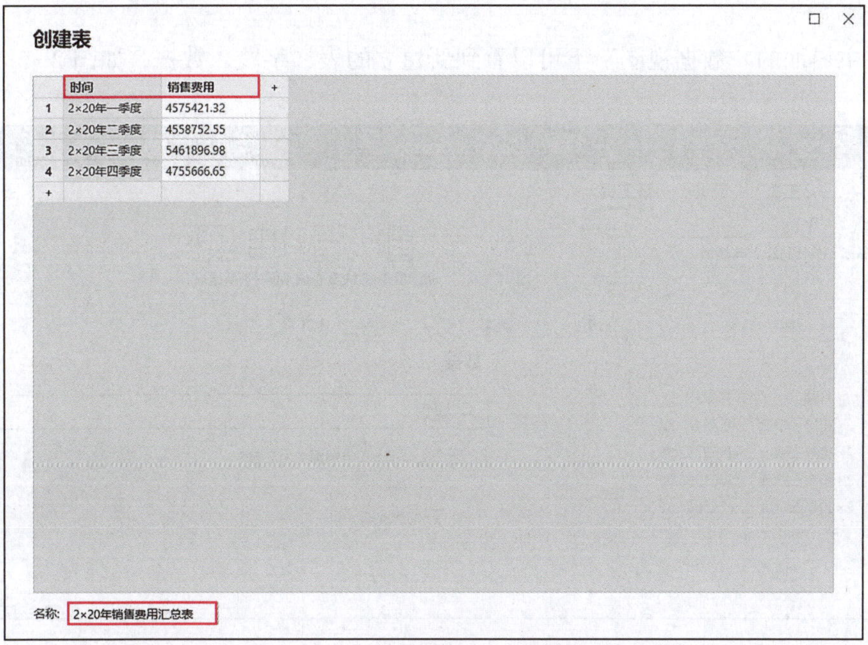

图 2-2 “创建表”对话框

如果想要删除多余的行（列）或者插入行（列），可在行号或者列名称上右击鼠标，在弹出的快捷菜单中选择“删除”或者“插入”命令即可，如图 2-3 所示。

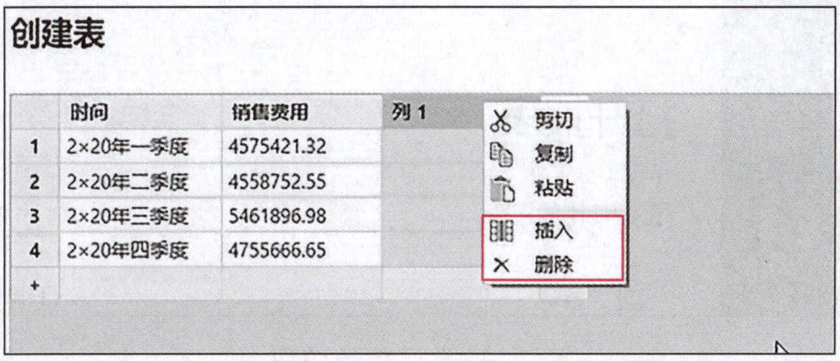

图 2-3 删除或插入行（列）

3. 点击“加载”按钮后，弹出“加载”对话框，如图 2-4 所示。等待一段时间后，加载完成。

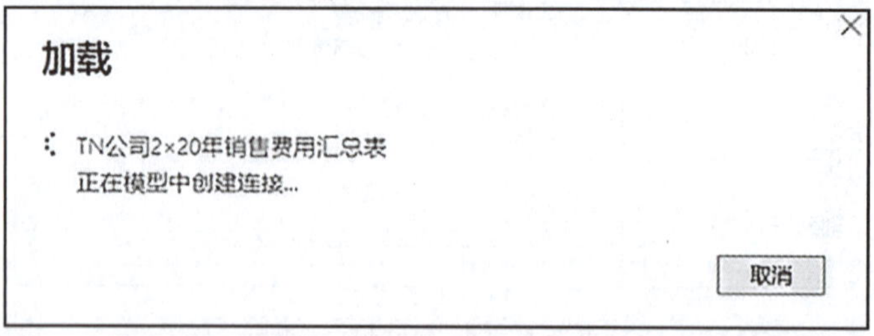

图 2-4　“加载”对话框

4. 在主界面的“数据视图”下可以看到新建立的表、字段、数据，如图 2-5 所示。

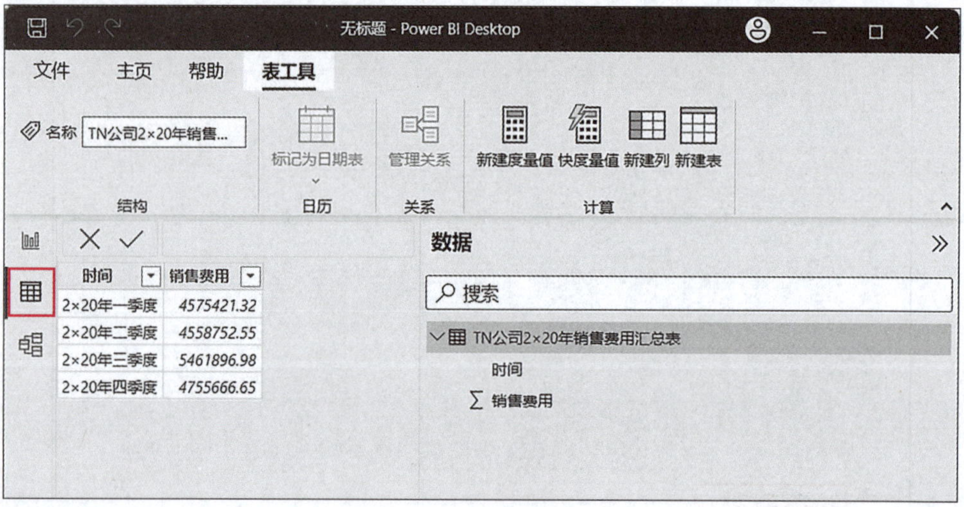

图 2-5　查看新创建的表

5. 在主界面点击“文件”选项卡，在弹出的界面中点击“保存”按钮，如图 2-6 所示。

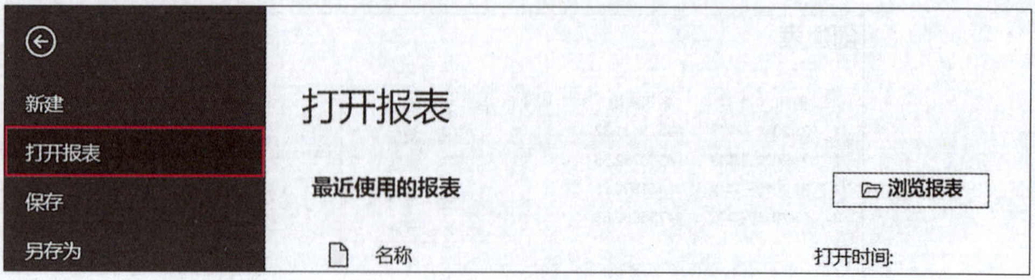

图 2-6　“保存”按钮

6. 在“另存为”对话框中输入文件名，保存为“Power BI 文件”，后缀名为“.pbix”，如图 2-7 所示。

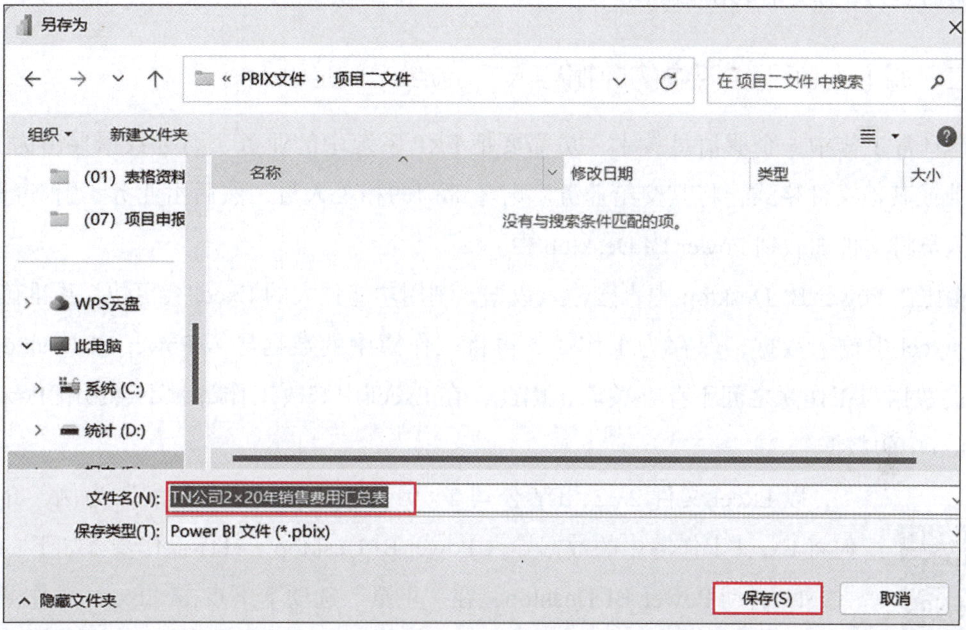

图 2-7　保存文件

7. 选中保存的文件，右击鼠标，可以再次打开文件查看，如图 2-8 所示。

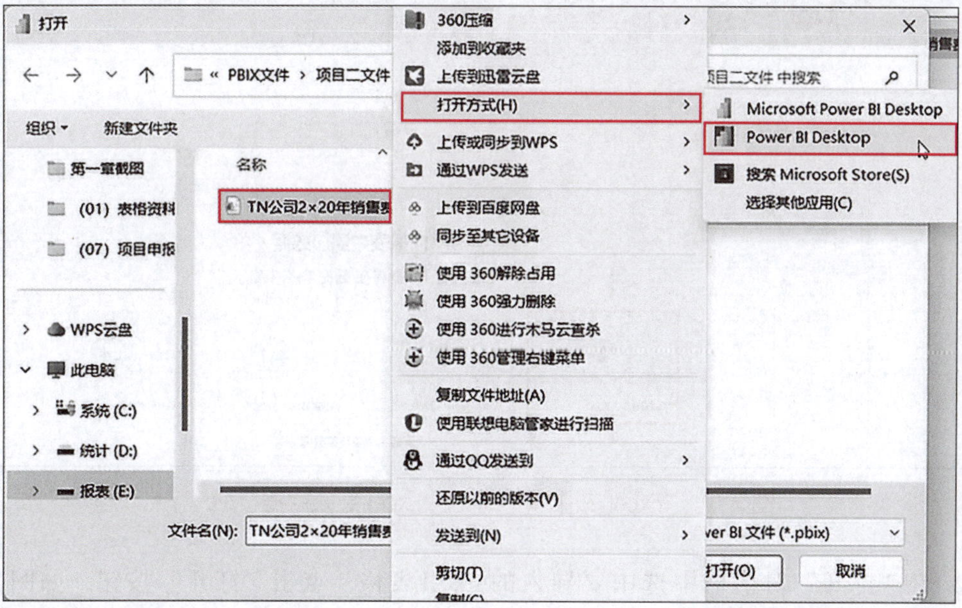

图 2-8　查看文件

Power BI Desktop 提供的数据输入环境较为简单，创建表的窗口中仅仅提供了剪切、复制、粘贴、插入、删除等少数功能。当数据较多时，直接在 Power BI Desktop 中输入数据不仅费时费力，而且容易出错。

二、将 Excel 工作簿中的数据导入 Power BI Desktop

在日常工作中，企业信息技术人员需要把 ERP 系统中的业务、财务数据导出为 Excel 工作簿或其他文件格式，将其交给业务、财务部门的相关人员，然后由业务、财务部门的相关人员将文件加载到 Power BI Desktop 中。

相比在 Power BI Desktop 中直接输入数据，利用功能强大的 Excel 会更快、更准确，即先在 Excel 中输入数据，保存为工作簿，再将工作簿中的数据导入 Power BI Desktop 中。导入的数据与工作簿之间不存在关联，因此，在 Excel 中修改工作簿时不会影响 Power BI Desktop 中的数据。

2-2

以 Excel 文件 2-2“FY 公司 2×01 年—2×20 年净利润”为例，介绍如何将 Excel 工作簿中的数据导入 Power BI Desktop，具体操作步骤如下：

1. 启动 Power BI Desktop，在“主页”选项卡下点击“Excel 工作簿”或“从 Excel 导入数据”，如图 2-9 所示。

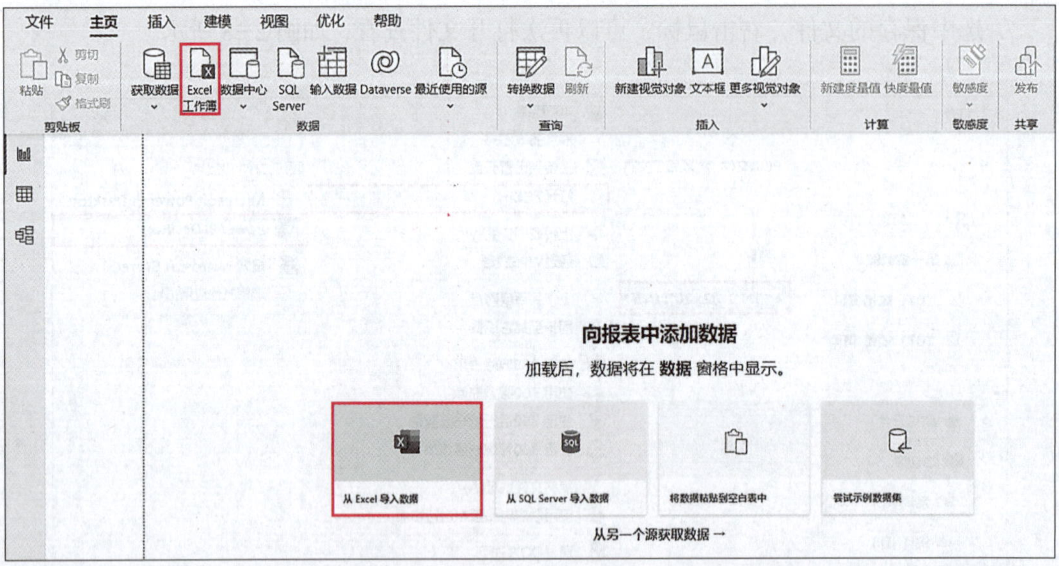

图 2-9 “Excel 工作簿”或“从 Excel 导入数据”命令

2. 在“打开”对话框中选中要导入的 Excel 表格，点击“打开”按钮，如图 2-10 所示。

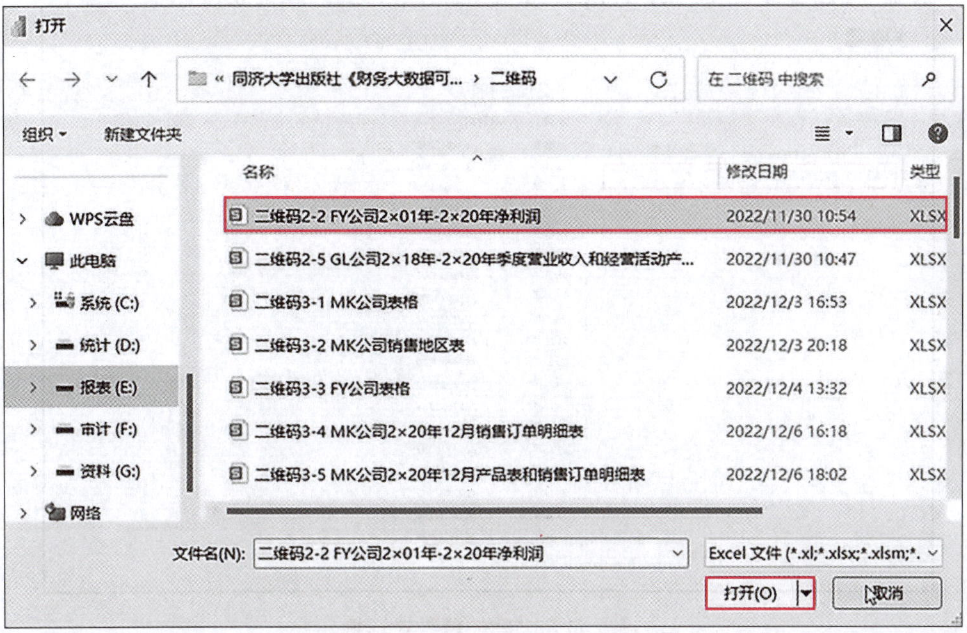

图 2-10　选择要导入的 Excel 表格

3. 系统提示“我们正在建立与 FY 公司 2×01 年—2×20 年净利润 .xlsx 的连接”，如图 2-11 所示。

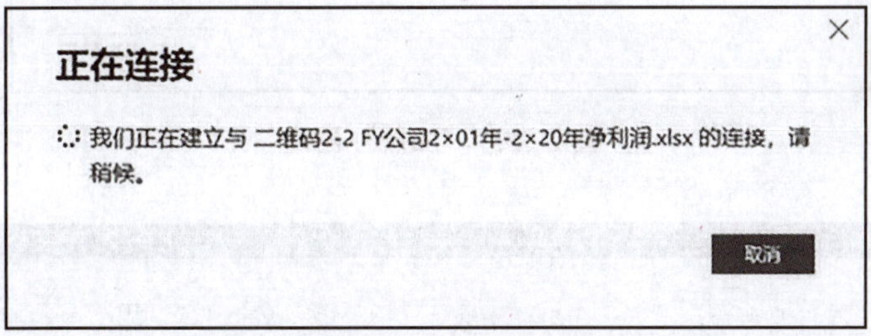

图 2-11　建立连接

4. 弹出“导航器”对话框，在左侧“显示选项”中勾选要建立连接的表格，点击“加载”按钮，如图 2-12 所示。

5. 系统弹出“加载”窗口，如图 2-13 所示。

6. 加载完成后，在 Power BI Desktop 主界面“数据视图”右侧的“数据”窗格中可看到加载后的表字段，如图 2-14 所示。此时，已经成功将 Excel 工作簿中的数据导入 Power BI Desktop。

7. 点击“文件”，在弹出的对话框中点击“保存”按钮。在打开的“另存为”对话框中输入文件名后，点击“保存”按钮，如图 2-15 所示。

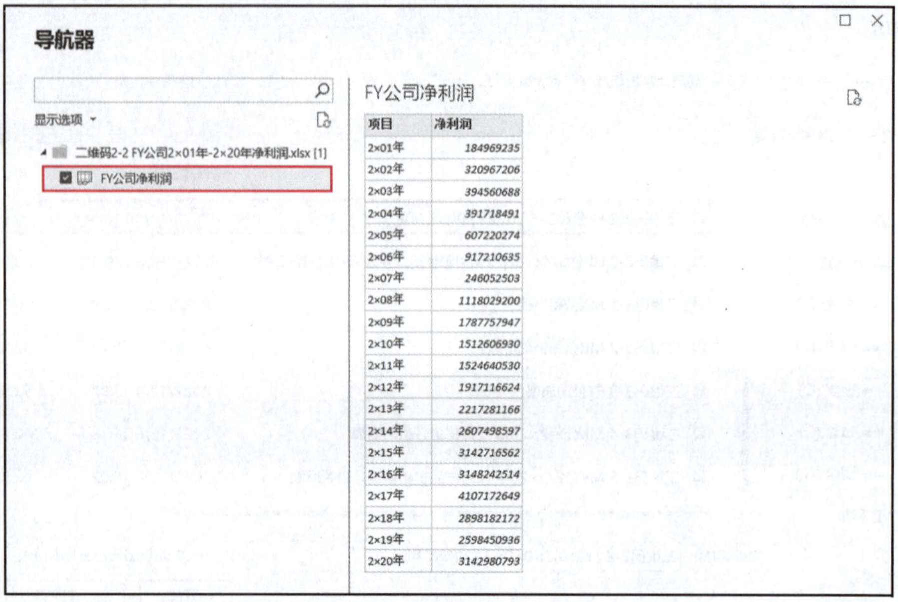

图 2-12 “导航器”对话框

图 2-13 “加载”窗口

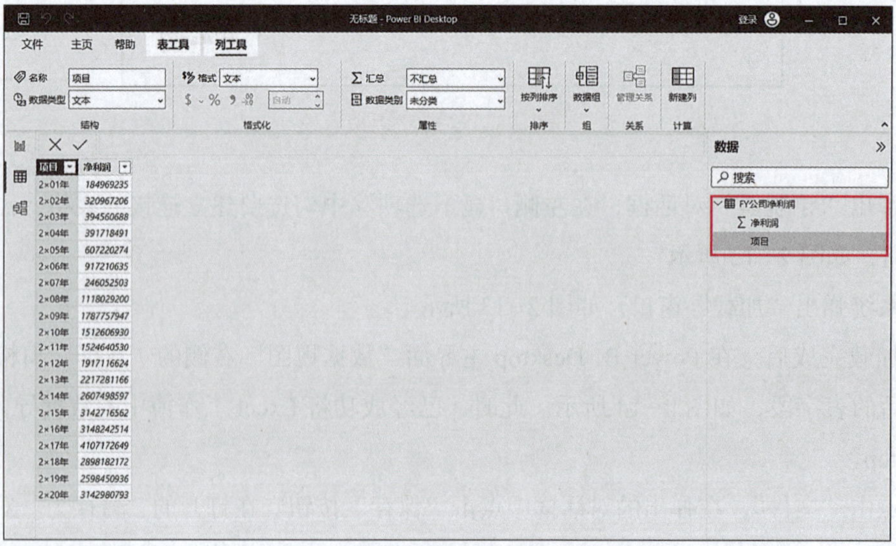

图 2-14 “数据”窗格

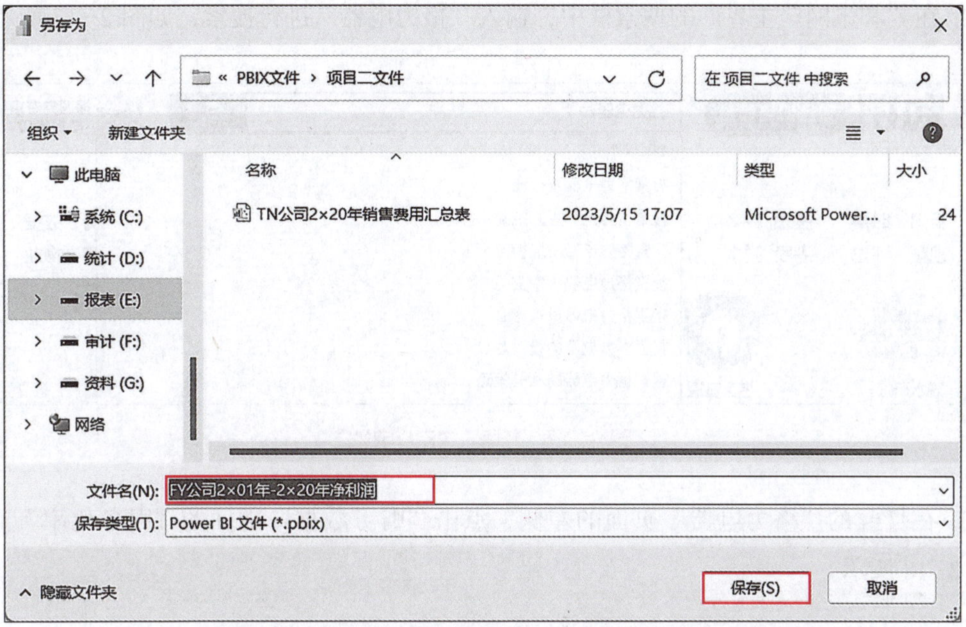

图 2-15 保存导入的 Excel 工作簿数据文件

三、从 Web 网页获取数据

在 Power BI Desktop 中，除了直接输入数据和导入 Excel 工作簿的数据之外，还可以通过“获取数据”功能连接其他类型文件的数据，如文本、Web、SQL 服务器等。通过这种方法创建的 Power BI Desktop 报表会在连接的数据源出现更新时，实时进行改善和优化。

微课 8：从 Web 网页获取数据

以在和讯网获取上市公司格力电器 2021 年财务比率为例，介绍如何从 Web 网页获取数据导入 Power BI Desktop，具体操作步骤如下：

1. 在浏览器搜索“和讯网”，如图 2-16 所示。

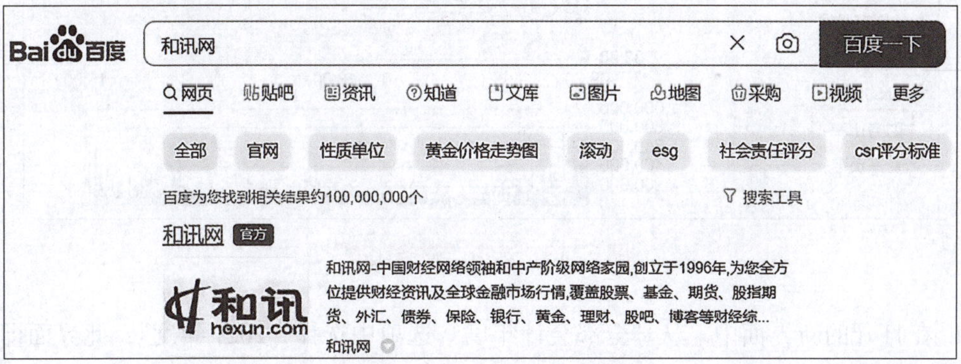

图 2-16 搜索“和讯网”

2. 在“和讯网”主界面的搜索框中，输入“格力电器”进行搜索，如图 2-17 所示。

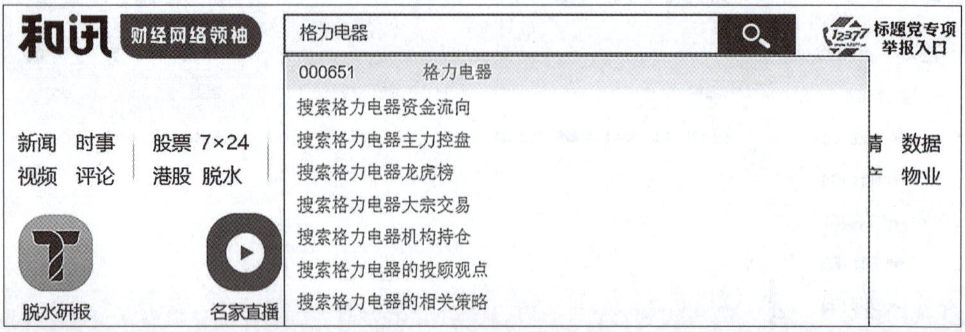

图 2-17 搜索“格力电器”

3. 在打开的“格力电器”页面的左侧，点击“财务数据”下面的“财务比率”选项，如图 2-18 所示。

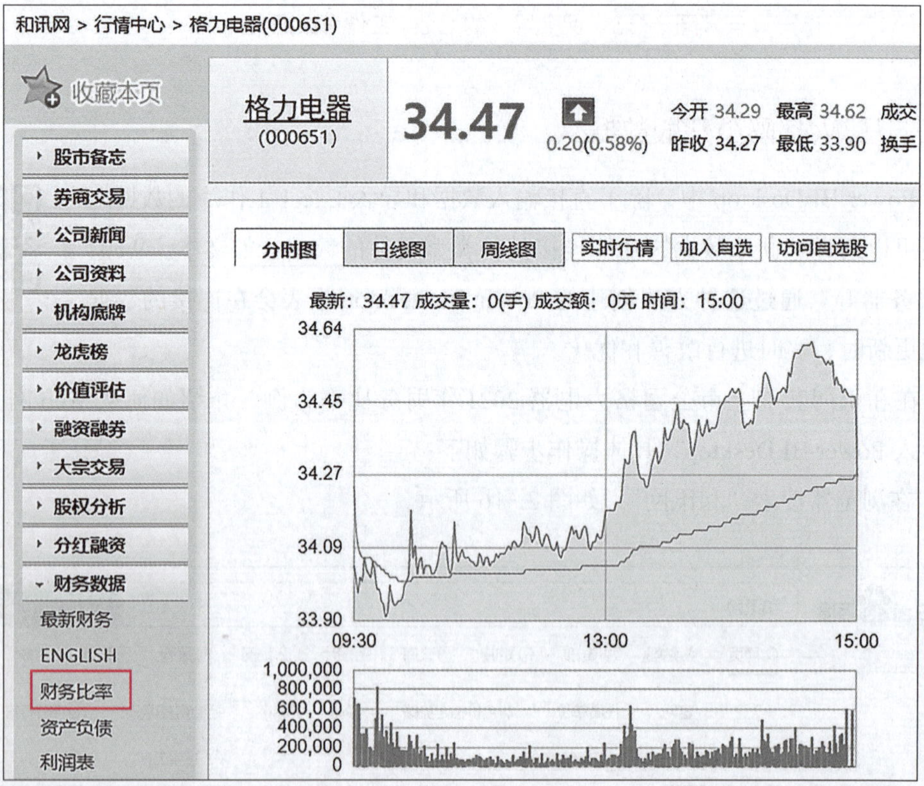

图 2-18 选择“财务比率”

4. 在打开的新界面中，从“全部会计年度”选项中选择“2021 年度”，此界面即为获取数据的 Web 网页，复制该网址，如图 2-19 所示。

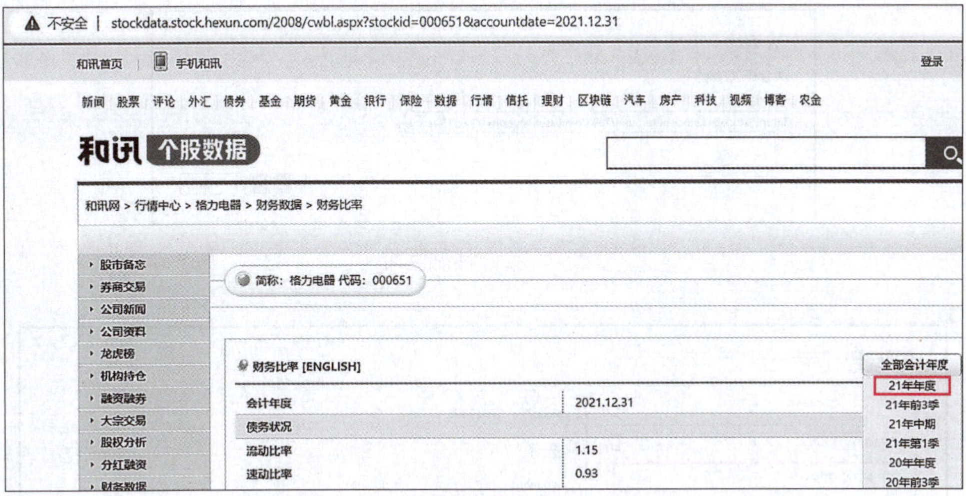

图 2-19 “格力电器”2021 年年报

5. 启动 Power BI Desktop，在“主页”选项卡下点击“获取数据”按钮下方箭头，打开“常用数据源”对话框，选择“Web”，如图 2-20 所示。

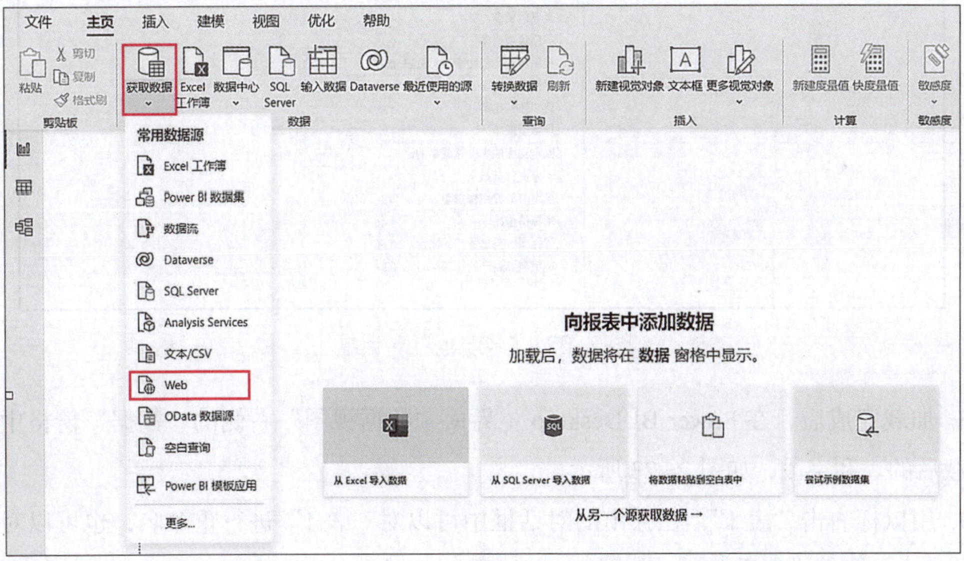

图 2-20 获取 Web 文件

6. 在新弹出的界面“从 Web”中粘贴第 4 步复制的网址，点击“确定”按钮，如图 2-21 所示。

7. 连接完成后弹出“导航器”对话框，出现多张表格，选中适用的表格后点击“加载”按钮，如图 2-22 所示。

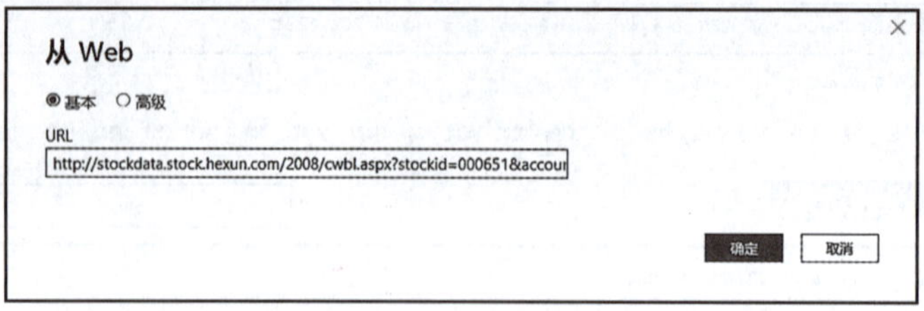

图 2-21　粘贴网址

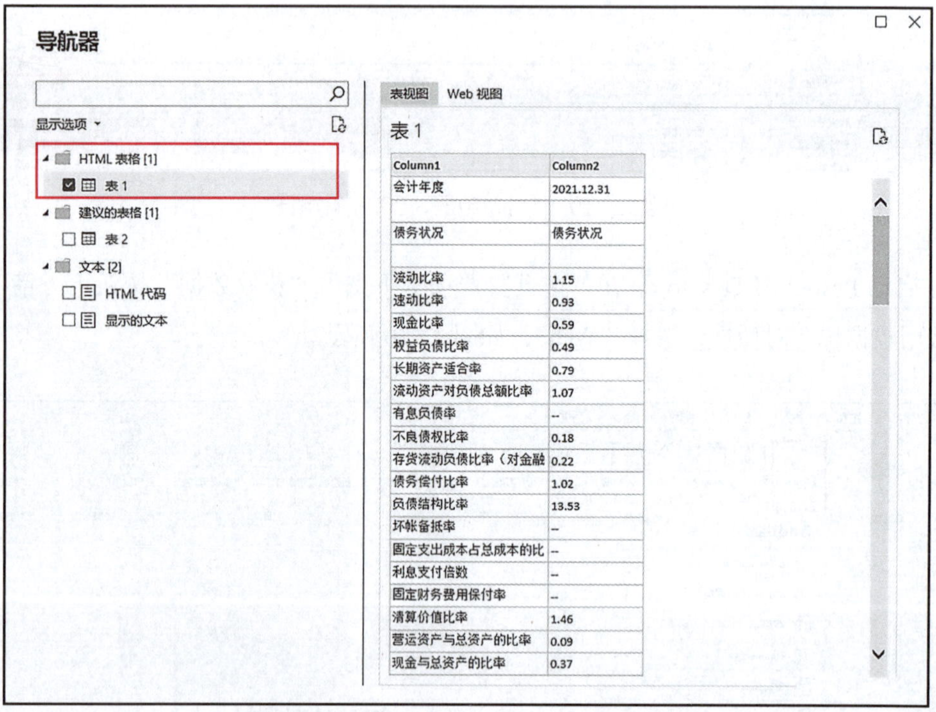

图 2-22　“导航器”对话框

8. 加载完成后，在 Power BI Desktop 主界面“数据视图”右侧的“数据”窗格中可看到加载后的表和字段，如图 2-23 所示。

9. 用鼠标右击“表 1”，在弹出的对话框中可以对“表 1”进行重命名，也可以对其下的“Column1”等进行重命名，如图 2-24 所示。

10. 在“数据视图”下选中任一列，右击鼠标，在弹出的快捷菜单中选择“删除”命令，可以将该列删除，如图 2-25 所示。

11. 点击列“Column1”右侧的下拉按钮，在弹出的快捷菜单中取消“全选”，可以挑选想要保留在“数据视图”中的指标，如图 2-26 所示。

12. 点击“文件”下的“保存”按钮，另存为“Power BI 文件（*.pbix）”，如图 2-27 所示。

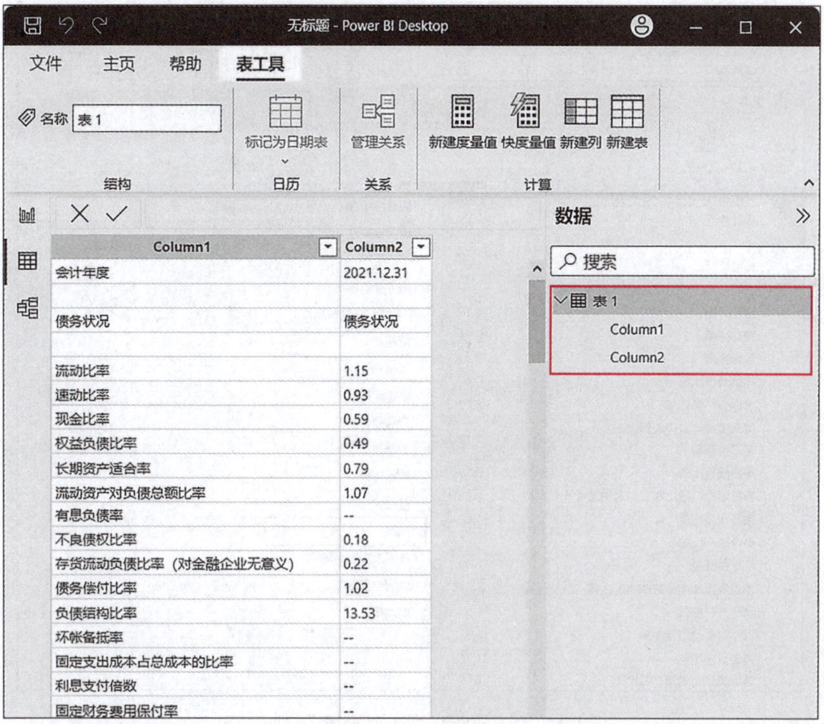

图 2-23 表和字段

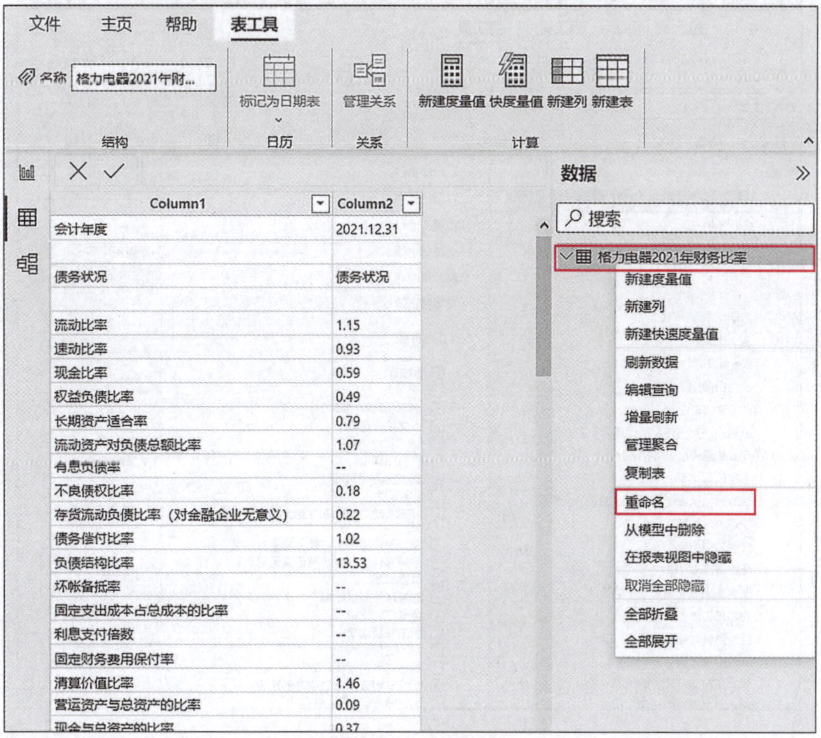

图 2-24 表名称重命名

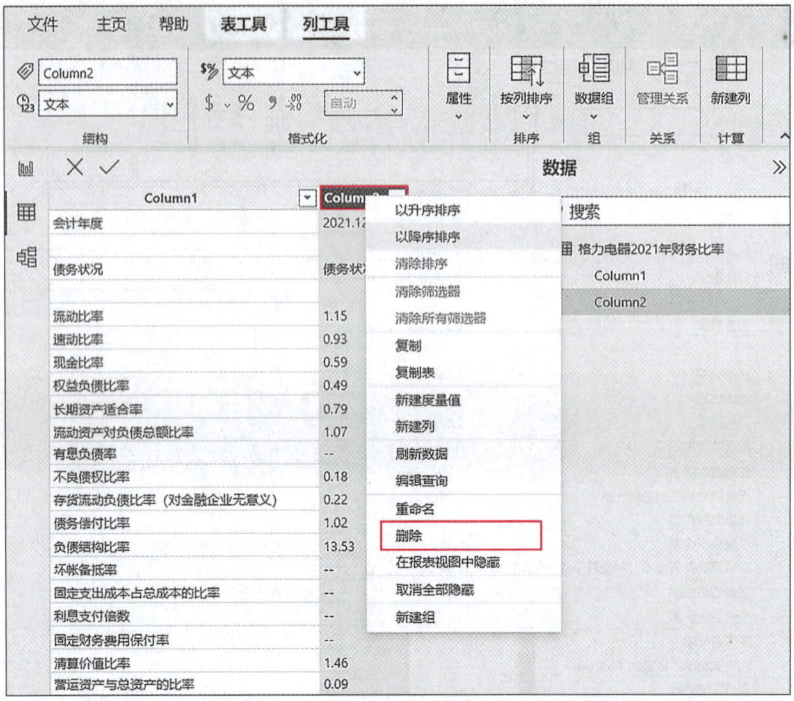

图 2-25　删除“数据视图”中的列

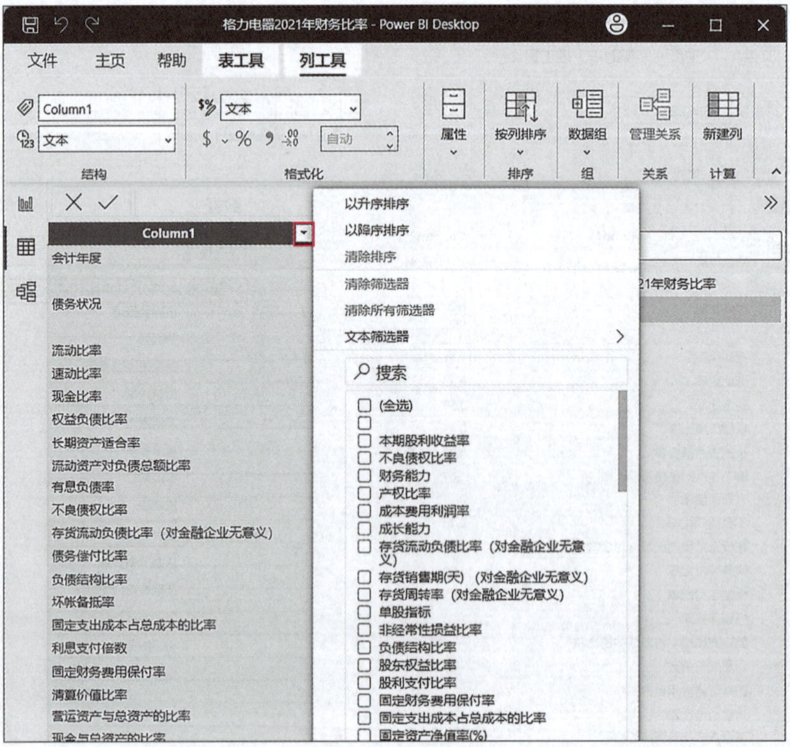

图 2-26　挑选指标

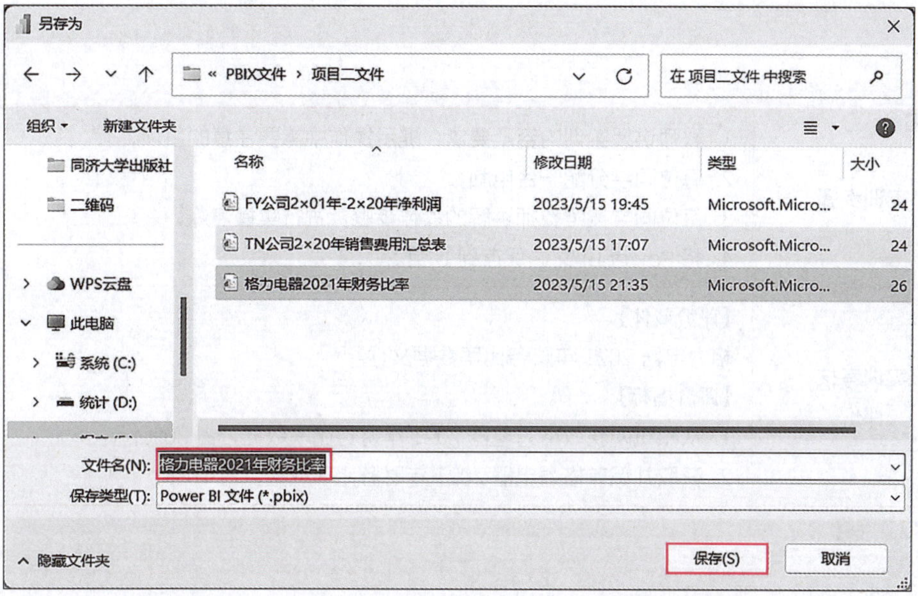

图 2-27 保存导入的 Web 数据文件

任务实训

一、实训任务

从和讯网获取格力电器 2021 年财务比率数据。

二、任务实施

任务实施单

实训目标	能够从网页获取数据并导入 Power BI Desktop。
实训环境	投影仪、具备网络查询功能的电脑。
实训内容及要求	【实训内容】 将格力电器 2021 年财务比率数据导入 Power BI Desktop。 【实训要求】 1. 从和讯网获取格力电器 2021 年财务比率数据； 2. 将获取的数据导入 Power BI Desktop。

（续表）

实训步骤	1. 教师讲授实训内容及要求，提示操作中需要注意的事项； 2. 每位同学分配一台电脑； 3. 每位同学按照教师讲解的操作步骤，进行实操演练； 4. 将 Power BI 文件保存到 U 盘。
实训考核评价	【评价载体】 格力电器 2021 年财务比率数据文件。 【评价指标】 1. 从和讯网获取格力电器 2021 年财务比率数据，占 30%； 2. 获取并保存格力电器 2021 年财务比率数据，占 70%。

知识拓展

从 PDF 文件中获取数据

以 PDF 文件 2-3“格力电器 2021 年年度报告摘要”为例，介绍如何从 PDF 文件获取数据导入 Power BI Desktop，具体操作步骤如下：

2-3

1. 启动 Power BI Desktop，在“主页”选项卡下点击“获取数据”按钮下方箭头，打开“常用数据源”对话框，选择“更多”选项，如图 2-28 所示。

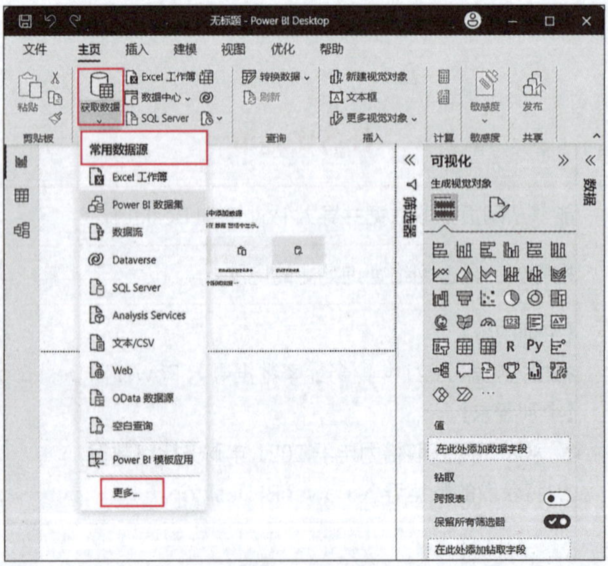

图 2-28 “更多”选项

2. 在弹出的对话框中选中“PDF”选项，点击“连接”按钮，如图 2-29 所示。

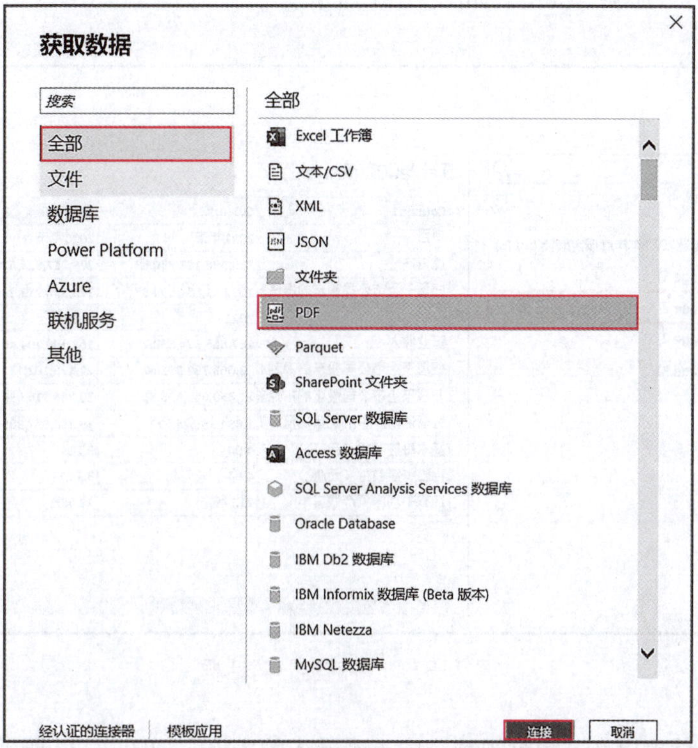

图 2-29 “PDF”选项

3. 在“打开”对话框中选中要打开的 PDF 文件，点击“打开”按钮开始建立连接，如图 2-30 所示。

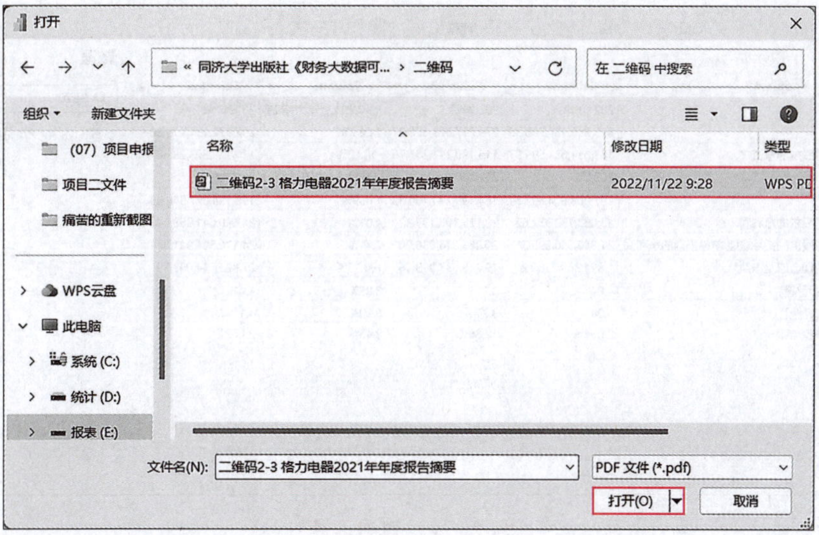

图 2-30 打开 PDF 文件

4. 成功建立连接后出现“导航器”对话框，从中挑选需要的表格，如“Table002（Page 2）”，点击“加载”按钮，如图 2-31 所示。

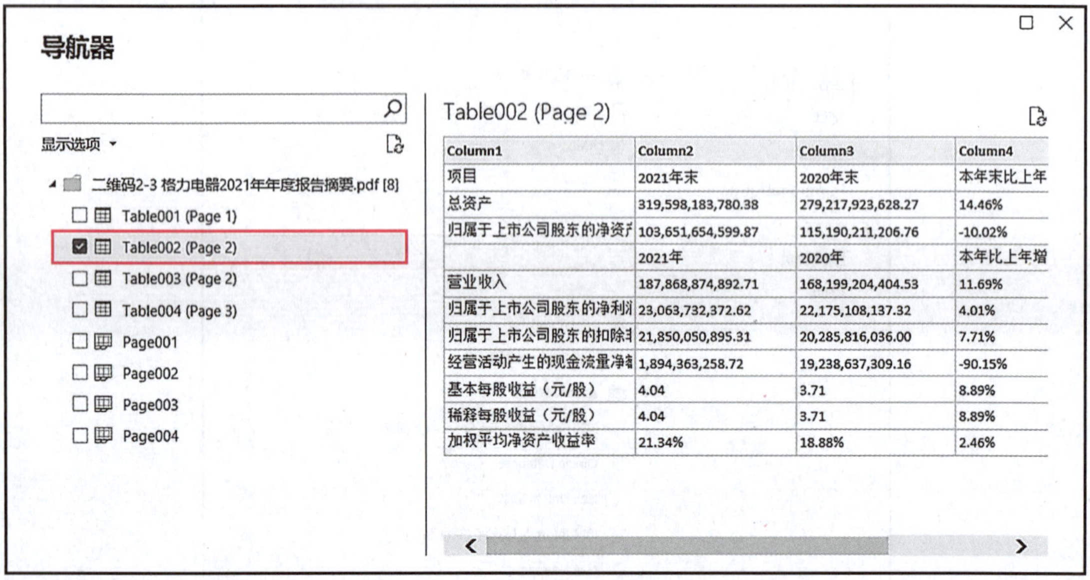

图 2-31 “导航器”对话框

5. 加载完成后可以在“数据视图”中查看导入的表格，如图 2-32 所示。

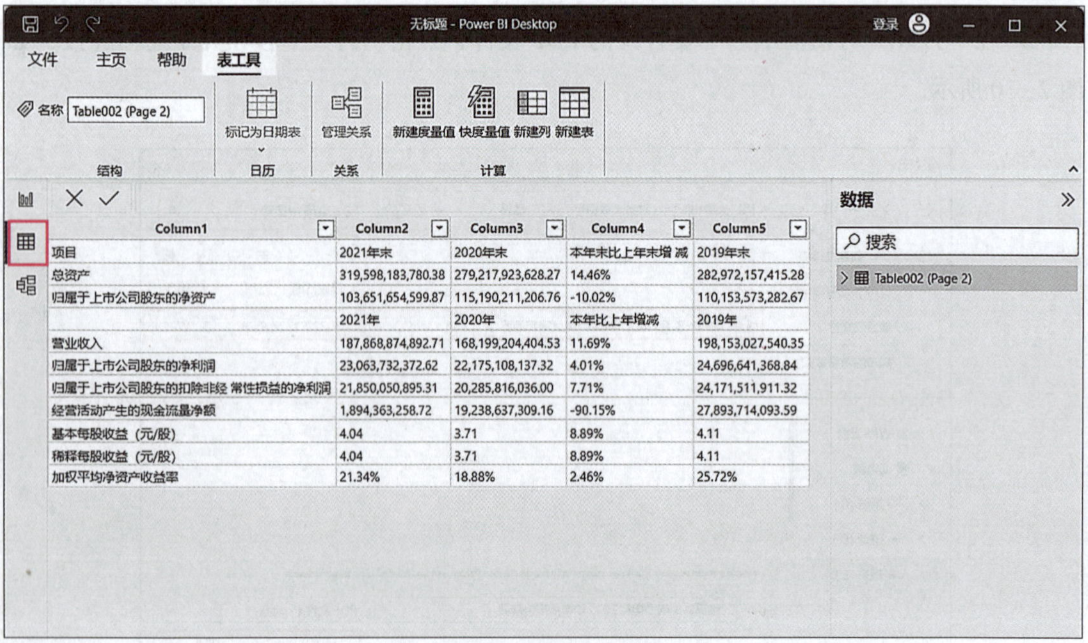

图 2-32 查看表格

思维导图

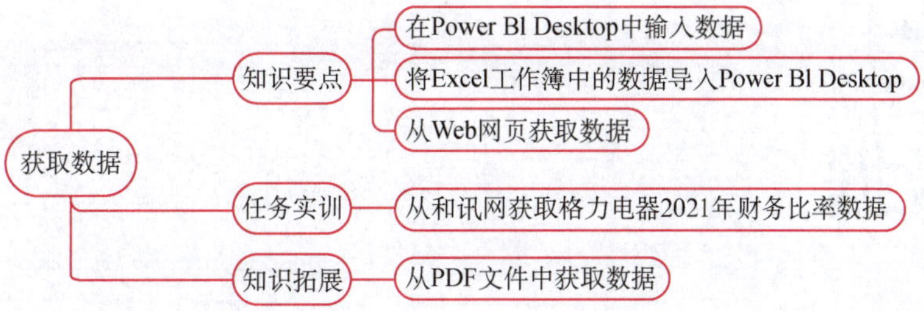

赛证融通测试题

1.（判断题）将 Excel 工作簿中的数据导入 Power BI Desktop 之后，如果在 Excel 中修改工作簿将会影响 Power BI Desktop 中的数据。（　　）

2.（多选题）在 Power BI Desktop 中，可以通过“获取数据”功能导入（　　）类型的数据源。

A. Excel 工作簿　　B. SQL Server　　C. 文本　　D. Web

任务二 清洗数据

情境导入

从各种来源获取的数据很可能不能直接用于数据分析，需要进行进一步整理，这个整理的过程被称为数据清洗。Power BI 可以快速清洗数据，提升数据的可用性。数据清洗是通过软件内置的“Power Query 编辑器”完成的。“Power Query 编辑器”是微软的数据连接和数据准备技术，能够无缝访问存储在数百个数据源中的数据，可以帮助我们精确地操控数据，对数据进行整理以适应各种需求。

根据本节知识点和本任务要求，思考需要从哪些方面对获取的数据进行清洗？

知识要点

以 Power BI 文件 2-4“格力电器 2017 年—2021 年财务比率”为例，介绍如何在“Power Query 编辑器”中清洗数据。

2-4

一、管理表格

（一）表格的创建和删除

1. 创建表格

微课 9：管理表格

在“Power Query 编辑器”中直接创建表，具体操作步骤如下：

（1）启动 Power BI Desktop，点击“文件”选项卡，在弹出的快捷菜单中点击“打开报表”。可以通过“浏览报表”选择需要打开的报表，也可以通过“最近使用的报表”进行快速选择，如图 2-33 所示。

（2）在“主页”选项卡下点击“输入数据”，如图 2-34 所示。

（3）在弹出的“创建表”对话框中点击“编辑”按钮，如图 2-35 所示。

（4）可以看到在弹出的“Power Query 编辑器”界面中新创建了一个表，如图 2-36 所示。

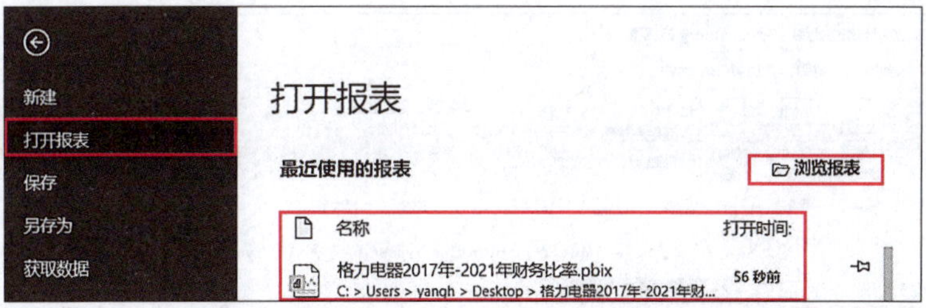

图 2-33 打开报表

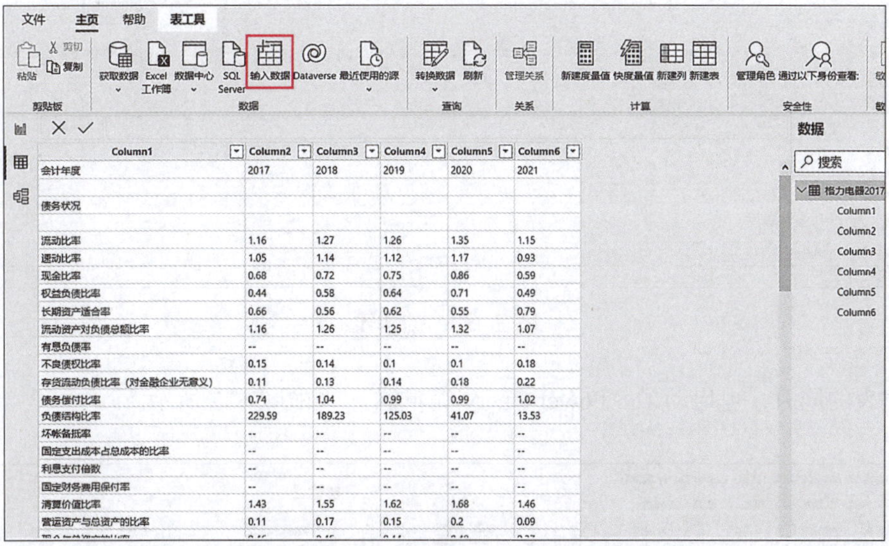

图 2-34 “输入数据”选项

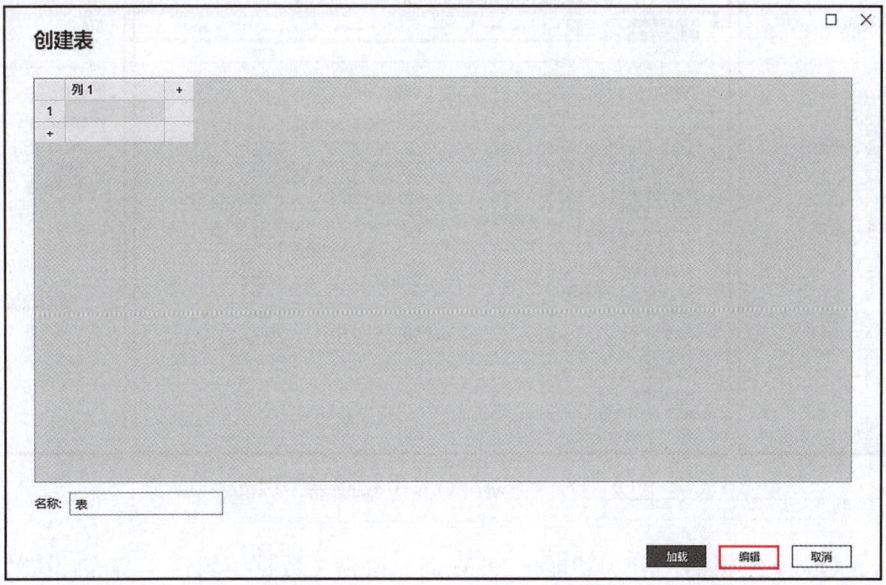

图 2-35 “创建表”对话框

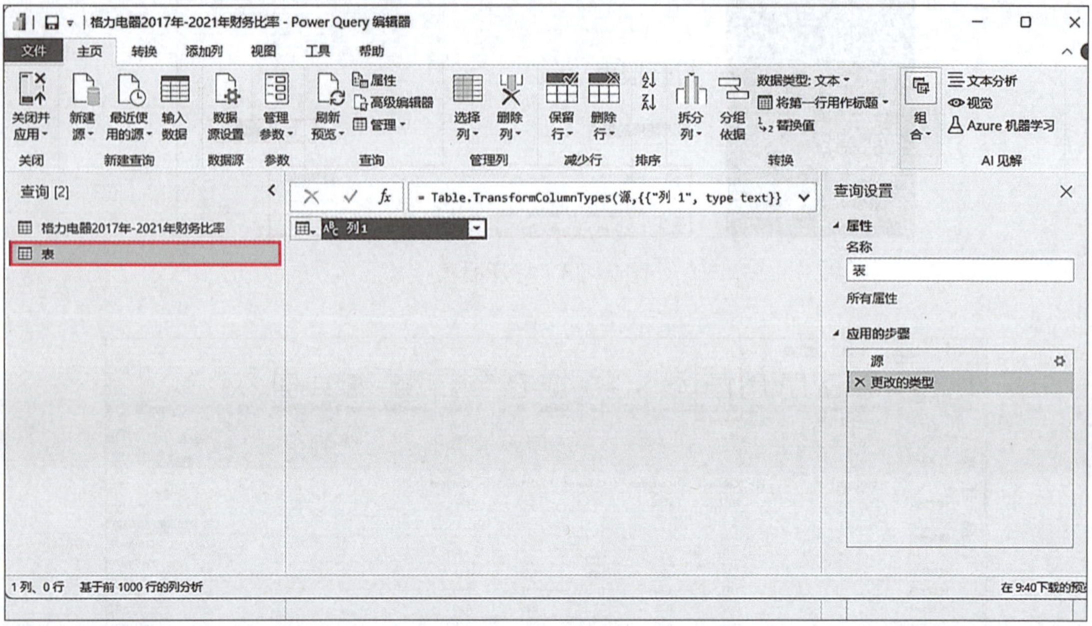

图 2-36 创建表

创建表的同时，也启动了“Power Query 编辑器”，如图 2-37 所示。

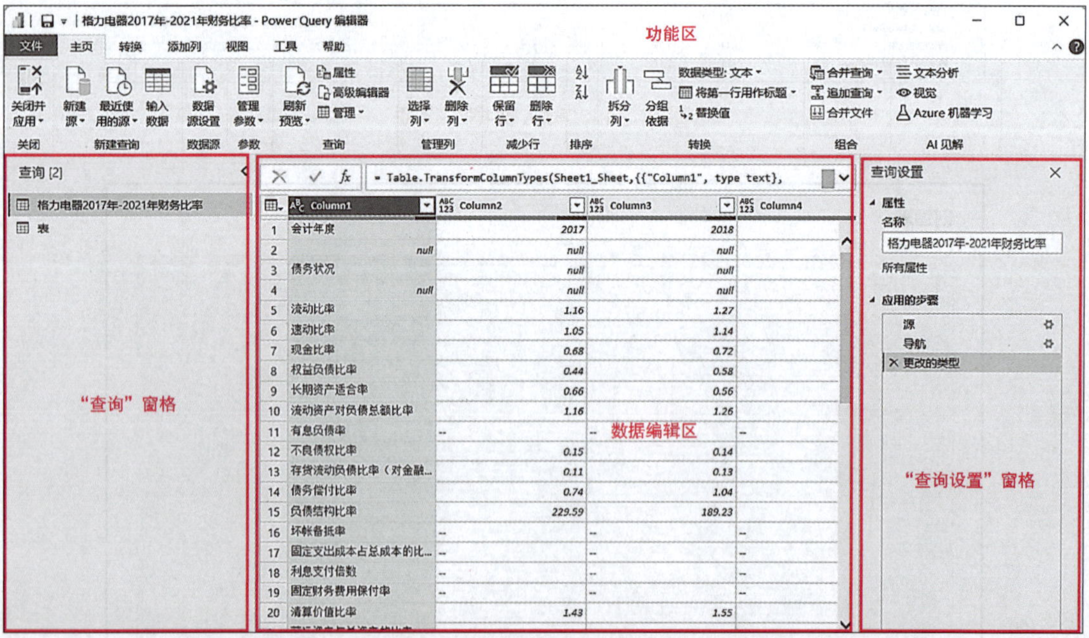

图 2-37 “Power Query 编辑器”界面

“Power Query 编辑器”分为功能区、“查询”窗格、数据编辑区、“查询设置”窗格四部分，具体功能见表 2-1。

表 2-1 “Power Query 编辑器”功能

序号	名　称	功　　能
1	功能区	列出了以选项卡和组的形式分类的组织功能按钮，便于用户快速找到所需功能
2	“查询”窗格	列出了能够加载至 Power BI Desktop 的所有查询表的名称，并显示表的总数
3	数据编辑区	显示“查询”窗格中选中的表的数据，在该区域中可以更改数据类型、替换值、拆分列等
4	“查询设置”窗格	列出了查询的“属性”和“应用的步骤”，在对窗口中的表或数据进行整理后，每个步骤都将出现在该窗格的“应用的步骤”列表中；可以撤销或查看特定的步骤，对步骤执行重命名、删除、上移、下移等操作

2. 删除表格

如果不需要某个表格，可在“Power Query 编辑器”窗口中快速删除，具体操作步骤如下：

（1）在“Power Query 编辑器”的“查询”窗格中选中要删除的表格，右击鼠标，在弹出的快捷菜单中点击“删除”命令，如图 2-38 所示。

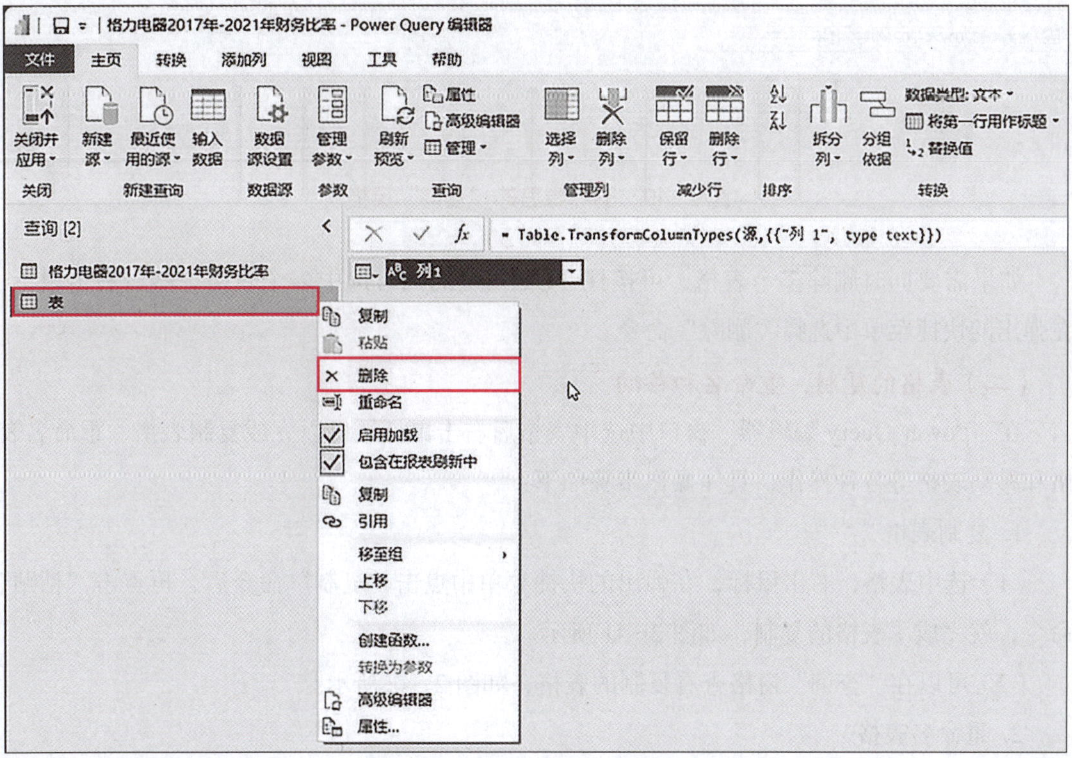

图 2-38 “删除”命令

（2）在弹出的“删除查询”对话框中点击“删除”选项，如图 2-39 所示。

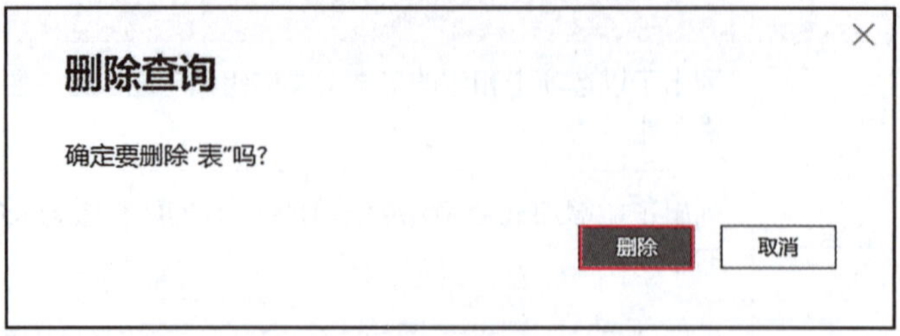

图 2-39 “删除”选项

（3）返回“Power Query 编辑器”窗口后，“查询”窗格不再显示被删除的表格，如图 2-40 所示。

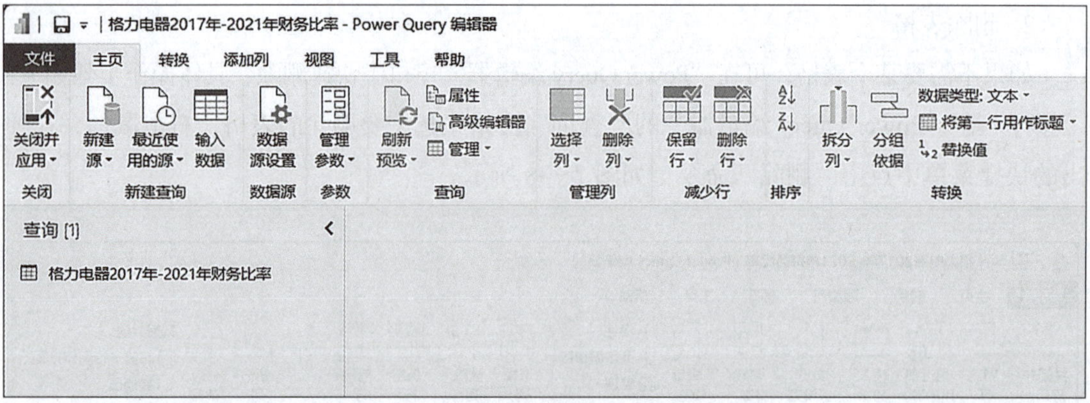

图 2-40 删除表后的“查询”窗格

如果需要同时删除多个表格，可按住“Ctrl”键的同时选中多个表格，然后右击鼠标，在弹出的快捷菜单中选择“删除”命令。

（二）表格的复制、重命名和移动

在“Power Query 编辑器”窗口中选中表格后右击鼠标，可以完成复制表格、重命名表格和移动表格等各种操作，具体操作步骤如下：

1. 复制表格

（1）选中表格，右击鼠标，在弹出的快捷菜单中点击“复制”命令后，再点击“粘贴”命令，就完成了表格的复制，如图 2-41 所示。

（2）可以在“查询”窗格查看复制的表格，如图 2-42 所示。

2. 重命名表格

（1）选中表格，右击鼠标，在弹出的快捷菜单中点击“重命名”命令，如图 2-43

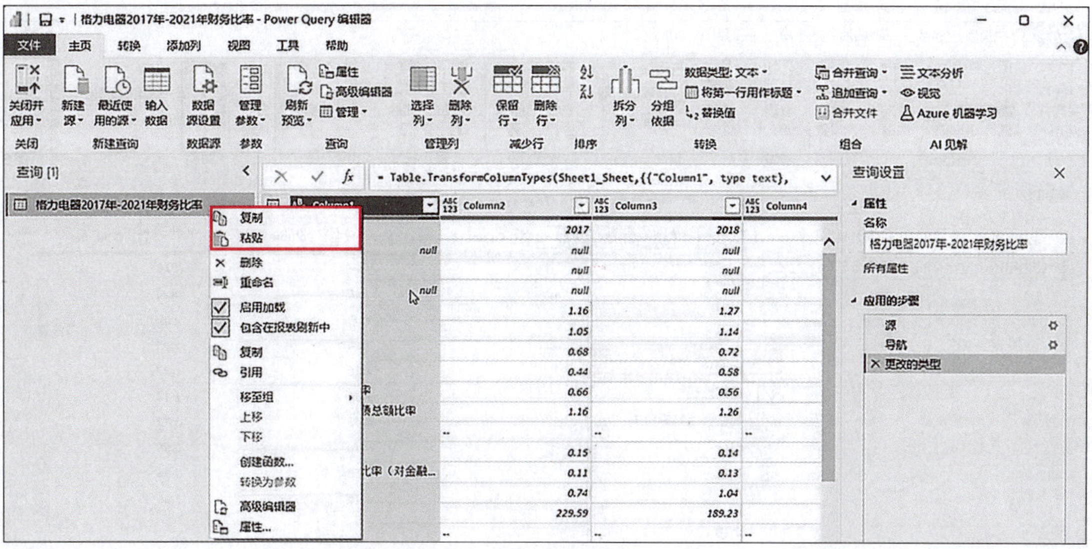

图 2-41 “复制”和“粘贴”命令

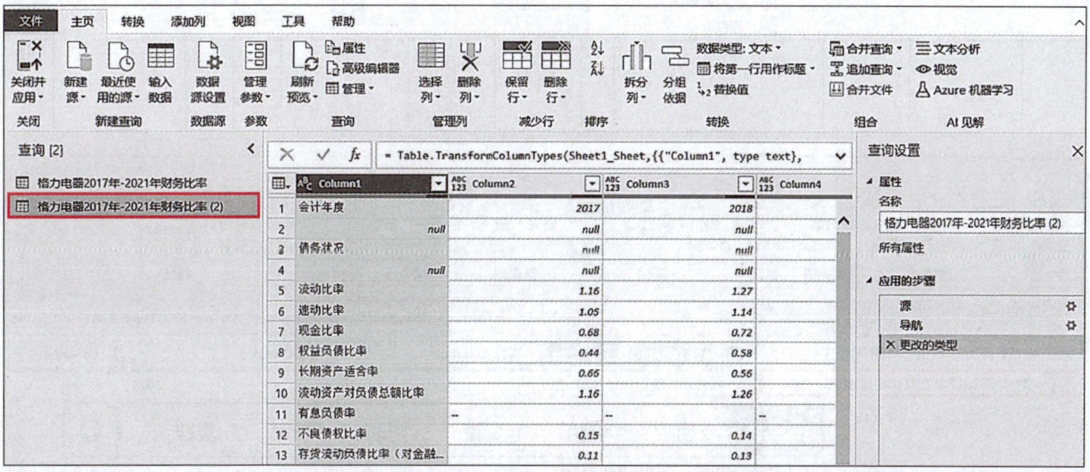

图 2-42 查看复制的表格

所示。

（2）此时表格名称处于可编辑的状态，输入表格的新名称后按下“Enter”回车键保存，如图 2-44 所示。

3. 移动表格

（1）选中表格，右击鼠标，在弹出的快捷菜单中点击“上移”或“下移”命令，可以实现表格位置的调整。

（2）表格下移，如图 2-45 所示。

（3）表格上移，如图 2-46 所示。

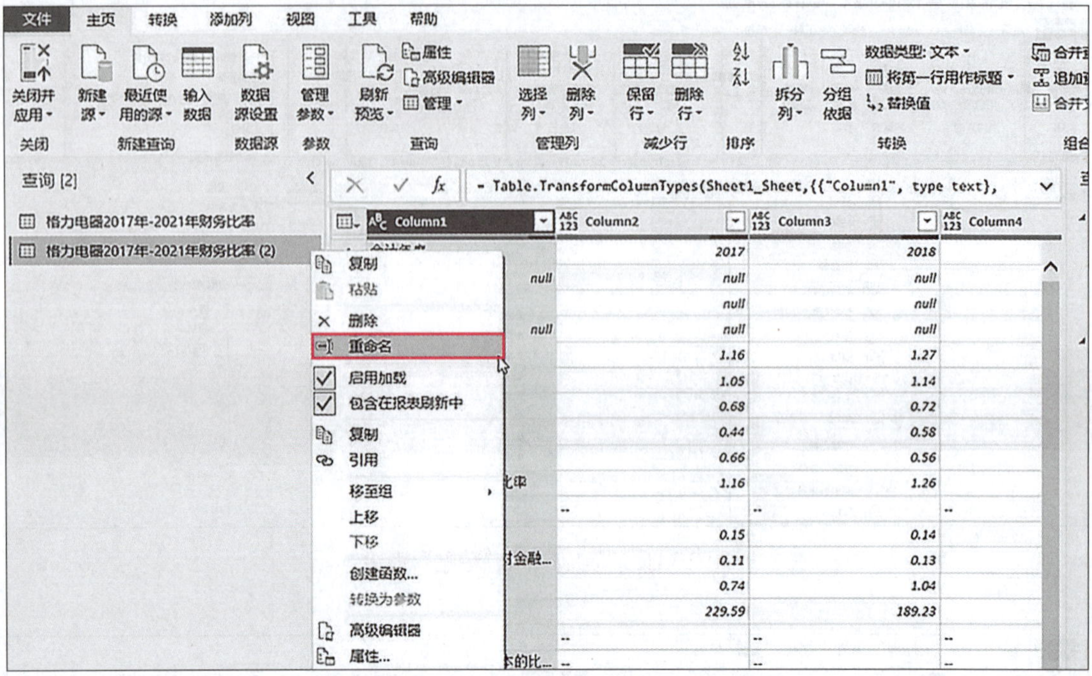

图 2-43 “重命名”命令

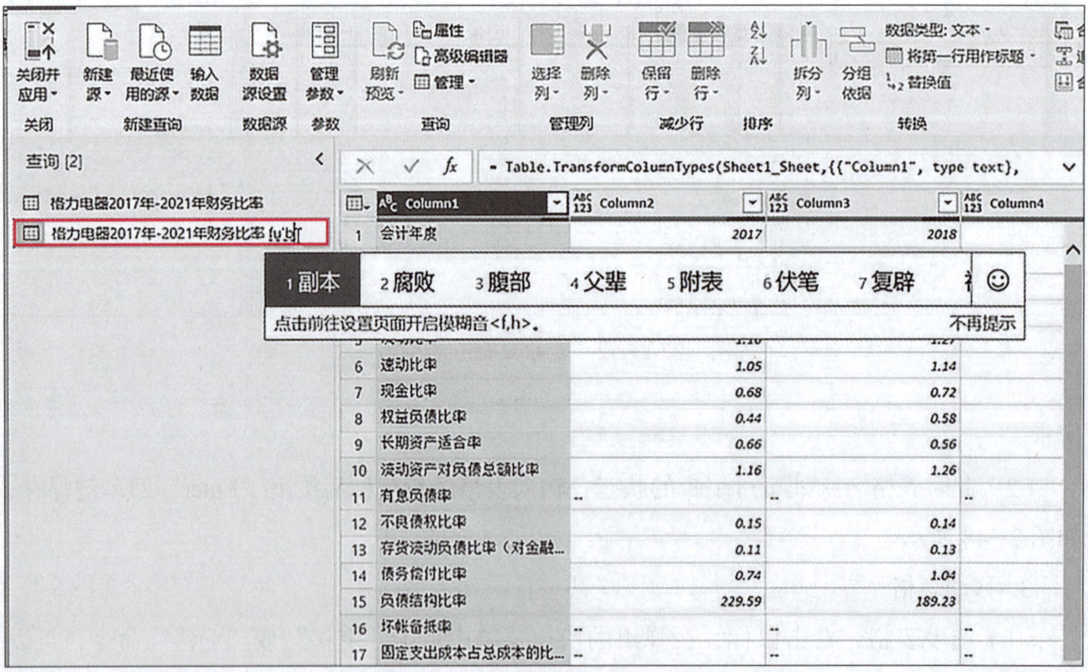

图 2-44 输入表格的新名称

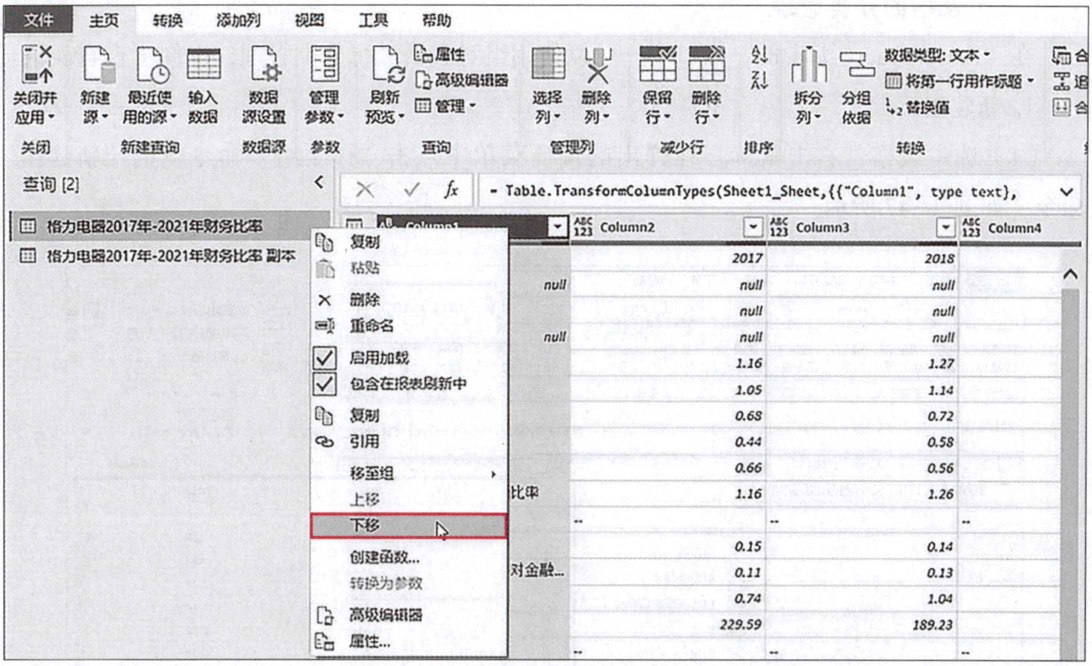

图 2-45 表格下移

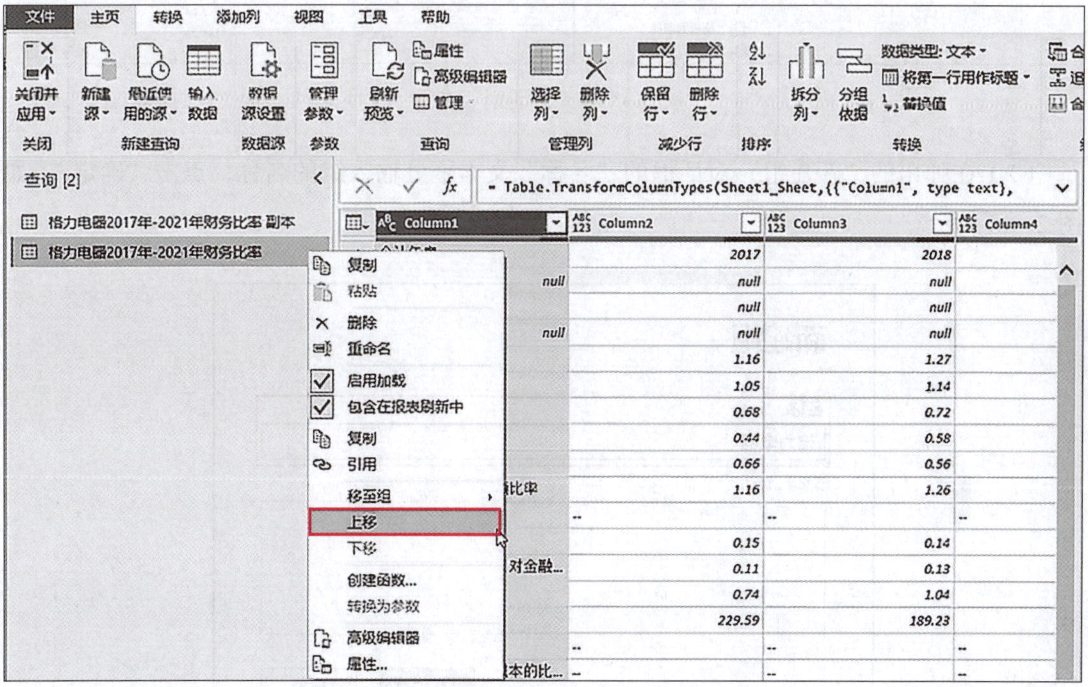

图 2-46 表格上移

（三）表格的分类管理

在“Power Query 编辑器”窗口中，可以使用组对表格进行分类管理，以便于查看表格。

1. 新建组

（1）选中表格，右击鼠标，在弹出的快捷菜单中点击“移至组”命令下的“新建组”命令，如图 2-47 所示。

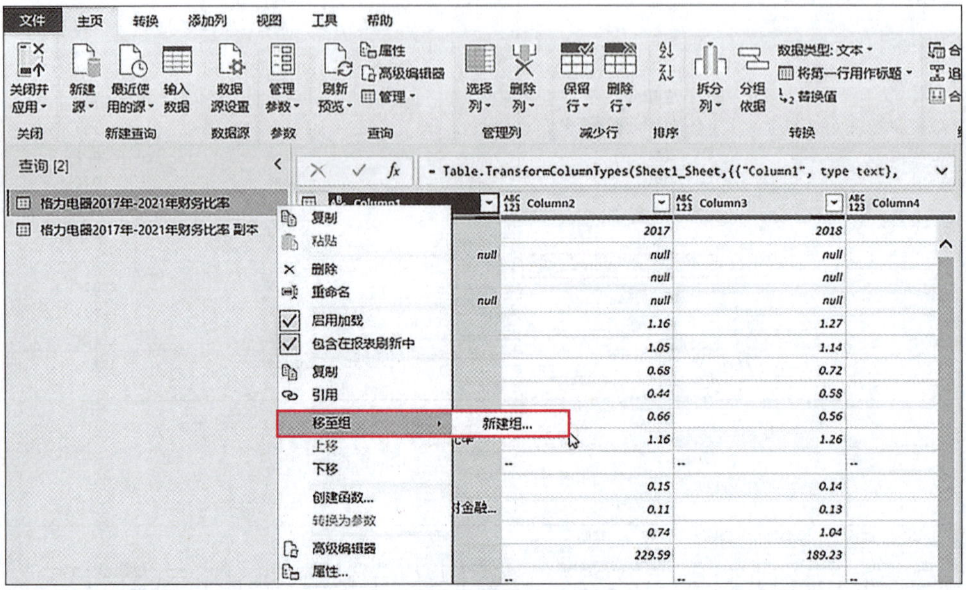

图 2-47 “新建组”命令

（2）在弹出的“新建组”对话框的“名称”文本框处输入组的名称，点击“确定”，如图 2-48 所示。

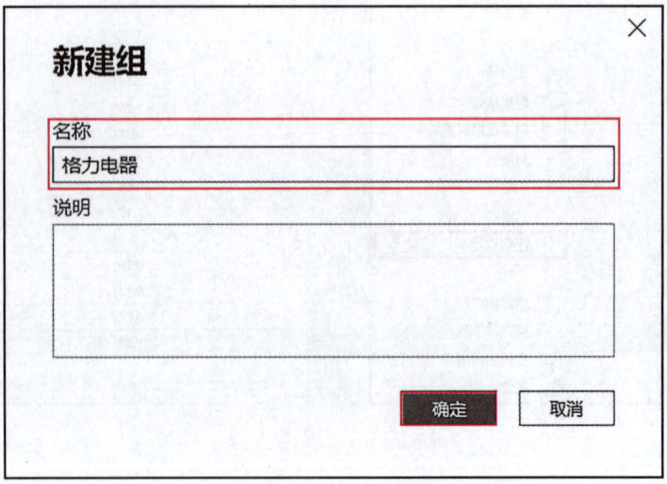

图 2-48 “新建组”命名

（3）在“查询”窗格中，选中的表格会移至新建的组中，其他表格则自动移至“其他查询”组中，如图 2-49 所示。

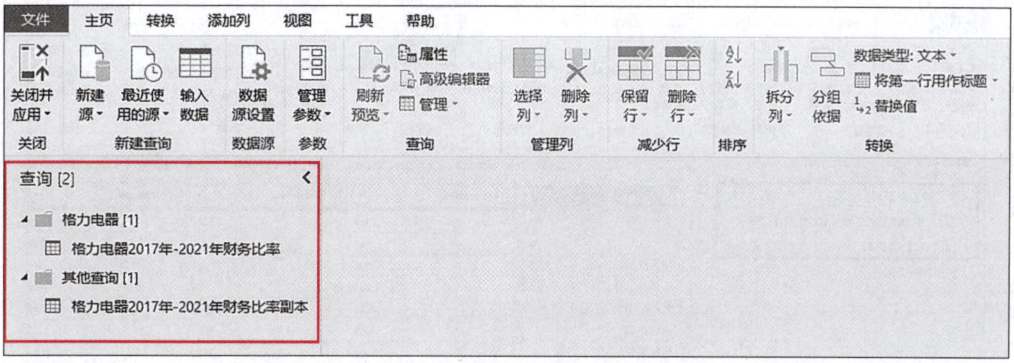

图 2-49 查看新建组

2. 移至组

从 Web 网页获取格力电器 2021 年利润表数据，并将其移至组“格力电器”，具体操作步骤如下：

（1）选中表“格力电器 2017 年—2021 年财务比率副本”，右击鼠标，在弹出的快捷菜单中点击“移至组”命令下的“格力电器”组，如图 2-50 所示。

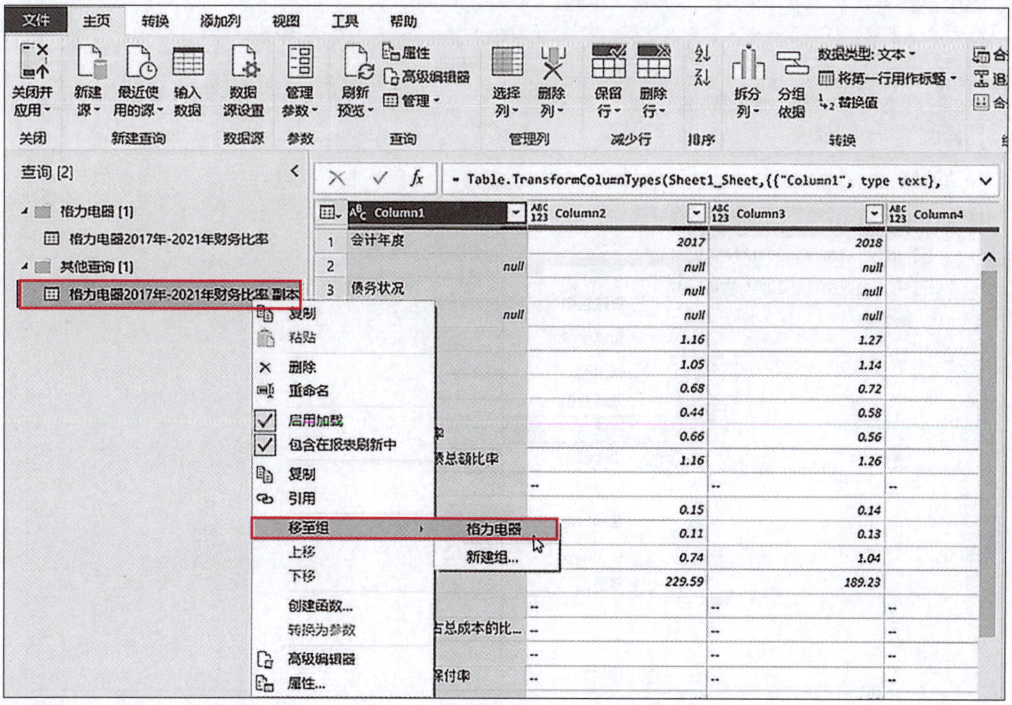

图 2-50 移至组

（2）在“查询”窗格中可以看到“格力电器 2017 年—2021 年财务比率副本”已经移至“格力电器”组中，如图 2-51 所示。

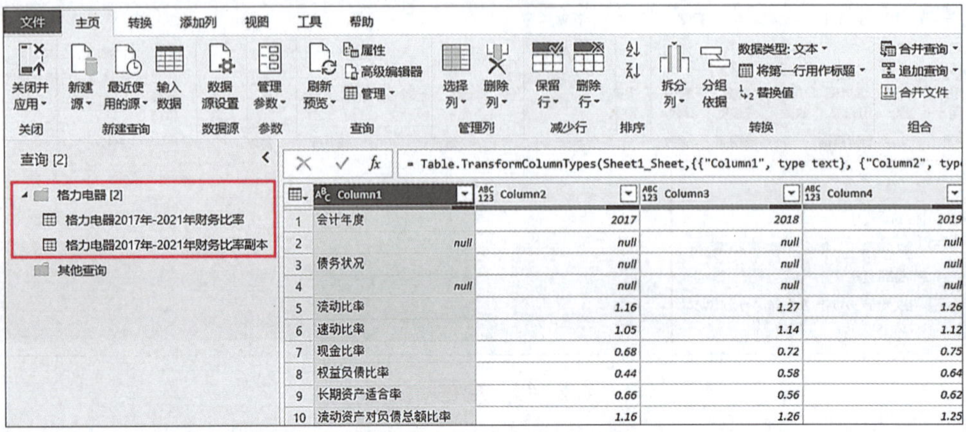

图 2-51　查看分组的表格

3. 删除组

（1）在“Power Query 编辑器”窗口中，用鼠标在组的名称上右击，在弹出的快捷菜单中选择“删除组”命令，如图 2-52 所示。

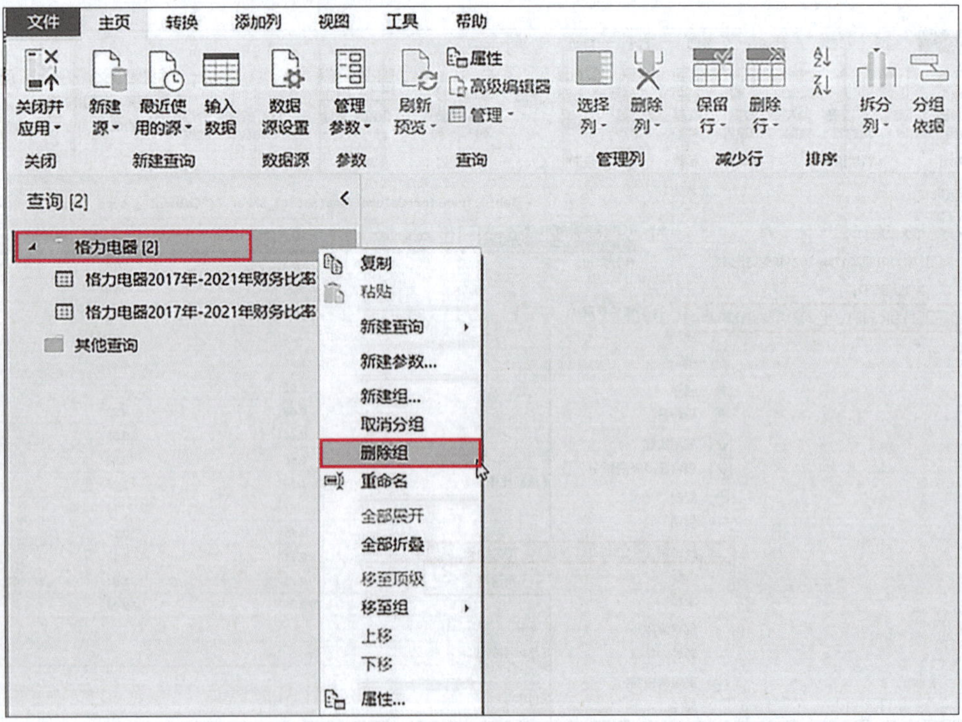

图 2-52　“删除组”命令

（2）在弹出的“删除组”对话框中，提示“在删除此组的同时删除此组中所有查询。是否确实要删除此组及其所有查询?”，点击“删除”按钮，如图 2-53 所示。

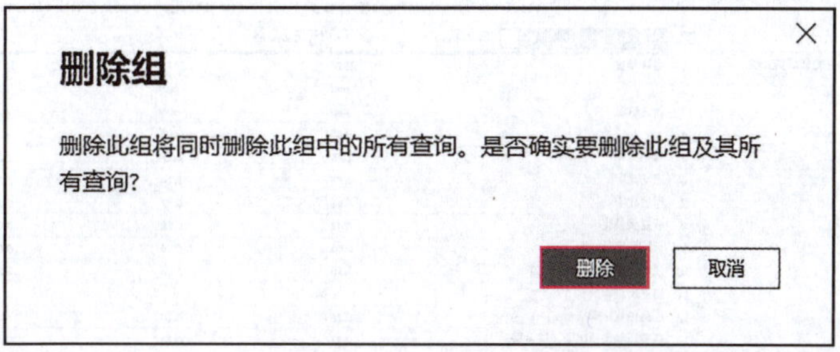

图 2-53 “删除”按钮

（3）可以看到在“查询”窗格中“格力电器”组已经被删除，如图 2-54 所示。

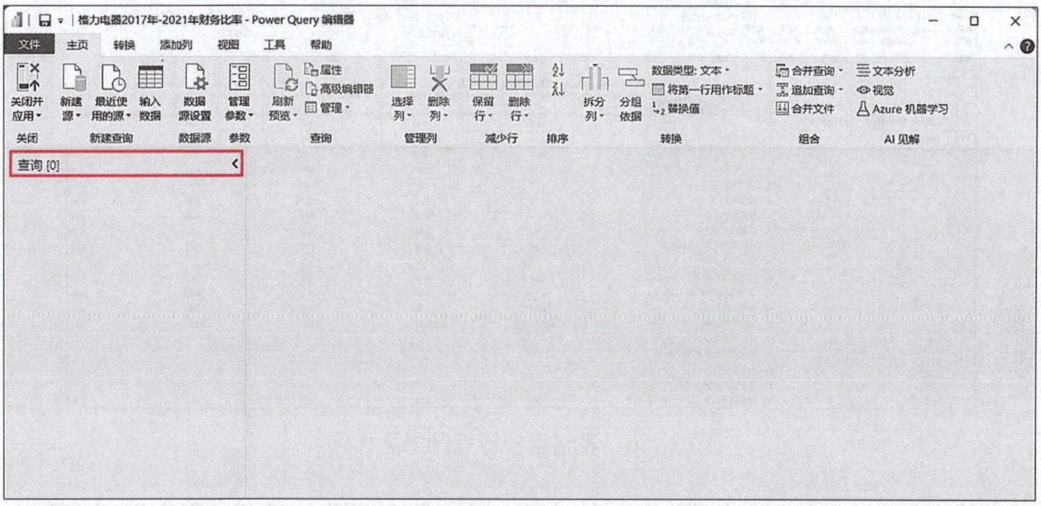

图 2-54 查看“删除组”后的结果

二、数据规范性操作

（一）将第一行用作标题

导入 Power BI Desktop 的表格需要设置列标题，具体操作步骤如下：

1. 在“Power Query 编辑器”窗口中选中表“格力电器 2017 年—2021 年财务比率”，在“主页”选项卡下选择“将第一行用作标题”，如图 2-55 所示。

微课 10：数据规范性操作

2. 操作完成后，表格中的第一行提升为列标题，如图 2-56 所示。也可以选择“将标题作为第一行”，则该标题降级为首行。

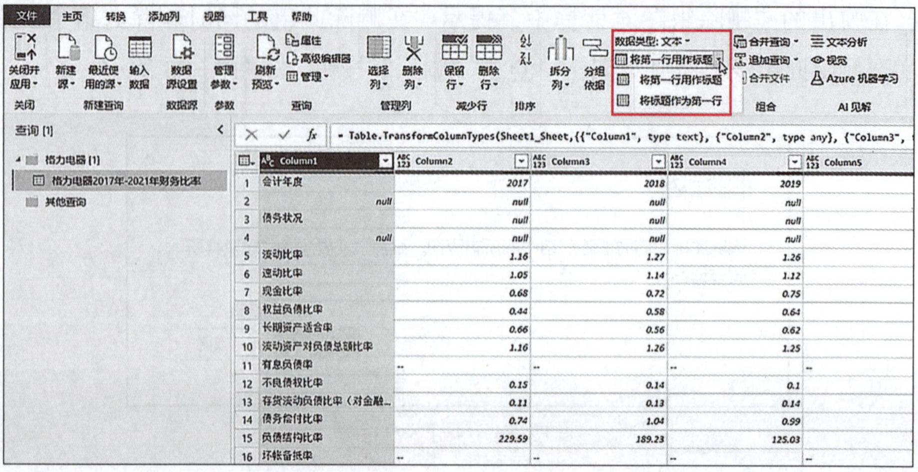

图 2-55 “将第一行用作标题”选项

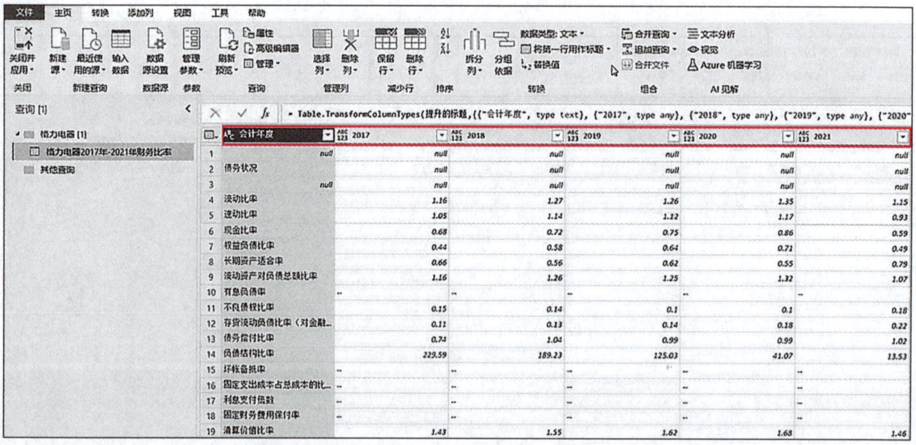

图 2-56 表格第一行提升为列标题

3. 在“Power Query 编辑器”窗口中点击“文件”选项卡，选择“保存”，如图 2-57 所示。

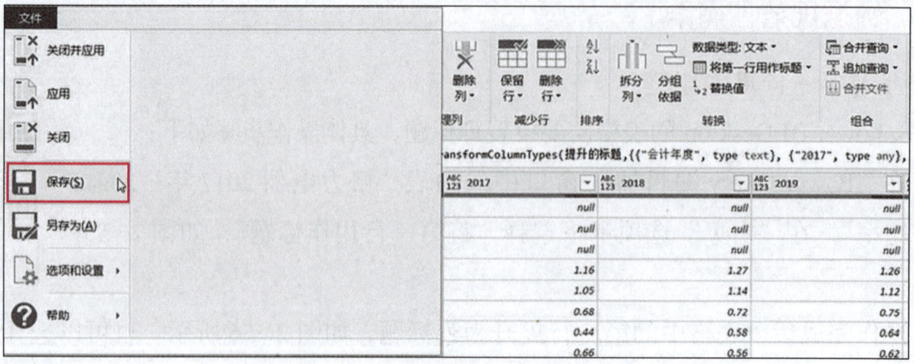

图 2-57 “保存”选项

4. 在弹出的对话框中提示“未应用的查询中有挂起的更改。是否要应用这些更改?”，点击“应用”按钮，如图 2-58 所示。

图 2-58 “应用”按钮

5. 加载完成后，所做更改成功保存，如图 2-59 所示。

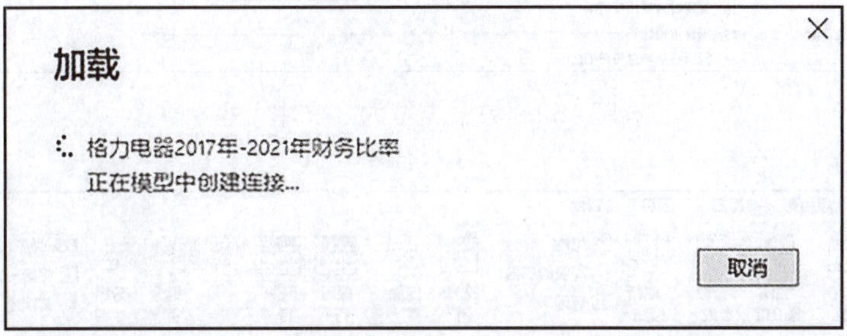

图 2-59 “加载”对话框

（二）更改数据类型

设置正确的数据类型非常重要。如果数据类型设置错误，那么在后期数据建模和可视化过程中很可能出现一些意想不到的问题，所以一开始就要注意把数据更改为合适的类型。以将 Power BI 文件“格力电器 2017 年—2021 年财务比率”中的第 2—6 列数据的类型更改为“小数”为例，介绍如何更改数据类型，具体操作步骤如下：

1. 在“Power Query 编辑器”窗口中选中文件“格力电器 2017 年—2021 年财务比率”，用鼠标右击第 2 列“2017”的列标题，在弹出的快捷菜单中选择“更改类型”，如图 2-60 所示。

2. 选中“小数”，将数据类型更改为“小数”型，如图 2-61 所示。

3. 选中列的数据类型自动更改为“小数”。没有数据的行将显示“Error”，如图 2-62 所示。

4. 选择数据类型变更为“定点小数”，如图 2-63 所示。此时，自动保留 2 位小数，如图 2-64 所示。

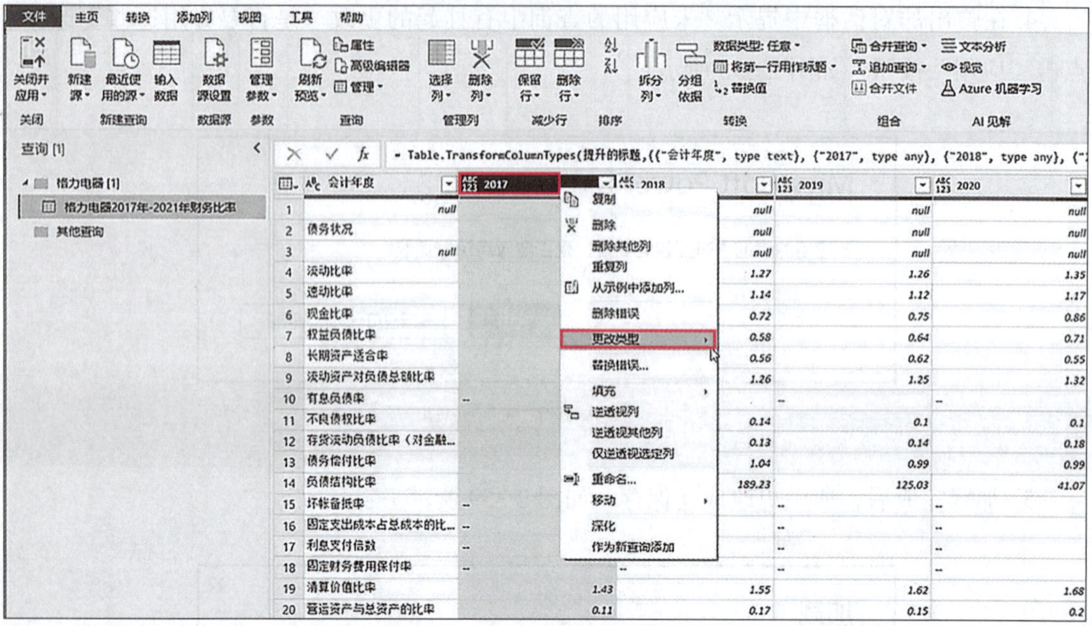

图 2-60　数据类型为“文本”型

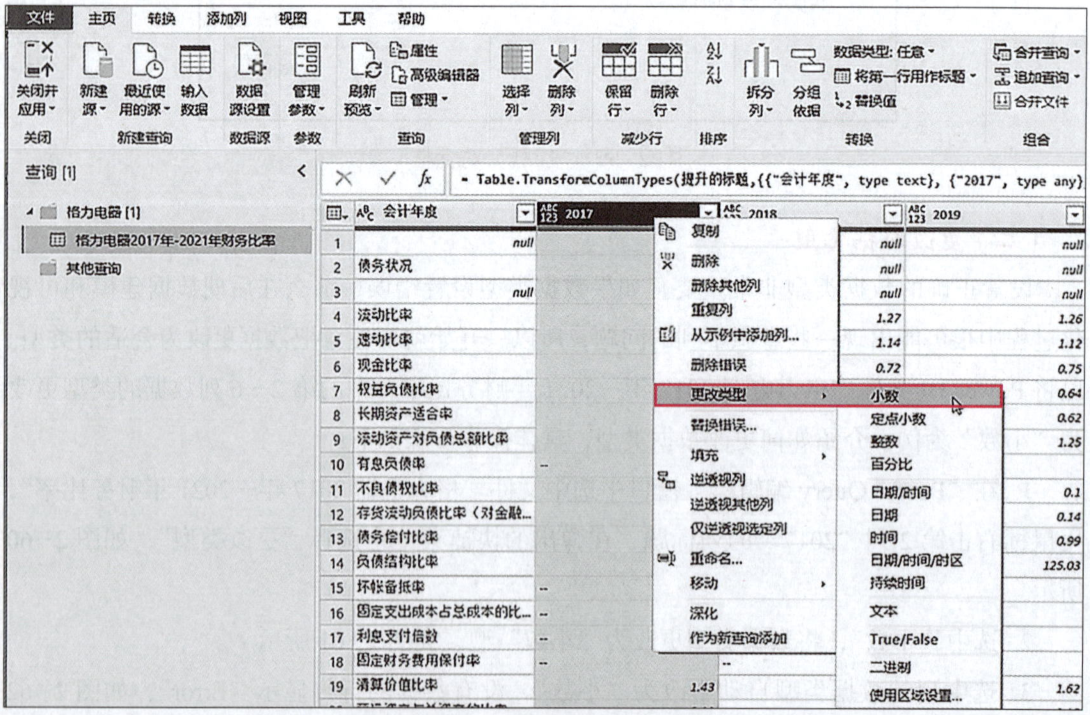

图 2-61　数据类型为“小数”型

5. 选择数据类型为“整数”则只保留到整数位，如图 2-65 所示。

6. 选择数据类型为“百分比”则自动保留为带 2 位小数的百分数，如图 2-66 所示。

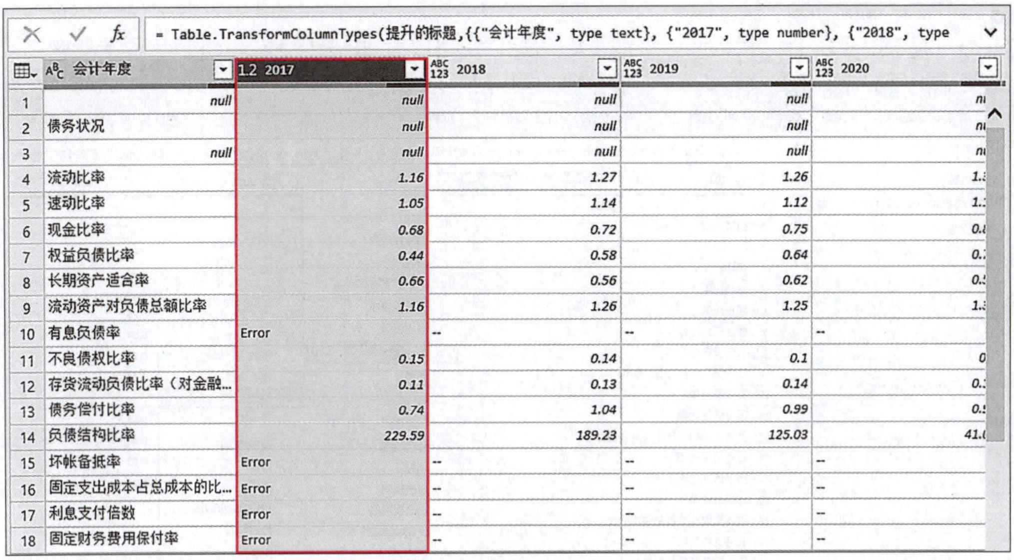

图 2-62 更改完成后的列数据

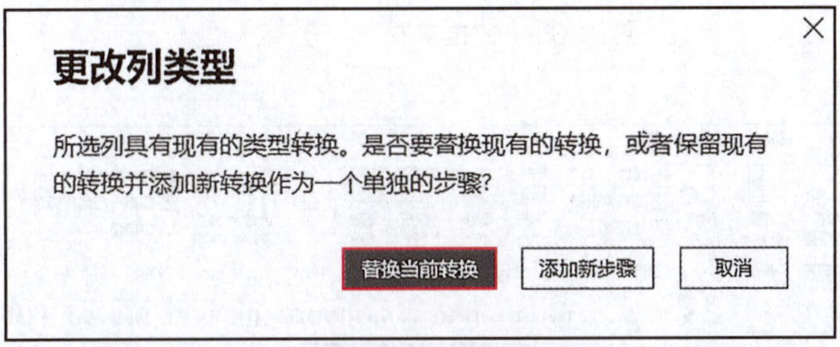

图 2-63 更改列类型

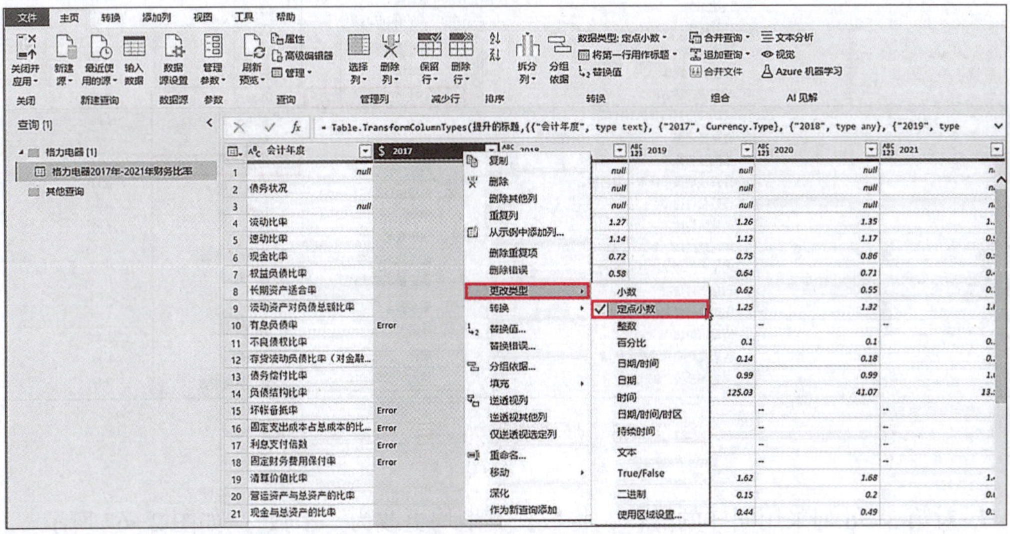

图 2-64 数据类型为“定点小数”型

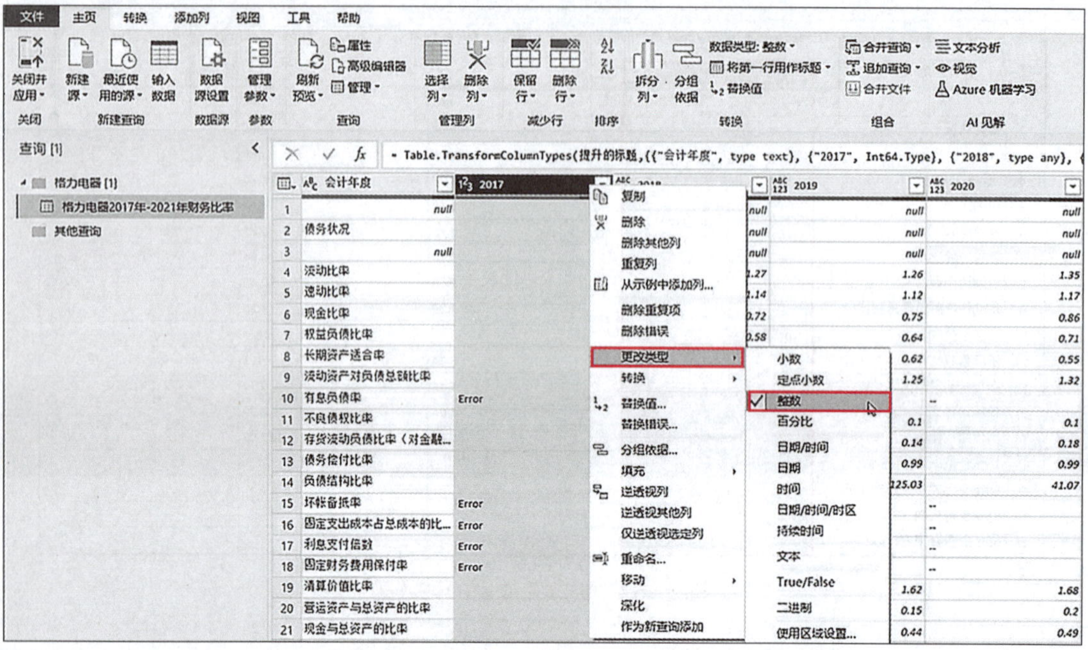

图 2-65　数据类型为“整数”型

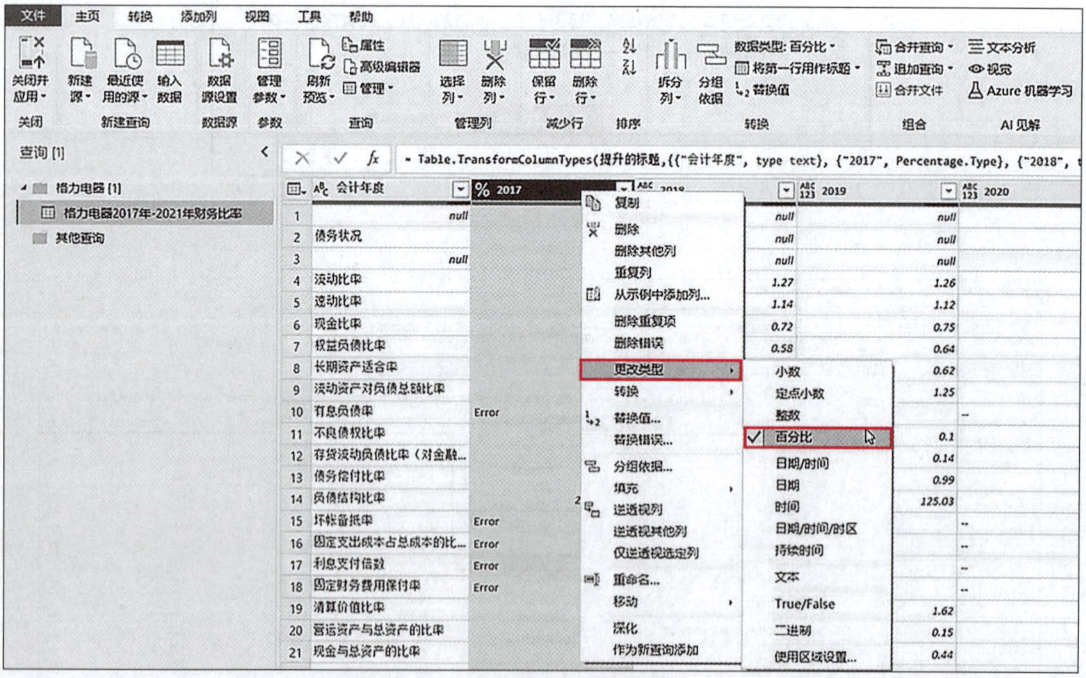

图 2-66　数据类型为“百分比”型

7. 对第 3—6 列采用同样的操作，将数据类型均更改为“小数”，如图 2-67 所示。

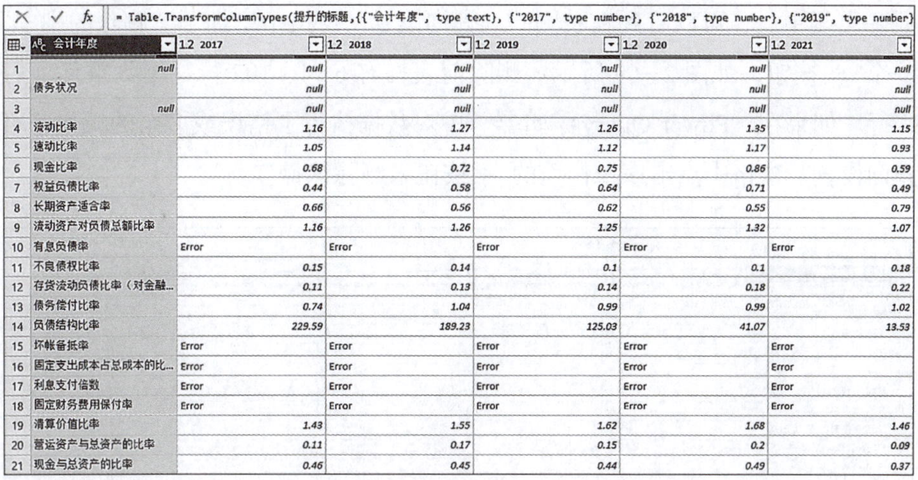
= Table.TransformColumnTypes(提升的标题,{{"会计年度", type text}, {"2017", type number}, {"2018", type number}, {"2019", type number}

	会计年度	2017	2018	2019	2020	2021
1	null	null	null	null	null	null
2	债务状况	null	null	null	null	null
3	null	null	null	null	null	null
4	流动比率	1.16	1.27	1.26	1.35	1.15
5	速动比率	1.05	1.14	1.12	1.17	0.93
6	现金比率	0.68	0.72	0.75	0.86	0.59
7	权益负债比率	0.44	0.58	0.64	0.71	0.49
8	长期资产适合率	0.66	0.56	0.62	0.55	0.79
9	流动资产对负债总额比率	1.16	1.26	1.25	1.32	1.07
10	有息负债率	Error	Error	Error	Error	Error
11	不良债权比率	0.15	0.14	0.1	0.1	0.18
12	存货流动负债比率（对金融...	0.11	0.13	0.14	0.18	0.22
13	债务偿付比率	0.74	1.04	0.99	0.99	1.02
14	负债结构比率	229.59	189.23	125.03	41.07	13.53
15	坏帐备抵率	Error	Error	Error	Error	Error
16	固定支出成本占总成本的比...	Error	Error	Error	Error	Error
17	利息支付倍数	Error	Error	Error	Error	Error
18	固定财务费用保付率	Error	Error	Error	Error	Error
19	清算价值比率	1.43	1.55	1.62	1.68	1.46
20	营运资产与总资产的比率	0.11	0.17	0.15	0.2	0.09
21	现金与总资产的比率	0.46	0.45	0.44	0.49	0.37

图 2-67 数据类型均更改为“小数”型

（三）删除重复项

如果表格连接的数据源存在重复项，可在“Power Query 编辑器”中将其删除，具体操作步骤如下：

1. 在“Power Query 编辑器”窗口中选中文件“格力电器 2017 年—2021 年财务比率”，用鼠标双击第 1 列“会计年度”的列标题，将其重命名为“财务比率”，右击“财务比率”的列标题，在弹出的快捷菜单中选择“删除重复项”命令，如图 2-68 所示。

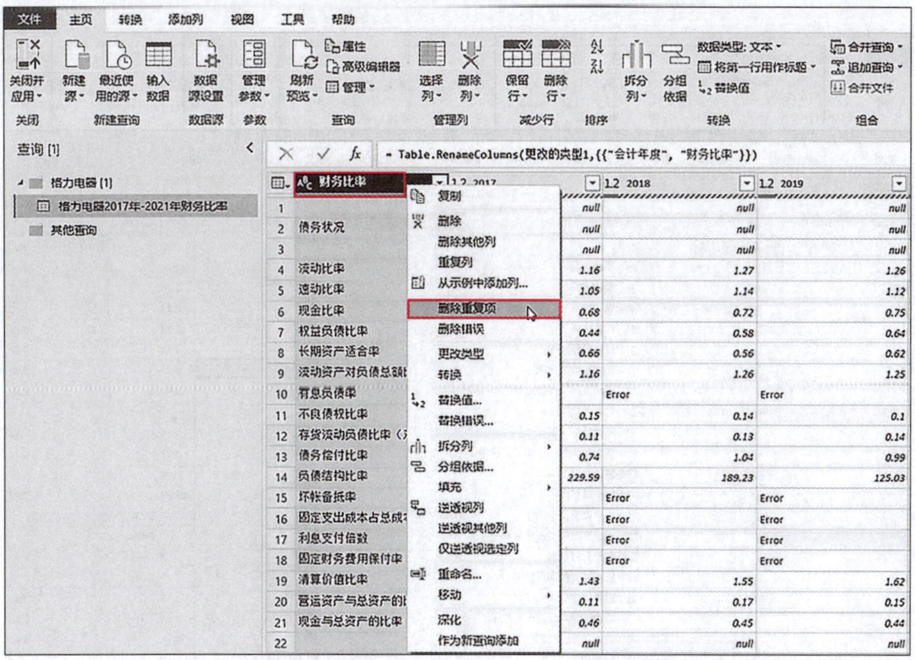

图 2-68 “删除重复项”命令

2. 删除重复项后，可以看到在右侧的“查询设置”窗格中增加了“删除的副本”，该行前面有一个 × 按钮，如图 2-69 所示。删除前表格有 6 列、102 行，删除重复项后表格有 6 列、89 行。如果在“Power Query 编辑器”中对数据执行了错误或多余的操作，可以在右侧的“查询设置”窗格中点击该操作前的 × 按钮来删除该操作。

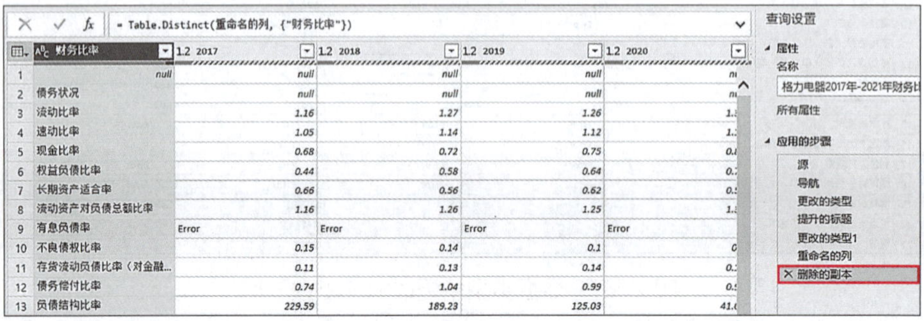

图 2-69 “删除的副本”选项

（四）删除错误

导入 Power BI Desktop 的数据有可能出现错误（Error），根据数据分析的需要应删掉错误，具体操作步骤如下：

1. 在“Power Query 编辑器”窗口中选中文件“格力电器 2017 年—2021 年财务比率”，用鼠标右击第 2 列“2017”的列标题，在弹出的快捷菜单中选择“删除错误”命令，如图 2-70 所示。

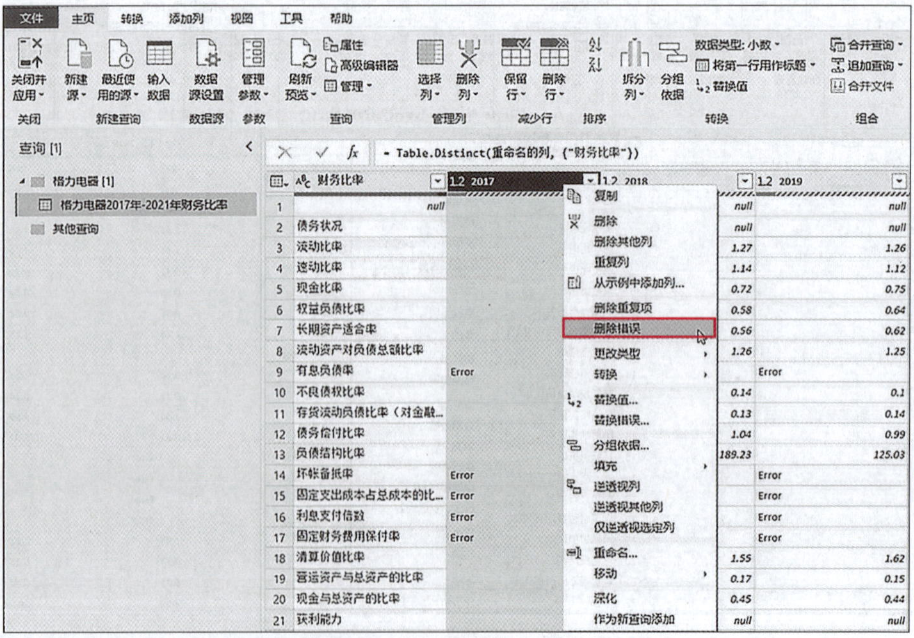

图 2-70 “删除错误”命令

2. 对其他列也采用同样的操作，删除错误后，可以看到在右侧的“查询设置”中出现了 6 行删除的错误，如图 2-71 所示。

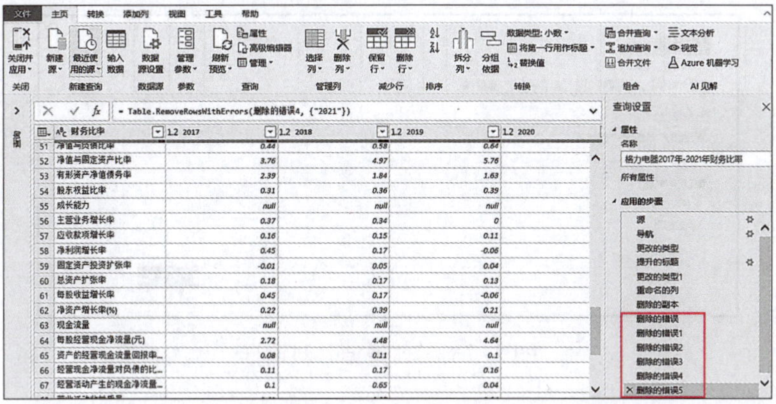

图 2-71 删除错误后

3. 在“Power Query 编辑器”窗口中的“文件”选项卡下，点击“保存”。

（五）替换值

如果要替换某列中的数据值和错误值，可直接在“Power Query 编辑器”中进行替换操作，以将 Power BI 文件“格力电器 2017 年—2021 年财务比率”第 41 行“流动资产对总资产的比率”替换为“流动资产率”为例，介绍如何替换值，具体操作步骤如下：

1. 在“Power Query 编辑器”窗口中选中文件“格力电器 2017 年—2021 年财务比率”，用鼠标右击“流动资产对总资产的比率”选项，在弹出的快捷菜单中点击“替换值”命令，如图 2-72 所示。

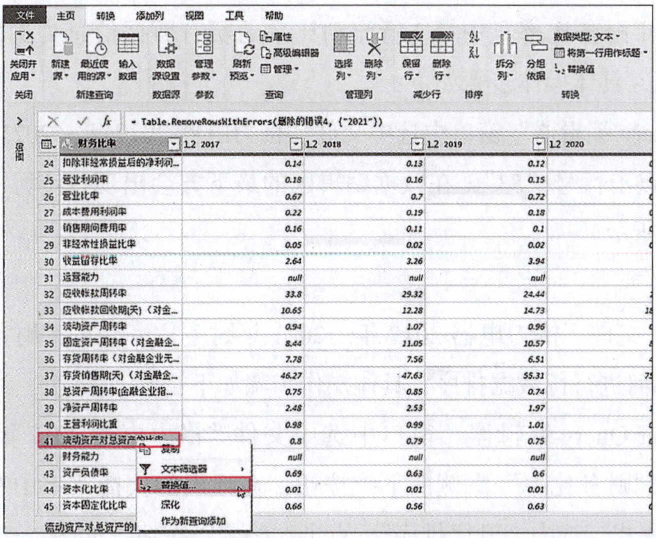

图 2-72 “替换值”命令

2. 在弹出的“替换值”对话框中的“替换为”对话框中，输入“主营业务利润（亿元）”，点击“确定”按钮，如图 2-73 所示。

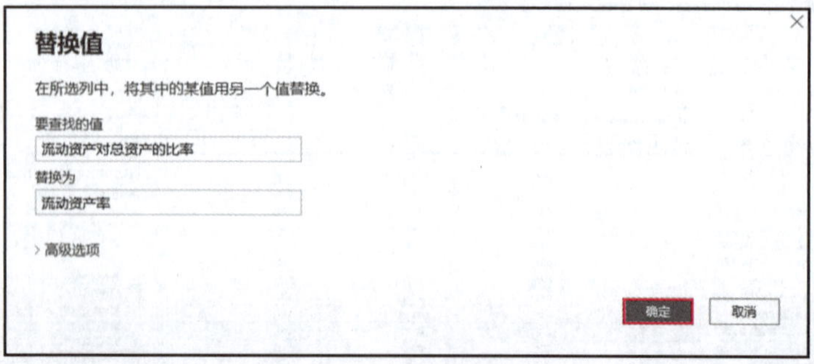

图 2-73 “替换值”对话框

3. 在“Power Query 编辑器”窗口中的“文件”选项卡下，点击“保存”。

三、数据的行、列操作

通过数据的行、列操作，可将原始数据表中符合要求的数据保留，并上传到数据模型中进行数据可视化操作。

（一）数据的行操作

1. 行数据查询

当“Power Query 编辑器”中的行数较多时，通过拖动滚动条可以查看被遮挡的行数据信息。但如果想要更加迅速、精准地查看某行中所有单元格的数据信息，则可通过选中行号的方法来实现。以查看 Power BI 文件“格力电器 2017 年—2021 年财务比率”中第 3 行流动比率的所有数据信息为例，介绍如何查询行数据，具体操作步骤如下：

微课 11：数据的行操作

在“Power Query 编辑器”窗口中选中文件“格力电器 2017 年—2021 年财务比率”，在“文件”选项卡下点击行号“53”，在数据编辑区的最下方会出现指定行所有单元格的数据信息，如图 2-74 所示。

2. 行数据排序

以对 Power BI 文件“格力电器 2017 年—2021 年财务比率”的“财务比率”进行升序排序为例，介绍如何进行行数据排序，具体操作步骤如下：

（1）在“Power Query 编辑器”窗口中选中文件“格力电器 2017 年—2021 年财务比率”，点击列标题“财务比率”右侧的下拉按钮，在弹出的快捷菜单中有“升序排序”和“降序排序”两种方式，选中“升序排序”，点击“确定”按钮，如图 2-75 所示。

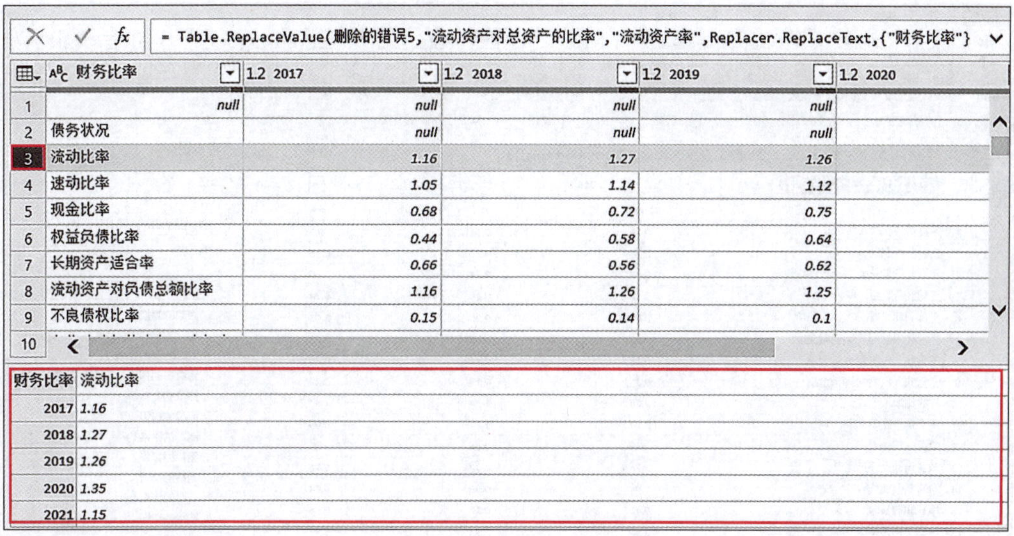

图 2-74 查询行数据

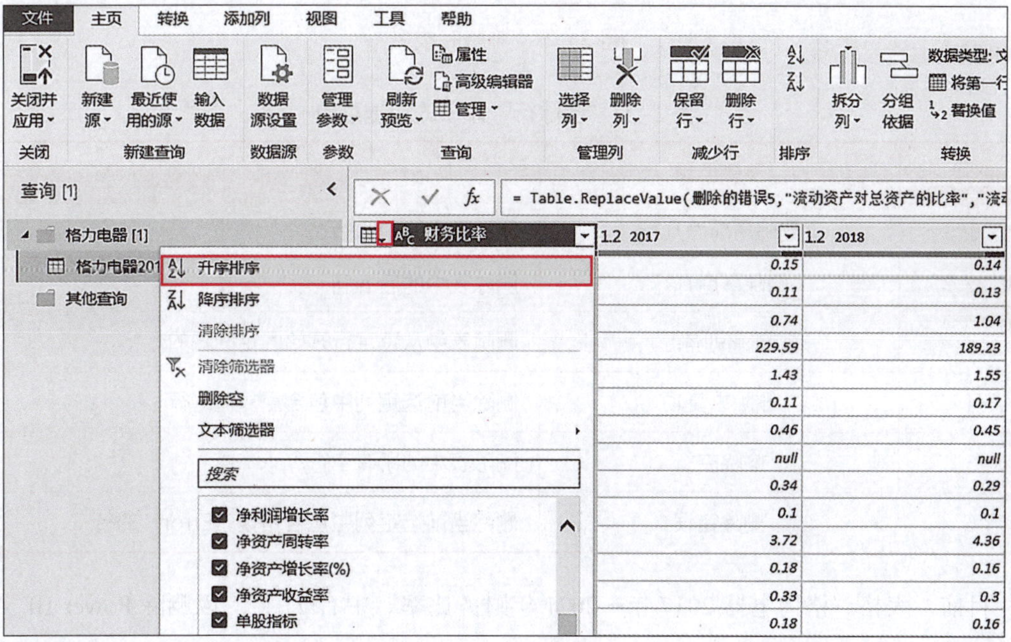

图 2-75 排序命令

（2）排序完成后，在列标题“报告日期”右侧下拉按钮的旁边多了一个升序箭头“↑”，如图 2-76 所示。同样的操作，可以完成降序排序。

（3）在“Power Query 编辑器”窗口中的“文件”选项卡下，点击“保存”。

3. 行数据删除

在“Power Query 编辑器”中，“删除行”命令的操作包括 6 种，见表 2-2。

图 2-76 排序完成后

表 2-2 “删除行”命令的快捷菜单

序号	快捷菜单	含义
1	删除最前面几行	删除表中的前 n 行
2	删除最后几行	删除表中的后 n 行
3	删除间隔行	删除表中从特定行开始固定间隔的行
4	删除重复项	删除当前选定列中包含重复值的行
5	删除空行	删除表中的所有空行
6	删除错误	删除当前选定列中包含错误（Error）的行

目前，表格“格力电器 2017 年—2021 年财务比率”中有 77 行。以删除 Power BI 文件“格力电器 2017 年—2021 年财务比率”中第 6 行和 77 行为例，介绍“删除最后几行”的方法，具体操作步骤如下：

（1）在“Power Query 编辑器”窗口中，选中文件“格力电器 2017 年—2021 年财务比率”，在“主页”选项卡下点击“删除行”，在弹出的快捷菜单中点击“删除最后几行”，如图 2-77 所示。

（2）在弹出的“删除最后几行”对话框中的“行数”对话框内输入“2”，点击“确定”按钮，如图 2-78 所示。

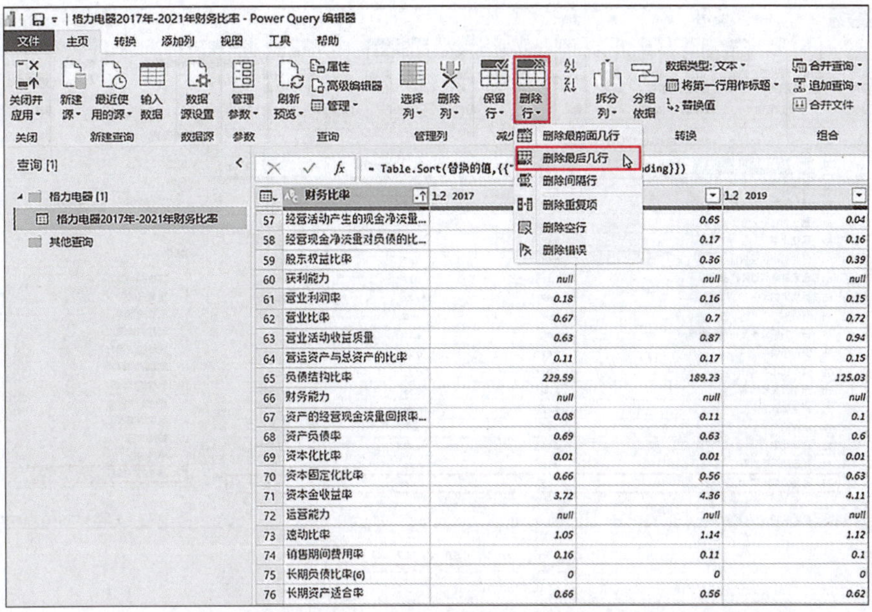

图 2-77 “删除最后几行”命令

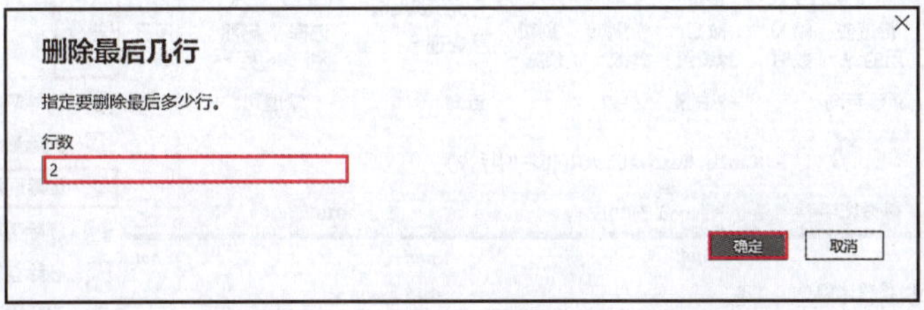

图 2-78 “删除最后几行”对话框

（3）操作完成后，可以看到在“查询设置”窗格中增加了“删除的底部行”，点击该行前面的 × 按钮可以取消操作。在数据编辑区可以看到最后一行变更为第 59 行，如图 2-79 所示。

以删除 Power BI 文件“格力电器 2017 年—2021 年财务比率”中第 12 行为例，介绍“删除间隔行”的方法，这种方法可以删除中间的行，具体操作步骤如下：

（1）在“Power Query 编辑器”窗口中选中文件“格力电器 2017 年—2021 年财务比率”，在“主页”选项卡下，点击“删除行”，在弹出的快捷菜单中，点击“删除间隔行”，如图 2-80 所示。

（2）在弹出的“删除间隔行”对话框中的“要删除的第一行”对话框内输入“12”，表示从第 12 行开始删除；在“要删除的行数”对话框内输入“1”，表示要删除 1 行，即第 12 行；原文件总共有 75 行，删除 1 行后还剩余 74 行，在“要保留的行数”对话框内输入“74”，点击“确定”按钮，如图 2-81 所示。

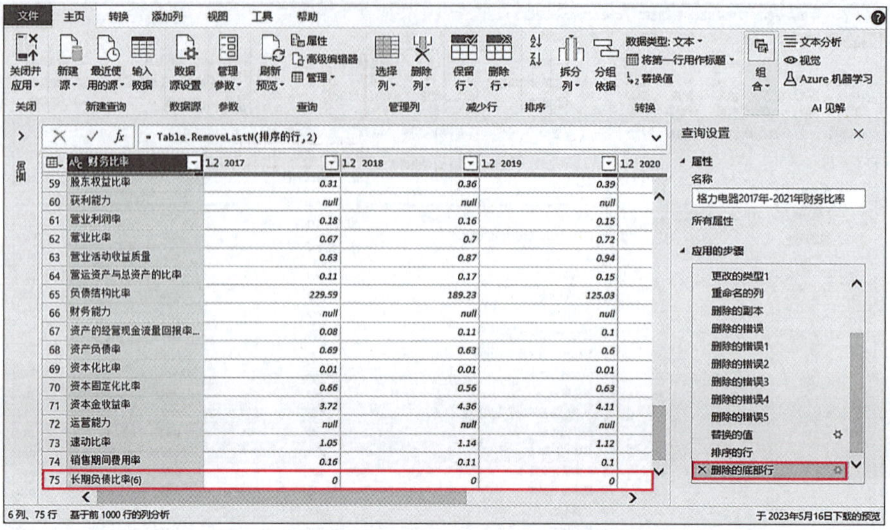

图 2-79　删除最后一行后

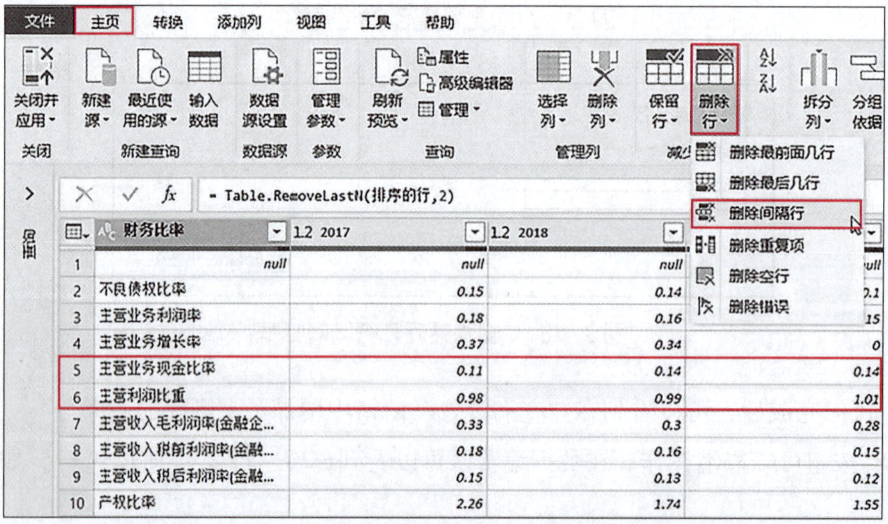

图 2-80　“删除间隔行”命令

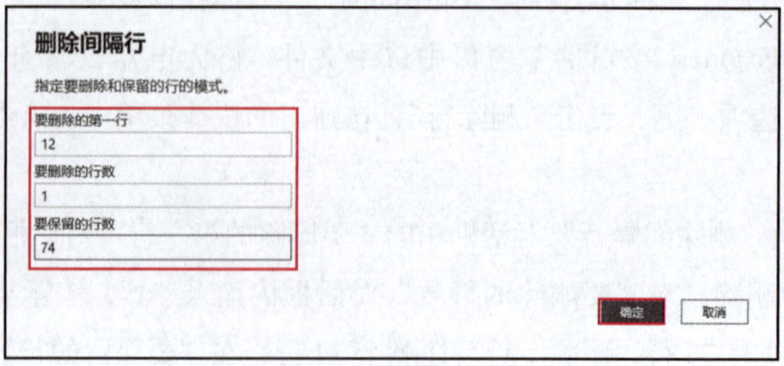

图 2-81　“删除间隔行”对话框

（3）操作完成后，可以看到在“查询设置”窗格中增加了“删除的间隔行”，点击该行前面的 × 按钮可以取消操作。在数据编辑区可以看到，最后一行变更为第 74 行，如图 2-82 所示。用同样的方式，分别将原第 18、33、54、59、64、71 行删除，这些行只有财务比率名称，没有数值，删除后剩余 68 行。每次删除后，原行顺序就会提进 1 位。

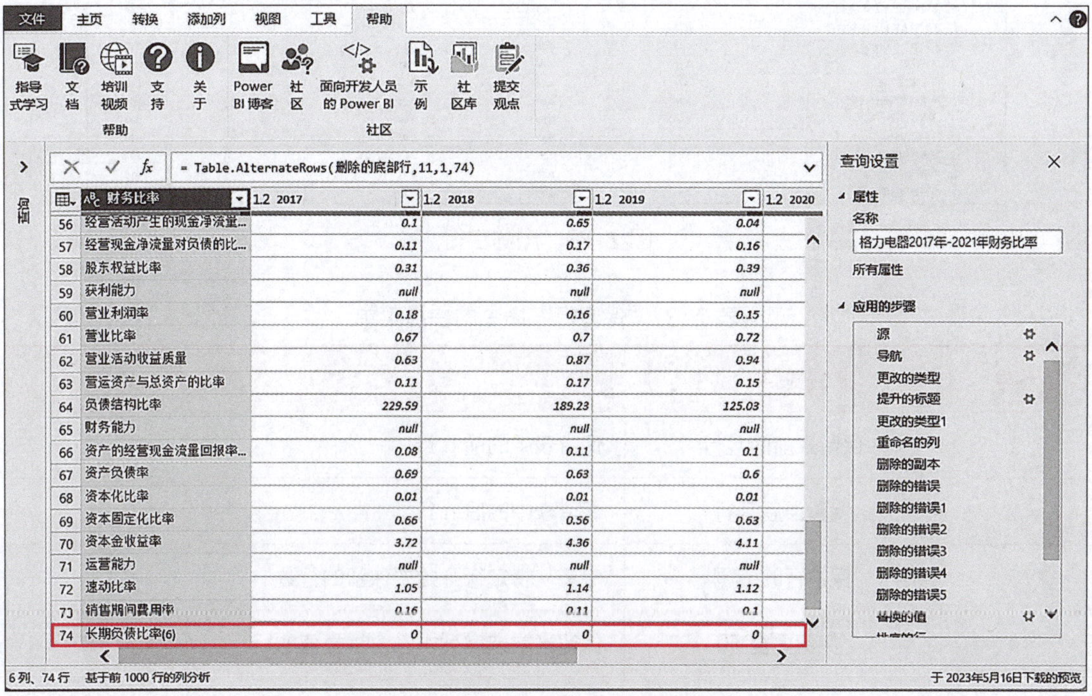

图 2-82 删除间隔行后

（4）在“Power Query 编辑器”窗口中的在“文件”选项卡下，点击“保存”。

空行，即全是空值（null）的行。以删除 Power BI 文件“格力电器 2017 年—2021 年财务比率”中的空行为例，介绍“删除空行”的方法，具体操作步骤如下：

（1）在“Power Query 编辑器”窗口中选中文件“格力电器 2017 年—2021 年财务比率”，在“主页”选项卡下点击“删除行”，在弹出的快捷菜单中点击“删除空行”，如图 2-83 所示。

（2）操作完成后，表格中的空行全部删除。点击“保存”，保存所做的各项操作。操作完成，表格还是 6 列、67 行。

4. 行数据保留

在“Power Query 编辑器”中，“保留行”命令的操作包括 5 种，见表 2-3。

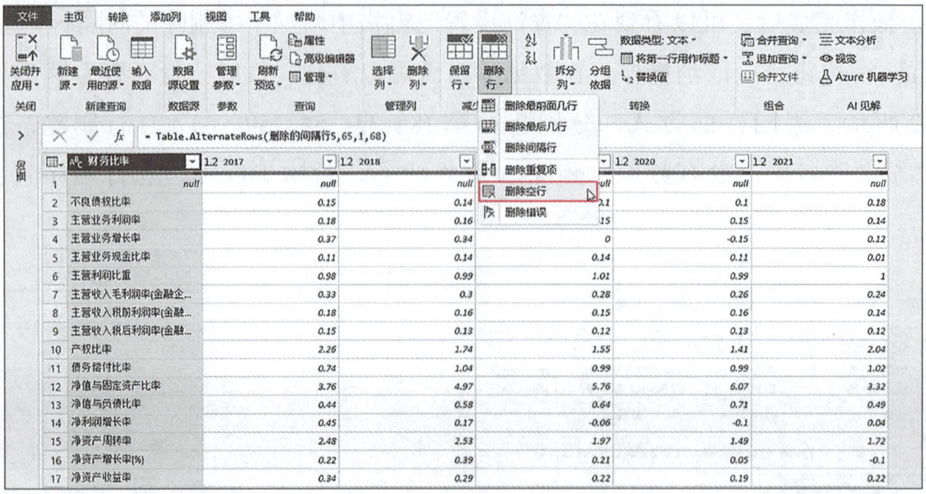

图 2-83　删除空行

表 2-3　“保留行”命令的快捷菜单

序号	快捷菜单	含　　义
1	保留最前面几行	保留表中的前 n 行
2	保留最后几行	保留表中的后 n 行
3	保留行的范围	保留从特定行开始要保留的行数
4	保留重复项	保留当前选定列中包含重复值的行
5	保留错误	保留当前选定列中包含错误（Error）的行

以保留 Power BI 文件“格力电器 2017 年—2021 年财务比率”中第 2—65 行为例，介绍“保留行的范围”的方法，这种方法可以保留中间的行，具体操作步骤如下：

（1）在“Power Query 编辑器”窗口中选中文件“格力电器 2017 年—2021 年财务比率”，在“主页”选项卡下点击“保留行”，在弹出的快捷菜单中点击“保留行的范围”，如图 2-84 所示。

（2）在弹出的“保留行的范围”对话框中的“首行”对话框内输入“2”，表示从第 2 行开始保留；在“行数”对话框内输入“65”，表示要保留 65 行，即从第 2—66 行，点击“确定”按钮，如图 2-85 所示。

（3）操作完成后，在“查询设置”窗格增加了“保留的行的范围”，点击前面的 × 按钮可以取消操作。在数据编辑区可以看到，第 2 行成为第 1 行，一共还有 65 行，如图 2-86 所示。

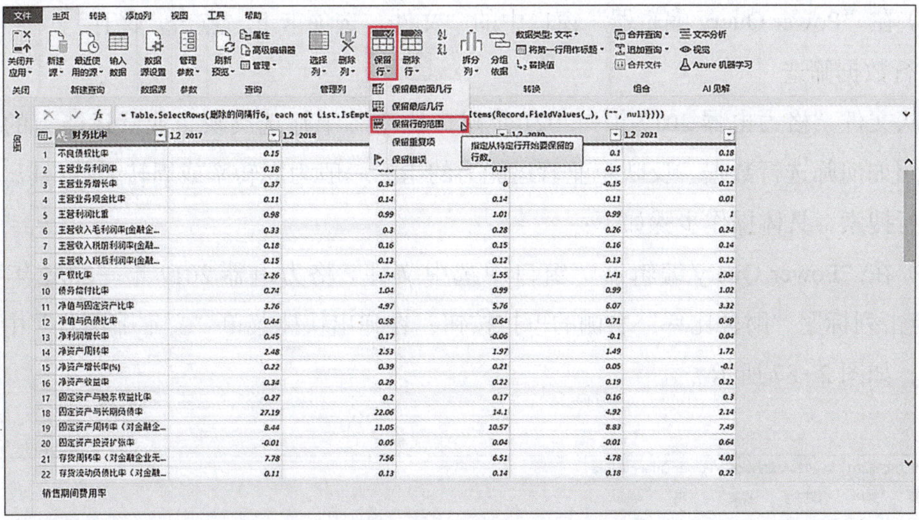

图 2-84 “保留行的范围”命令

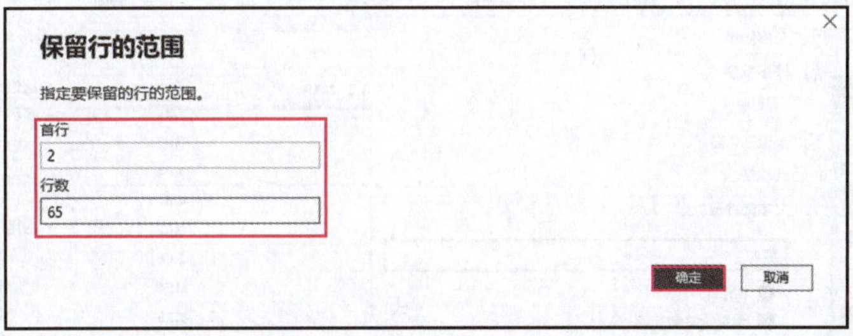

图 2-85 “保留行的范围”对话框

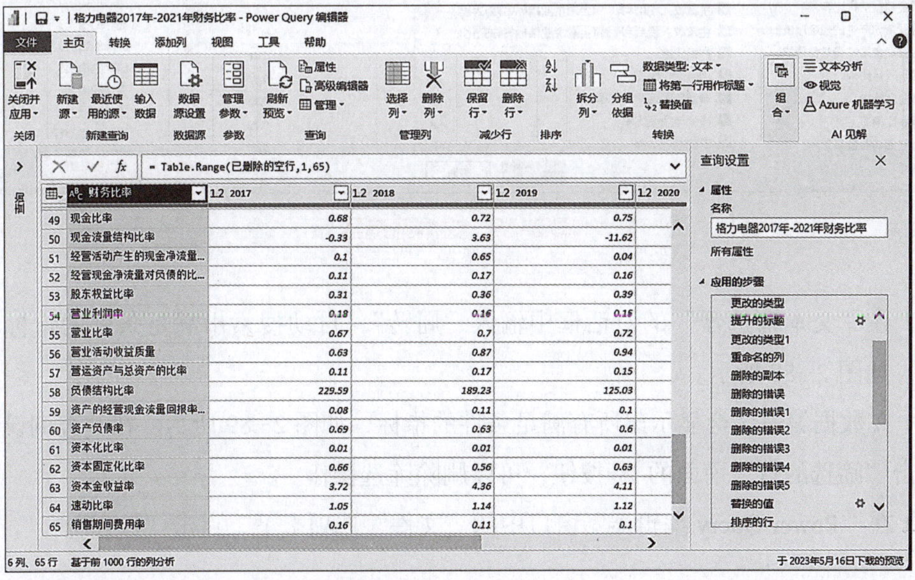

图 2-86 保留第 2—66 行

（4）在“Power Query 编辑器”窗口中的“文件”选项卡下，点击“保存”。

5. 行数据筛选

以从文件“格力电器 2017 年—2021 年财务比率”中筛选反映企业营运能力的指标为例，介绍如何筛选行数据。反映企业营运能力的指标一般为周转率或周转天数，以“周转”两字进行搜索，具体操作步骤如下：

（1）在“Power Query 编辑器”窗口中选中文件“格力电器 2017 年—2021 年财务比率”，点击列标题“财务比率”右侧的下拉按钮，在弹出快捷菜单“文本筛选器”中可以进行搜索，如图 2-87 所示。

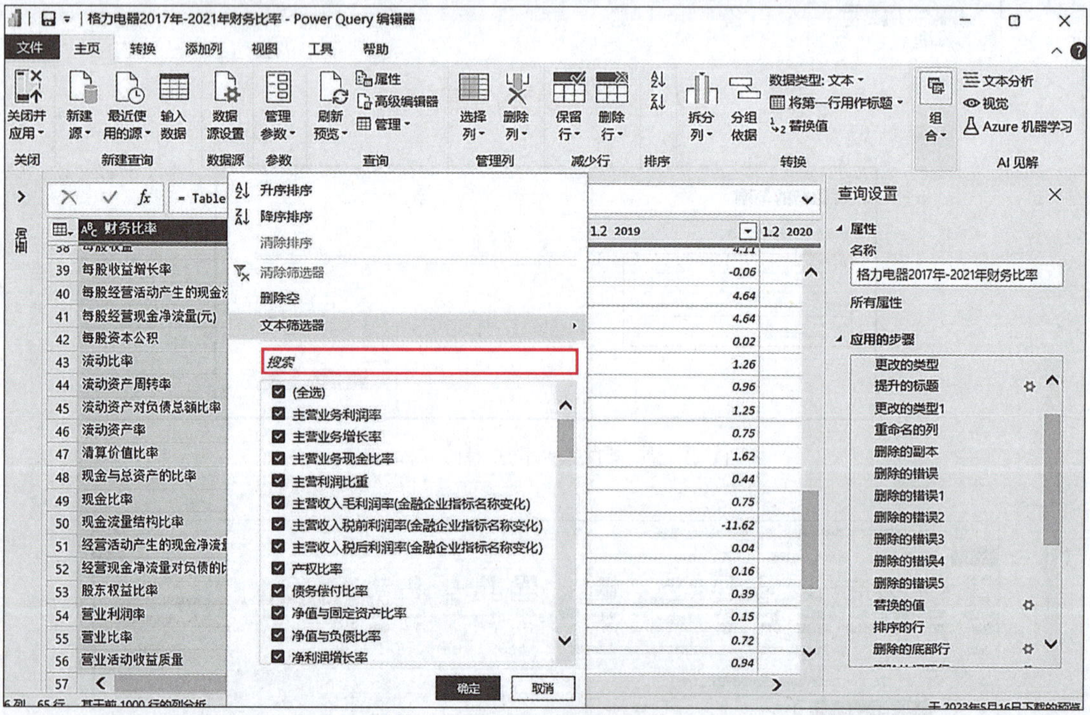

图 2-87 文本筛选器

（2）在“文本筛选器”的对话框中输入“周转”，自动搜索出满足条件的指标，点击“确定”，如图 2-88 所示。

（3）在数据编辑区会显示出所有满足条件的指标，如图 2-89 所示。在“查询设置”窗格中点击“筛选的行”前面的 × 按钮，可以删除筛选操作。

（4）在“Power Query 编辑器”窗口中的“文件”选项卡下，点击“保存”。

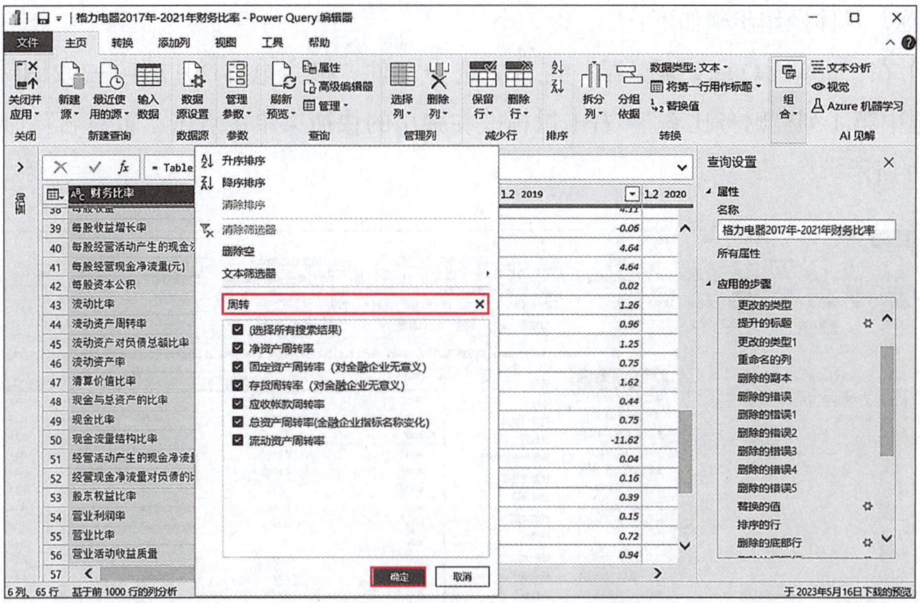

图 2-88 搜索满足条件的指标

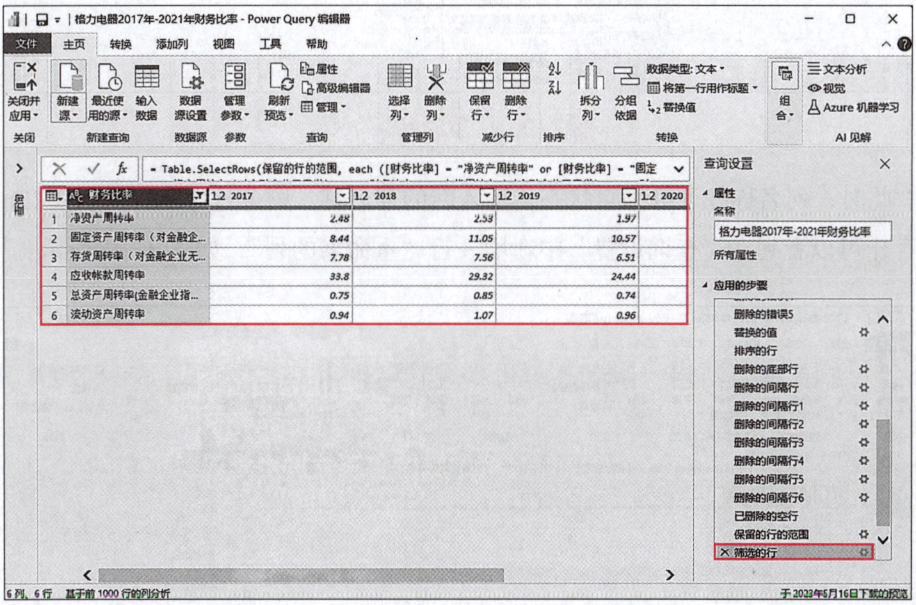

图 2-89 搜索结果

（二）数据的列操作

1. 列名称重命名

如果原有数据源的列标题名称不便于直观识别该列的数据内容，可以对列标题进行重命名。以将 Power BI 文件“格力电器 2017 年—2021 年财务比率”中第 1 列“财务比率”重命名为“财务比率名称”为例，介绍如何重命

微课 12：
数据的列操作

名列名称，具体操作步骤如下：

（1）在“Power Query 编辑器”窗口中选中文件“格力电器 2017 年—2021 年财务比率”，选中第 1 列“财务比率”，右击鼠标，在弹出的快捷菜单中点击“重命名”命令，如图 2-90 所示。

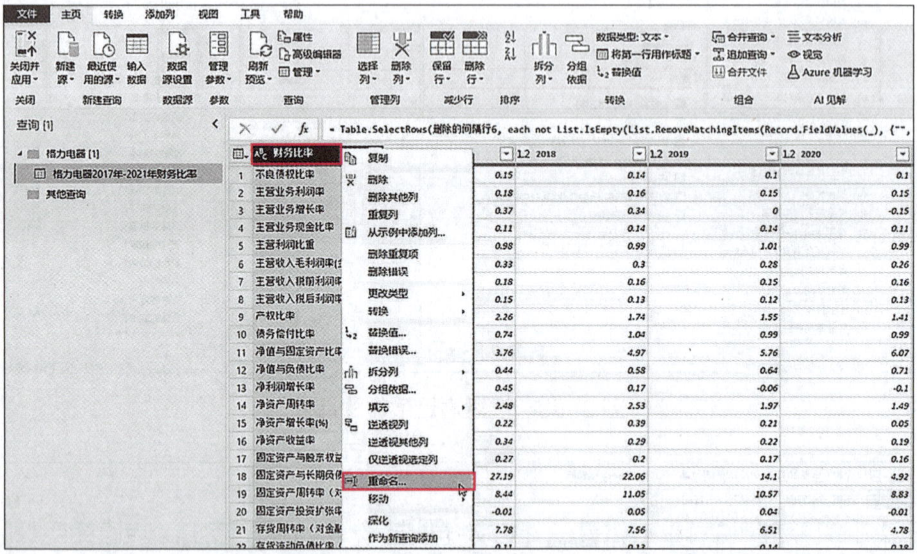

图 2-90 “重命名”命令

（2）此时，列名称处于可编辑状态，输入新的列名称“财务比率名称”，按“Enter”回车键保存，可以看到在“查询设置”中新增一行“重命名的列”，如图 2-91 所示。

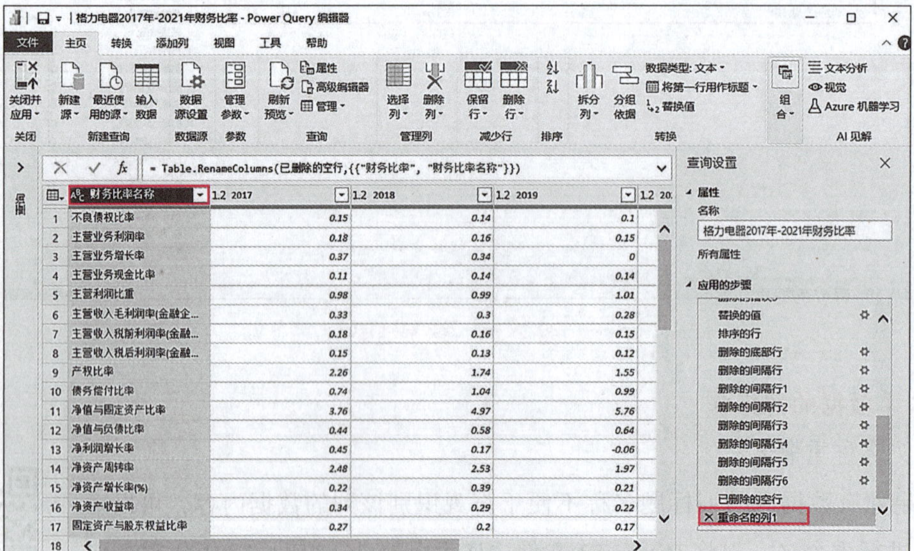

图 2-91 输入列名称

（3）在“Power Query 编辑器”窗口中的“文件”选项卡下，点击“保存”。

2. 列数据移动

在“Power Query 编辑器”中，列数据可以实现四种移动：向左移动、向右移动、移到开头、移到末尾。其中，向左移动和向右移动每次只能按方向移动 1 列。以将 Power BI 文件“格力电器 2017 年—2021 年财务比率”中第 2—5 列按时间顺序排列为例，介绍如何移动列数据，具体操作步骤如下：

（1）在“Power Query 编辑器”窗口中选中文件“格力电器 2017 年—2021 年财务比率”，在“文件”选项卡下选中第 2 列“2017”，右击鼠标，在弹出的快捷菜单中点击“移动”命令下的“移到末尾”，使该列变为最后一列，如图 2-92 所示。

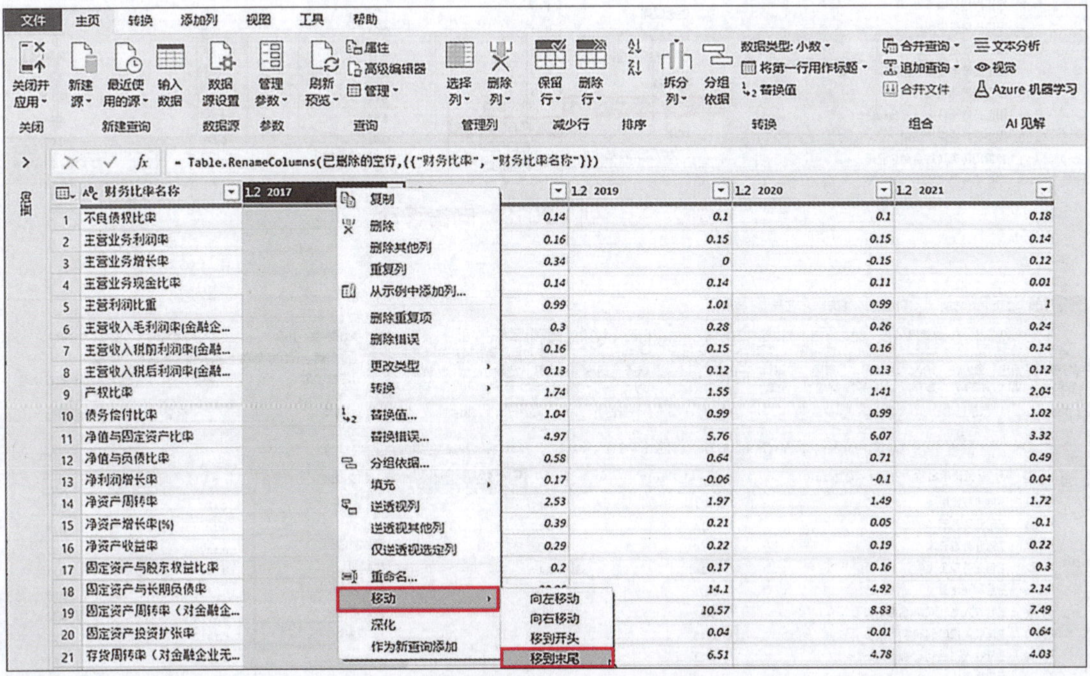

图 2-92 列“2017”移至末尾

（2）上述操作完成后，列“2018”变为第 2 列，用鼠标右击该列，在弹出的快捷菜单中点击“移动”命令下的“向右移动”，则向右移动 1 列，该列变为第 3 列，如图 2-93 所示。

（3）上述操作完成后选中列“2020”，右击鼠标，在弹出的快捷菜单中点击“移动”命令下的“向左移动”，相同步骤连续操作 2 次，则列“2020”变为第 2 列，如图 2-94 所示。同样，对列“2021”使用命令“向左移动”。

（4）操作完成后，实现第 2—6 列按时间逆序排列，如图 2-95 所示。

（5）在“Power Query 编辑器”窗口中的“文件”选项卡下，点击“保存”。

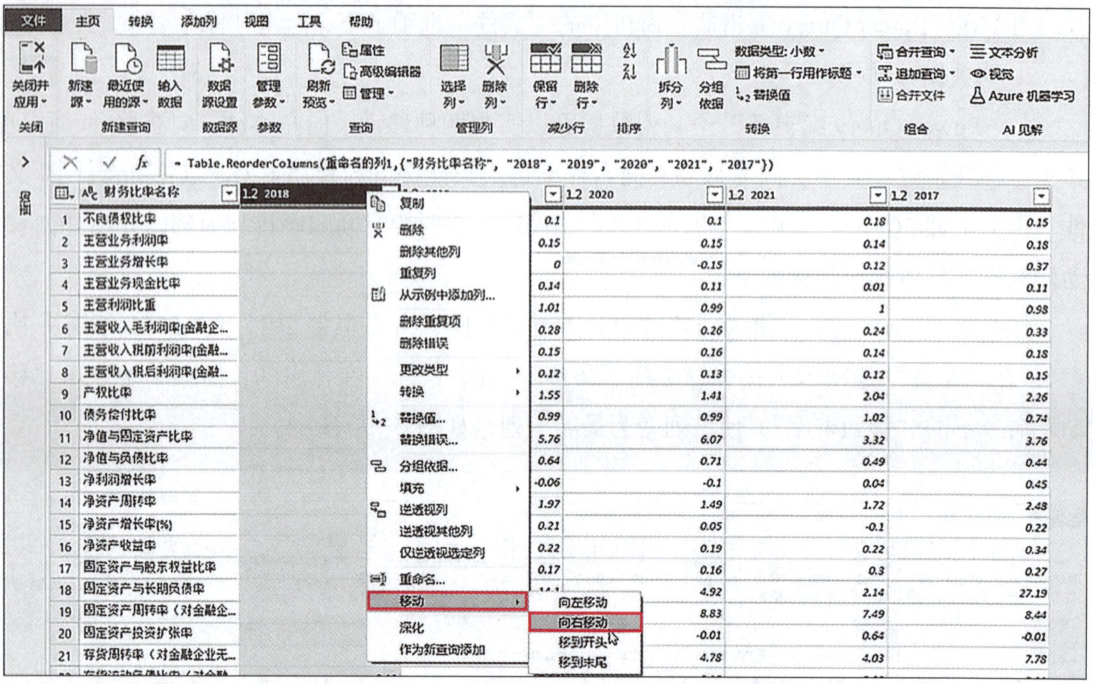

图 2-93　列“2018”向右移动

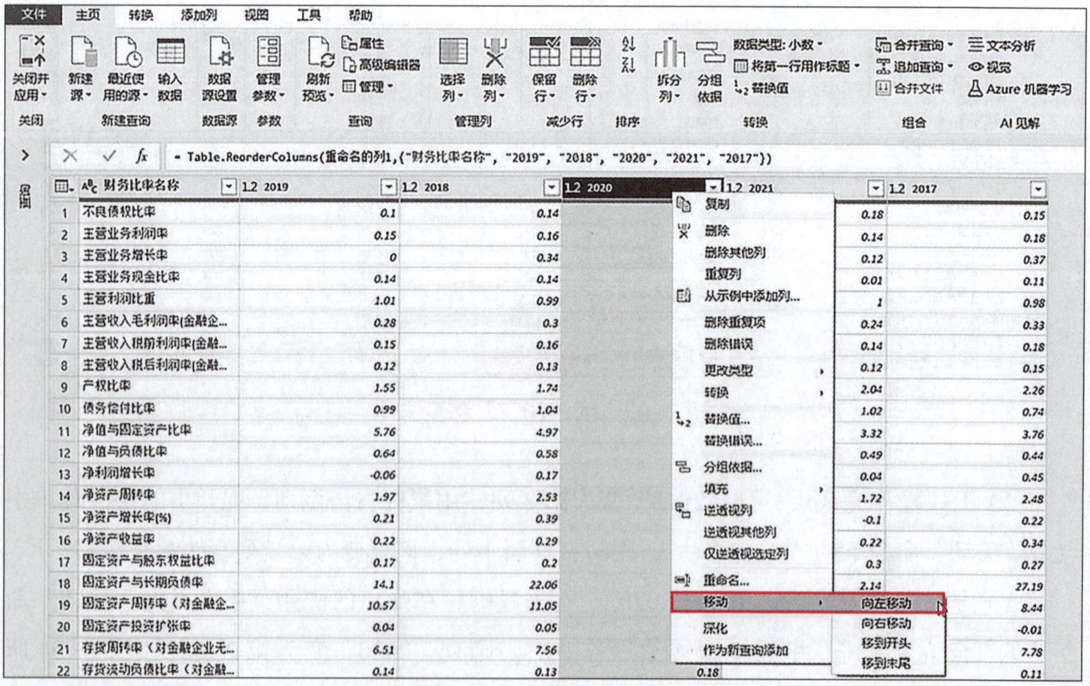

图 2-94　列“2020”向左移动

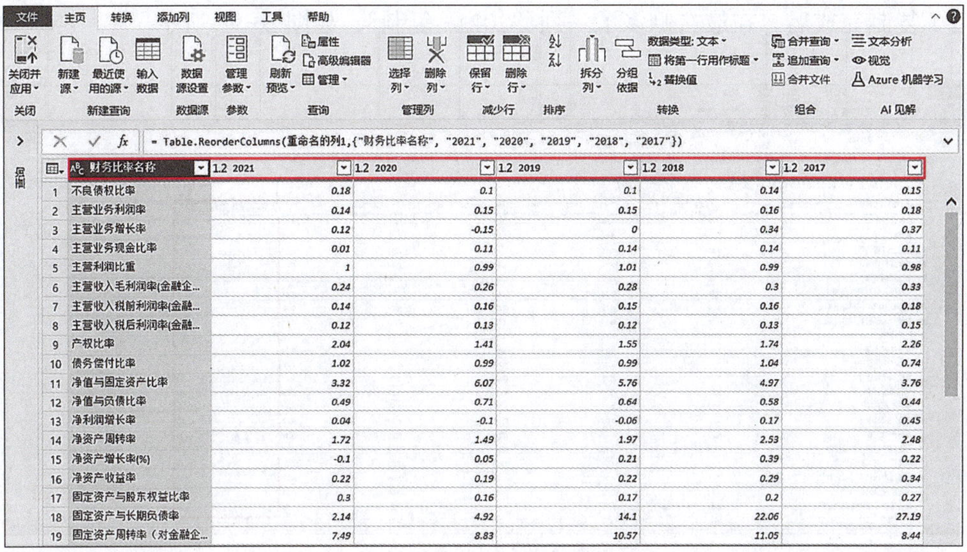

图 2-95　按时间顺序排列的第 2—6 列

3. 列数据复制

以复制 Power BI 文件“格力电器 2017 年—2021 年财务比率”中第 2 列为例，介绍如何复制列数据，具体操作步骤如下：

（1）在“Power Query 编辑器”窗口中选中文件“格力电器 2017 年—2021 年财务比率”，选中第 2 列“2021”，右击鼠标，弹出的快捷菜单中点击“重复列”命令，如图 2-96 所示。

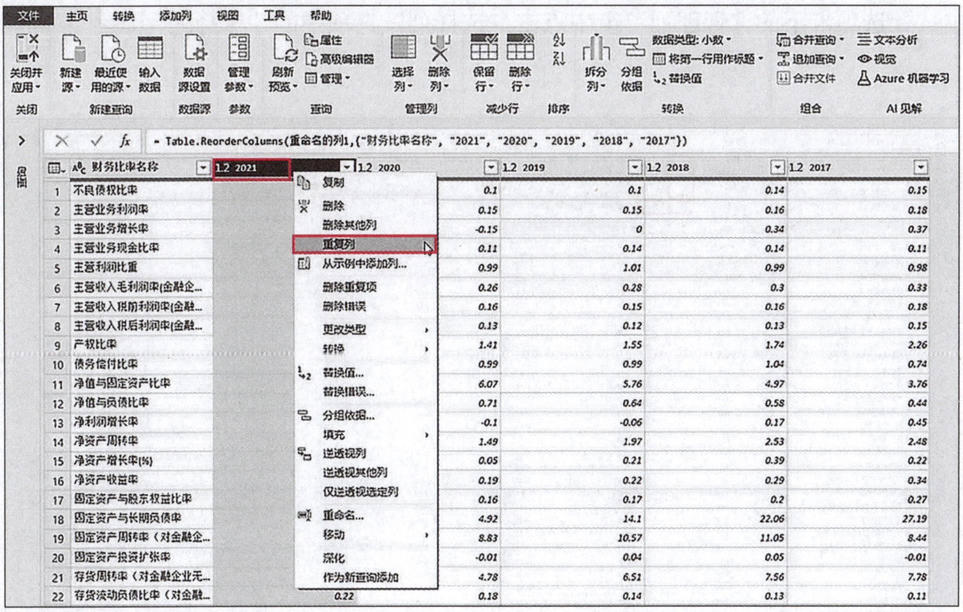

图 2-96　“重复列”命令

（2）复制完成后，在最右侧多了一列“2021-复制”，如图 2-97 所示。

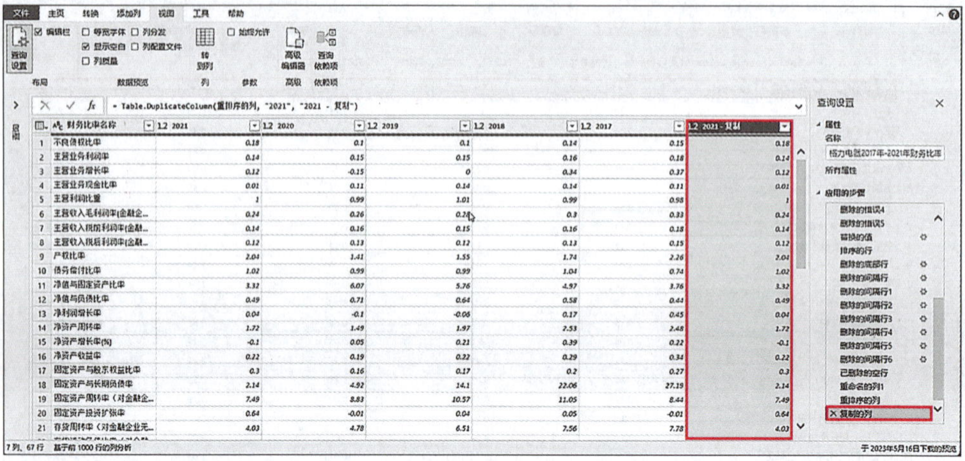

图 2-97　复制的列

（3）在“Power Query 编辑器”窗口中的“文件”选项卡下，点击“保存”。

4. 列数据保留

当数据编辑区中的列较多时，可通过选择功能快速定位至要查看的列数据或只保留部分需要使用的列数据。以保留 Power BI 文件“格力电器 2017 年—2021 年财务比率”中的前 5 列为例，介绍如何保留列数据，具体操作步骤如下：

（1）在“Power Query 编辑器”窗口中选中文件“格力电器 2017 年—2021 年财务比率”，在“主页”选项卡下的“管理列”组中点击“选择列”选项中的“选择列”命令，如图 2-98 所示。

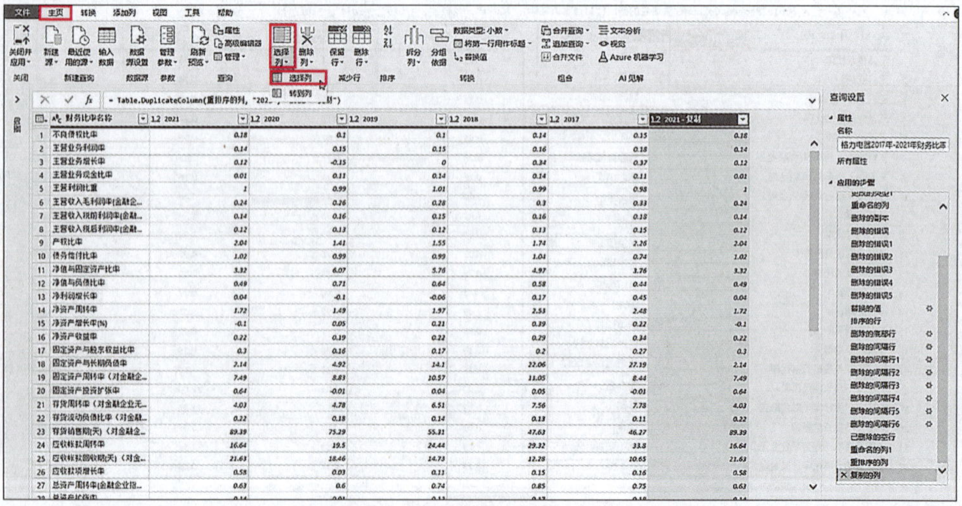

图 2-98　“选择列”命令

（2）在弹出的“选择列”对话框中取消勾选不保留的列“2017”和“2021-复制”，点击“确定”按钮，如图 2-99 所示。

（3）操作完成后，原第 1—5 列保留，可以看到在“查询设置”窗格中新增了一行“删除的其他列”，如图 2-100 所示。

5. 列数据删除

以删除 Power BI 文件“格力电器 2017 年—2021 年财务比率”中的列“2019”和列“2018”为例，介绍如何删除列数据，具体操作步骤如下：

（1）在“Power Query 编辑器”窗口中选中文件“格力电器 2017 年—2021 年财务比率”，选中列“2019”，在“主页”选项卡下的“管理列”组中点击“删除列”选项中的“删除列”命令，如图 2-101 所示。使用同样的方法，删除列“2018”。

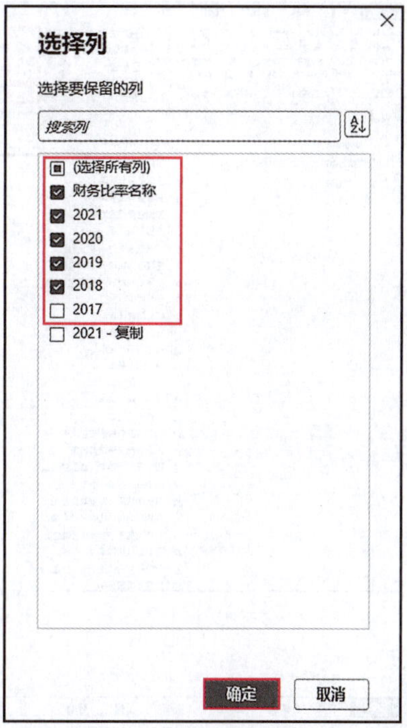

图 2-99　“选择列”对话框

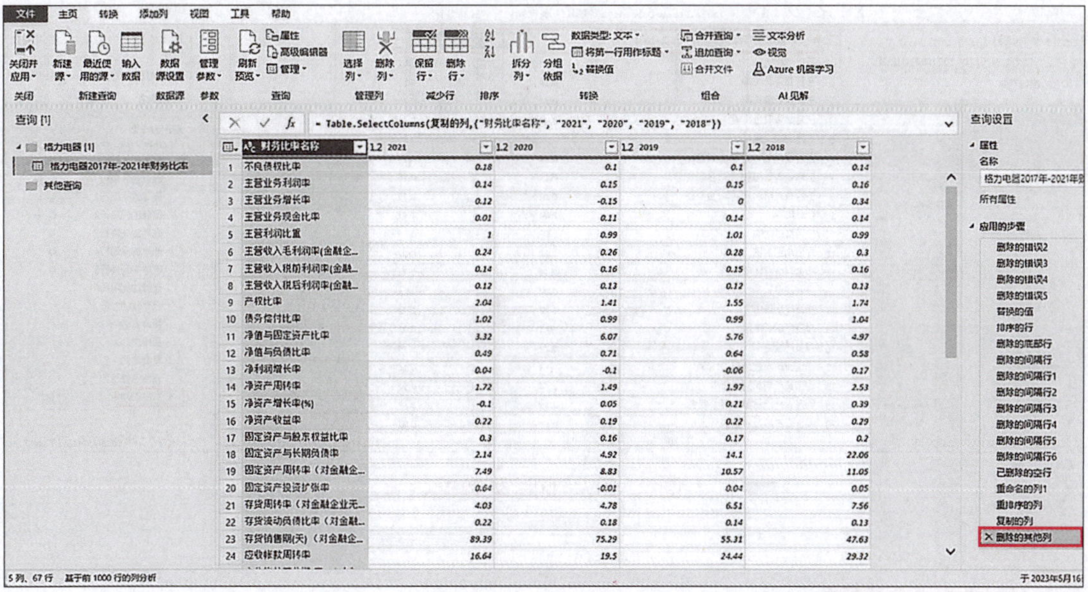

图 2-100　保留下的列

（2）删除完成后，在数据编辑区仅剩列“财务指标”、列“2021”、列“2020”，可以看到在“查询设置”窗格中新增了一行“删除的列”，如图 2-102 所示。

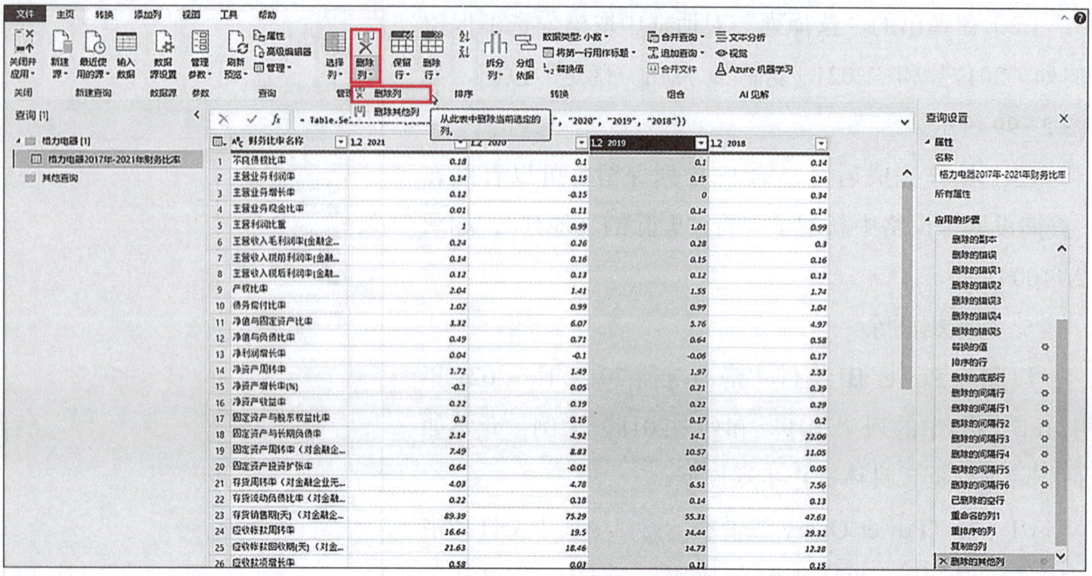

图 2-101 “删除列”命令

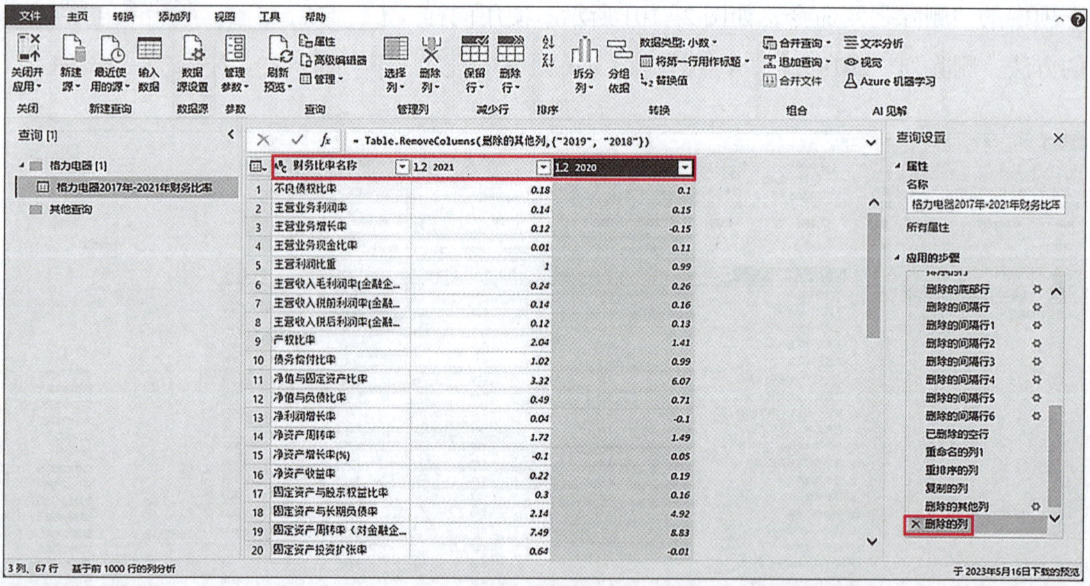

图 2-102 删除列数据后

任务实训

一、实训任务

使用 Power BI 文件“格力电器 2017 年—2021 年财务比率”，练习数据清洗的操作。

二、任务实施

任务实施单

实训目标	能够熟练进行数据清洗。
实训环境	投影仪、具备网络检索功能的电脑。
实训内容及要求	【实训内容】 完成对 Power BI 文件“格力电器 2017 年—2021 年财务比率”的数据清洗。 【实训要求】 1. 管理表格； 2. 对数据进行规范性操作； 3. 进行数据的行、列操作。
实训步骤	1. 教师讲授实训内容及要求，提示操作中需要注意的事项； 2. 每位学生分配一台电脑； 3. 每位学生按照教师讲解的操作步骤，进行实操演练； 4. 将 Power BI 文件保存到 U 盘。
实训考核评价	【评价载体】 清洗完成的数据。 【评价指标】 1. 完成表格管理操作，占 30%； 2. 完成数据规范性操作，占 30%； 3. 完成数据的行、列操作，占 40%。

知识拓展

填充值和数据分组

在 Excel 工作簿中的数据经常会有合并的单元格，这些数据被导入到“Power Query 编辑器”后就变成了空值，以 Excel 文件 2-5“GL 公司 2×18 年—2×20 年季度营业收入和经营活动产生的现金流量净额”为例，介绍如何在“Power Query 编辑器”中填充值和数据分组，具体操作步骤如下：

2-5

1. 填充值

（1）启动 Power BI Desktop，在“主页”选项卡下点击“Excel 工作簿”或“从 Excel 导入数据”，选中文件“GL 公司 2×18 年—2×20 年季度营业收入和经营活动产生的现金流量净额”，点击“打开”，在弹出的导航器对话框中选中表格“Sheet1”，点击“转换数据”，如图 2-103 所示，启动“Power Query 编辑器”。此时，第 1 列“年份”部分，有多处空值（null）。

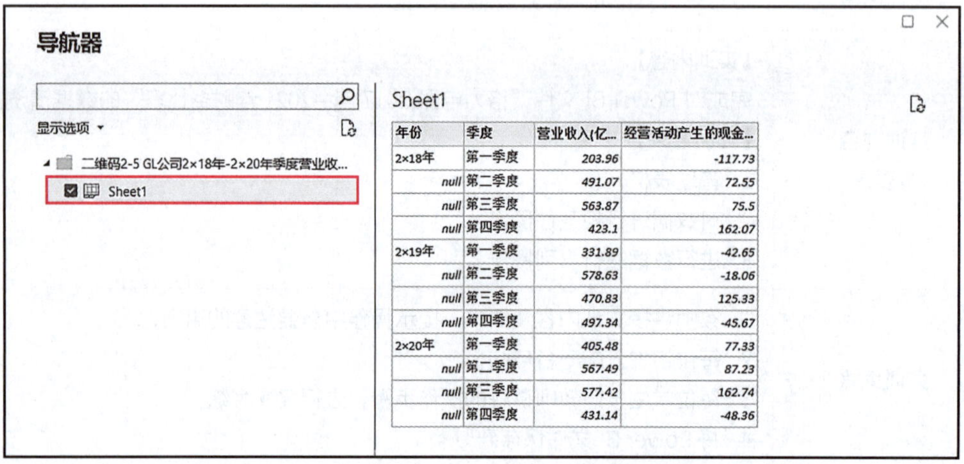

图 2-103 “导航器”对话框

（2）在“Power Query 编辑器”窗口中用鼠标右击需要填充的列名称，在弹出的快捷菜单中点击“填充”命令下的“向下”，如图 2-104 所示。根据需要，也可以选择向上填充。

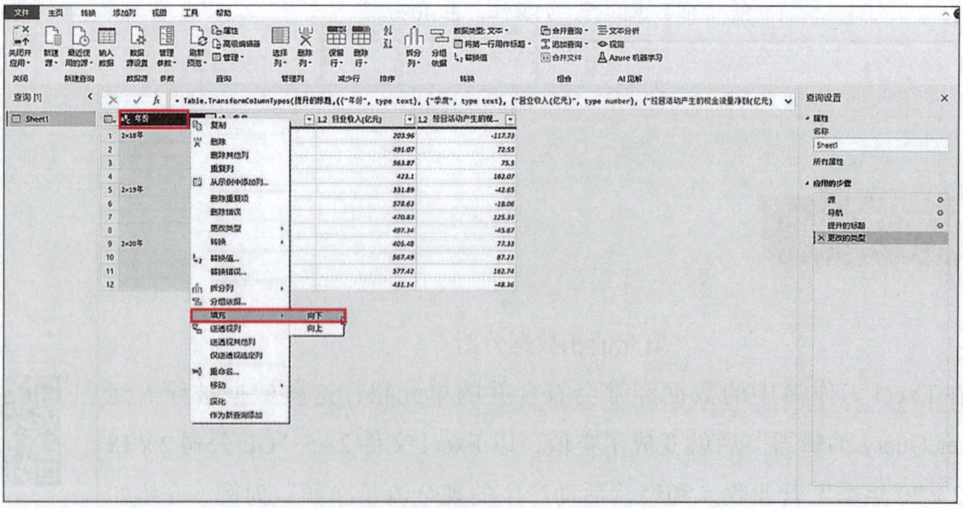

图 2-104 向下填充

（3） 填充完成后，第 1 列“年份”部分已经没有空值，如图 2-105 所示。

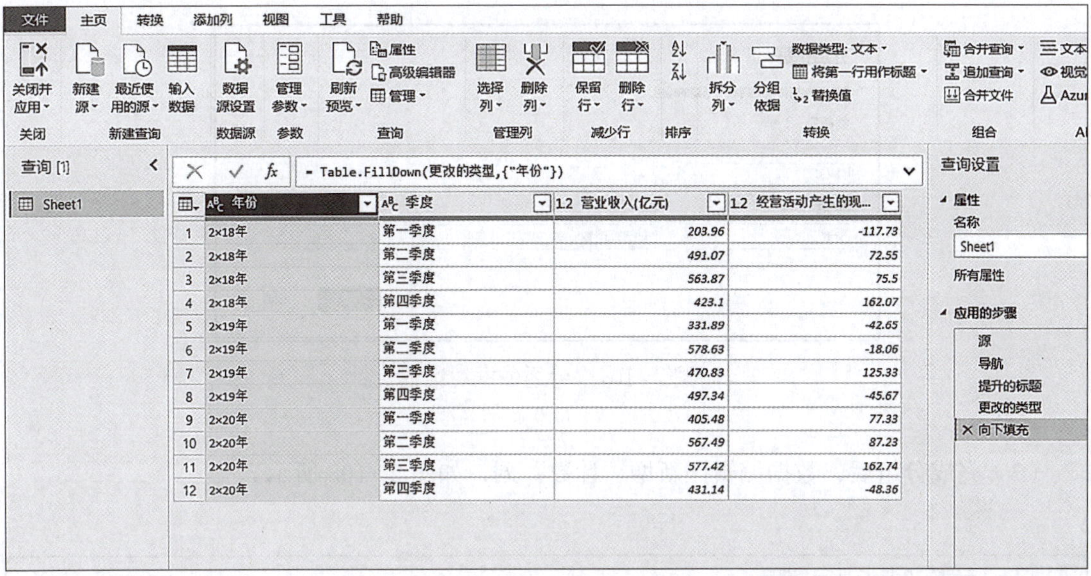

图 2-105 填充完成后

（4）在“Power Query 编辑器”窗口中的“文件”选项卡下，点击“保存”。

2. 数据分组

（1）在“Power Query 编辑器”窗口中用鼠标右击需要分组的列名称，在弹出的快捷菜单中点击“分组依据”命令，如图 2-106 所示。

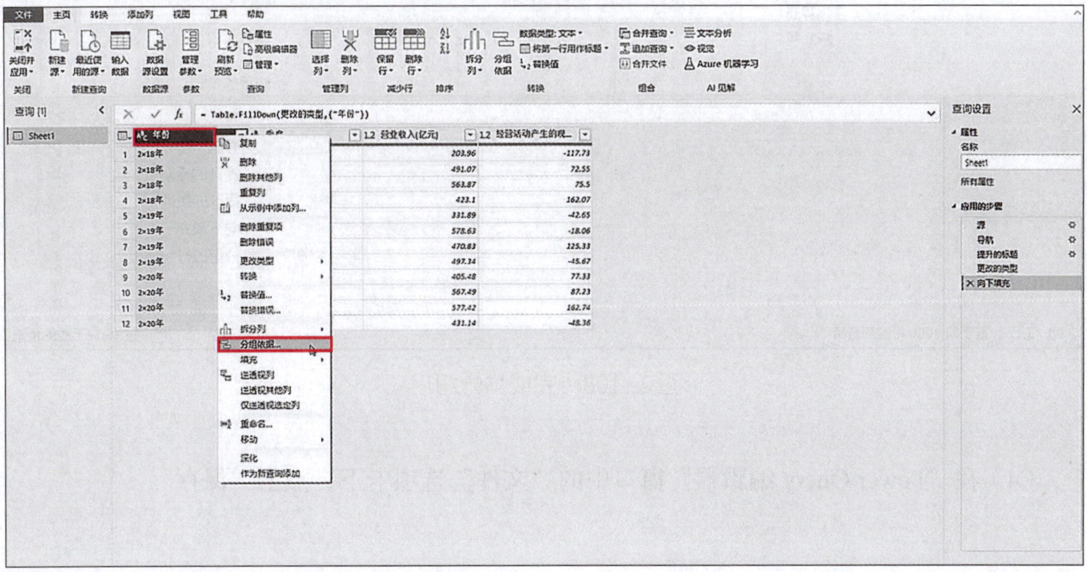

图 2-106 “分组依据”命令

（2）在弹出的“分组依据”对话框中输入新的列名称，如图 2-107 所示。

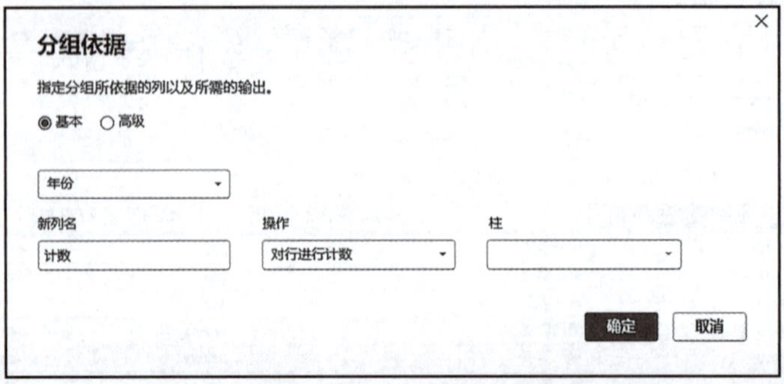

图 2-107　分组依据对话框

（3）完成分组后，数据编辑区新增“计数”列，如图 2-108 所示。

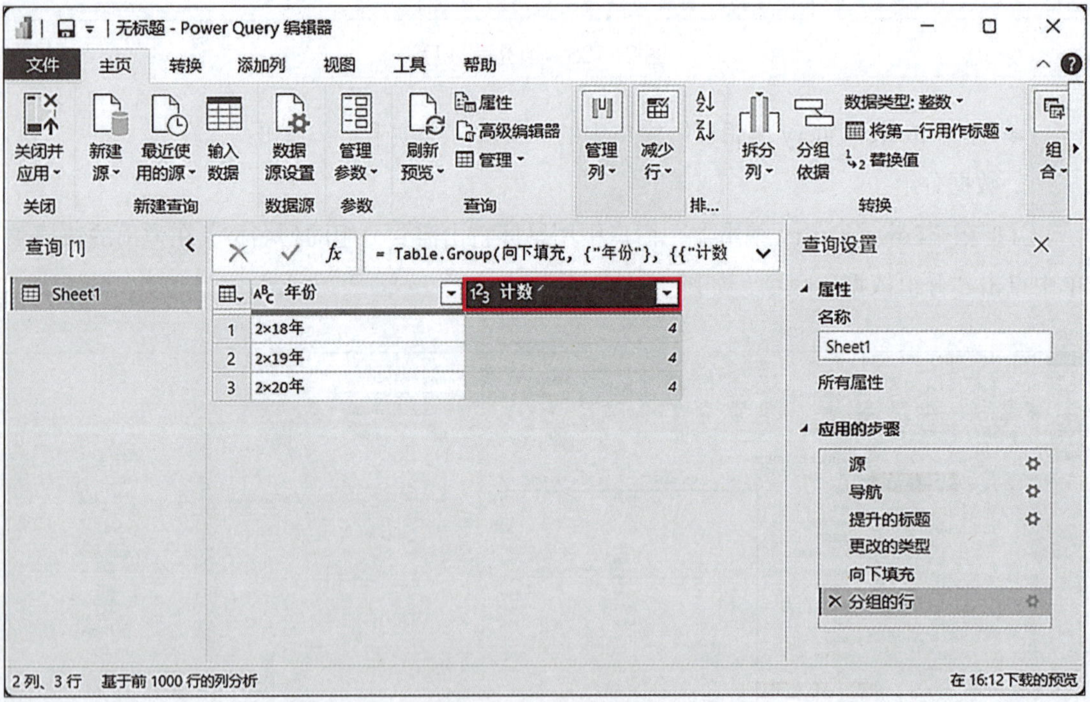

图 2-108　完成列分组后

（4）在“Power Query 编辑器”窗口中的“文件”选项卡下，点击“保存”。

思维导图

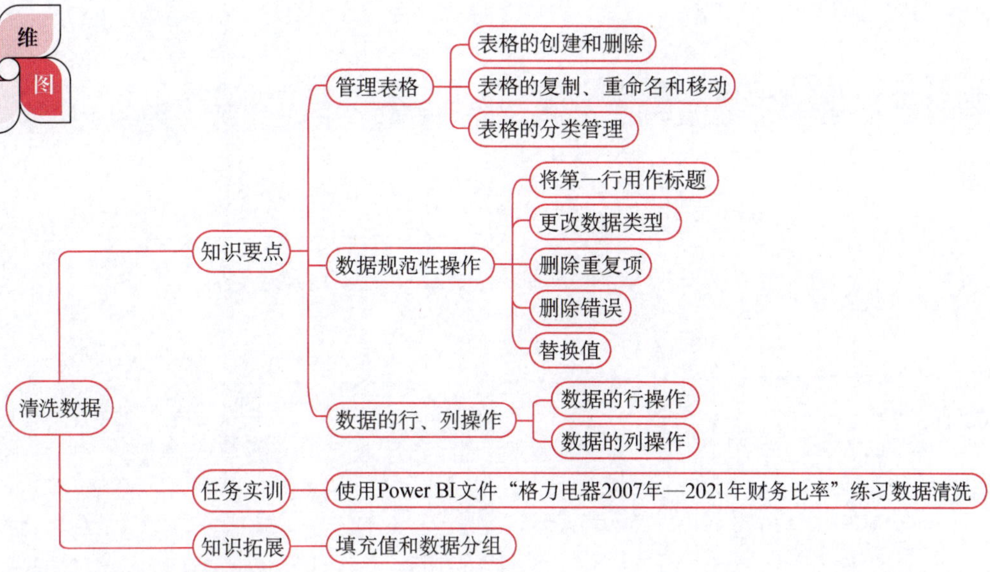

赛证融通测试题

1. （判断题）当 Power BI Desktop 中的数据源存在 null 值时，可使用“Power Query 编辑器”中的“填充”功能，将 Null 值变为所选列中相邻单元格中的值。（　　）
2. （判断题）如果原有数据源的列标题名称不便于用户直观识别该列的数据内容，我们可以对列标题进行重命名。（　　）
3. （实操题）对文件“FY 公司 2×01 年—2×20 年净利润”进行以下几项数据清洗工作：（1）更改数据类型为“定点小数”；（2）筛选净利润超过 10 亿元的数据。

项目三

数据建模

项目导读

Power BI 中的数据模型主要包括：管理表关系、创建计算列、创建度量值和新建计算表。实现以上模型内容的过程被称为数据建模。在数据分析过程中，数据建模的目的是将现有的元数据组织成我们需要的数据信息，从而对现实世界进行分析并从中找出内在联系。数据建模是 Power BI 的主要功能，负责对查询加载的外部数据建立关系结构、进行分析计算，为下一步数据可视化分析奠定基础。可视化是数据的展现形式，数据查询是对基础数据的处理，数据建模才可以算是真正意义上对数据的度量。

微课 13：数据建模

请思考：数据建模包括哪些内容？与数据查询和可视化有什么样的关系？

思政课堂

党的二十大报告指出，全面建设社会主义现代化国家，是一项伟大而艰巨的事业，前途光明，任重道远。必须增强忧患意识，坚持底线思维，做到居安思危、未雨绸缪，准备经受风高浪急甚至惊涛骇浪的重大考验。

我们亲眼见证、亲身感受到了中国特色社会主义新时代，应该继承和发扬革命先辈的优良传统，锻炼志气、骨气和底气，为实现中华民族伟大复兴的中国梦贡献青春力量，用使命与担当谱写新时代中国青年的青春乐章。

学习目标

知识目标

1. 熟悉维度表和事实表之间的联系与区别；
2. 掌握常用的 DAX 运算符和 DAX 函数；
3. 熟悉创建计算列的流程；
4. 熟悉创建度量值的流程；
5. 熟悉新建计算表的流程。

能力目标

1. 能够创建、编辑和删除表关系；
2. 能够编写 DAX 表达式；
3. 能够创建计算列；
4. 能够创建度量值；
5. 能够新建计算表。

素质目标

1. 培养学生的财务大数据思维；
2. 培养学生的使命感和敢于担当、勇于担当、善于担当的意识；
3. 培养学生树立正确的理想和坚定的信念。

任务一 管理表关系

情境导入

在分析数据时，通常不会只对单张数据表进行分析，有时需要把多张数据表导入 Power BI Desktop 中，利用多张表中的数据及其相互间的关系来执行一些复杂的数据分析任务。为了得到准确的分析结果，需要在数据建模时创建数据表之间的关系。创建完成后，为了让表之间的关系更加符合实际的工作需求，还需对关系进行管理。

根据本节知识点和本任务要求，思考如何管理数据表关系。

知识要点

一、数据视图和模型视图

在数据建模前，报表视图的报表画布上还未创建视觉对象，如果想要查看表或列中的实际内容并开始管理数据关系，要先熟悉数据视图和模型视图的界面，还要熟悉界面中的一些元素和内容。

微课 14：数据视图和模型视图

（一）数据视图

数据视图有助于检查、浏览和了解 Power BI Desktop 模型中的数据。与在“Power Query 编辑器”中查看表、列和数据的方式不同，在数据视图中看到的是将其加载到模型中之后的数据。

Power BI Desktop 中的数据视图如图 3-1 所示，各部分功能见表 3-1。

表 3-1 数据视图各部分的功能

序号	名 称	功 能
1	建模功能区	用于管理表关系、新建度量值、创建计算列和新建计算表，并对列的格式进行设置

（续表）

序号	名 称	功 能
2	表达式栏	用于输入度量值、计算列和计算表的 DAX 表达式
3	数据区域	用于显示表中选中的所有列和行的内容
4	“数据”窗格	用于显示导入数据源的表及表中的标题字段，还可以搜索表或标题字段

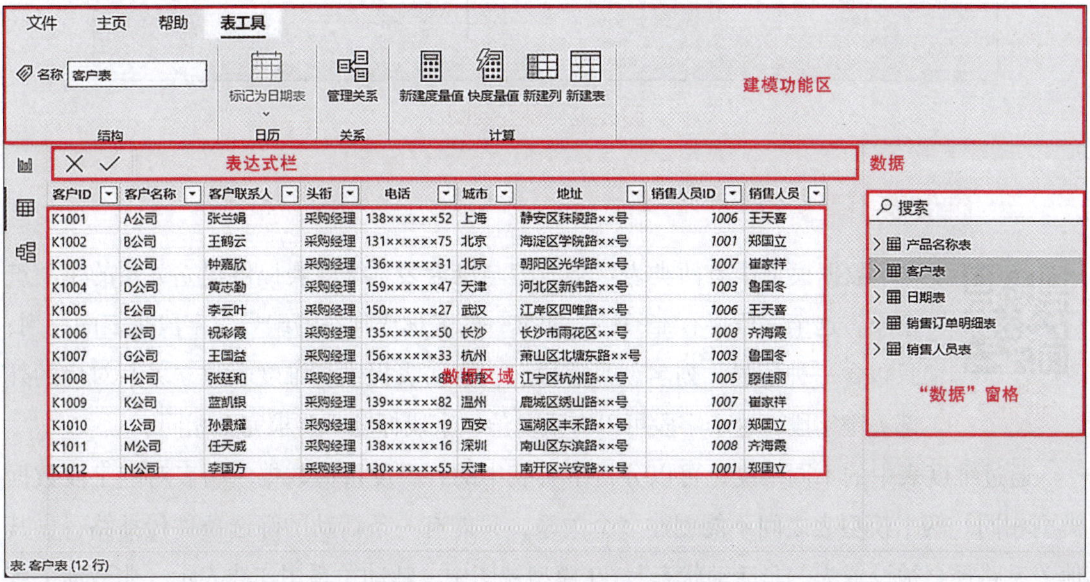

图 3-1　数据视图

（二）模型视图

模型视图用于显示模型中所有的表、列和关系，当模型中包含多张表且其关系十分复杂时尤其有用。

Power BI Desktop 中的模型视图如图 3-2 所示，各部分功能见表 3-2。

表 3-2　模型视图各部分的功能

序号	名 称	功 能
1	关系线	用于连接两个表，并展示它们之间的关系
2	数据块	用于显示表格的名称及表中的标题字段

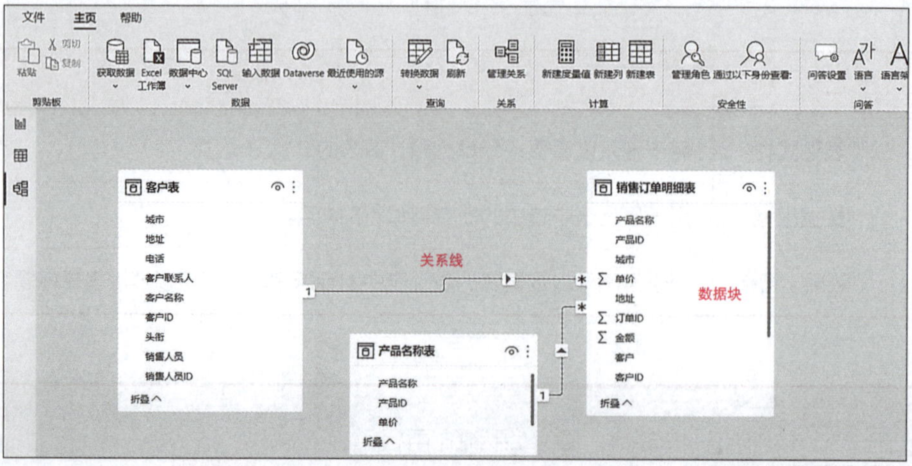

图 3-2　模型视图

二、维度表和事实表

微课 15：维度表和事实表

数据模型中有两类表：事实表与维度表。维度表提供建立关系的主关键字段，这个字段要有唯一性，如唯一的名称或唯一的编号。字段是表的一列，只包含一种信息，列名就是字段名。事实表提供与维度表建立关系对应的外部关键字段，这个字段可以有重复值，字段标题不要求完全相同。

通过维度表中的不同维度，可以分析事实表中的各类度量值数据。两表对应字段数据类型相同。两个模型表之间不能创建多个关系，只能有一条活动的筛选条件传播路径，其他关系路径会被设置为“非活动状态”。在模型视图中，活动关系用实线表示，非活动关系用虚线表示，如图 3-3 所示。

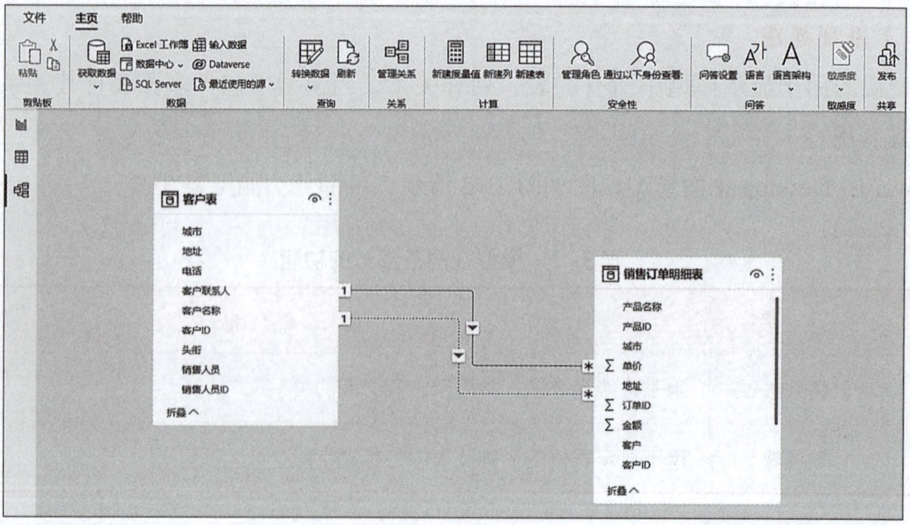

图 3-3　实线和虚线

事实表和维度表的区别见表 3-3。

表 3-3　事实表和维度表的区别

表类型	含　　义	特　征	用　途	模型视图显示
事实表	又叫明细表，表示因业务开展而产生的结果记录，例如，销售订单明细表有 1 000 次销售，理论上订单表将包含 1 000 行	有较多数值型字段，能够提取度量值信息，数据量较大	表中的数值型字段可生成各种分析指标，即度量值	“*” 的一端，箭头指向的一端
维度表	又叫查找表，用来选择分析问题的角度，例如，按照产品分析，应制作产品维度表，包含所有产品的不重复列表；按照客户分析，应制作客户维度表，包含所有客户的不重复列表	通常存放各种分类信息，数据量较少	生成分析表的行或列，生成筛选器和切片器	“1” 的一端

如图 3-4 所示，“产品名称表”是维度表，“销售订单明细表”是事实表。“产品名称表”包含的“产品名称”是主关键字段，具有唯一性，代表每一个不重复的产品；“销售订单明细表”中的“产品”字段与“产品名称”是对应的外部关键字段。因为一种产品一般会在订单中多次出现，所以这里出现的关系是“一对多”。通过建立这个关系，就可以顺着这条线索从“销售订单明细表”中查询到具体的产品名称信息。

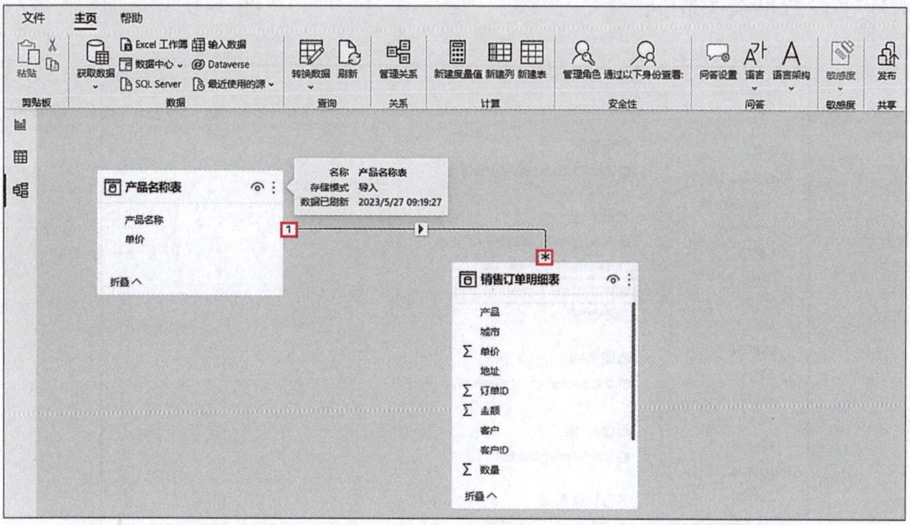

图 3-4　事实表和维度表

三、自动创建表关系

在 Power BI 中，单表是最简单的模型，不需要创建表关系。若是多表，则需要创建表

微课 16：自动创建表关系

关系。所谓创建表关系，就是建立表和表之间的关联。

从建模视图直观来看，关系就是一条线，关系线的中间带有箭头，两端还有“1”或者“*”的符号，这些都是关系的属性。在建模视图中，拖动一个表的字段到另一个表的字段上，Power BI 会自动分析检测数据，以便判断哪端是“1”，哪端是“*”，箭头一般是从“1”端指向“*”端的方向，但前提是两个表有共同的关系列。

（一）设置自动创建表关系功能

在 Power BI Desktop 中提供有自动创建表关系的功能，默认状态下这个功能是启动的，可以根据需求设置这个选项，具体操作步骤如下：

1. 在“文件”选项卡中点击“文件”，在弹出的对话框中点击“选项和设置”命令下的“选项”，如图 3-5 所示。

2. 在打开的对话框中点击“当前文件”下的“数据加载”命令，查看“加载数据后自动检测新关系”选项是否已经启用，如图 3-6 所示。如果要让这项功能起到自动识别关系的作用，需要让表格中的字段满足以下条件：①建立关系的主关键字段、外部关键字段名称一致；②对应字段数据类型相同。

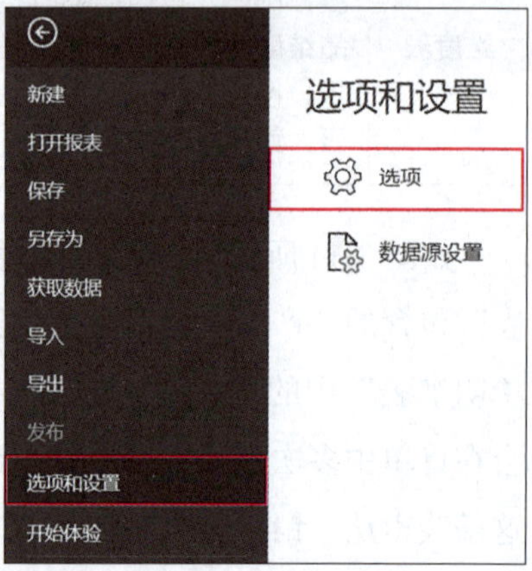

图 3-5 “选项和设置”命令

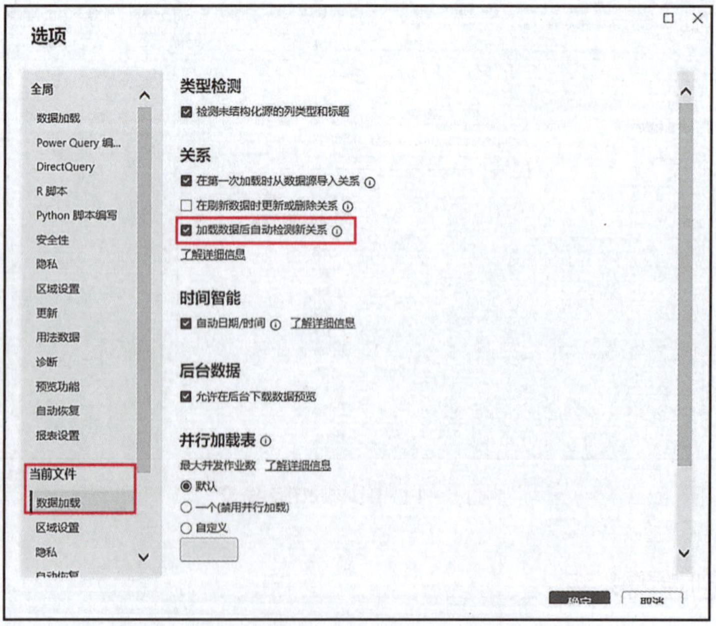

图 3-6 “加载数据后自动检测新关系”选项

（二）在加载期间自动检测创建表关系

1. 导入 Excel 文件 3-1“MK 公司表格”，在“导航器”对话框中选择多个表格，点击“加载”按钮，如图 3-7 所示。

2. 在“加载”对话框中会自动检测创建表关系，如图 3-8 所示。

3-1

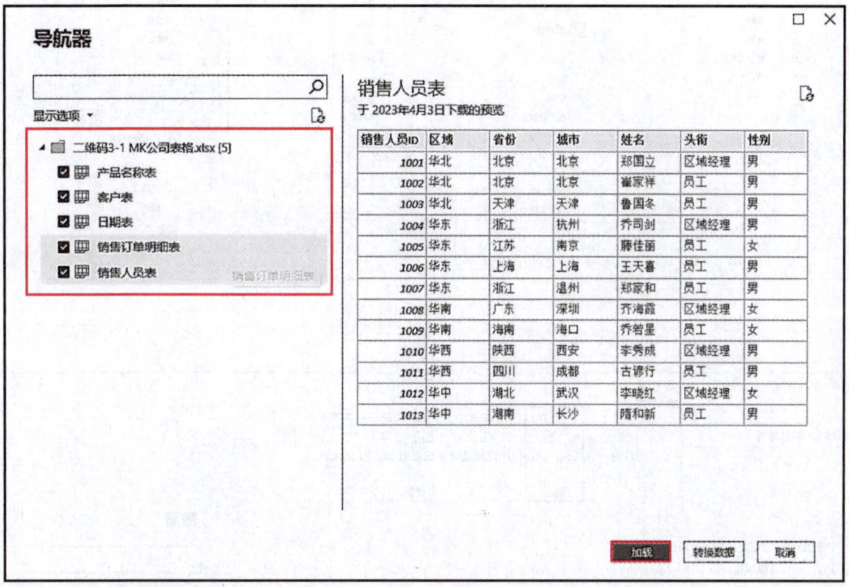

图 3-7 “导航器”对话框

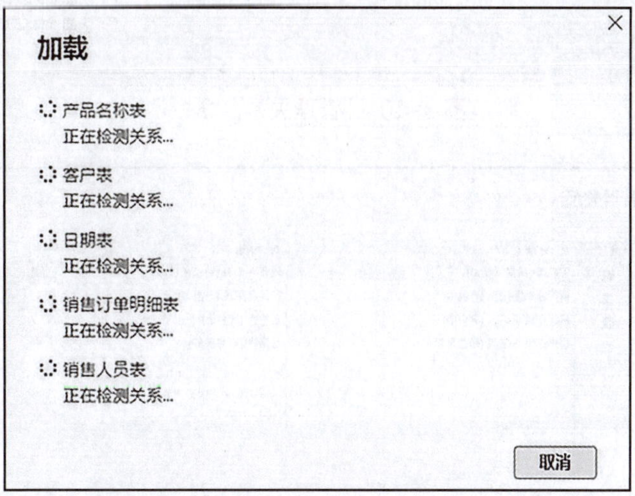

图 3-8 “加载”对话框

3. 加载完成后，可以在“模型视图”中查看数据模型，如图 3-9 所示。

4. 也可以在“数据视图”中点击“表工具”选项，打开“关系”组中的“管理关系”命令，如图 3-10 所示，查看自动检测创建的表关系，如图 3-11 所示。

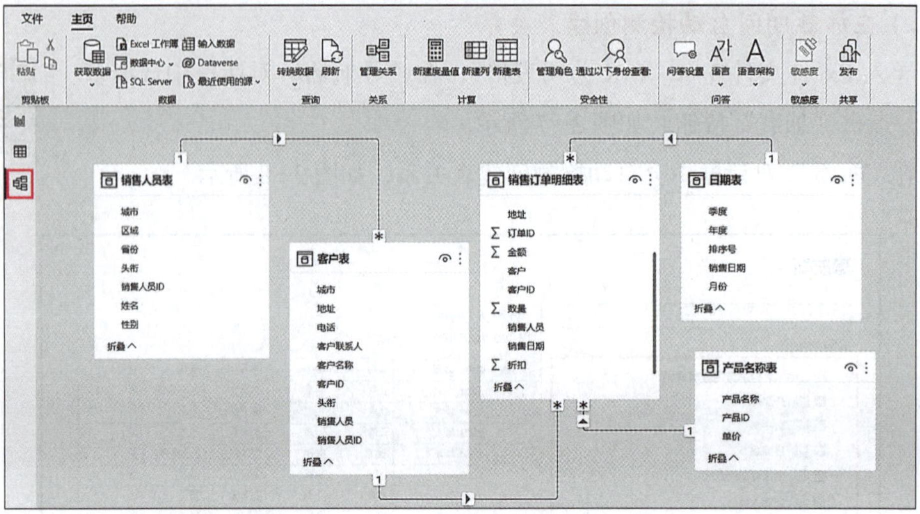

图 3-9　数据模型

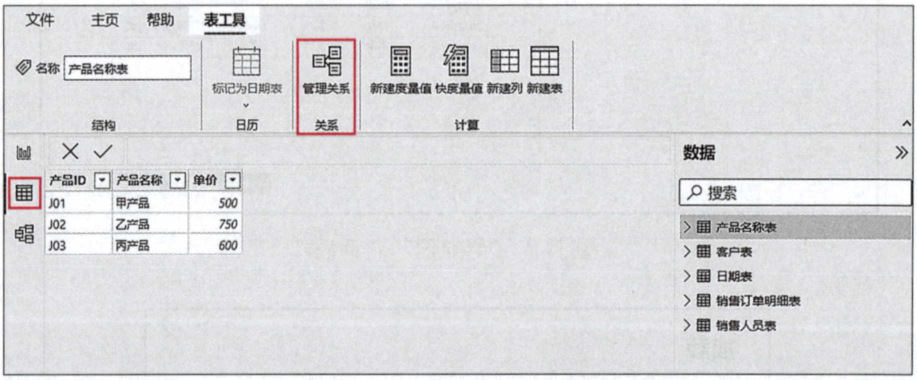

图 3-10　“管理关系”命令

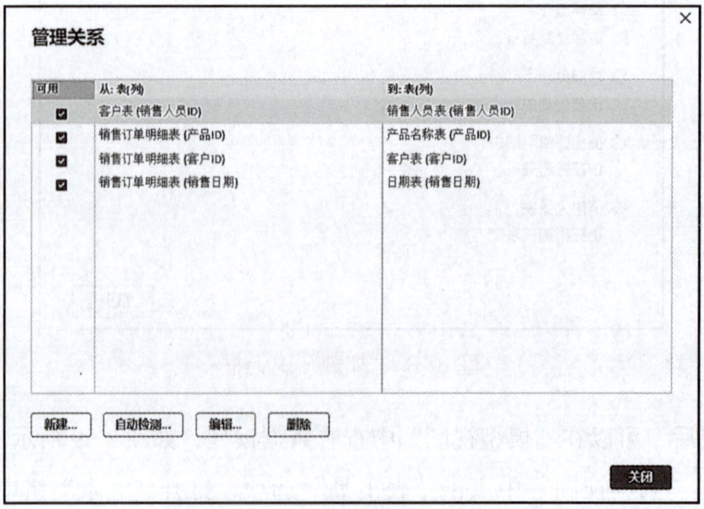

图 3-11　“管理关系”对话框

四、手动创建表关系

微课 17：手动创建表关系

3-2

如果 Power BI Desktop 无法确定存在匹配项，则不会自动创建表关系。对于没有创建表关系的数据表，可以通过新建功能或鼠标拖曳的方式手动创建表关系，具体操作步骤如下：

（一）通过新建功能手动创建表关系

1. 关闭“加载数据后自动检测新关系”功能。

2. 接续上面的操作，再将 Excel 文件 3-2“MK 公司销售地区表”导入 Power BI，选中该表中的任意一列，右击鼠标，在弹出的快捷菜单中，选择“编辑查询”，打开“Power Query 编辑器”，在“主页”选项卡下点击“将第一行用作标题”，并保存所做的操作，如图 3-12 所示。

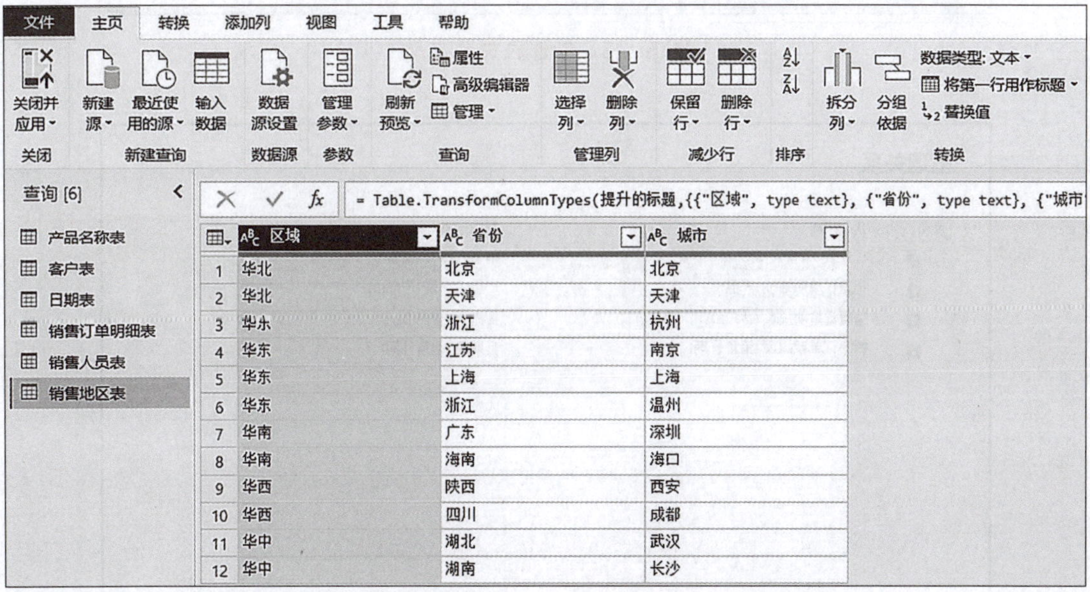

图 3-12 第一行用作列标题

此时，在“模型视图”中可以看到“销售地区表”与其他表格没有创建关系，如图 3-13 所示。

3. 在“模型视图”中选中“主页”选项卡，点击“关系”组中的“管理关系”命令，打开“管理关系”对话框，点击“新建”按钮，如图 3-14 所示。

4. 在第一个对话框中点击右侧的下拉按钮，选择表“销售地区表”，在第二个对话框中以同样的方式选择表“客户表”，Power BI 自动确定“基数”为“一对多 (1 : *)”，“交叉筛选器方向”为“单一”，并自动勾选“使此关系可用”，点击“确定”按钮，如图 3-15 所示。

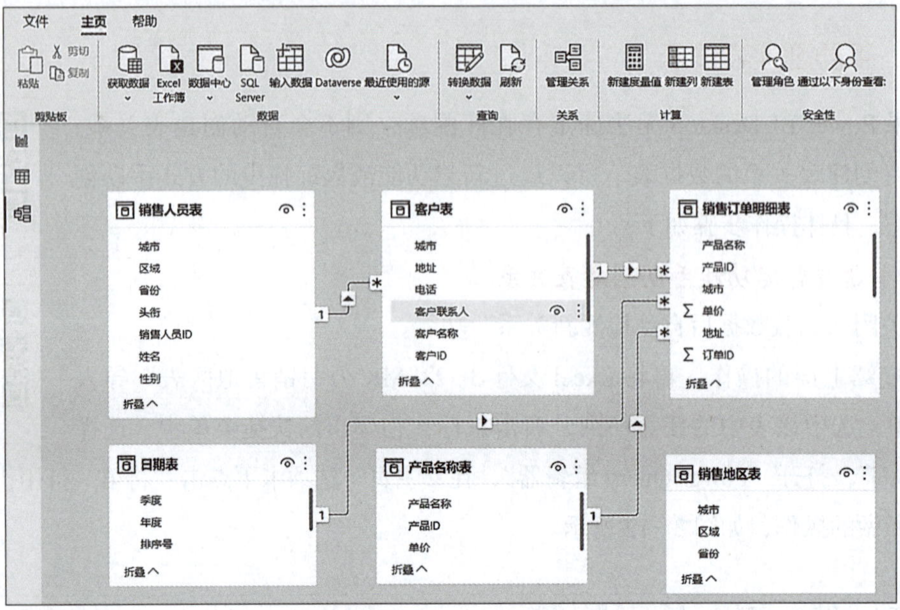

图 3-13　创建表关系之前

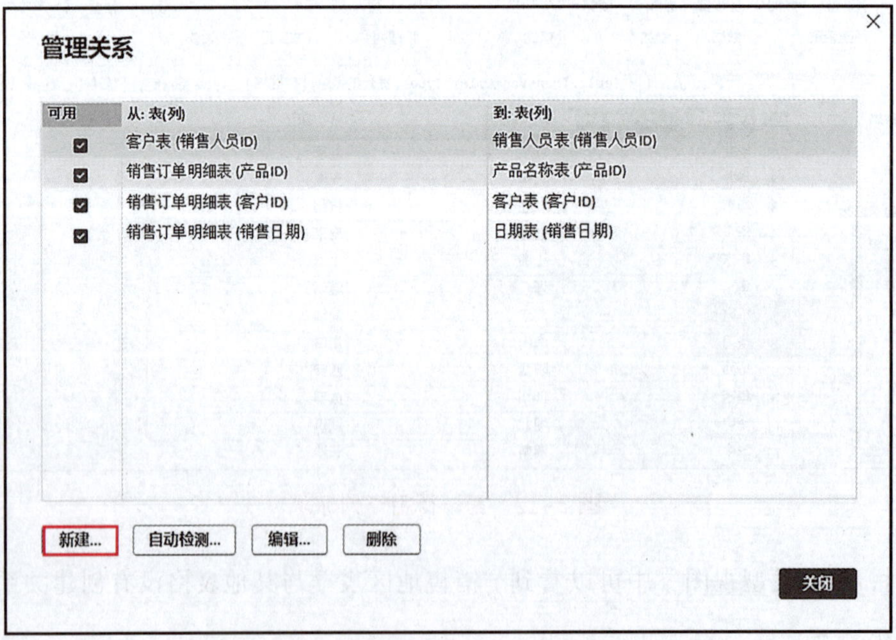

图 3-14　“管理关系”对话框

5. 创建表关系后，可以看到在“管理关系”对话框中自动增加了一行，如图 3-16 所示。

6. 在“文件”选项卡下，点击“保存”。

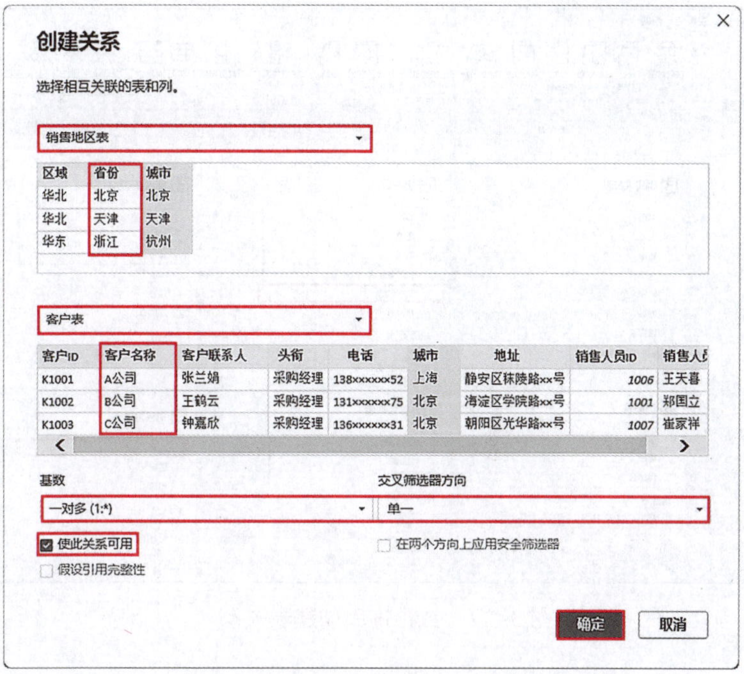

图 3-15　创建表关系

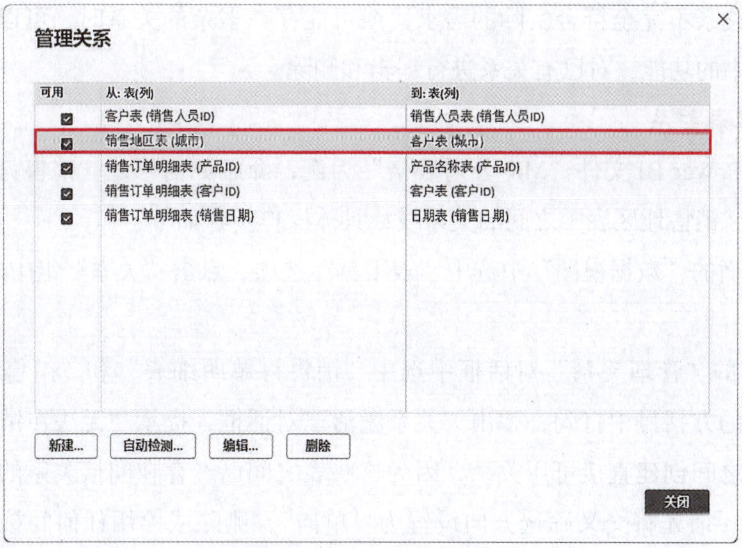

图 3-16　创建表关系后

（二）通过鼠标拖曳手动创建表关系

在“模型视图”中，将“销售地区表”中创建关联的字段“城市”拖动到“销售订单明细表”对应字段“城市”上，这里可以相互拖动，没有限制。当操作的字段满足创建表关系的要求，并且两个表中没有其他已经存在的关系时，就可以正常创建完成了，如图 3-17 所示。

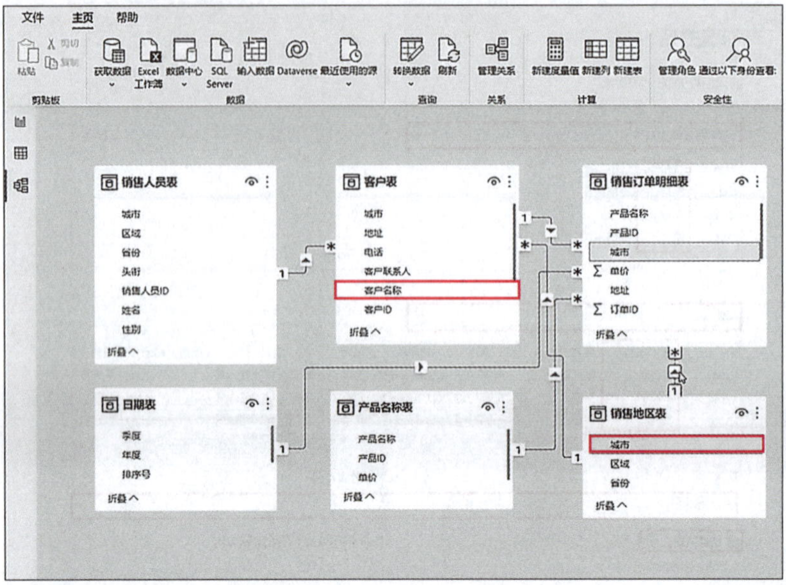

图 3-17　鼠标拖曳创建表关系

五、编辑和删除表关系

当创建的关系不完全符合实际的需求，或可能存在多余的关系时，可以通过管理关系中的功能，对已有关系进行编辑和删除。

微课 18：编辑和删除表关系

（一）编辑表关系

以保存的 Power BI 文件“MK 公司表格”为例，介绍如何修改“销售订单明细表”和“销售地区表”之间的关系线，具体操作步骤如下：

1. 在主界面的“数据视图”中选中“表工具”选项，点击“关系”组中的“管理关系”命令。

2. 在打开的“管理关系”对话框中选中“销售订单明细表”和“销售地区表”的表关系，在前面的方括号中打勾，弹出“关系激活”对话框，提示“无法在销售订单明细表和销售地区表之间创建直接可用关系，因为这些表之间已经存在间接关系的可用集合。要使此关系可用，请先将交叉筛选方向设置为‘单向’，删除或停用任何间接关系。”，如图 3-18 所示。取消勾选“销售订单明细表”和“客户表”，则此关系变得可用。

3. 点击“编辑”按钮，在打开的“编辑关系”对话框中可以修改“基数”以及“交叉筛选器方向”等，如图 3-19 所示。

4. 修改“交叉筛选器方向”为“两个”，并选中“在两个方向上应用安全筛选器”，如图 3-20 所示。完成后，点击“确定”按钮返回“管理关系”对话框，再点击“关闭”按钮，返回 Power BI Desktop 主界面。

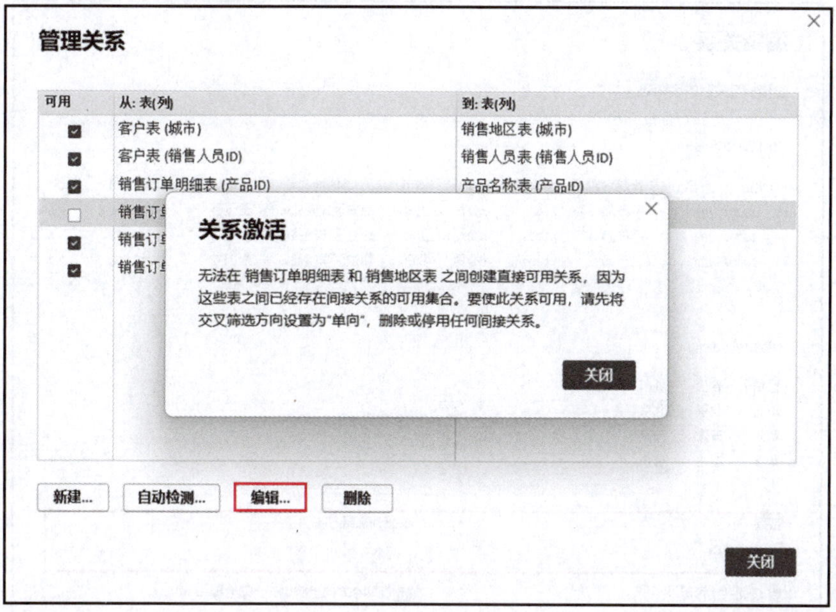

图 3-18 “管理关系”对话框

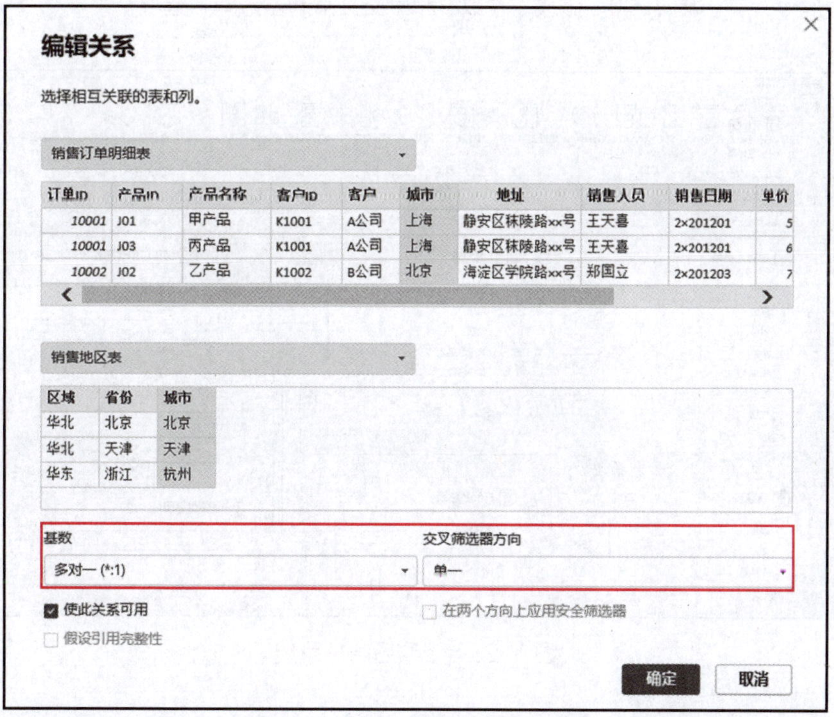

图 3-19 “编辑关系”对话框

5. 在“模型视图”中可以看到修改后的关系线，如图 3-21 所示。通过对比图 3-17，可以发现“销售订单明细表”和“销售地区表”关系线的不同。

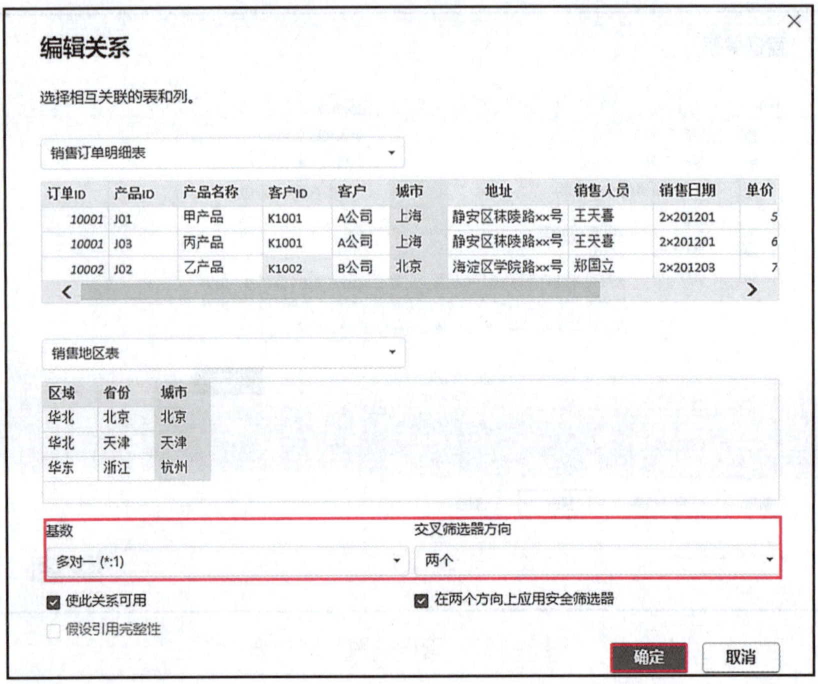

图 3-20　修改“基数”和“交叉筛选器方向”选项

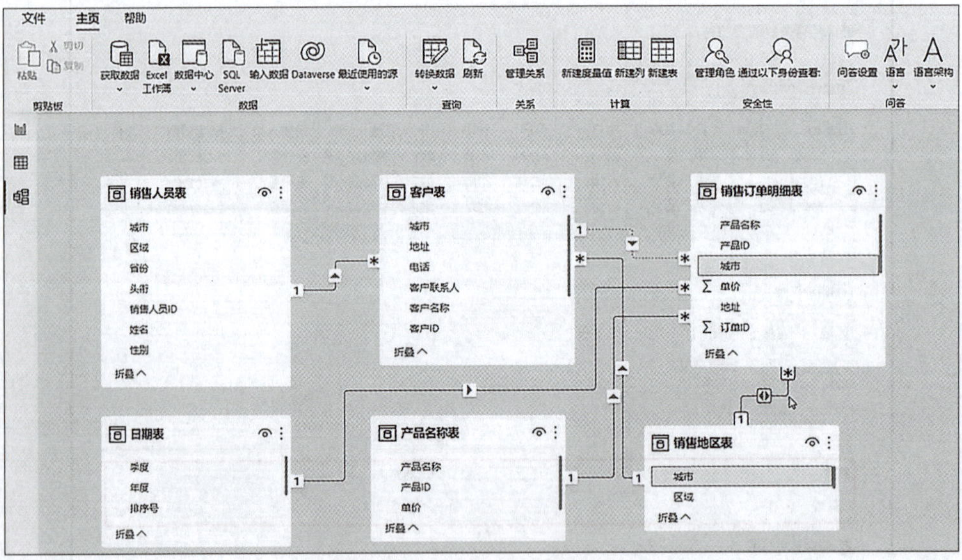

图 3-21　修改后的关系线

（二）删除表关系

以保存的 Power BI 文件“MK 公司表格”为例，介绍如何删除“销售地区表”和“客户表”之间的关系线，具体操作步骤如下：

1. 在主界面的“数据视图”中选中“表工具”选项，点击“关系”组中的“管理关系”

命令。

2. 在打开的“管理关系”对话框中选中“销售地区表”和“客户表”的表关系，点击“删除”按钮，如图 3-22 所示。

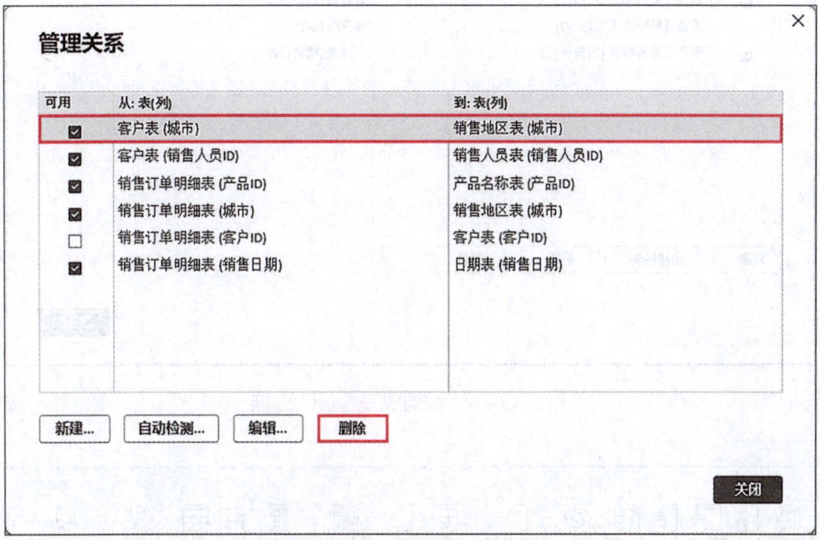

图 3-22 “删除”按钮

3. 弹出的“删除关系”对话框显示“是否要删除此表关系？使用来自相关表的数据的视觉对象可能会被破坏。”，如图 3-23 所示。

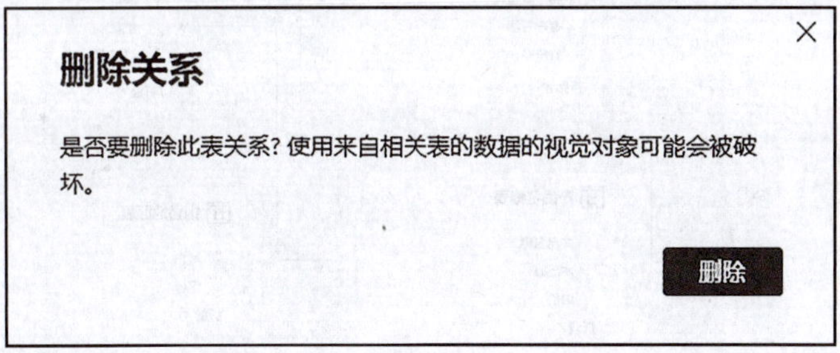

图 3-23 “删除关系”对话框

4. 再点击“删除”按钮，返回“管理关系”对话框，如图 3-24 所示。通过对比图 3-22，可以看到“销售地区表”和“客户表”的表关系已经被删除。

5. 在“模型视图”中，可以看到“销售地区表”和“客户表”之间的关系线已被删除，如图 3-25 所示。

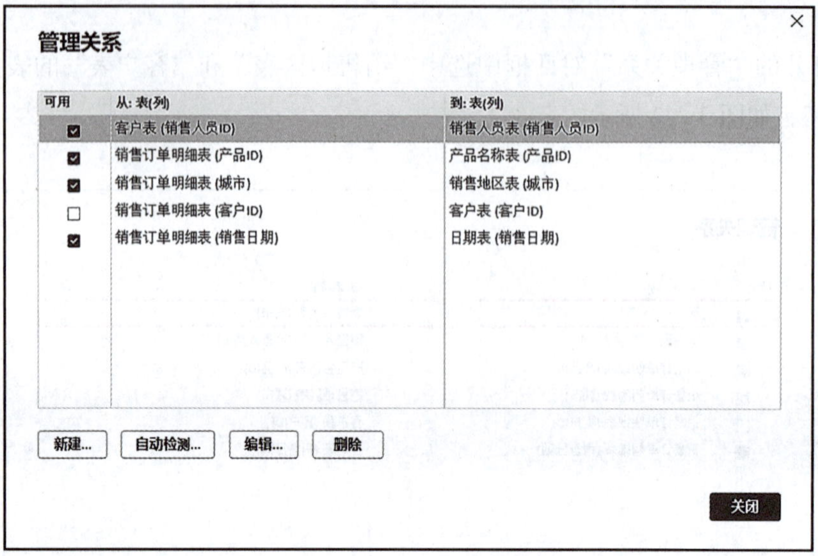

图 3-24 “管理关系”对话框

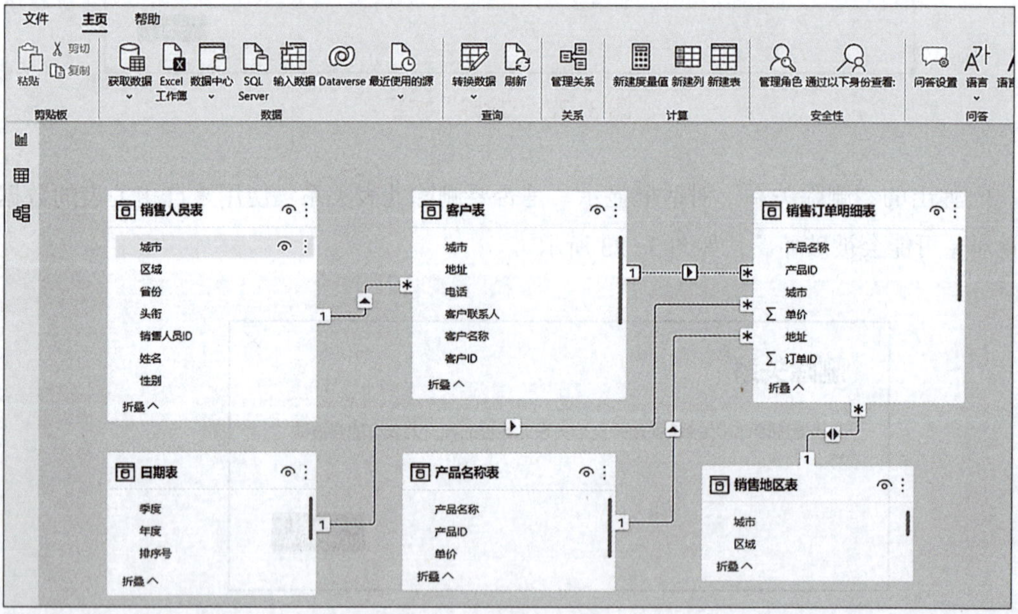

图 3-25 删除后的关系线

任务实训

一、实训任务

使用 Excel 文件“MK 公司表格”和“MK 公司销售地区表”，完成表关系的管理。

二、任务实施

任务实施单

实训目标	能够创建、编辑和删除表关系。
实训环境	投影仪、具备网络查询功能的电脑。
实训内容及要求	【实训内容】 使用 Excel 文件“MK 公司表格”和“MK 公司销售地区表”，管理表关系。 【实训要求】 1. 创建表关系； 2. 编辑和删除表关系。
实训步骤	1. 教师讲授实训内容及要求，提示操作中需要注意的事项； 2. 每位同学分配一台电脑； 3. 每位同学按照教师讲解的操作步骤进行实操演练； 4. 将 Power BI 文件保存到 U 盘。
实训考核评价	【评价载体】 保存的 Power BI 文件“MK 公司表格”。 【评价指标】 1. 创建表关系，占 60%； 2. 编辑和删除表关系，占 40%。

知识拓展

“基数”和“交叉筛选器方向”选项

在实际使用过程中 Power BI 中的“基数”和“交叉筛选器方向”选项一般选择自动识别的配置就可以。

1. 基数

在 Power BI 中创建表关系时，系统会自动检测并设置“基数”类型，如图 3-26 所示。模型设计器之所以执行此操作，是因为它会查询模型以了解哪些列包含唯一值。对于导入模型，模型设计器会使用内部存储统计信息；对于 Direct Query 模型，模型模拟器会向数

图 3-26 “基数选项”

据源发送分析查询。

基数选项有四个，具体含义见表 3-4。“一对多”和“多对一”基数选项基本相同，并且它们也是最常见的基数类型。“一对一”关系意味着两个列都包含唯一值，这种基数类型并不常见。“多对多”关系意味着两个列都可以包含重复值，这种基数类型很少使用。

表 3-4 “基数”选项

序号	选　项	含　义
1	多对一（*:1）	一个表中的列可具有一个值的多个实例，而另一个相关表仅具有一个值的一个实例
2	一对一（1:1）	一个表中的列仅具有特定值的一个实例，另一个相关表也是如此
3	一对多（1:*）	一个表中的列仅具有特定值的一个实例，而另一个相关表可具有一个值的多个实例
4	多对多（*:*）	在表之间建立“多对多”关系，消除了表中对唯一值的要求

2. 交叉筛选器方向

这个选项将决定筛选器的传播方向，可能的交叉筛选选项取决于基数类型，如图 3-27 所示。在“一对多”和“多对一”基数选项时通常使用“单一”，筛选方向始终从“一”侧开始。双向关系可能会对性能产生负面影响。此外，尝试配置双向关系可能会导致筛选器传播路径不明确。在这种情况下，Power BI 可能无法提交关系更改，并通过错误消息发出警报。

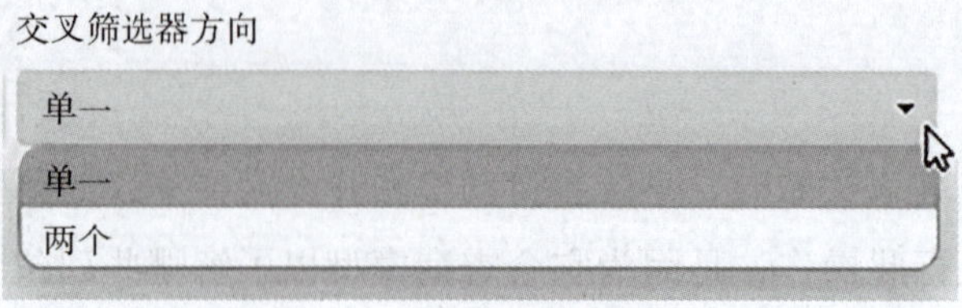

图 3-27 交叉筛选器方向

“交叉筛选器方向”选项有两个：单一和两个，具体含义见表 3-5。

表 3-5 “交叉筛选器方向”选项

序号	选项	含义
1	单一	最常用的默认交叉筛选方向，这意味着连接表中的筛选选项适用于需求数值总和的表
2	两个	出于筛选目的，两张表被视为同一张表，“两个”设置非常适用于周围具有多张查找表的单张表

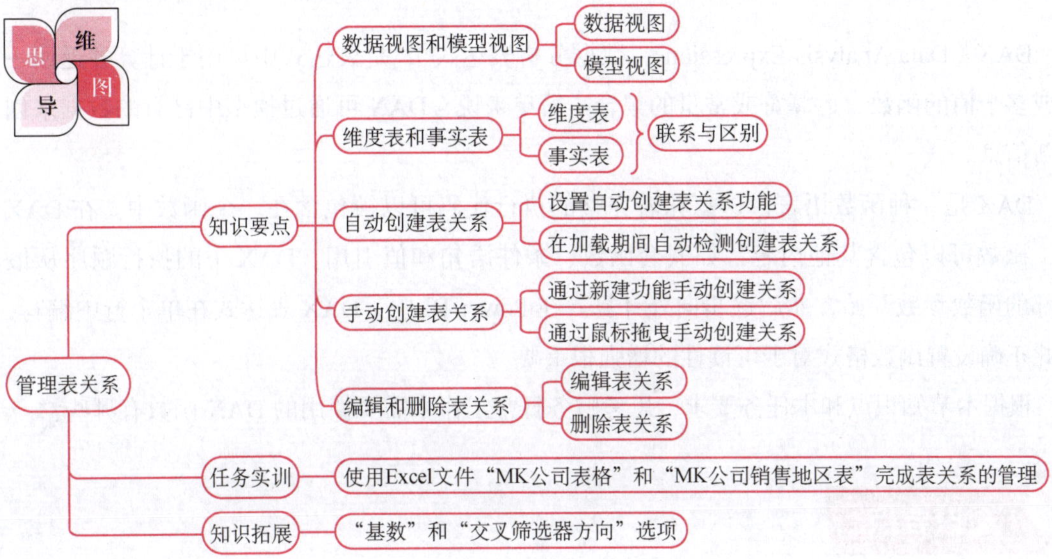

赛证融通测试题

1. （判断题）模型视图有助于检查、浏览和了解 Power BI Desktop 模型中的数据。（ ）
2. （判断题）关系线用于连接两个表，并展示它们之间的关系。（ ）
3. （实操题）在 Excel 文件 3-1-1“FY 公司表格”中，使用“产品报价明细表”的“材料名称”字段和“销售明细表”的“材料”字段创建表关系。

3-1-1

任务二 认识 DAX 语言

情境导入

DAX（Data Analysis Expressions，数据分析表达式），是表达式中可用于计算并返回一个或多个值的函数、运算符或常量的集合。简单来说，DAX 可通过模型中已有的数据来创建新信息。

DAX 是一种函数语言，这意味着完整的执行代码可以被包含在一个函数中。在 DAX 中，函数可以包含其他内容，如嵌套函数、条件语句和值引用。DAX 中的执行顺序从最内部的函数参数开始，然后逐步向外计算。在 Power BI 中，DAX 表达式在单个行中编写，因此正确设置函数格式对于可读性的增强很重要。

根据本节知识点和本任务要求，思考财务日常工作中需要使用的 DAX 函数有哪些？

知识要点

一、DAX 表达式

微课 19：DAX 表达式

DAX 表达式使用许多与 Excel 表达式相同的函数、运算符和语法。但是，DAX 函数用于在与报表进行交互时，对有关系的数据执行动态的计算。在函数库中有超过 200 个 DAX 函数可以用于执行计算，从总和、平均值的简单聚合到更复杂的统计和筛选函数，这个函数库几乎可以计算出任何数据分析所需的结果，为创建度量值提供了巨大的灵活性。DAX 表达式的特点如图 3-28 所示。

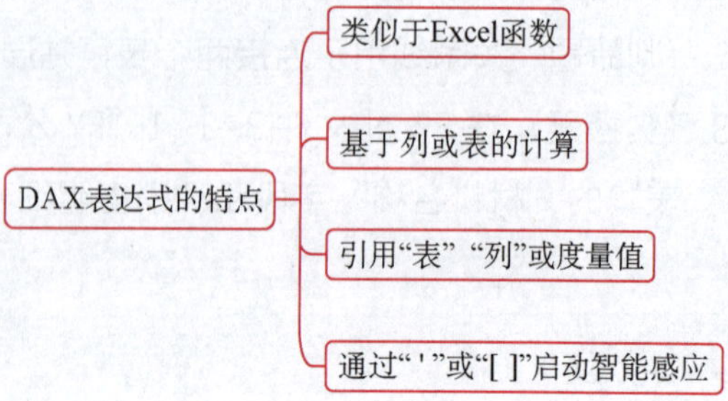

图 3-28　DAX 表达式的特点

一个简单的 DAX 表达式如图 3-29 所示。

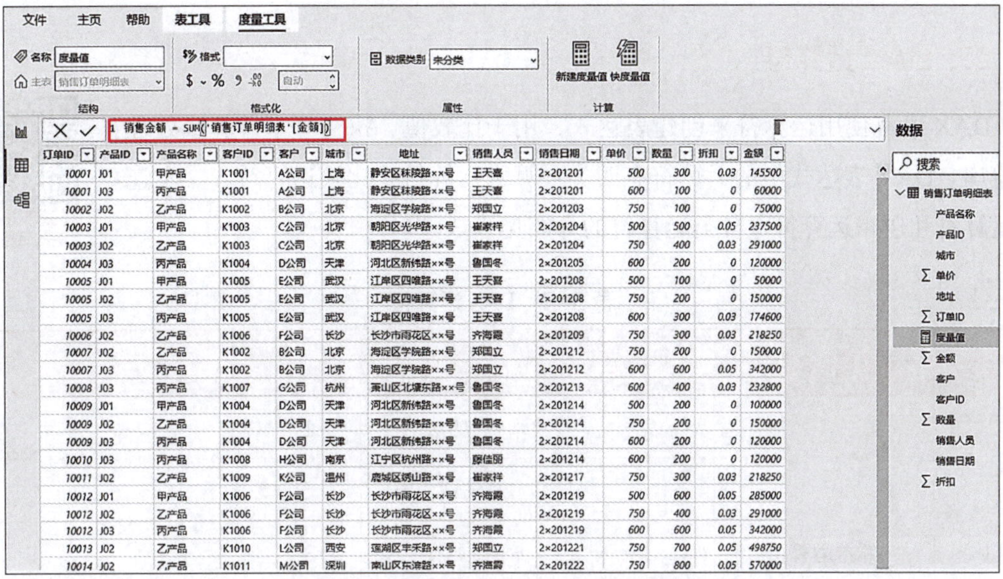

图 3-29 “销售金额”DAX 函数表达式

这个表达式表达的含义为：对“销售订单明细表”的“金额”字段求和，并生成“销售金额”度量值。

这个 DAX 表达式中包含的语法元素见表 3-6。

表 3-6 DAX 表达式语法元素

序号	元　　素	含　　　　义
1	销售金额	计算字段名称，该计算字段可以是度量值，也可以是计算列
2	=	表示表达式的开头，完成计算后将会返回结果
3	SUM	DAX 函数名，对“销售订单明细表”中“金额”列中的所有数据求和
4	()	括住包含一个或多个参数的表达式；所有函数都至少需要一个参数，每个参数都会传递一个值给函数
5	'销售订单明细表'	引用的表名
6	[金额]	引用的列字段名

Power BI Desktop 的表达式栏提供了建议功能，可帮助我们选择正确的元素来创建正确的语法表达式。有时尽管语法正确却无法得到预期的结果，说明 DAX 表达式中有逻辑错误，这时只能依靠经验仔细推敲和排查，发现并改正错误。

二、DAX 运算符

DAX 语言使用运算符来创建表达式，用于比较值、执行算术计算或处理字符串。DAX 表达式中的运算符有四类：算术运算符、比较运算符、文本连接运算符和逻辑运算符。各类运算符的介绍见表 3-7。

微课 20：
DAX 运算符

表 3-7　DAX 运算符

序号	运算符类型	符号	含义	示　　例
1	算术运算符	+	加法	1+1
		–	减法或负号	3-5=-2
		*	乘法	1*3
		/	除法	3/2
		^	求幂	12^3
2	比较运算符	=	等于	[单价]='DJ'
		<>	不等于	[单价]<>'DJ'
		>	大于	[日期]>'2×20/01/01'
		<	小于	[日期]<'2×20/01/01'
		>=	大于或等于	[金额]>=10
		<=	小于或等于	[金额]<=10
3	文本连接运算符	&	连接字符串	[姓名]&[姓名]
4	逻辑运算符	&&	且	[产品]=' 产品 ID' && ' 产品名称 '
		‖	或	[客户]=' 客户名称 ' ‖ ' 电话 '

需要注意的是，与 Excel 函数一样，DAX 表达式中出现的所有运算符号都要在英文状态下输入。

所有 DAX 表达式都以等号（=）开始，等号之后是参与计算的元素，由运算符分隔。表达式始终从左向右读取，但是可以使用括号对参与计算的元素进行分组，从而在一定程度上控制元素的计算顺序。

DAX 表达式中的运算符优先级与 Excel 的基本相同，但要注意的是，DAX 表达式不支持某些 Excel 运算符，如“%”。因此，在从 Excel 向 Power Bl Desktop 中复制、粘贴表达式前，一定要仔细检查表达式，因为表达式中的某些运算符或元素可能无效。如果不能准确判断计算顺序，建议使用括号控制计算顺序，以得到正确的计算结果。

三、DAX 函数

微课 21：DAX 函数

DAX 拥有许多可用于组织或分析数据的函数，包括聚合函数、逻辑函数、信息函数、数学函数、文本函数、日期和时间函数、关系函数、时间智能函数、筛选器函数等。

（一）聚合函数

聚合函数，用于对数据进行基本的统计汇总。常见聚合函数见表 3-8。

表 3-8　常见聚合函数

序号	函　数	说　明	序号	函　数	说　明
1	SUM	求和	6	COUNT	数值格式行数的计数
2	AVERAGE	求平均值	7	COUNTA	所有格式非空值行数的计数
3	MEDIAN	求中位值	8	COUNTBLANK	空单元格行数的计数
4	MAX	求最大值	9	COUNTROWS	表格中行数的计数
5	MIN	求最小值	10	DISTINCTCOUNT	非重复值行数的计数

（二）逻辑函数

逻辑函数，用于对数据进行逻辑判断。常见逻辑函数见表 3-9。

表 3-9　常见逻辑函数

序号	函　数	说　明
1	IF	根据某个 / 几个逻辑判断条件是否成立，返回指定的数值
2	IFERROR	如果计算出错，返回指定数值
3	AND	逻辑关系的“且（&&）”
4	OR	逻辑关系的“或（||）”
5	SWITCH	数值转换

（三）信息函数

信息函数，用于数据信息判断。常见信息函数见表 3-10。

表 3-10　常见信息函数

序号	函　数	说　明	序号	函　数	说　明
1	ISBLANK	是否空值	4	ISNONTEXT	是否非文本
2	ISNUMBER	是否数值	5	ISERROR	是否错误
3	ISTEXT	是否文本			

（四）数学函数

数学函数，用于数学运算。常见数学函数见表 3-11。

表 3-11　常见数学函数

序号	函　数	说　明	序号	函　数	说　明
1	ABS	求绝对值	4	ROUNDDOWN	向下舍入
2	ROUND	四舍五入到指定位数	5	INT	向下舍入到整数
3	ROUNDUP	向上舍入			

（五）文本函数

文本函数，用于文本格式转换。常见文本函数见表 3-12。

表 3-12　常见文本函数

序号	函　数	说　明
1	FORMAT	根据指定的格式将值转换为文本
2	LEFT	从左向右取指定数量的字符
3	RIGHT	从右向左取指定数量的字符
4	MID	从中间开始取指定数量的字符
5	LEN	返回指定字符串的长度
6	FIND	查找一个文本字符串在另一个文本字符串中的起始位置
7	SEARCH	查找首次出现特定字符或文本字符串的位置编号
8	REPLACE	替换特定位置、长度可变的任何文本
9	SUBSTITUTE	查找替换特定文本
10	VALUE	将文本数字转换成数值数字
11	BLANK	返回空值
12	CONCATENATE	连接字符串，等同于“&”

（续表）

序号	函　数	说　　明
13	LOWER	将字母转换成小写
14	UPPER	将字母转换成大写
15	TRIM	从文本中删除两个词之间除了单个空格外的所有空格
16	REPT	重复字符串

（六）日期和时间函数

日期和时间函数，用于日期和时间数据处理。常见日期和时间函数见表 3-13。

表 3-13　常见日期和时间函数

序号	函　数	说　　明
1	YEAR	返回当前日期的年份
2	MONTH	返回 1 到 12 的月份的整数
3	DAY	返回一个月中的日期，1 到 31 的整数
4	HOUR	返回 0 到 23 的整数（小时）
5	MINUTE	返回 0 到 59 的整数（分钟）
6	SECOND	返回 0 到 59 的整数（秒）
7	TODAY	返回当前的日期
8	NOW	返回当前的日期和时间
9	DATE	根据年、月、日生成日期
10	TIME	根据时、分、秒生成时间
11	DATEVALUE	将文本格式的日期转换成日期格式
12	TIMEVALUE	将文本格式的时间转换成时间格式
13	EDATE	调整日期中的月份
14	EOMONTH	返回调整后的日期中月份的最后一天
15	WEEKDAY	返回 1 到 7 的整数（星期几），返回参数建议使用 2
16	WEEKNUM	当前日期在一整年中的周数（从 1 月 1 日开始算）

（七）关系函数

关系函数，能够根据表关系进行数据的查询调用。使用的前提是两个表格之间已经创建了表关系。常见关系函数见表 3-14。

表 3-14　常见的关系函数

序号	函　数	说　　明
1	RELATED	在一对多的关系中，用于从“多”端访问“一”端，在这种情况下，相关表中至多有一行。如果数据行不存在，返回 BLANK 示例
2	RELATEDTABLE	从关系的“一”端访问到“多”端，在这种情况下，相关表中可能有多行，RELATEDTABLE 返回一个表，表中包含所有与当前行相关联的其他表的所有行

（八）时间智能函数

时间智能函数，用于智能地控制调用各种时间周期数据。常见时间智能函数见表 3-15。利用时间智能函数，可以灵活地筛选出一段需要的时间区间。做同比、环比、滚动预测、移动平均等数据分析时，都会用到这类函数。

表 3-15　常见的时间智能函数

序号	函　数	说明	序号	函　数	说　明
1	PREVIOUSYEAR	上一年	9	TOTALYTD	年初至今
2	PREVIOUSQUARTER	上一季	10	TOTALQTD	季初至今
3	PREVIOUSMONTH	上一月	11	TOTALMTD	月初至今
4	PREVIOUSDAY	上一日	12	SAMEPERIODLASTYEAR	上年同期
5	NEXTYEAR	下一年	13	PARALLELPERIOD	上一期
6	NEXTQUARTER	下一季	14	DATESINPERIOD	指定期间的日期
7	NEXTMONTH	下一月	15	DATEADD	日期推移
8	NEXTDAY	下一日			

（九）筛选器函数

筛选器函数，计算中用于筛选条件控制。常见筛选器函数见表 3-16。

表 3-16　常见的筛选器函数

序号	函　数	说　　明
1	CALCULATE	在已修改的上下文中计算表达式
2	FILTER	按条件筛选数据，不能单独使用，与 CALCULATE 函数一起使用
3	VALUES	返回列或者表去重后的结果
4	TOPN	返回指定表的前几行

（续表）

序号	函数	说明
5	ALL	返回所有数据，不能单独使用，与 CALCULATE 函数一起使用
6	ALLEXCEPT	删除表中所有筛选器（针对指定列的筛选器除外）
7	ALLNOBLANKROW	返回非空白的数据

任务实训

一、实训任务

以文件“MK 公司表格”为素材，熟记主要的 DAX 运算符和 DAX 函数，编写简单的 DAX 表达式。

二、任务实施

任务实施单

实训目标	熟记主要的 DAX 运算符和 DAX 函数，编写简单的 DAX 表达式。
实训环境	投影仪、具备网络查询功能的电脑。
实训内容及要求	【实训内容】 熟记主要的 DAX 运算符和 DAX 函数，编写简单的 DAX 表达式。 【实训要求】 1. 熟记 DAX 运算符和 DAX 函数； 2. 编写简单的 DAX 表达式。
实训步骤	1. 教师讲授实训内容及要求，提示操作中需要注意的事项； 2. 每位同学分配一台电脑； 3. 每位同学按照教师讲解的操作步骤，进行实操演练。
实训考核评价	【评价载体】 编写的 DAX 表达式。 【评价指标】 正确编写 5 个 DAX 表达式，每个占 20%，共占 100%。

知识拓展

DAX 函数与 Excel 函数

熟悉 Excel 函数的人会发现，有很多 DAX 函数与 Excel 函数相似，但是，DAX 函数具有以下不同之处。

（1）DAX 函数始终引用完整的列或表，而不会引用单元格或单元格区域；

（2）许多 DAX 函数返回的是表而不是值。

推荐一个 DAX 函数索引网站，网址为：https://dax.guide，网站主页如图 3-30 所示。在该网站中，可以方便快捷地搜索 DAX 函数，查看每个函数的功能介绍和语法格式，以及功能相似的相关函数。

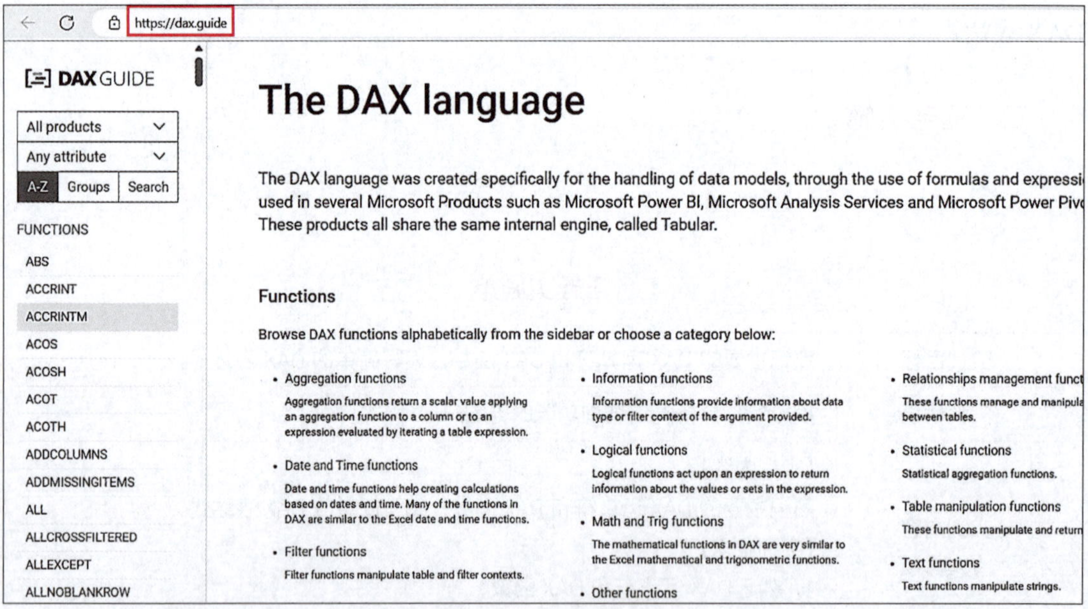

图 3-30　DAX 函数索引网站

思维导图

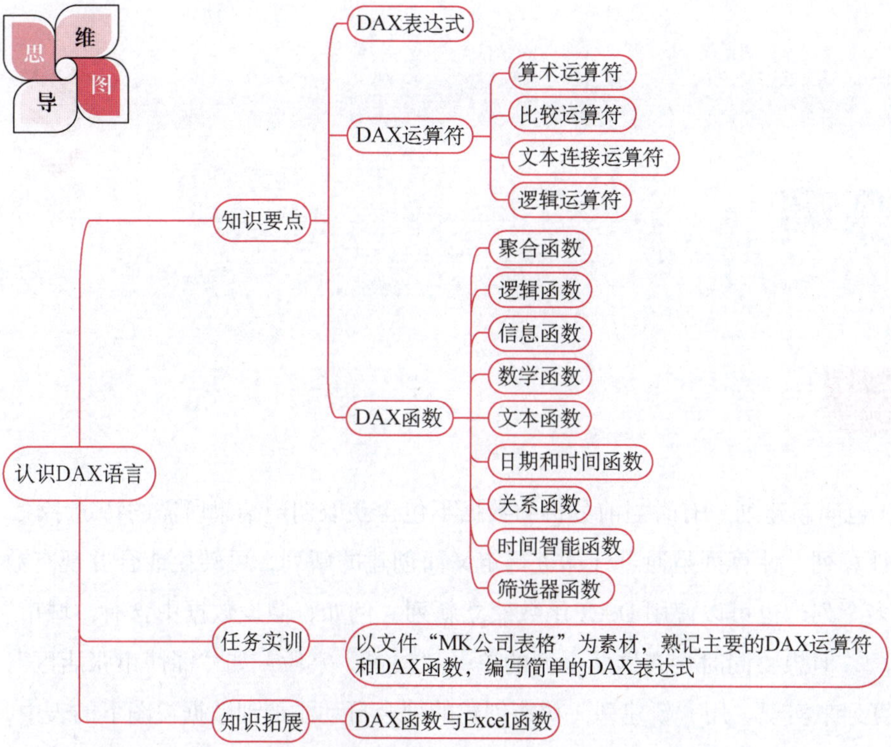

赛证融通测试题

1.（单选题）在 DAX 语言中，“IF”是（　　）函数。

A. 聚合　　B. 逻辑　　C. 文本　　D. 信息

2.（单选题）“&”是（　　）运算符。

A. 算数　　B. 比较　　C. 文本连接　　D. 逻辑

任务三 创建计算列

情境导入

创建计算列，也叫新建列。有时当前分析的数据不包含获取期望结果所需的特定字段，这时就需要创建计算列。计算列是通过计算进行定义而创建的新列，可转换或合并现有数据表中的两个或多个列，也可以使用 DAX 函数建立新列。例如，假设数据中含有“城市”和“区”两个字段，但想要同时含有这两个列的单一“位置”字段，如“淄博市张店区”，可以通过创建计算列来实现。用“新建列”功能创建的列会自动添加到数据视图下的表中，但不会添加到“Power Query 编辑器”中，也就是说，不会添加到数据源中。新建列一般在建立表关系或作为筛选条件时才会使用，因为它会占用内存空间。

根据本节知识点和本任务要求，思考创建计算列时需要注意哪些问题。

知识要点

计算列也是一个字段，但它不是从原始数据加载进来的，而是在数据模型中使用 DAX 表达式新建的列。

一、在同一表中创建计算列

在进行数据分析时，往往需要凭借现有的元数据生成需要的数据字段。例如，数据表中已有“单价”和“数量”字段，通过这两个字段可以生成“金额”字段的数据。以 Excel 文件 3-3“MK 公司 2×20 年 12 月销售订单明细表”为例，介绍如何在一张数据表中创建计算列，具体操作步骤如下：

微课 22：在同一表中创建计算列

3-3

1. 启动 Power BI Desktop，打开 Excel 文件“MK 公司 2×20 年 12 月销售订单明细表”，文件包含一张名为“销售订单明细表”的表格。

2. 在“主页”选项卡下点击“计算”组中的“新建列”命令，如图 3-31 所示。需要注意的是，引用已有数据表中的列字段，需要使用英文状态下的单引号。

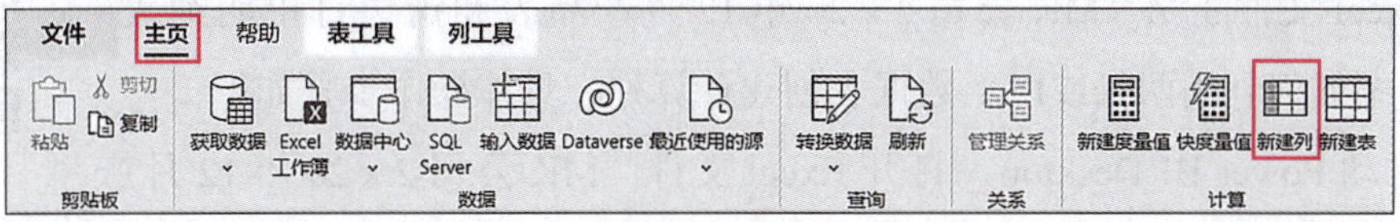

图 3-31 “新建列”命令

3. 在表达式栏输入 DAX 表达式，自动生成“金额”列，如图 3-32 所示。

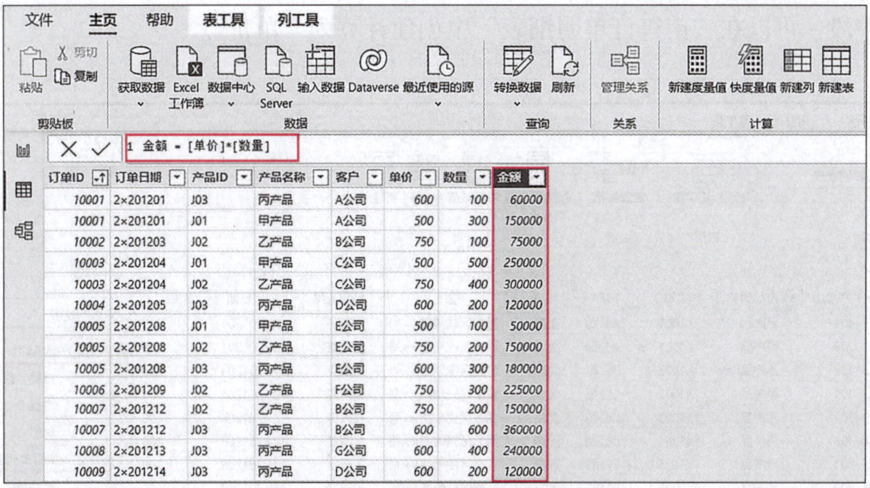

订单ID	订单日期	产品ID	产品名称	客户	单价	数量	金额
10001	2×201201	J03	丙产品	A公司	600	100	60000
10001	2×201201	J01	甲产品	A公司	500	300	150000
10002	2×201203	J02	乙产品	B公司	750	100	75000
10003	2×201204	J01	甲产品	C公司	500	500	250000
10003	2×201204	J02	乙产品	C公司	750	400	300000
10004	2×201205	J03	丙产品	D公司	600	200	120000
10005	2×201208	J01	甲产品	E公司	500	100	50000
10005	2×201208	J02	乙产品	E公司	750	200	150000
10005	2×201208	J03	丙产品	E公司	600	300	180000
10006	2×201209	J02	乙产品	F公司	750	300	225000
10007	2×201212	J02	乙产品	B公司	750	200	150000
10007	2×201212	J03	丙产品	B公司	600	600	360000
10008	2×201213	J03	丙产品	G公司	600	400	240000
10009	2×201214	J03	丙产品	D公司	600	200	120000

图 3-32 自动生成“金额”列

4. 可以在“列工具”选项中修改数据类型为“定点小数”，或者更改列名称等，如图 3-33 所示。

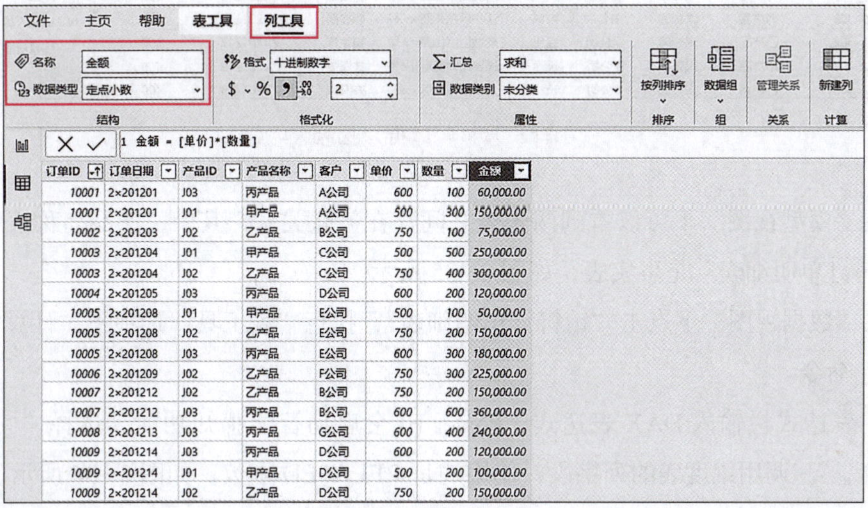

订单ID	订单日期	产品ID	产品名称	客户	单价	数量	金额
10001	2×201201	J03	丙产品	A公司	600	100	60,000.00
10001	2×201201	J01	甲产品	A公司	500	300	150,000.00
10002	2×201203	J02	乙产品	B公司	750	100	75,000.00
10003	2×201204	J01	甲产品	C公司	500	500	250,000.00
10003	2×201204	J02	乙产品	C公司	750	400	300,000.00
10004	2×201205	J03	丙产品	D公司	600	200	120,000.00
10005	2×201208	J01	甲产品	E公司	500	100	50,000.00
10005	2×201208	J02	乙产品	E公司	750	200	150,000.00
10005	2×201208	J03	丙产品	E公司	600	300	180,000.00
10006	2×201209	J02	乙产品	F公司	750	300	225,000.00
10007	2×201212	J02	乙产品	B公司	750	200	150,000.00
10007	2×201212	J03	丙产品	B公司	600	600	360,000.00
10008	2×201213	J03	丙产品	G公司	600	400	240,000.00
10009	2×201214	J03	丙产品	D公司	600	200	120,000.00
10009	2×201214	J01	甲产品	D公司	500	200	100,000.00
10009	2×201214	J02	乙产品	D公司	750	200	150,000.00

图 3-33 “列工具”选项

二、利用不同表创建计算列

以 Excel 文件 3-4“MK 公司 2×20 年 12 月产品表和销售订单明细表”为例，介绍如何利用两张或以上数据表创建计算列，具体操作步骤如下：

微课 23：利用不同表创建计算列

3-4

1. 启动 Power BI Desktop，打开 Excel 文件“MK 公司 2×20 年 12 月产品表和销售订单明细表”，在“数据”窗格可以看到文件包含 2 张数据表，分别为“产品名称表”和“销售订单明细表”，如图 3-34 所示。“产品名称表”中包括“单价”字段，而“销售订单明细表”中只有“数量”字段，缺乏“单价”字段。可以在“销售订单明细表”中创建计算列“单价”。

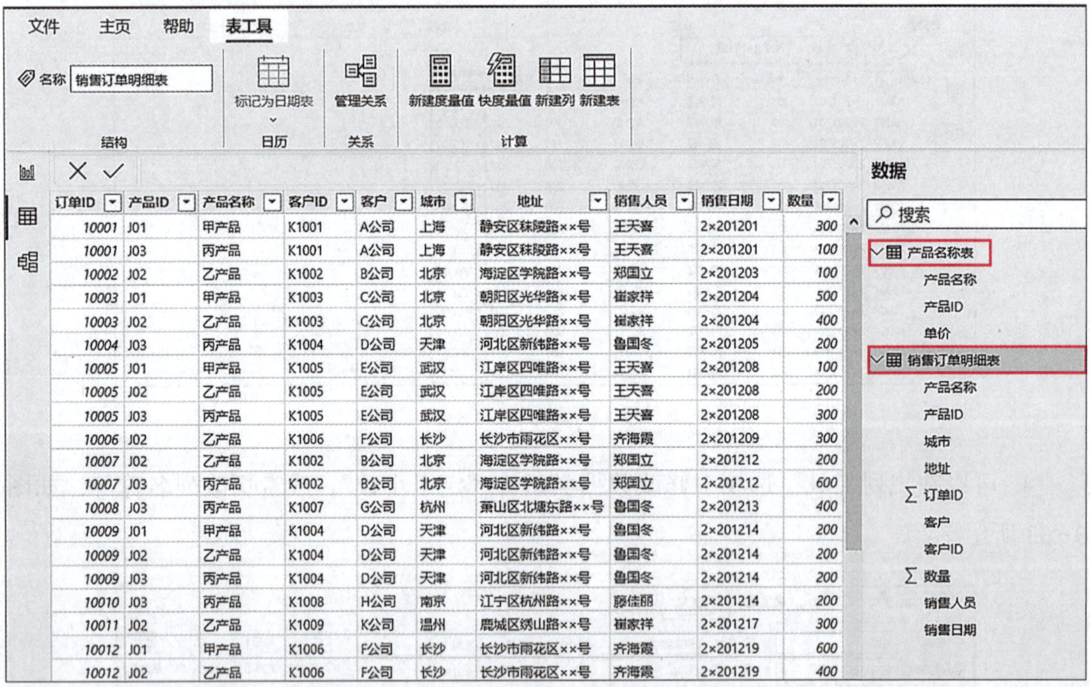

订单ID	产品ID	产品名称	客户ID	客户	城市	地址	销售人员	销售日期	数量
10001	J01	甲产品	K1001	A公司	上海	静安区秣陵路××号	王天喜	2×201201	300
10001	J03	丙产品	K1001	A公司	上海	静安区秣陵路××号	王天喜	2×201201	100
10002	J02	乙产品	K1002	B公司	北京	海淀区学院路××号	郑国立	2×201203	100
10003	J01	甲产品	K1003	C公司	北京	朝阳区光华路××号	崔家祥	2×201204	500
10003	J02	乙产品	K1003	C公司	北京	朝阳区光华路××号	崔家祥	2×201204	400
10004	J03	丙产品	K1004	D公司	天津	河北区新纬路××号	鲁国冬	2×201205	200
10005	J01	甲产品	K1005	E公司	武汉	江岸区四唯路××号	王天喜	2×201208	100
10005	J02	乙产品	K1005	E公司	武汉	江岸区四唯路××号	王天喜	2×201208	200
10005	J03	丙产品	K1005	E公司	武汉	江岸区四唯路××号	王天喜	2×201208	300
10006	J02	乙产品	K1006	F公司	长沙	长沙市雨花区××号	齐海霞	2×201209	300
10007	J02	乙产品	K1002	B公司	北京	海淀区学院路××号	郑国立	2×201212	200
10007	J03	丙产品	K1002	B公司	北京	海淀区学院路××号	郑国立	2×201212	600
10008	J03	丙产品	K1007	G公司	杭州	萧山区北塘东路××号	鲁国冬	2×201213	400
10009	J01	甲产品	K1004	D公司	天津	河北区新纬路××号	鲁国冬	2×201214	200
10009	J02	乙产品	K1004	D公司	天津	河北区新纬路××号	鲁国冬	2×201214	200
10009	J03	丙产品	K1004	D公司	天津	河北区新纬路××号	鲁国冬	2×201214	200
10010	J03	丙产品	K1008	H公司	南京	江宁区杭州路××号	滕佳丽	2×201214	200
10011	J02	乙产品	K1009	K公司	温州	鹿城区绣山路××号	崔家祥	2×201217	300
10012	J01	甲产品	K1006	F公司	长沙	长沙市雨花区××号	齐海霞	2×201219	600
10012	J02	乙产品	K1006	F公司	长沙	长沙市雨花区××号	齐海霞	2×201219	400

图 3-34 “数据”窗格

2. 在“模型视图”下可以看到两张表之间存在关联关系，其中“产品名称表”是维度表，“销售订单明细表”是事实表，如图 3-35 所示。

3. 在“数据视图”下点击“销售订单明细表”，执行“表工具”选项下“计算”组中的“新建列”命令。

4. 在表达式栏输入 DAX 表达式，Power BI 会启动智能感知功能，选择“‘产品名称表’[单价]”，调用维度表的列字段，使用的是 RELATED 函数。如图 3-36 所示。

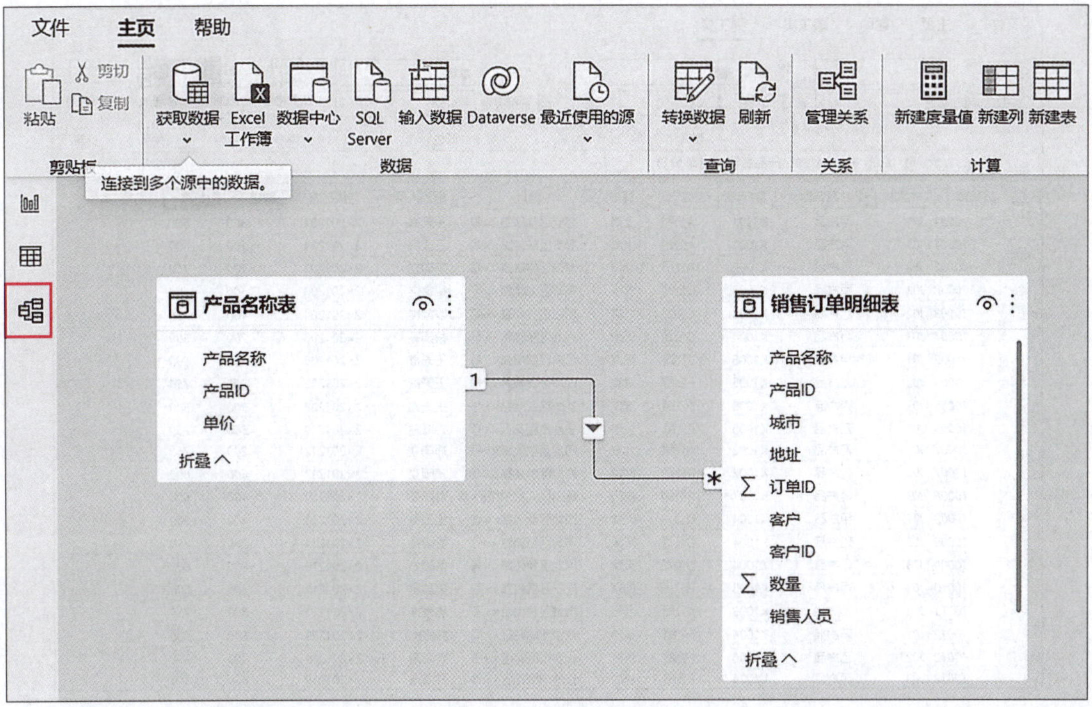

图 3-35 两种数据表

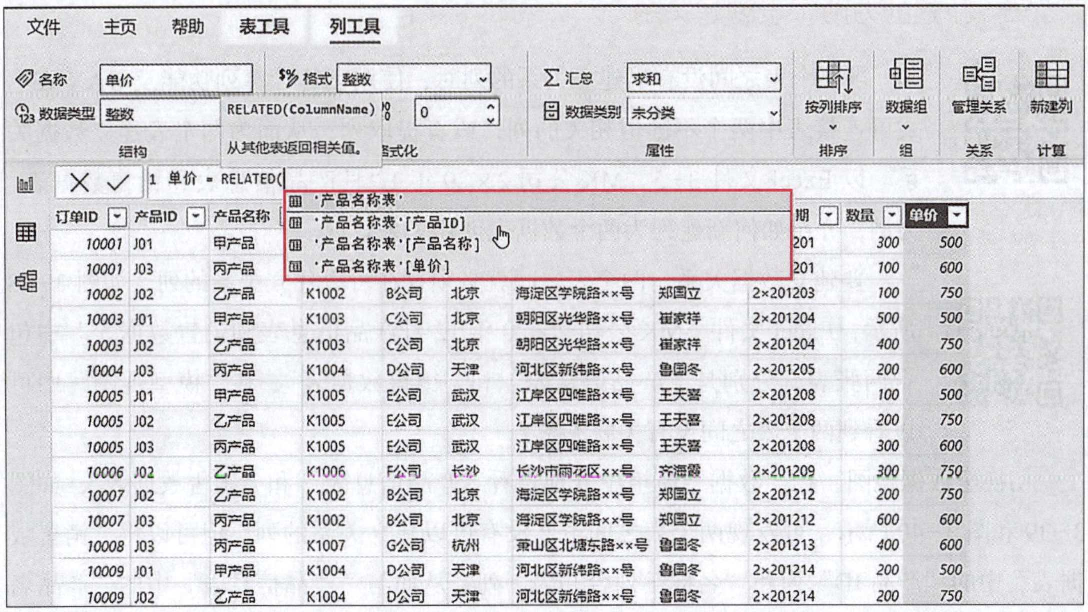

图 3-36 输入 DAX 表达式

5. 输入完表达式后，按“Enter”回车键，自动生成计算列“单价”，如图 3-37 所示。

订单ID	产品ID	产品名称	客户ID	客户	城市	地址	销售人员	销售日期	数量	单价
10001	J01	甲产品	K1001	A公司	上海	静安区秣陵路××号	王天喜	2×201201	300	500
10001	J03	丙产品	K1001	A公司	上海	静安区秣陵路××号	王天喜	2×201201	100	600
10002	J02	乙产品	K1002	B公司	北京	海淀区学院路××号	郑国立	2×201203	100	750
10003	J01	甲产品	K1003	C公司	北京	朝阳区光华路××号	崔家祥	2×201204	500	500
10003	J02	乙产品	K1003	C公司	北京	朝阳区光华路××号	崔家祥	2×201204	400	750
10004	J03	丙产品	K1004	D公司	天津	河北区新纬路××号	鲁国冬	2×201205	200	600
10005	J01	甲产品	K1005	E公司	武汉	江岸区四唯路××号	王天喜	2×201208	100	500
10005	J02	乙产品	K1005	E公司	武汉	江岸区四唯路××号	王天喜	2×201208	200	750
10005	J03	丙产品	K1005	E公司	武汉	江岸区四唯路××号	王天喜	2×201208	300	600
10006	J02	乙产品	K1006	F公司	长沙	长沙市雨花区××号	齐海霞	2×201209	300	750
10007	J02	乙产品	K1002	B公司	北京	海淀区学院路××号	郑国立	2×201212	200	750
10007	J03	丙产品	K1002	B公司	北京	海淀区学院路××号	郑国立	2×201212	600	600
10008	J03	丙产品	K1007	G公司	杭州	萧山区北塘东路××号	鲁国冬	2×201213	400	600
10009	J01	甲产品	K1004	D公司	天津	河北区新纬路××号	鲁国冬	2×201214	200	500
10009	J02	乙产品	K1004	D公司	天津	河北区新纬路××号	鲁国冬	2×201214	200	750
10009	J03	丙产品	K1004	D公司	天津	河北区新纬路××号	鲁国冬	2×201214	200	600
10010	J03	丙产品	K1008	H公司	南京	江宁区杭州路××号	薛佳丽	2×201214	200	600
10011	J02	乙产品	K1009	K公司	温州	鹿城区绣山路××号	崔家祥	2×201217	300	750
10012	J01	甲产品	K1006	F公司	长沙	长沙市雨花区××号	齐海霞	2×201219	600	500
10012	J02	乙产品	K1006	F公司	长沙	长沙市雨花区××号	齐海霞	2×201219	400	750
10012	J03	丙产品	K1006	F公司	长沙	长沙市雨花区××号	齐海霞	2×201219	600	600

图 3-37　创建计算列“单价”

三、新建列为两个表创建关系

微课 24：新建列为两个表创建关系

当两个表之间没有可建立关系的列时，使用创建计算列功能及 DAX 表达式可连接表中两个不同但相关的列，或者提取列，从而为两个表建立数据关系。以 Excel 文件 3-5“MK 公司 2×20 年 12 月产品信息表和销售数据表”为例，介绍如何新建列为两个数据表创建关系。

3-5

要建立数据关系，两个表之间就必须存在可以建立关系的列。如图 3-38 所示，Excel 文件“MK 公司 2×20 年 12 月产品信息表和销售数据表”中包含两张表，分别是“产品信息表”和“销售数据表”，在“模型视图”中可以看到两个表之间没有关联关系。

切换至数据视图，在“数据”窗格中分别查看“产品信息表”和“销售数据表”，如图 3-39 和图 3-40 所示，可发现两个表之间虽然没有可以建立关系的列，但可以将“销售数据表”中的“产品 ID”列和“名称”列合并为一列，从而与“产品信息表”中的“产品名称”列建立关系。具体操作步骤如下：

1. 在“数据”窗格中切换至“销售数据表”。在“表工具”选项卡下点击“计算”中的“新建列”命令，此时，在打开的表达式栏中可看到一个名为“列”的列。

2. 在表达式栏中更改列名为“产品名称”，在等号后输入“[”，在自动弹出的列表中

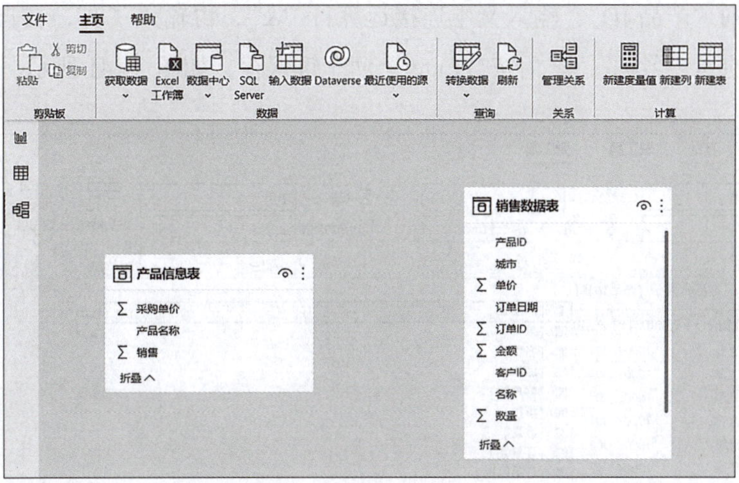

图 3-38　模型视图

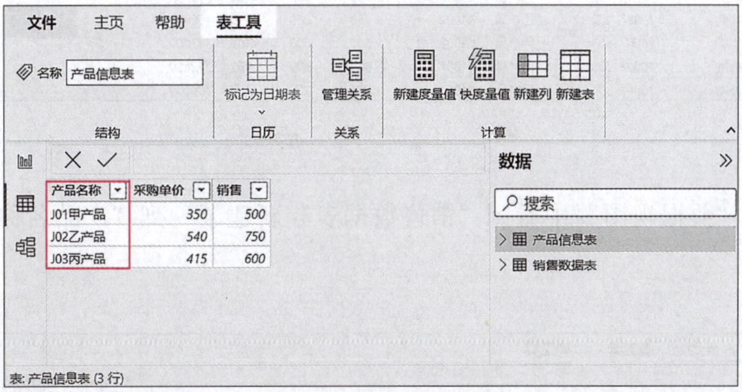

产品名称	采购单价	销售
J01甲产品	350	500
J02乙产品	540	750
J03丙产品	415	600

图 3-39　产品信息表

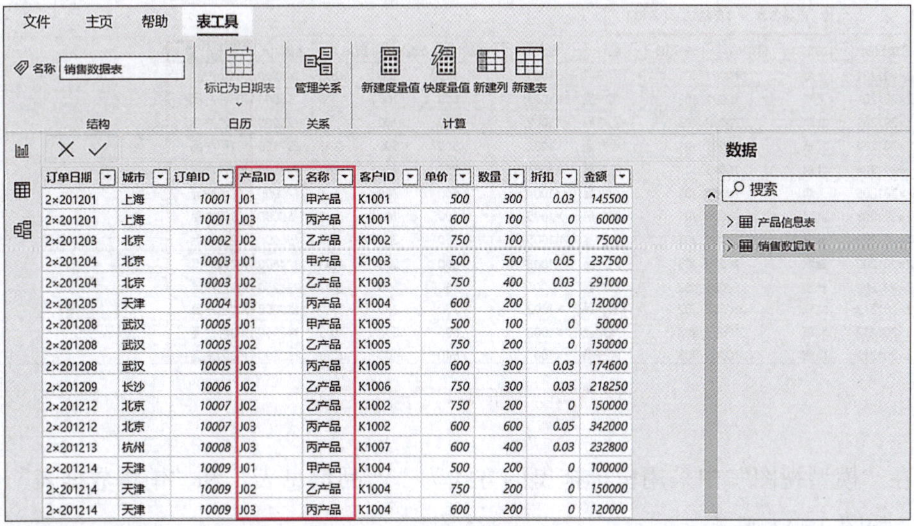

订单日期	城市	订单ID	产品ID	名称	客户ID	单价	数量	折扣	金额
2×201201	上海	10001	J01	甲产品	K1001	500	300	0.03	145500
2×201201	上海	10001	J03	丙产品	K1001	600	100	0	60000
2×201203	北京	10002	J02	乙产品	K1002	750	100	0	75000
2×201204	北京	10003	J01	甲产品	K1003	500	500	0.05	237500
2×201204	北京	10003	J02	乙产品	K1003	750	400	0.03	291000
2×201205	天津	10004	J03	丙产品	K1004	600	200	0	120000
2×201208	武汉	10005	J01	甲产品	K1005	500	100	0	50000
2×201208	武汉	10005	J02	乙产品	K1005	750	200	0	150000
2×201208	武汉	10005	J03	丙产品	K1005	600	300	0.03	174600
2×201209	长沙	10006	J02	乙产品	K1006	750	300	0.03	218250
2×201212	北京	10007	J02	乙产品	K1002	750	200	0	150000
2×201212	北京	10007	J03	丙产品	K1002	600	600	0.05	342000
2×201213	杭州	10008	J03	丙产品	K1007	600	400	0.03	232800
2×201214	天津	10009	J01	甲产品	K1004	500	200	0	100000
2×201214	天津	10009	J02	乙产品	K1004	750	200	0	150000
2×201214	天津	10009	J03	丙产品	K1004	600	200	0	120000

图 3-40　销售数据表

点击要插入的列“产品 ID”，输入文本连接运算符“&”，再输入“[”，在自动弹出的列表中点击要插入的列“名称”，之后按“Enter”回车键保存，如图 3-41 所示。

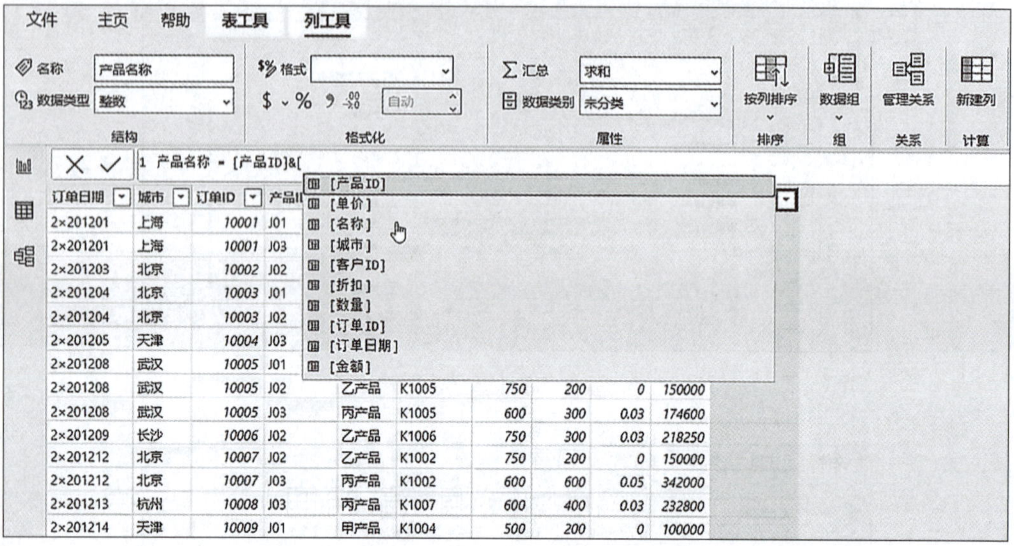

图 3-41　输入 DAX 表达式

3. 可以在“数据视图”中看到“销售数据表”新建了一列“产品名称”，如图 3-42 所示。

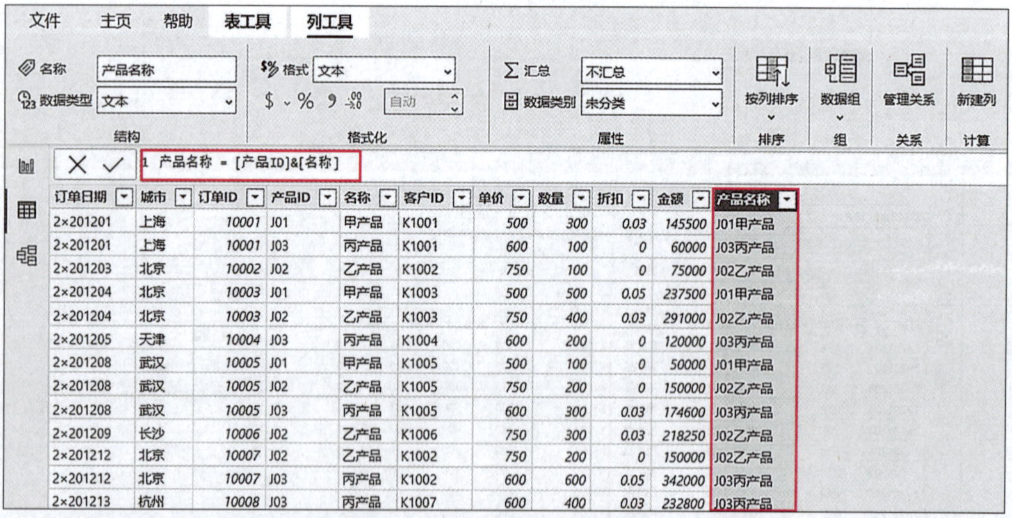

图 3-42　新建列“产品名称”

4. 在“模型视图”中采用鼠标拖曳的方式为“产品信息表”和“销售数据表”创建关联关系，如图 3-43 所示。

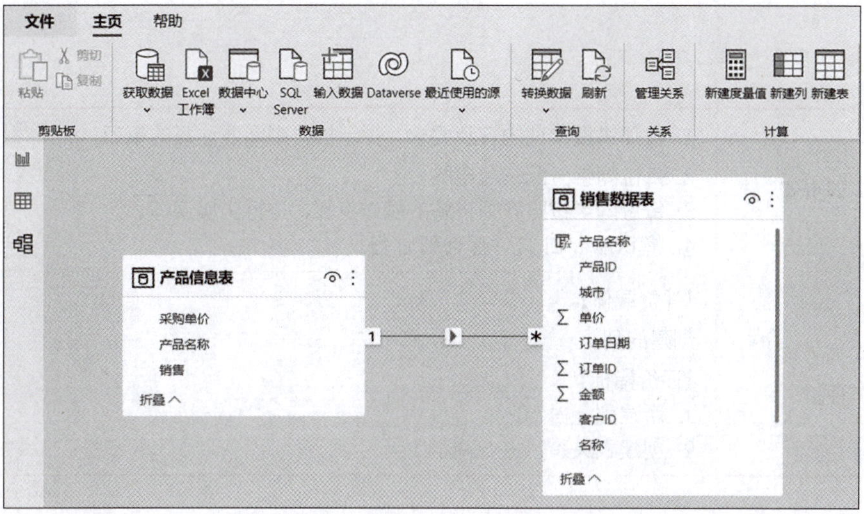

图 3-43 鼠标拖曳创建表关系

任务实训

一、实训任务

使用提供的表格，练习创建计算列。

二、任务实施

任务实施单

实训目标	创建计算列。
实训环境	投影仪、具备网络查询功能的电脑。
实训内容及要求	【实训内容】 使用 Excel 文件“MK 公司 2×20 年 12 月销售订单明细表”“MK 公司 2×20 年 12 月产品表和销售订单明细表”“MK 公司 2×20 年 12 月产品信息表和销售数据表”，完成创建计算列的操作。 【实训要求】 1. 能够在同一表中创建计算列； 2. 能够利用不同表创建计算列； 3. 能够通过新建列为两个数据表创建关系。

（续表）

实训步骤	1. 教师讲授实训内容及要求，提示操作中需要注意的事项； 2. 每位同学分配一台电脑； 3. 每位同学按照教师讲解的操作步骤，进行实操演练； 4. 将 Power BI 文件保存到 U 盘。
实训考核评价	【评价载体】 创建的列。 【评价指标】 1. 新建列，占 50%； 2. 创建表关系，占 50%。

知识拓展

为数据表添加日期列

以 Excel 文件 3-6“MK 公司 2020 年销售目标表”为例，介绍如何添加日期列，具体操作步骤如下：

3-6

1. 启动 Power BI Dosktop，从 Excel 文件“MK 公司 2020 年销售目标表”中导入数据。此时，这个表具备“年份”“月份”“目标”三个列字段，加载的数据如图 3-44 所示。

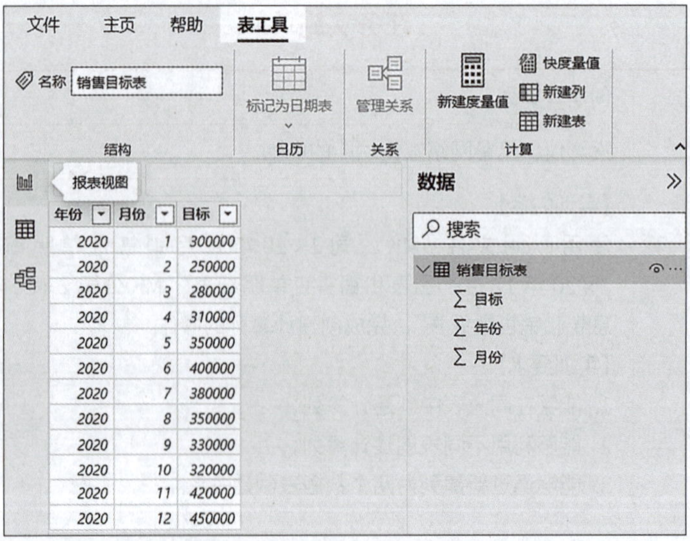

图 3-44　加载的数据

2. 选择“年份”，右击鼠标，在弹出的快捷菜单中点击“编辑查询”命令，打开“Power Query 编辑器”，如图 3-45 所示。

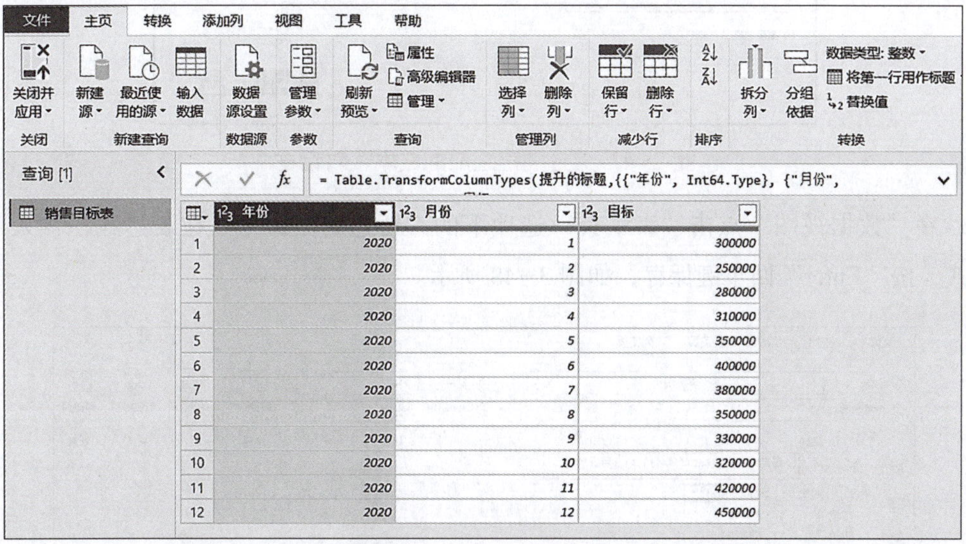

图 3-45 编辑器窗口

3. 选中“月份”，在“转换”选项卡下选择“文本列”组“提取”命令中的“分隔符之前的文本”命令，如图 3-46 所示。

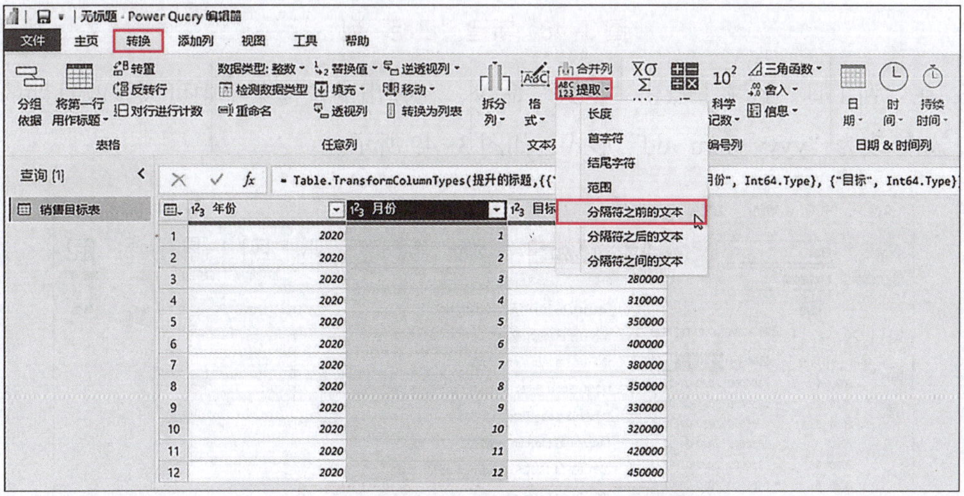

图 3-46 “分隔符之前的文本”命令

4. 在弹出对话框的“分隔符”中输入一个空格，提取出月份中的数字，完成后加载到数据模型，如图 3-47 所示。点击“文件”选项卡下的“应用”，关闭“Power Query 编辑器”。

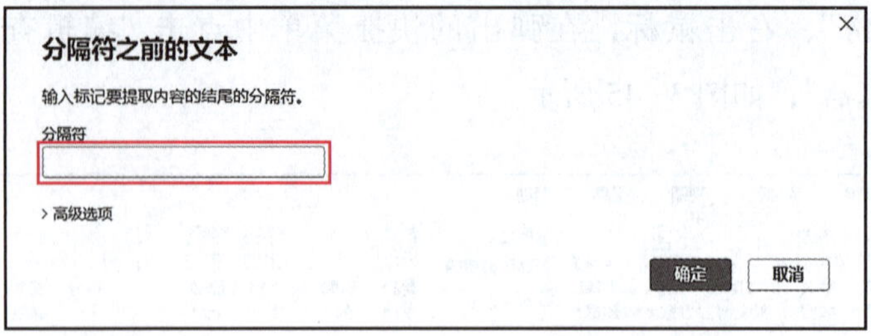

图 3-47　“分隔符之前的文本”对话框

5. 在“数据视图”点击“表工具”选项下的“新建列”命令。在表达式栏输入 DAX 表达式，按“Enter”回车键保存，如图 3-48 所示。

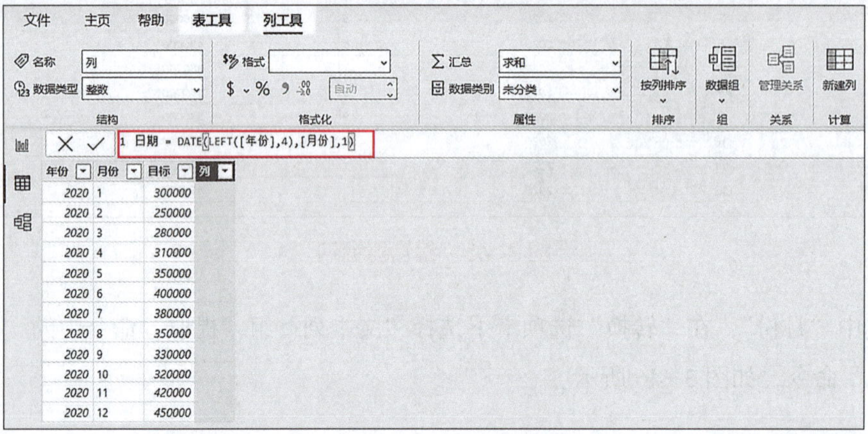

图 3-48　新建“日期”列

6. 在“列工具”选项下点击“格式”命令，在弹出的快捷菜单中可以修改日期的表达形式，如修改为“yyyy-mm-dd”形式，如图 3-49 所示。

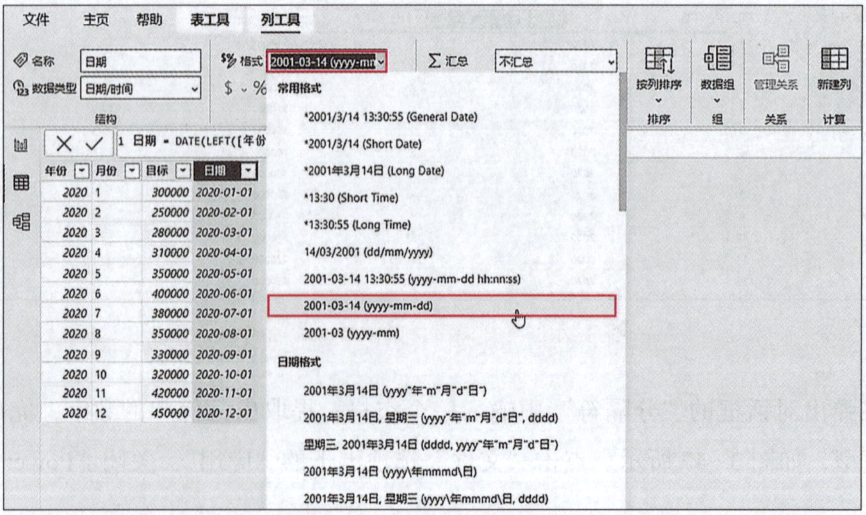

图 3-49　修改日期格式

思维导图

- 获取数据
  - 知识要点
    - 在同一表中创建计算列
    - 利用不同表创建计算列
    - 新建列为两个表创建关系
  - 任务实训
    - 使用提供的表格练习创建计算列
  - 知识拓展
    - 为数据表添加日期列

赛证融通测试题

1. （判断题）计算列可转换或合并现有数据表中的两个或多个列。（　　）
2. （判断题）可以通过“表工具”选项下“计算”组中的“新建列”命令创建计算列。（　　）

任务四
创建度量值

情境导入

度量值是 Power BI 数据建模的“灵魂”。度量值，又被称为移动的公式，是用 DAX 表达式创建的一个只显示名称而无实际数据的字段，它不仅能完成一些常见的数据统计工作，如计数、求和、求平均值、求最小值或最大值，而且能使用复杂公式完成更高级的计算。度量值不会改变源数据和数据模型，也不会占用报表的内存，只有在使用度量值创建可视化效果时，度量值才会执行计算。度量值可以随着选择的维度变化，一般在报表交互时使用，以便进行快速和动态的数据浏览。

在 Power BI 中，通常将度量值创建在事实表中。创建的度量值将显示在带有计算器图标的字段列表中。

根据本节知识点和本任务要求，思考在财务工作中为什么需要创建度量值。

知识要点

度量值是一个表达式，与计算列一样，是使用 DAX 函数建立的，但它不属于任何表。新建的度量值处于休眠状态，不执行计算，直到其被用于视觉对象中。

度量值计算出的结果是动态的，在不同的上下文中执行不同的计算，所以也被称为移动的公式。它可以响应用户交互，可以快速重新计算，但不会将输出的结果存储在数据模型中，因此对数据模型的物理大小没有影响。

一、创建快度量值

使用 Excel 文件 3-7“DX 公司 2×20 年 12 月销售订单明细表”创建“快度量值”，对列字段“数量”求和，具体操作步骤如下：

微课 25：
创建快度量值

1. 启动 Power BI Desktop，导入 Excel 文件“DX 公司 2×20 年 12 月销

售订单明细表”，在“数据视图”选择“主页”选项卡下“计算”组中的“快度量值”命令，如图3-50所示，此外，或选择“表工具”选项卡下“计算”组中的“快度量值”命令。也可以在“报表视图”选择“主页”选项卡下“计算”组中的“快度量值”命令。

3-7

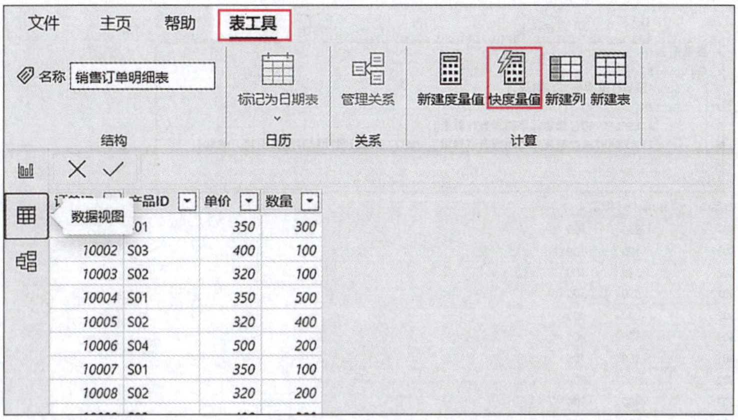

图3-50 “表工具”选项卡下“快度量值”命令

2. 在右侧弹出“快度量值”窗格，在“计算”对话框中点击右侧的向下箭头，选择“汇总”；在“数据”窗格中点击“销售订单明细表”下方的箭头，在展开的选项中将“∑数量”拖到“基数”对话框和左侧的“字段”对话框中；在“方向”对话框中选择“升序”，点击“添加”，如图3-51所示。

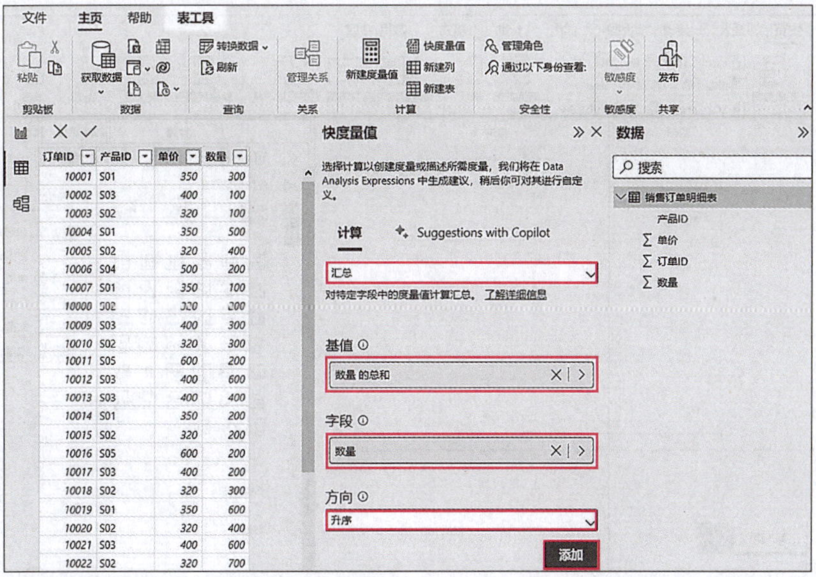

图3-51 “快度量值”对话框

3. 在“数据视图”下自动出现了 DAX 表达式，将新建度量值重新命名为“数量汇总”，如图 3-52 所示。

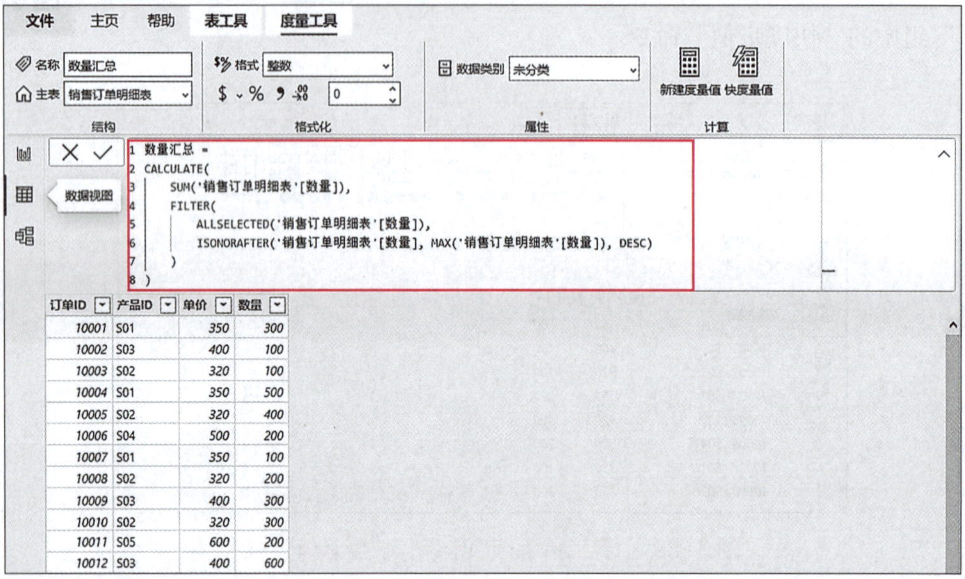

图 3-52 “数据视图”中的 DAX 表达式

4. 切换到“报表视图”，在“可视化”窗格中选择视觉对象“表”，从“数据”窗格中将度量值“数量汇总”拖拽到“列”存储桶，可以看到计算结果，如图 3-53 所示。度量值是虚拟字段，在数据表的各个列中是看不到的。

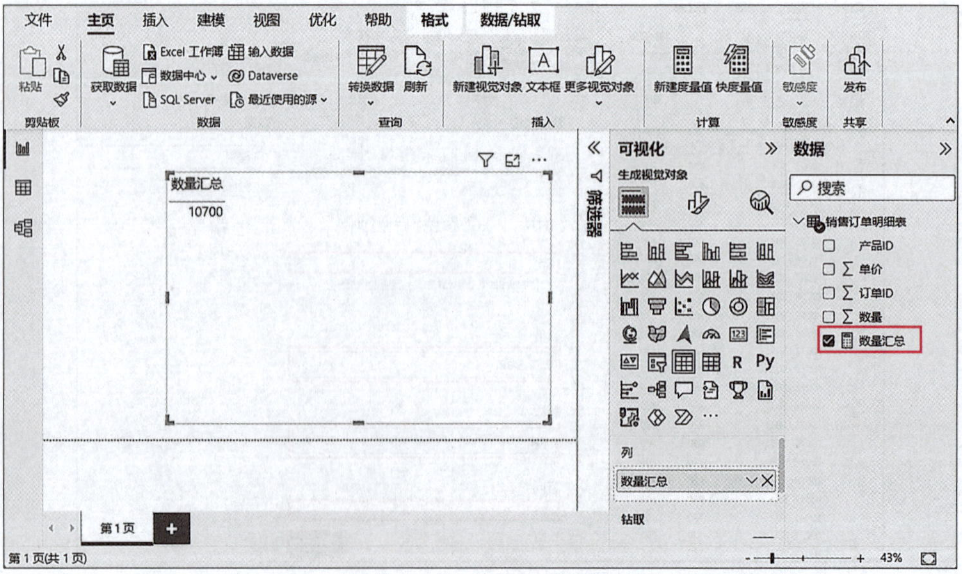

图 3-53 查看计算结果

二、新建度量值

使用 Excel 文件“DX 公司 2×20 年 12 月销售订单明细表”新建度量值，汇总数量和计算销售金额，具体操作步骤如下：

微课 26：新建度量值

1. 启动 Power BI Desktop，导入 Excel 文件“DX 公司 2×20 年 12 月销售订单明细表”，在“数据视图”选择“主页”选项卡下“计算”组中的“新建度量值”命令，如图 3-54 所示。或选择“表工具”选项卡下“计算”组中的“新建度量值”命令。此外，也可以在报表视图或模型视图选择“主页”选项卡下“计算”组中的“新建度量值”命令。

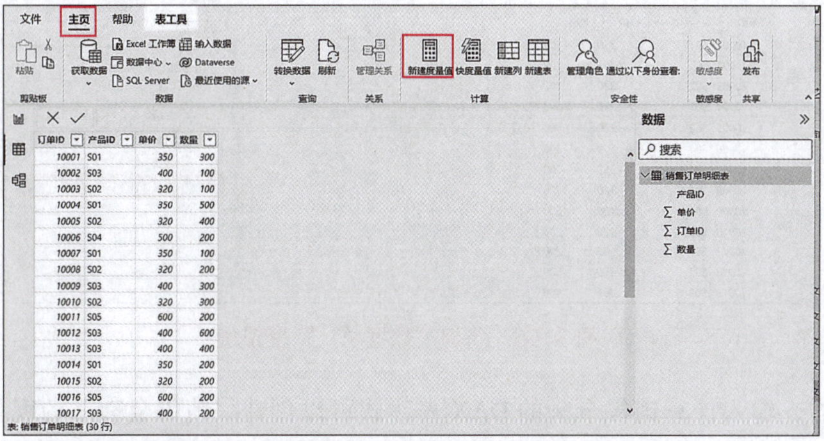

图 3-54 “主页”选项卡下“新建度量值”命令

2. 在“数据视图”下可以看到表达式栏出现一个“度量值”名称，在“数据”窗格中也会出现一个名为“度量值”的字段，如图 3-55 所示。

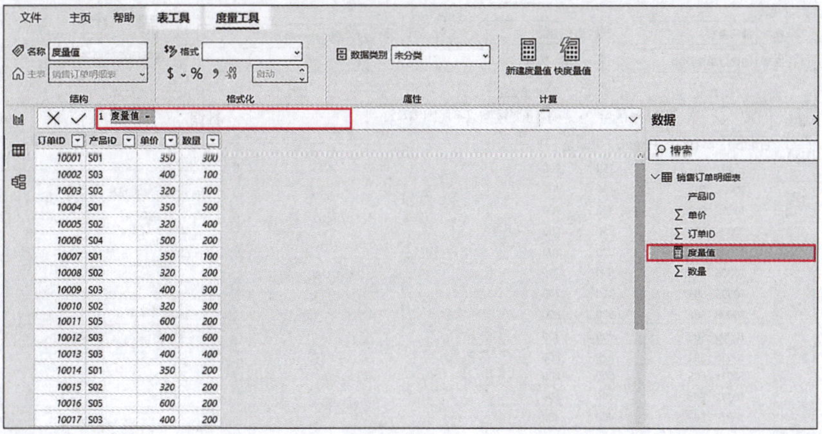

图 3-55 “度量值”字段

3. 在表达式栏中输入定义度量值的 DAX 表达式。如果对原有的度量值名称不满意，可更改度量值名称，此处更改为“数量总计”。在名称后输入“=”及要使用的 DAX 函数的首字母，如“S”，此时会显示以该字母开头的 DAX 函数列表，将鼠标指针放置在列表中的某个函数上时，还会显示该函数的功能介绍。选中函数后点击要用于计算的列，如“'销售订单明细表'[数量]”，输入英文状态下的“)”以示结束函数的输入，按“Enter”回车键保存，如图 3-56 所示。此时，在“数据”窗格中可看到创建的名为“数量总计”的度量值。

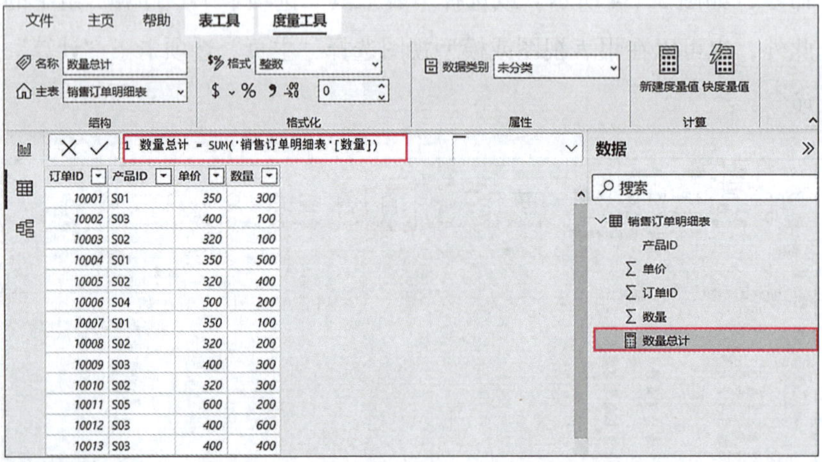

订单ID	产品ID	单价	数量
10001	S01	350	300
10002	S03	400	100
10003	S02	320	100
10004	S01	350	500
10005	S02	320	400
10006	S04	500	200
10007	S01	350	100
10008	S02	320	200
10009	S03	400	300
10010	S02	320	300
10011	S05	600	200
10012	S03	400	600
10013	S03	400	400

图 3-56　新建“数据总计”度量值

4. 同样，输入计算销售金额的 DAX 表达式可以创建“销售金额”的度量值，如图 3-57 所示。注意，这里使用的是 SUMX 函数，而不是 SUM 函数。DAX 设计了一系列后缀为 X 的函数，如 SUMX，AVERAGEX，MAXX，MINX，它们与 Filter 和 Earlier 一样，都属于行上下文函数。SUMX 的语法构成为：=SUMX ('表', 算术表达式)。

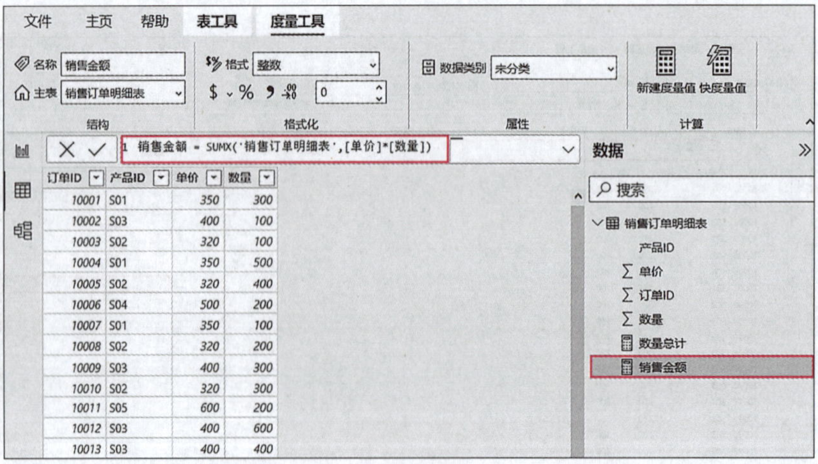

订单ID	产品ID	单价	数量
10001	S01	350	300
10002	S03	400	100
10003	S02	320	100
10004	S01	350	500
10005	S02	320	400
10006	S04	500	200
10007	S01	350	100
10008	S02	320	200
10009	S03	400	300
10010	S02	320	300
10011	S05	600	200
10012	S03	400	600
10013	S03	400	400

图 3-57　新建“销售金额”度量值

5. 切换到“报表视图”，在“可视化”窗格中选择“表”视觉对象，在“数据”窗格中勾选“销售订单明细表”中的多列和度量值“销售金额”，得到视觉对象，如图 3-58 所示。

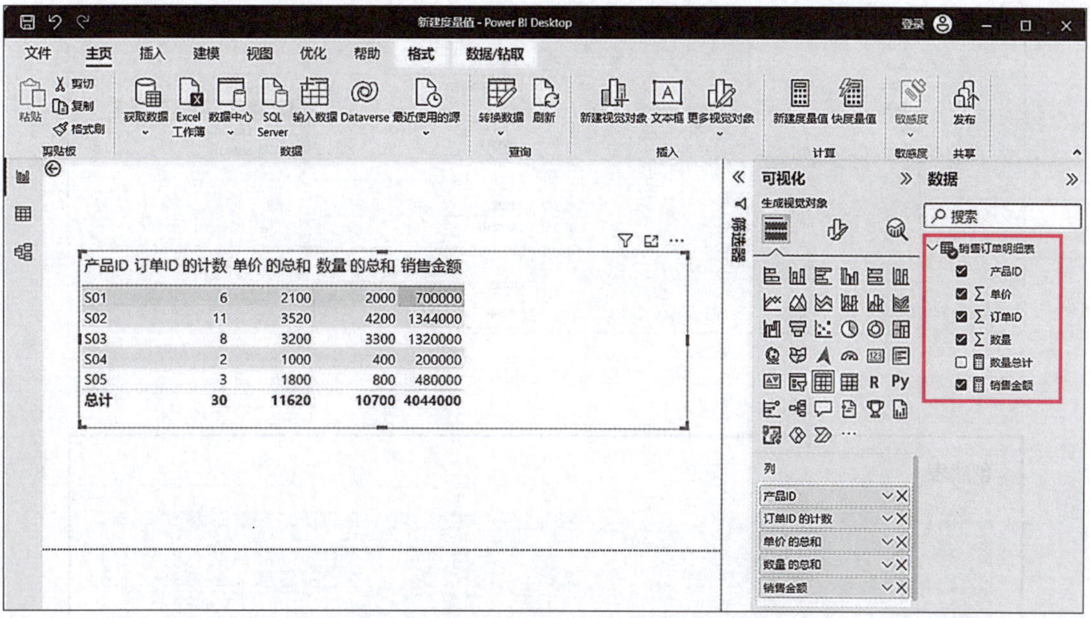

图 3-58 可视化

三、组织度量值

度量值不是固定隶属于某个表的，它们的位置可以任意设置。

度量值可以循环使用，即在创建一个新的度量值时，可以直接调用已有的度量值。

微课 27：组织度量值

（一）字段显示文件夹

当度量值比较多时，可以将度量值专门收纳到一个文件夹中。

在“模型视图”下选择右侧“数据”窗格列表中的度量值“销售金额”，在“属性”窗口中的“显示文件夹”中输入文件夹名称“度量值”，则“销售金额”就移动到了文件夹“度量值”下面，如图 3-59 所示。

（二）应用度量值表

1. 在“主页”选项卡中选择“输入数据”。在弹出的“创建表”对话框中的“名称”对话框输入“度量值表”，点击“加载”按钮，如图 3-60 所示。

2. 切换到“数据视图”，展开“销售订单明细表”，选中“度量值”文件夹中的度量值“销售金额”，在“数据视图”的“度量工具”选项卡下，将“主表”修改为刚刚创建的

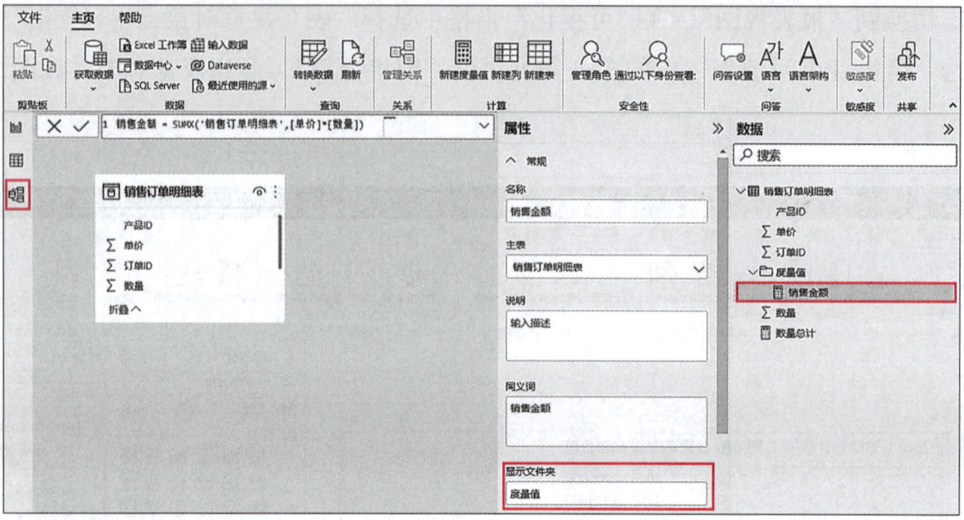

图 3-59 字段显示文件夹

图 3-60 命名“度量值表”

“度量值表”，如图 3-61 所示。

3. 可以看到度量值“销售金额”放置的位置发生了调整，删除“度量值表”中的空列“列 1”，此时，“度量值表”的图标发生了变化，排在了“数据”窗格列表的最顶端，如图 3-62 所示。

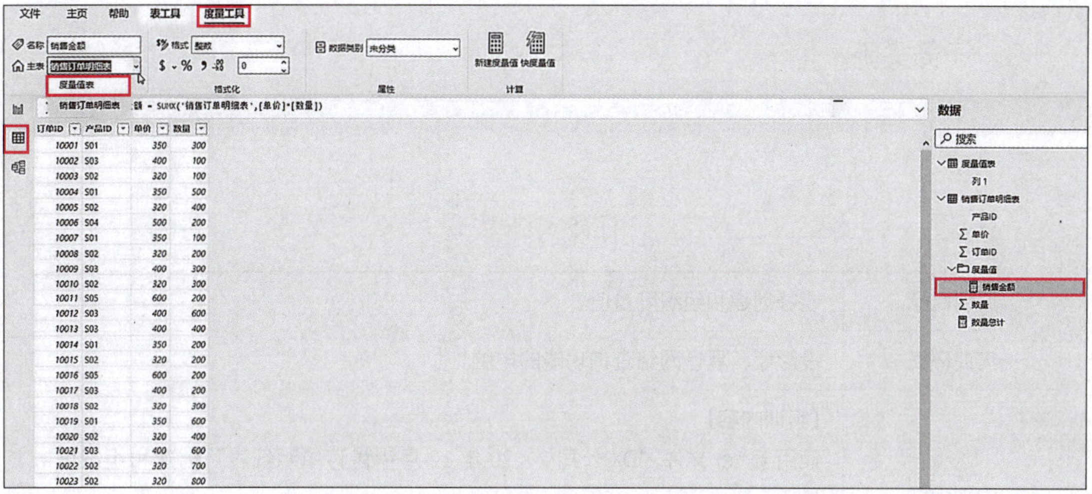

图 3-61　更换主表

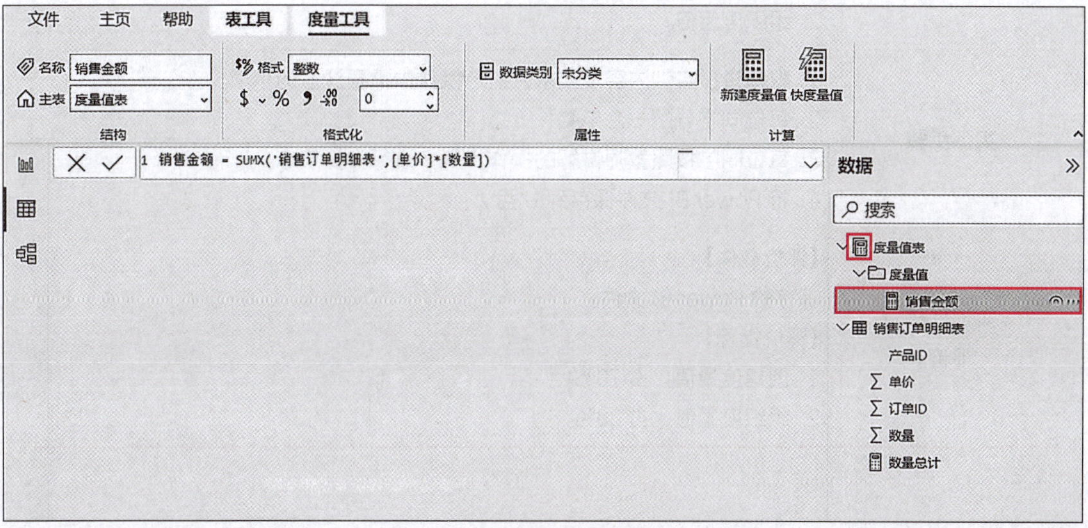

图 3-62　度量值位置变化

任务实训

一、实训任务

使用 Excel 文件“DX 公司 2×20 年 12 月销售订单明细表”创建度量值。

二、任务实施

任务实施单

实训目标	能够创建和组织度量值。
实训环境	投影仪、具备网络查询功能的电脑。
实训内容及要求	【实训内容】 使用 Excel 文件“DX 公司 2×20 年 12 月销售订单明细表”创建和组织度量值。 【实训要求】 1. 创建度量值； 2. 组织度量值。
实训步骤	1. 教师讲授实训内容及要求，提示操作中需要注意的事项； 2. 每位同学分配一台电脑； 3. 每位同学按照教师讲解的操作步骤，进行实操演练； 4. 将 Power BI 文件保存到 U 盘。
实训考核评价	【评价载体】 保存的 Power BI 文件。 【评价指标】 1. 创建度量值，占 70%； 2. 组织度量值，占 30%。

知识拓展

实际应用中新建列和度量值的选择

新建列和新建度量值都可以输入 DAX 公式。在实际应用中，是使用新建列还是使用度量值呢?

新建的列会存储在某一张表中，所以会占用计算机的内存，如果在数据量庞大的表中添加列，则会影响模型的运算速度。

而度量值不一样，它是以公式的形式被存储的，不使用时几乎不占用计算机的内存。

只有将它拖曳到图表中才会参与运算，因此，度量值很灵活，在运算速度上有很大的优势。另外，度量值输出的是值，是通过运算得到的结果。对于像产品分类、门店名称等属性类信息，只要把它们放入筛选器、切片器、行和列中，就不能用度量值来输出，只能用列来完成。在实际应用中能用度量值来解决的问题，就尽量不用计算列，这是一个参考原则。

思维导图

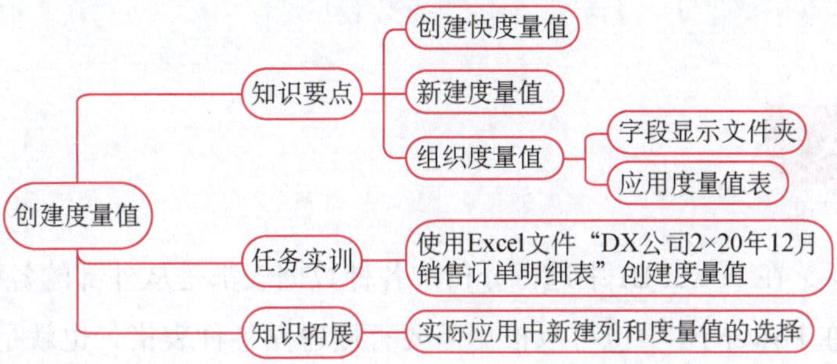

赛证融通测试题

1.（判断题）度量值在用户与报表交互时对数据执行计算，并且不会存储在数据库中。（ ）

2.（判断题）度量值不是固定隶属于某个表的，它们的位置可以任意设置。（ ）

任务五 新建计算表

情境导入

大多数情况下，在 Power BI 中进行分析的各种数据表都是从外部的各种数据源导入的。在某些情况下，在 Power BI 中也可以根据需要直接建立各种表格，也就是“新建计算表”。利用新表功能，基于已加载到模型中的数据，再通过合并、联结、提取等 DAX 函数，可以构建出新的数据表。

与通过其他方式添加的表一样，用 DAX 函数构建的新表可以用来跟其他表建立表关系，可以对列进行重命名，并且可以用于制作可视化效果。如果用于构建新表的数据表以任何形式进行了刷新或更新，新表将被重新计算。

根据本节知识点和本任务要求，思考在财务工作中什么情况下要新建计算表。

知识要点

一、合并多个表

当数据模型中有多个结构相同的表时，需要将它们连接成为一个表。这个需求不需要再回到“Power Query 编辑器”中，使用计算表功能结合 UNION 函数就可以完成。

微课 28：合并多个表

UNION 函数表达式为：

合并数据表 =UNION ('合并数据表 1'，'合并数据表 2'，'合并数据表 3')

UNION 函数在合并表时遵循以下规则：①要合并的多个表的列数量必须相同。②要合并的多个表的列名可以不一致，默认以第一个表的列名作为新表的列名。③表的合并是按列的顺序进行的，即各表的第一列依次连接在一起，第二列依次连接在一起，依次类推。因此，为了让合并得到的新表有意义，要合并的各表的各对应列最好具有相同的数据意义和数据类型。④重复的行会被保留。

使用Excel文件3-8“DX公司2022年1季度办公用品采购表”，介绍如何使用UNION函数合并数据表，具体操作步骤如下：

1. 启动Power BI Desktop，导入Excel文件“DX公司2022年1季度办公用品采购表”。在“数据视图”下右侧的“数据”窗格显示有3个表，如图3-63所示。

3-8

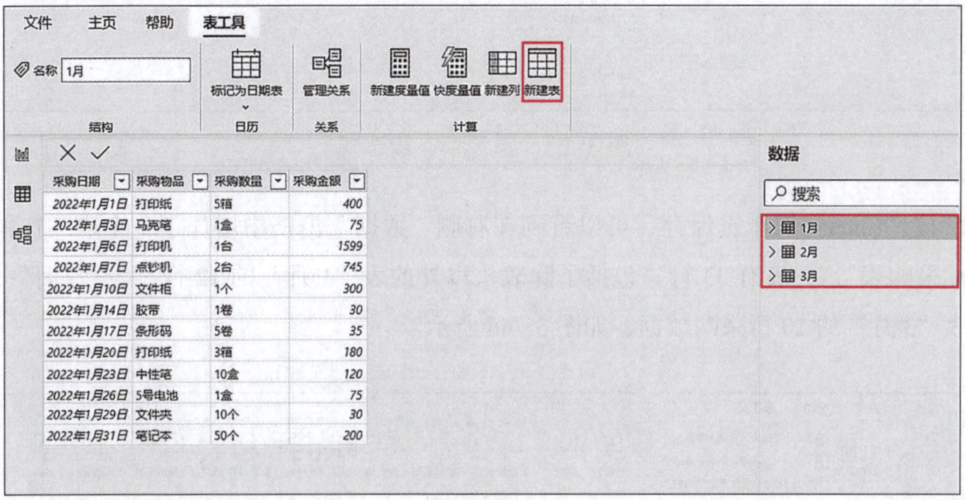

图3-63 “数据”窗格

2. 在“数据视图”选择“主页”选项卡下“计算”组中的“新建表”命令，或选择“表工具”选项卡下“计算”组中的“新建表”命令，如图3-64所示。此外，也可以在报表视图选择“主页”选项卡下“计算”组中的“新建表”命令。

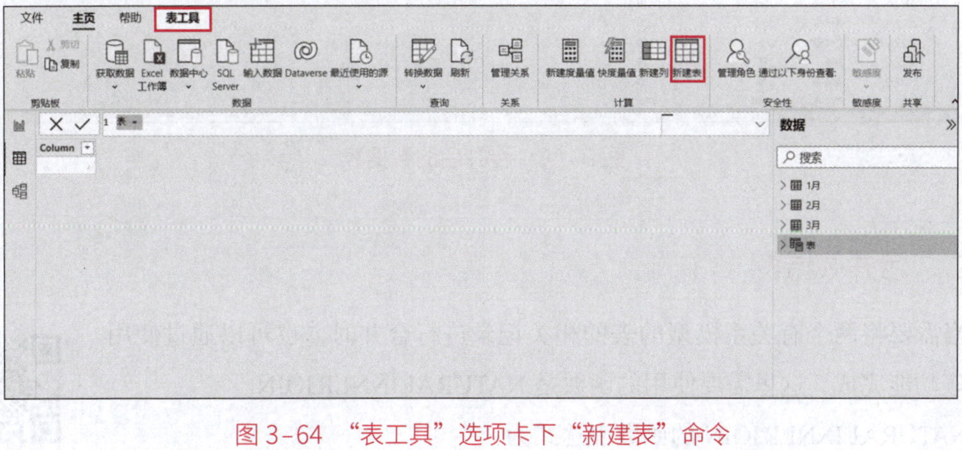

图3-64 “表工具”选项卡下“新建表”命令

3. 在表达式栏输入DAX表达式，如图3-65所示。

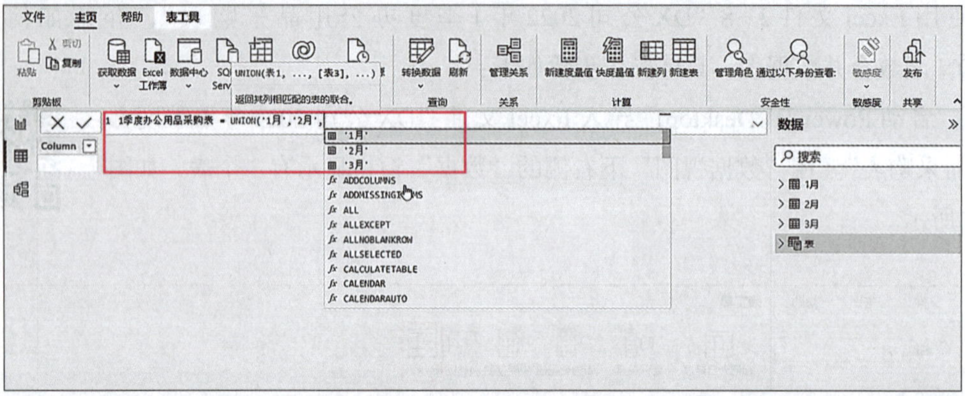

图 3-65　输入 DAX 表达式

4. 按“Enter”回车键保存，可以看到在右侧“数据”窗格中增加了一个表“1 季度办公用品采购表”，此表有 33 行，包括了除表头以外的表“1 月”的 12 行、表“2 月”的 11 行、表“3 月”的 10 行采购数据，如图 3-66 所示。

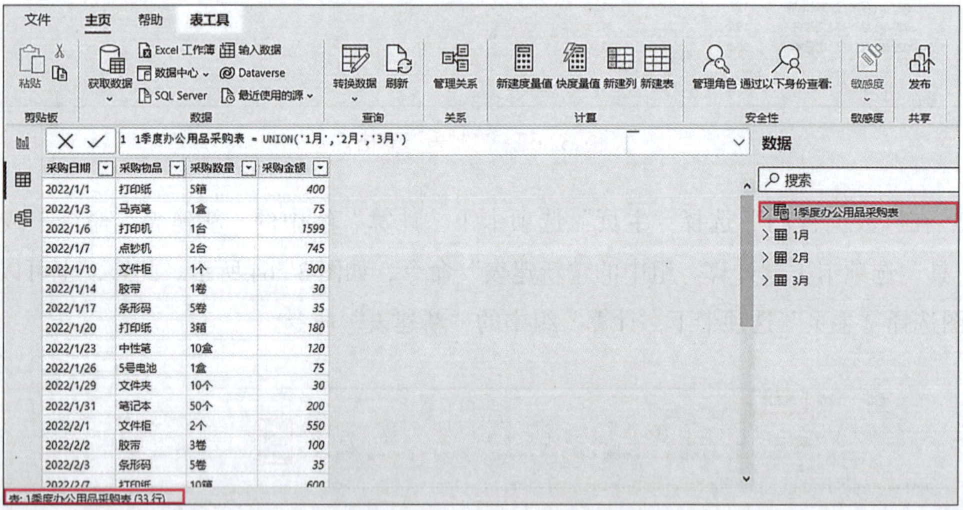

图 3-66　合并后的数据表

二、合并联结表

当需要将两个有关系模型的表的相关记录进行合并时，也可以通过使用计算表功能完成，这里需要使用的函数是 NATURALINNERJOIN。

NATURALINNERJOIN 的函数表达式为：

合并联结表 =NATURALINNE-RJOIN ('基础表'，'联结表')

微课 29：合并联结表

基础表和联结表不必具有相同的结构，只需存在具有相同内容的公共列，但这个公共列的列名不能相同。如果两个表没有公共列，则会返回错误值。该函数的参数就是两个表的表名，不过有前后之分，第一个表是基础表（LEFTJOINTABLE），一般是维度表；第二个表是联结表（RIGHTJOINTABLE），一般是事实表。

使用 Excel 文件 3-9“FY 公司产品信息表和销售明细表”，介绍如何使用 NATURALINNERJOIN 函数合并联结表，文件中的表格有两个，一个是“产品信息表”，为维度表，设定为基础表；另一个是“销售明细表”，为事实表，设定为联结表，两个表之间存在着一对多的数据关系。

3-9

为表“产品信息表”和“销售明细表”合并联结的具体操作步骤如下：

1. 将“产品信息表”的第一行用作列标题，为“产品信息表”和“销售信息表”创建关系，如图 3-67 所示。

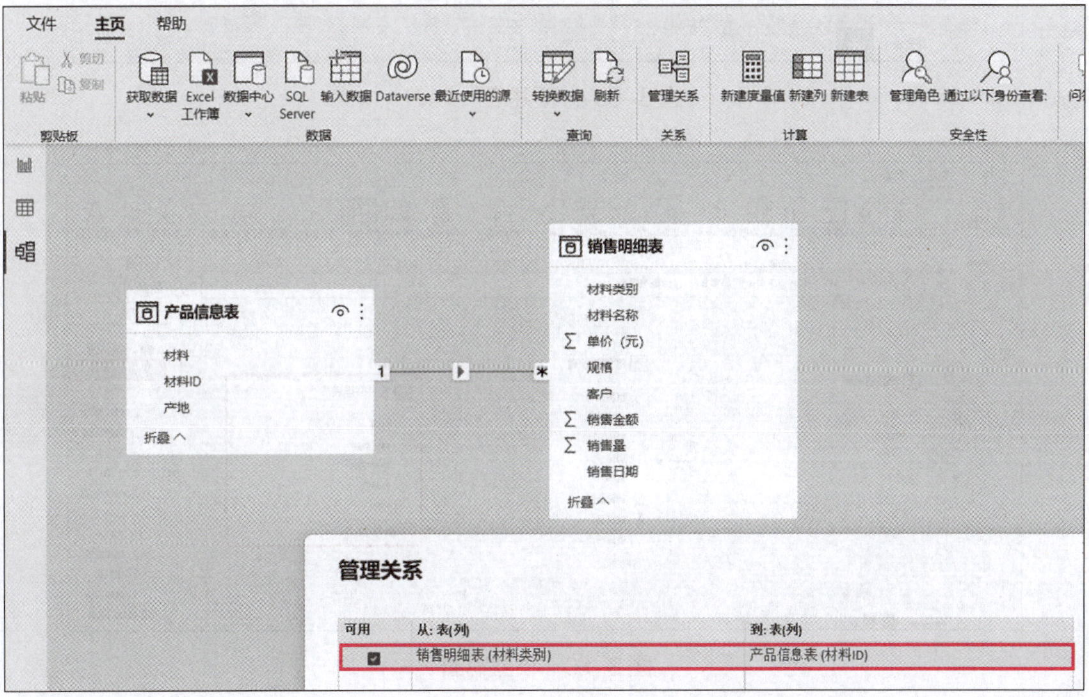

图 3-67 表关系

2. 在模型视图点击“主页”选项卡下“计算”组中的“新建表”命令，在表达式栏输入 DAX 表达式，按“Enter”回车键保存，如图 3-68 所示。需要注意的是，合并联结表关系的列虽然需要是同类列，但名称不能完全相同，所以需要为任意一个表中的同类列更改名称。

3. 可以看到在“模型视图”的“数据”窗格新增了表“合并联结表”，在数据编辑区新增数据块“合并联结表”，如图 3-69 所示。

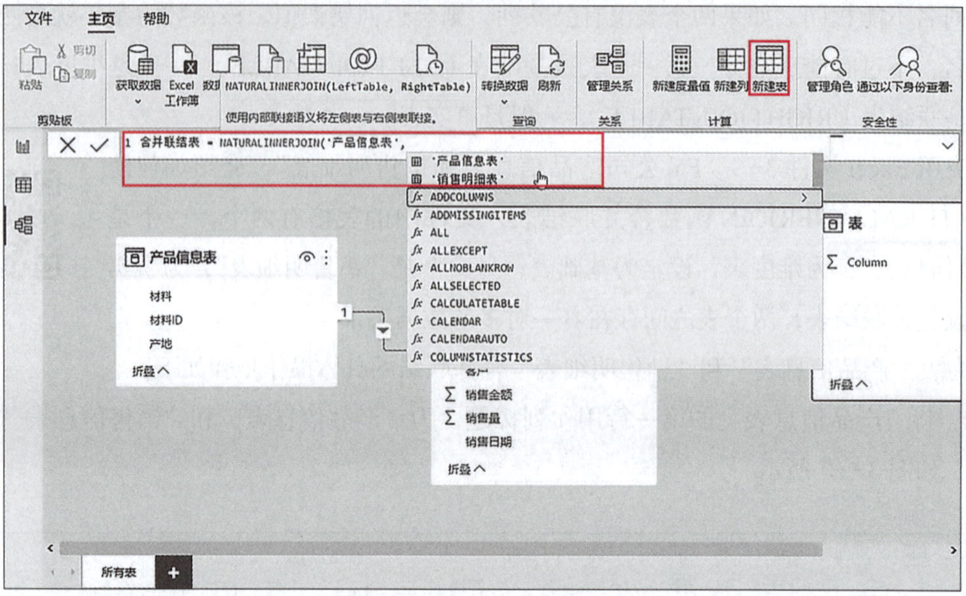

图 3-68 “新建表”命令

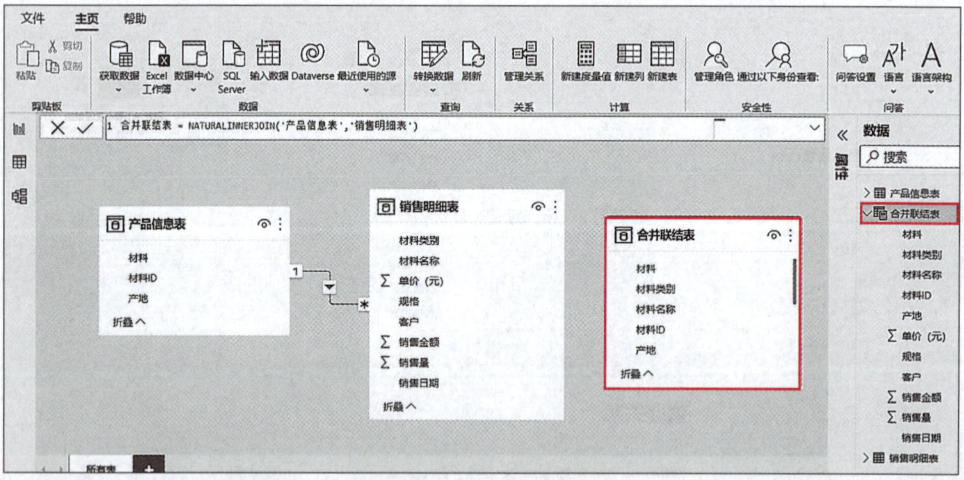

图 3-69 模型视图

三、提取维度表

要将现有表的某个列的数据提取出来放在一个新表中，可使用 DAX 语言中的 DISTINCT 函数来实现。

微课 30：提取维度表

DISTINCT 函数表达式为：

维度表 =DISTINCT ('列')

DISTINCT 函数可创建仅有一列的一个表，该列的内容是已有表中指定列的非重复值。

使用Excel文件3-10“MK公司客户表”合并列“客户名称”“客户联系人”“电话”为“公司客户”，使用DISTINCT函数提取新增列“公司客户”创建维度表，具体操作步骤如下：

3-10

1. 在“Power Query编辑器”界面中选中列“客户名称”，按住“Ctrl”键，再选中列“客户联系人”“电话”。

2. 点击“添加列”选项卡下“从文本”组中的“合并列”命令，如图3-70所示。

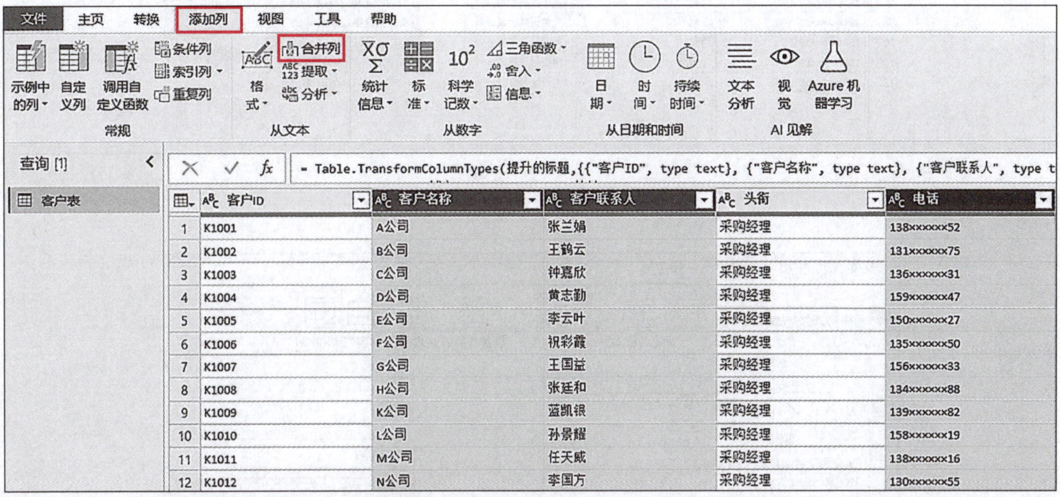

图3-70 “合并列”命令

3. 在弹出的对话框中，将新列名修改为“客户”，点击“确定”按钮，如图3-71所示。

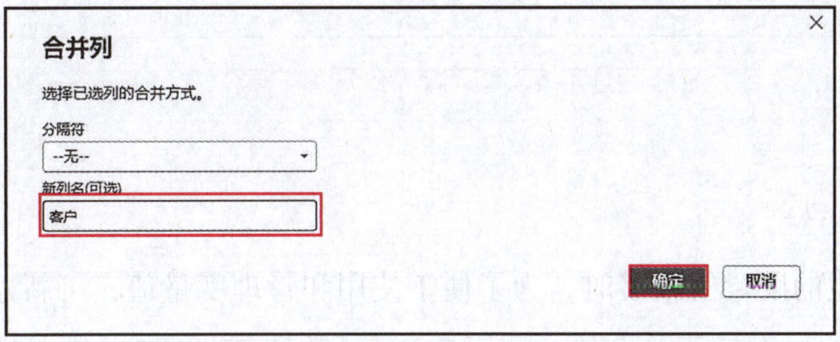

图3-71 “合并列”对话框

4. 操作完成后，可以看到在数据编辑区新增一列“客户”，如图3-72所示。点击“文件”选项卡下的“应用”按钮，关闭“Power Query编辑器”界面。

5. 在“数据视图”中点击“表工具”选项下的“新建表”命令，在表达式栏输入DAX表达式，按“Enter”回车键保存，如图3-73所示。

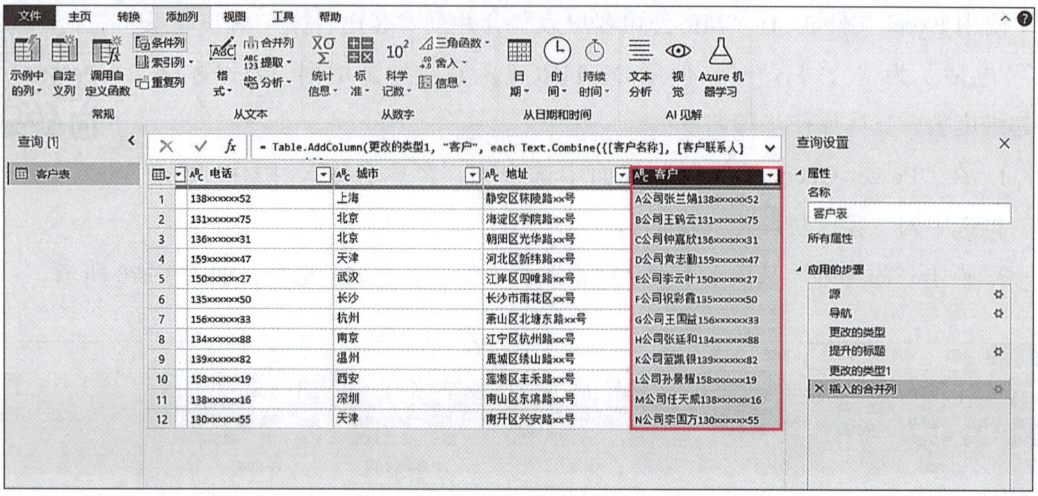

图 3-72　新增合并列

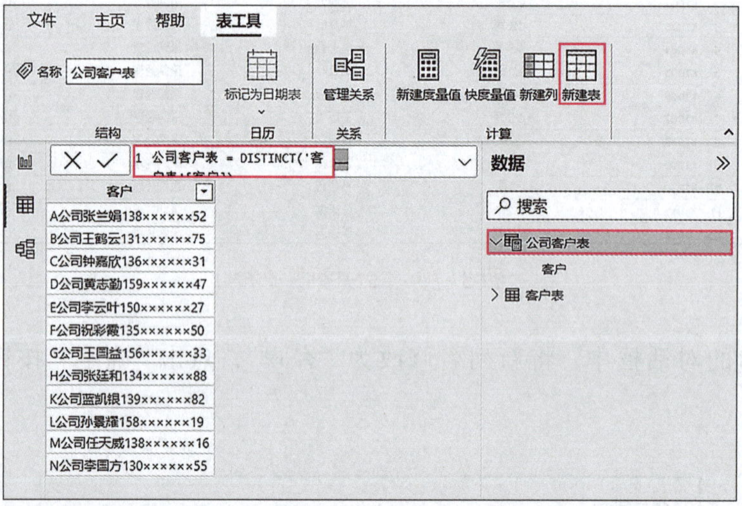

图 3-73　新增“公司客户表”

四、新增空白表

当模型中创建的度量值较多时，为了便于使用和管理度量值，可新建一个空表专门用于放置度量值，例如，利用 ROW 函数和 BLANK 函数新建一个空白表，并将创建的度量值移动到该表中。

微课 31：
新增空白表

BLANK 函数用于返回空白值，该函数没有参数，语法为：

BLANK ()

ROW 函数用于返回一个只有一行的表，表达式为：

空白表 =ROW ('度量值名', BLANK ())

其中，“度量值名”表示在表中新建一个列字段，段名为度量值名。

使用 Power BI 文件 3-11“MK 公司销售明细表”新建空白表，并将度量值“客户计数”“金额总计”移入表中，具体操作步骤如下：

3-11

1. 在“模型视图”的“主页”选项卡下选择“计算”组中的“新建表”命令，在表达式栏输入 DAX 表达式，按“Enter”回车键保存。可以看到在右侧“数据”窗格中新增了“空白表”，在数据编辑区新增了“空白表”数据块，如图 3-74 所示。

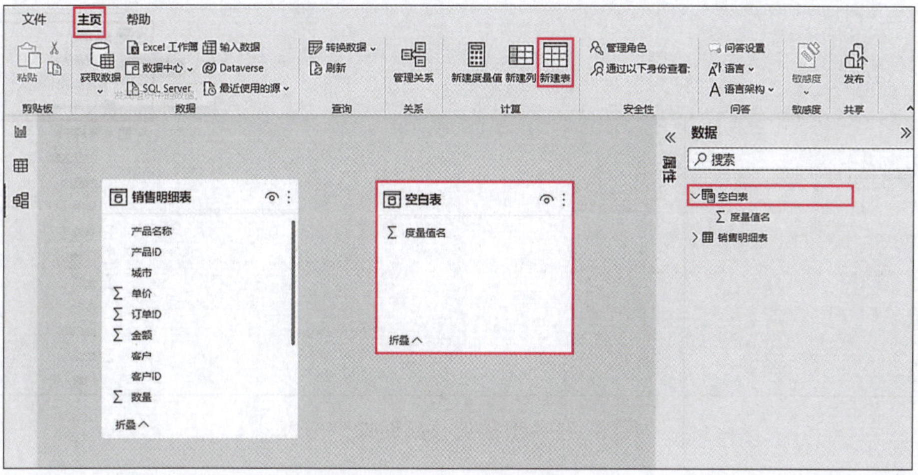

图 3-74 新建空白表

2. 切换到“数据视图”，点击右侧“数据”窗格中“销售明细表”中的度量值“客户计数”，在“度量工具”选项卡下点击“主表”对话框右侧的箭头，将选项更换为新增的“空白表”，如图 3-75 所示。用同样的方法将度量值“金额总计”移入新增的“空白表”。

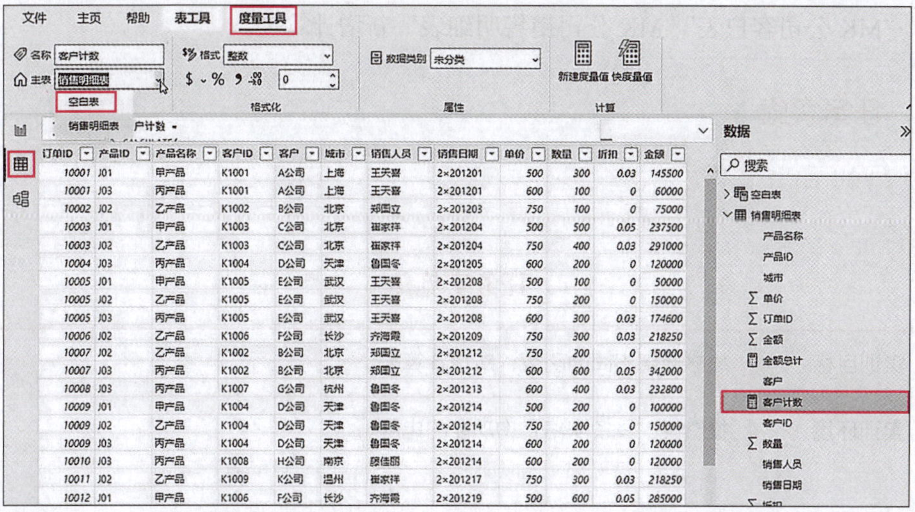

图 3-75 将度量值移入空白表

3. 在“数据”窗格中可以看到度量值“客户计数”和“金额总计”已经移到了新增的“空白表”，如图 3-76 所示。

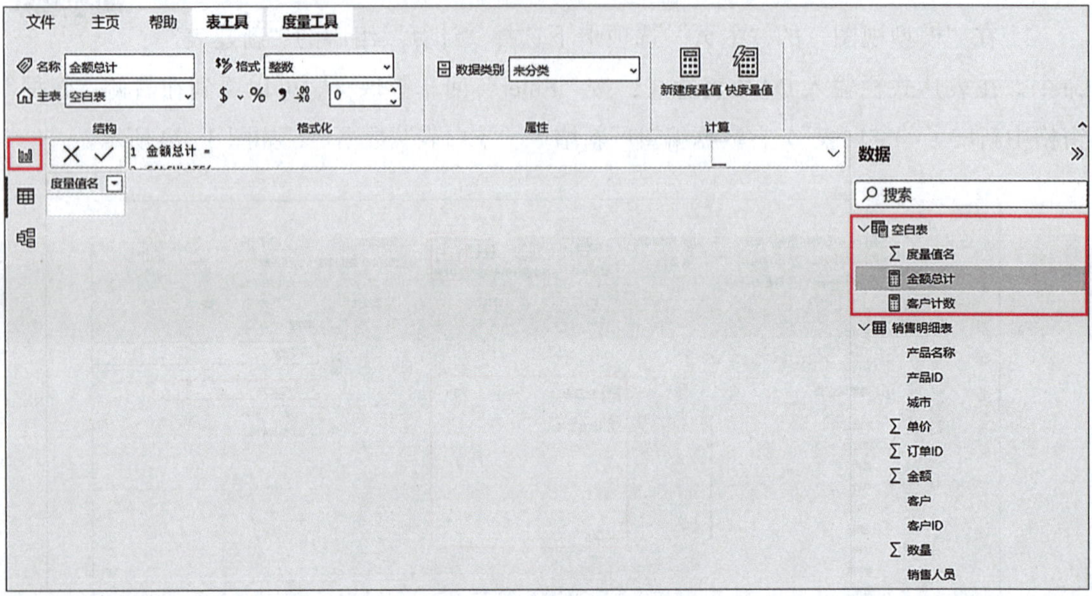

图 3-76　度量值移到新增空白表

任务实训

一、实训任务

使用 Excel 文件“DX 公司 2022 年 1 季度办公用品采购表”“FY 公司产品信息表和销售明细表”“MK 公司客户表”“MK 公司销售明细表”新增计算表。

二、任务实施

任务实施单

实训目标	能够使用不同的函数，新增计算表。
实训环境	投影仪、具备网络查询功能的电脑。

（续表）

实训内容及要求	【实训内容】 使用 Excel 文件“DX 公司 2022 年 1 季度办公用品采购表”“FY 公司产品信息表和销售明细表”“MK 公司客户表”“MK 公司销售明细表”新增计算表。 【实训要求】 1. 合并多个表； 2. 合并联结表； 3. 提取维度表； 4. 新增空白表。
实训步骤	1. 教师讲授实训内容及要求，提示操作中需要注意的事项； 2. 每位同学分配一台电脑； 3. 每位同学按照教师讲解的操作步骤，进行实操演练； 4. 将 Power BI 文件保存到 U 盘。
实训考核评价	【评价载体】 保存的 Power BI 文件。 【评价指标】 1. 合并多个表，占 25%； 2. 合并联结表，占 25%； 3. 提取维度表，占 25%； 4. 新增空白表，占 25%。

知识拓展

新增日期表

如果数据模型中没有日期表，可以直接使用多个 DAX 函数嵌套在一起新建一个日期表，不必再去找一个日期表导入 Power BI Desktop 中。涉及的函数主要有 ADDCOLUMNS、CALENDAR、FORMAT 及一些比较简单的日期和时间函数，其表达式如下，得出的结果如图 3-77 所示。

```
日期表 =ADDCOLUMNS(CALENDAR(DATE(2022,1,1),DATE(2022,1,31))," 年度 ",YEAR
([Date])," 月份 ",FORMAT([Date],"MM")," 年月 ",FORMAT([Date],"YYYY/MM")," 季度 ",
```

"Q"&FORMAT（[Date] ,"Q")," 年份季度 ",FORMAT ([Date],"YYYY") &"/Q"&FORMAT ([Date],"Q"))

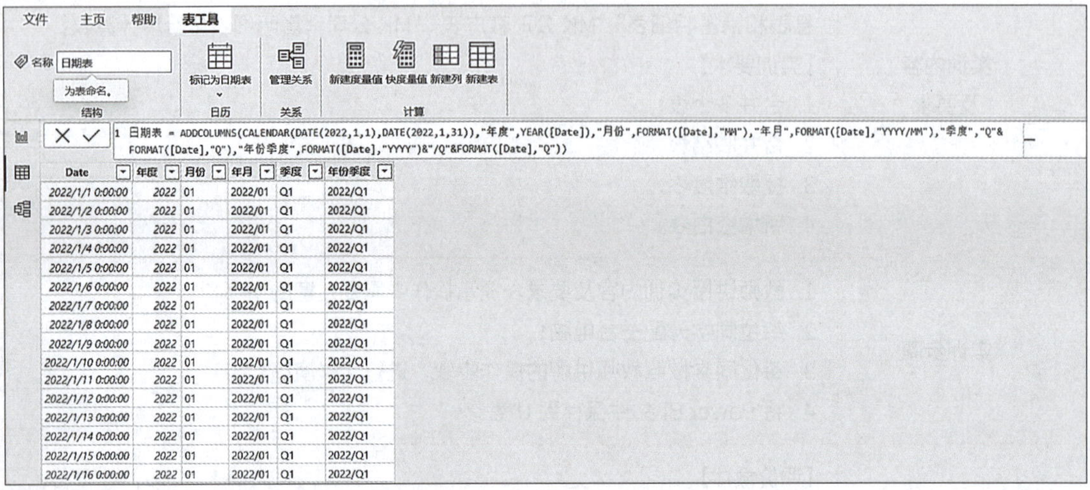

图 3-77　新增日期表

思维导图

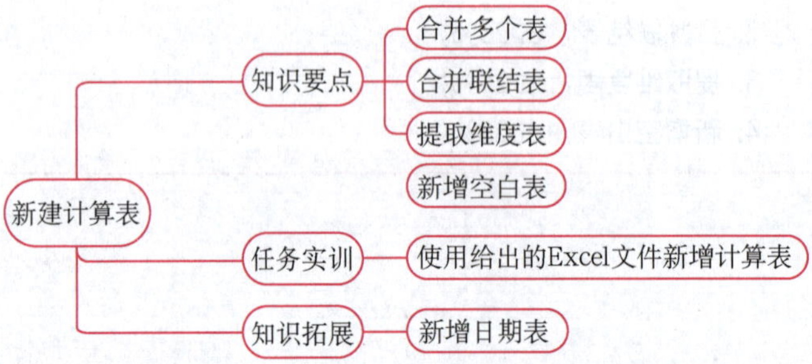

赛证融通测试题

1.（单选题）合并多个表，使用的 DAX 函数为（　　）。

A. UNION　　B. NATURALINNERJOIN

C. DISTINCT　　D. BLANK

2.（判断题）BLANK 函数用于返回空白值，该函数没有参数。（　　）

项目四
数据可视化

项目导读

数据可视化，是指将数据以视觉形式来呈现，如图表或地图，以帮助人们更直观地了解数据的意义的操作。在 Power BI 中，数据可视化是在报表视图中实现的，可通过拖、拉等方式将可视化图表轻松创建在报表中。

可视化图表，也叫作可视化对象。Power BI 报表通过一页或多页可视化图表（如簇状柱形图、簇状条形图、折线图、饼图、地图等）直观地表达数据的含义，使用户更容易分析数据。Power BI 提供了多种类型的图表供用户进行各种数据分析，如对比分析、趋势分析、结构分析、排名分析、相关性分析、描述性分析、地理位置分析和 KPI 分析等。

请思考：可视化图表为财务工作提供了哪些便利？

思政课堂

党的二十大报告指出：“中国人民和中华民族从近代以后的深重苦难走向伟大复兴的光明前景，从来就没有教科书，更没有现成答案。党的百年奋斗成功道路是党领导人民独立自主探索开辟出来的，马克思主义的中国篇章是中国共产党人依靠自身力量实践出来的，贯穿其中的一个基本点就是中国的问题必须从中国基本国情出发，由中国人自己来解答。”

中国共产党经历了百年风雨，百年的奋斗历程揭示出一个深刻道理：适合自己的才是最好的，只有立足自身实际，坚持走自己的路，我们的事业才有前途和希望。

学习目标

知识目标

1. 掌握图表的适用范围和布局图表元素的方法；
2. 掌握对比分析的种类、对比标准和流程；
3. 掌握趋势分析的种类和常用图形；
4. 掌握结构相对指标的计算和结构分析的常用图形；
5. 掌握排名分析的常用图形；
6. 掌握相关性分析的常用图形；
7. 掌握描述性分析的常用图形；
8. 掌握 KPI 分析的常用图形。

能力目标

1. 能够选择合适的图表并布局图表元素；
2. 能够使用条形图、柱形图、雷达图和漏斗图进行对比分析与可视化；
3. 能够使用折线图、折线和堆积柱形图、折线和簇状柱形图、分区图和堆积面积图进行趋势分析与可视化；
4. 能够使用饼图、环形图、树状图和瀑布图进行结构分析与可视化；
5. 能够使用丝带图进行排名分析与可视化；
6. 能够使用散点图进行相关性分析与可视化；
7. 能够使用盒须图、表、矩阵进行描述性分析；
8. 能够使用仪表、卡片图、多行卡、子弹图、KPI 图进行 KPI 分析。

素质目标

1. 培养学生的财务大数据思维；
2. 培养学生树立中国特色社会主义道路自信、理论自信、制度自信、文化自信；
3. 培养学生敢闯、会创的创业精神。

任务一
数据可视化设计

情境导入

在 Power BI 中，报表最基本的元素就是可视化图表。如果需要呈现一份优质的可视化报表，在确认业务需求和要添加的指标后就需要合理地通过可视化图表传达信息。不仅需要明确通过可视化图表传达的信息，确定最能传达这种信息的图表，而且还要合理布局图表元素，通过设置坐标轴、图例、数据标签、标题、绘图区背景和网络线等更好地传达信息。

根据本节知识点和本任务要求，思考如何选择可视化图表以及布局图表元素。

知识要点

一、选择合适的图表

微课 33：选择合适的图表

数据可视化的目的是化抽象为具体，将隐藏于数据中的规律直观地展现出来。图表是数据可视化最重要的工具，其通过点的位置、曲线的走势、图形的面积等形式，直观地呈现研究对象间的数量关系。不同类型的图表展示数据的侧重点不同，选择合适的图表可以更好地进行数据可视化。

Power BI 提供了多种类型的图表供用户选择和使用，其默认安装的可视化图表如图 4-1 所示。图表共分为 27 类：堆积条形图、堆积柱形图、簇状条形图、簇状柱形图、百分比堆积条形图、百分比堆积柱形图、折线图、分区图、堆积面积图、折线和堆积柱形图、折线和簇状柱形图、丝带图、瀑布图、漏斗图、散点图、饼图、环形图、树状图、地图、着色地图、仪表、卡片图、多行卡、KPI 图、切片器、表、矩阵。当默认的可视化图表无法满足需求时，可下载微软官网的可视化图表，并将其导入 Power BI 以实现自定义设置。

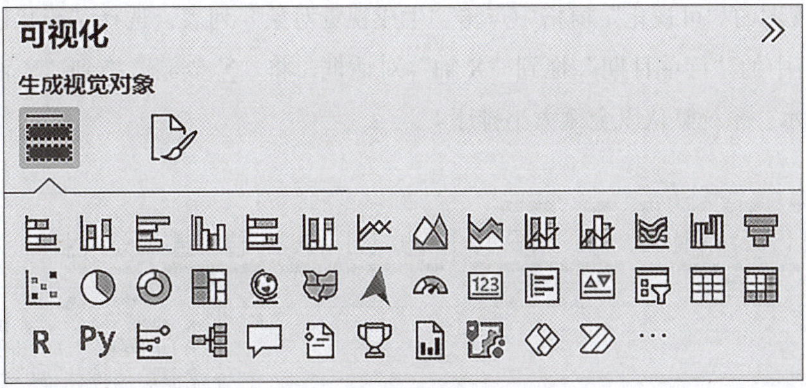

图 4-1 默认安装的可视化图表

对于不同的数据分析可以选择适宜的图表，见表 4-1。

表 4-1 可视化图表的适用类型

序号	类　别	适用的图表
1	对比分析	簇状柱形图、簇状条形图、雷达图、漏斗图
2	趋势分析	折线图、折线和堆积柱形图、折线和簇状柱形图、分区图、堆积面积图
3	结构分析	饼图、环形图、树状图、瀑布图
4	排名分析	丝带图
5	相关性分析	散点图
6	描述性分析	盒须图、表、矩阵
7	地理位置分析	地图、着色地图
8	KPI 分析	仪表、卡片图、多行卡、子弹图、KPI 图

二、布局图表元素

一个 Power BI 图表包含大量的图表元素用以传递信息。Power BI 图表的基本元素包括坐标轴、图例、数据标签、绘图区背景、网络线、标题等，调整图表元素可使图表外观呈现最佳效果。使用 Excel 文件 4-1 “MK 公司 2×20 年 12 月销售金额表”，介绍如何布局图表元素，具体操作步骤如下：

微课 34：布局图表元素

4-1

（一）坐标轴

坐标轴是界定图表的线条，用作度量的参照框架。

在报表视图的“可视化”窗格中点击“生成视觉对象”列表，选择“簇状柱形图”，将“数据”窗格中的“订单日期”拖到“X 轴”对话框，将“∑ 金额”拖到“Y 轴”对话框，如图 4-2 所示。系统默认以金额大小排序。

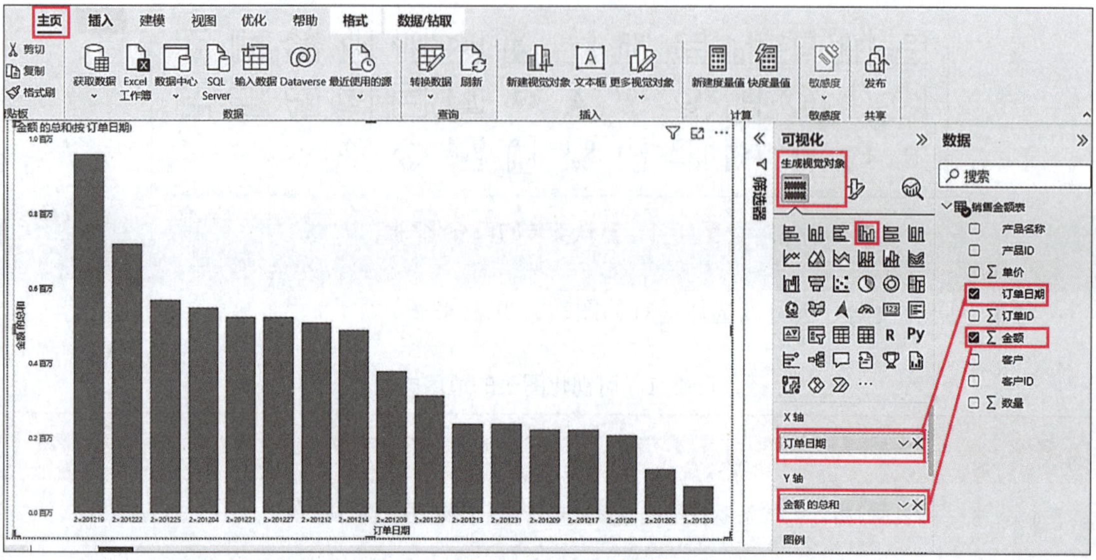

图 4-2　设置“X 轴”和“Y 轴”

在“设置视觉对象格式”的“视觉对象”列表中将“X 轴”“Y 轴”的状态设为 。其中，“X 轴”和“Y 轴”的设置选项如图 4-3 和图 4-4 所示。

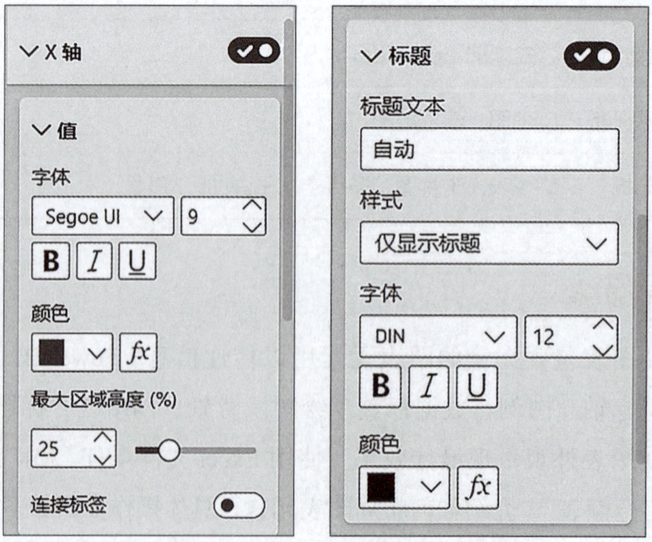

（a）值　（b）标题

图 4-3　“X 轴”的设置选项

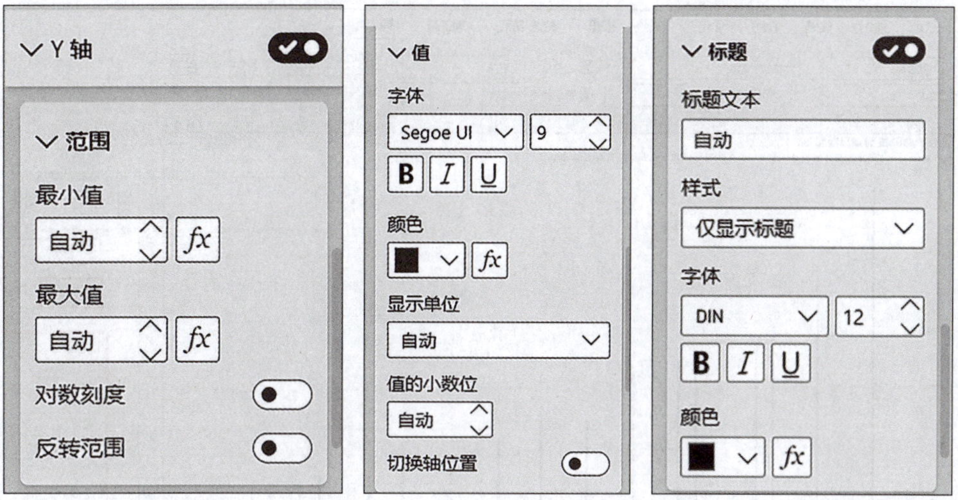

（a）范围　　（b）值　　（c）标题

图 4-4　“Y 轴”的设置选项

（二）图例

图例是图表中对内容区元素的注释，用不同的颜色和图案来标示不同的数据列。

在“生成视觉对象”列表中可以将“数据”窗格中的“客户”拖到“图例”对话框，如图 4-5 所示。

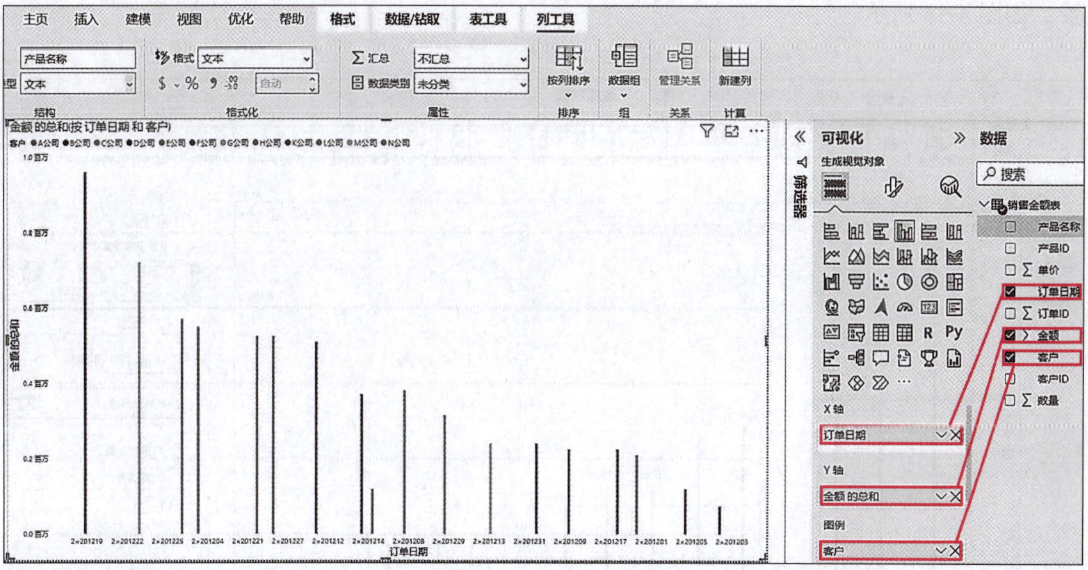

图 4-5　设置“图例”

图例通过设置位置、颜色和字体来改变其样式。在“设置视觉对象格式”的“视觉对象”列表中将图例的状态设为开，可以设置位置、文本、标题等，如图 4-6 所示。

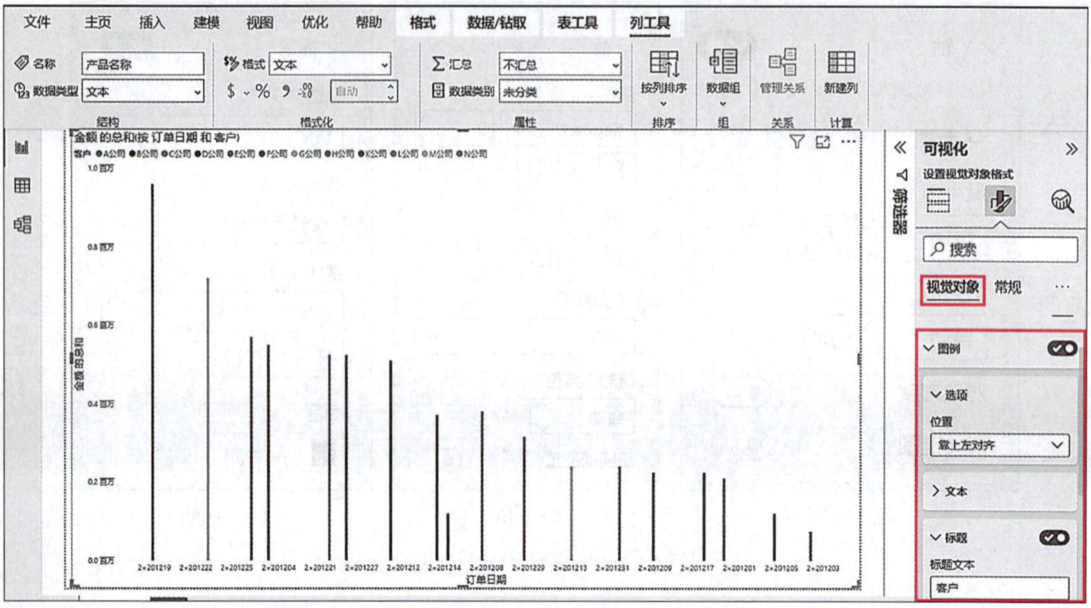

图 4-6 “图例”的设置选项

（三）数据标签

数据标签用于显示数据的值。在“设置视觉对象格式”的“视觉对象”列表中将数据标签的状态设为 ，如图 4-7 所示。其设置选项包括方向、位置等，还可以设置值和背景，如图 4-8 所示。

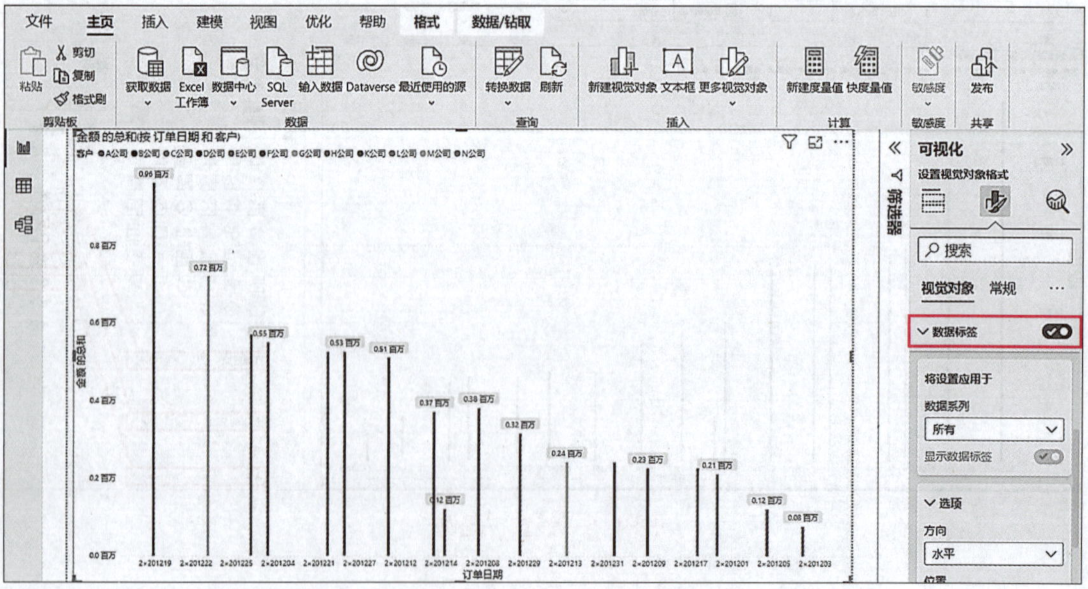

图 4-7 设置“数据标签”

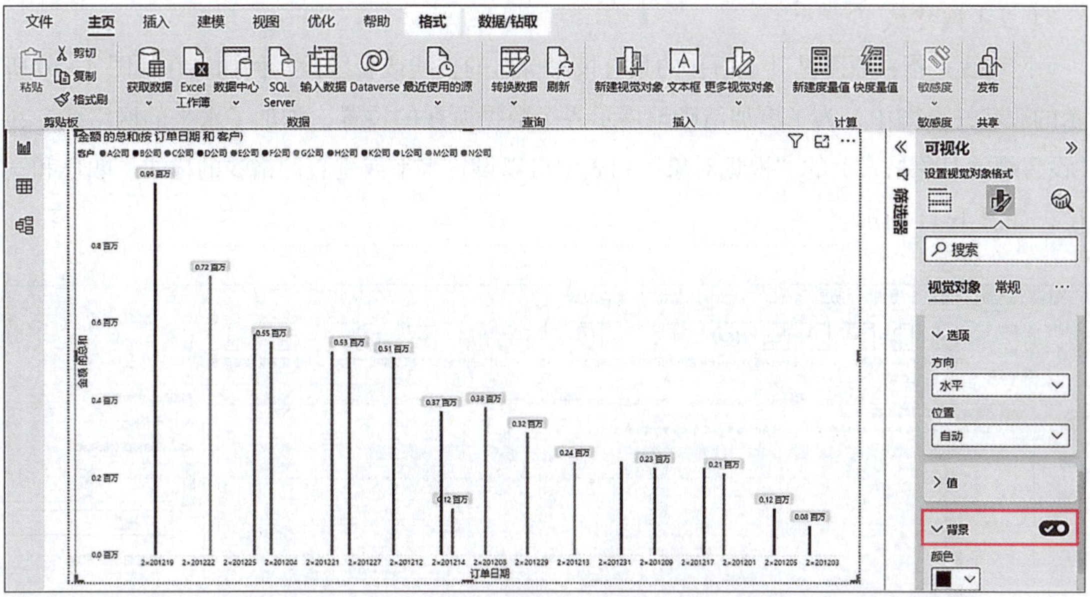

图 4-8 “数据标签”的设置选项

（四）绘图区背景

为了美化图表往往会为图表添加背景。在“设置视觉对象格式”的“视觉对象”列表中可以插入图片设置绘图区背景，如图 4-9 所示。

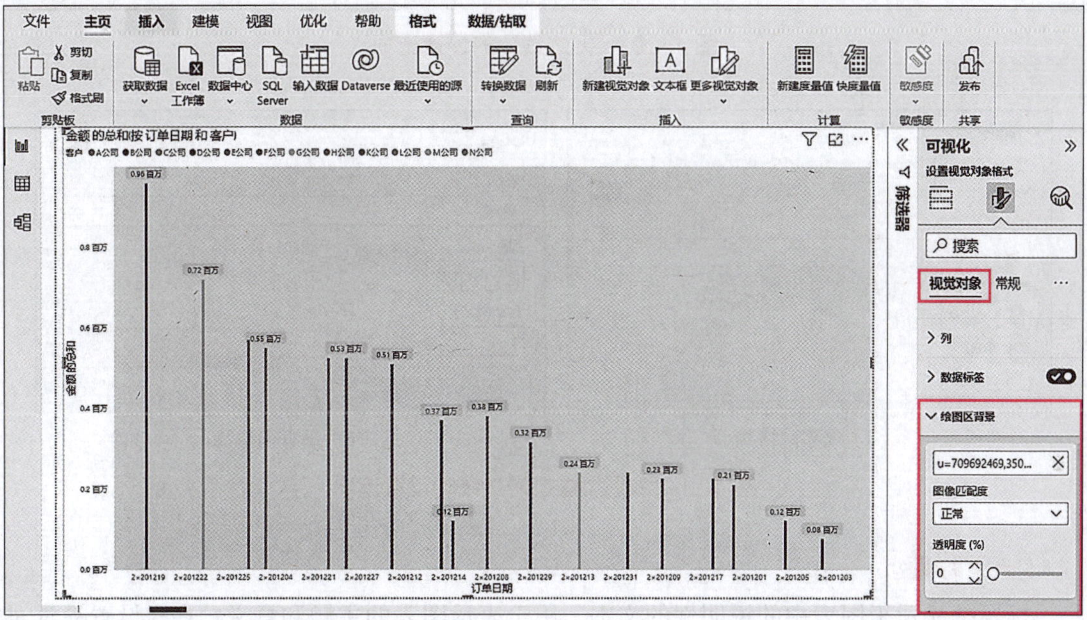

图 4-9 “绘图背景色”的设置选项

（五）网络线

网络线是指在原图基础上所作的具有极大价值的直线或者线段。例如，在如图 4-10 所示的簇状柱形图中，为了更加清晰地展示各个数据所在的位置，添加了水平的网络线。在“设置视觉对象格式”的“视觉对象”列表中可以设置水平或垂直网格线的样式、颜色和宽度，如图 4-11 所示。

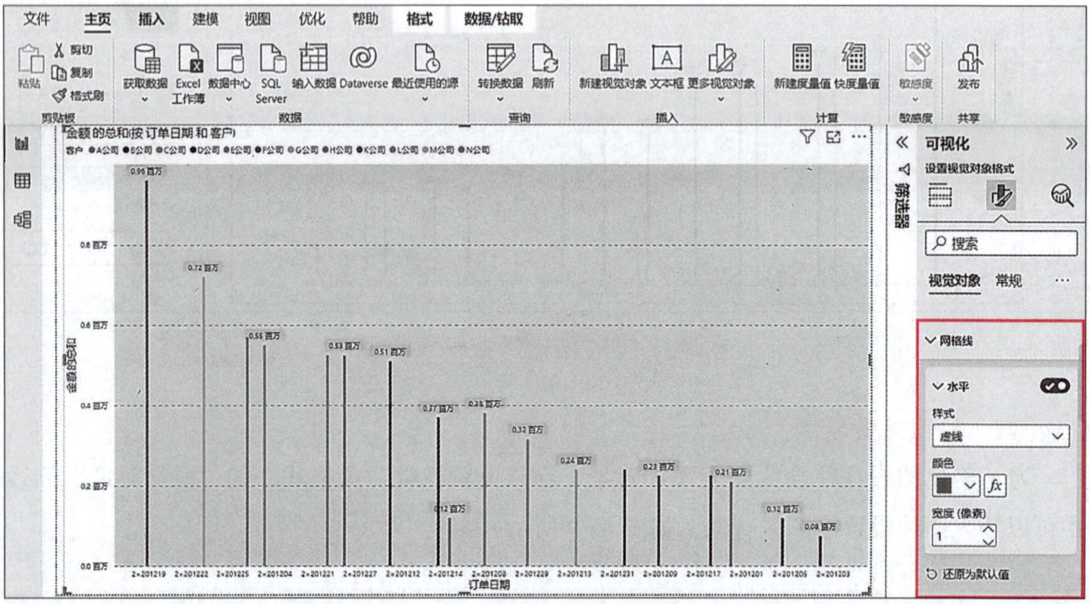

图 4-10 “网络线”的设置选项

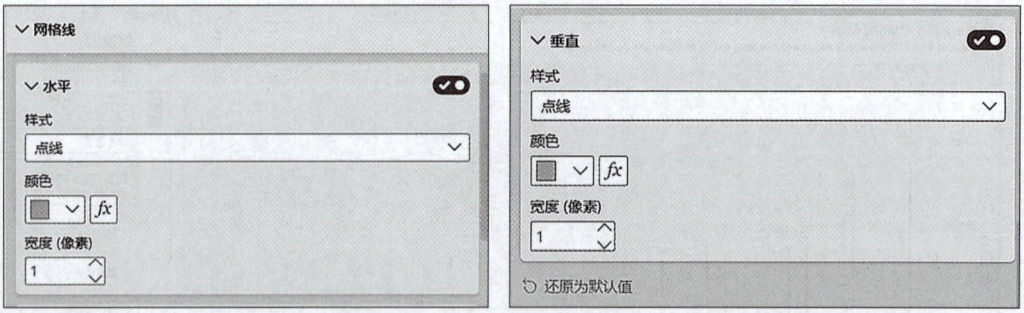

（a）水平网格线　　（b）垂直网格线

图 4-11 水平及垂直网格线的设置选项

（六）标题

标题是显示于图表中的说明性的文本，用于表示图表的主题和意义。在“设置视觉对象格式”的“常规”列表中将标题的状态设为 ，其设置选项包括文本、标题、字体、文本颜色、背景色、水平对齐等，如图 4-12 所示。

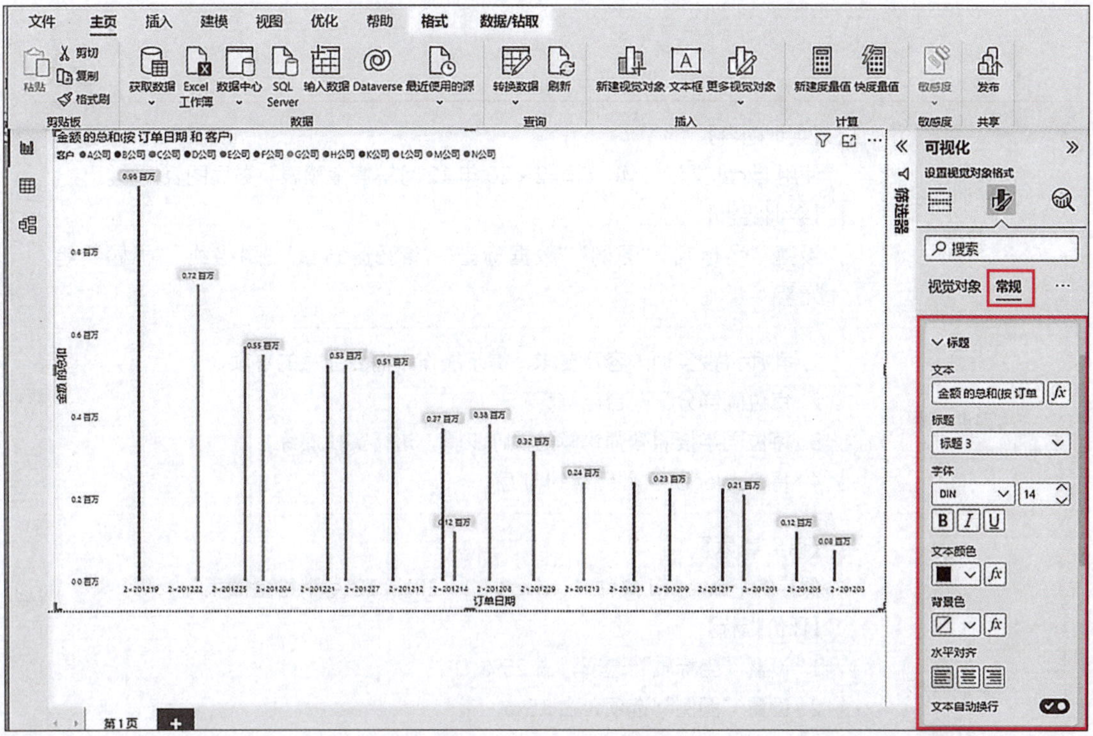

图 4-12 “标题”的设置选项

任务实训

一、实训任务

使用 Excel 文件“MK 公司 2×20 年 12 月销售金额表”布局图表元素。

二、任务实施

任务实施单

实训目标	能够布局图表元素。
实训环境	投影仪、具备网络查询功能的电脑。

（续表）

实训内容及要求	【实训内容】 使用 Excel 文件“MK 公司 2×20 年 12 月销售金额表”布局图表元素。 【实训要求】 设置“坐标轴”“图例”“数据标签”“绘图区背景”“网络线”“标题”等元素。
实训步骤	1. 教师讲授实训内容及要求，提示操作中需要注意的事项； 2. 每位同学分配一台电脑； 3. 每位同学按照教师讲解的操作步骤，进行实操演练； 4. 将 Power BI 文件保存到 U 盘。
实训考核评价	【评价载体】 保存的 Power BI 文件“MK 公司 2×20 年 12 月销售金额表”。 【评价指标】 1. 设置“坐标轴”选项，占 25%； 2. 设置“图例”选项，占 15%； 3. 设置“数据标签”选项，占 15%； 4. 设置“绘图区背景”选项，占 15%； 5. 设置“网络线”选项，占 15%； 6. 设置“标题”选项，占 15%。

知识拓展

增加图表色彩

在创建数据可视化图表时，图表色彩的搭配将直接影响信息的表现力，通常从色轮上选取。色轮将可见光区域的颜色以圆环来表示，是色彩学中的一个工具。一个基本色轮通常包括 12 组颜色，如图 4-13 所示。

为了保证填充的背景颜色不会影响图表中数据元素和文字的显示，图表的背景不能使用太深的颜色，一般采用浅灰色的图表背景。一般情况下，数据标签距需要标记数据的位置不能太远，标签的配色应该与图表形状的颜色对比鲜明，以便于观察，如图 4-14 所示。

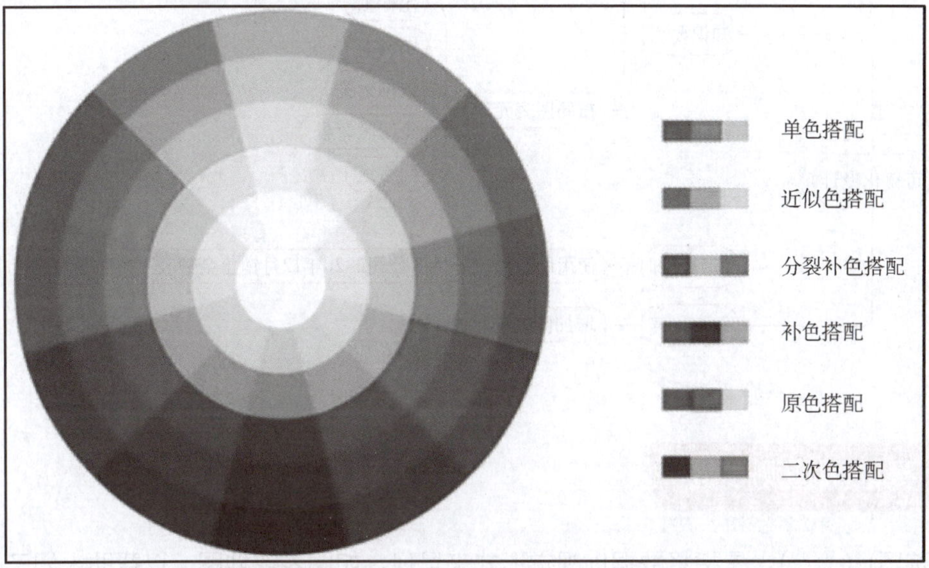

图 4-13 色彩搭配卡

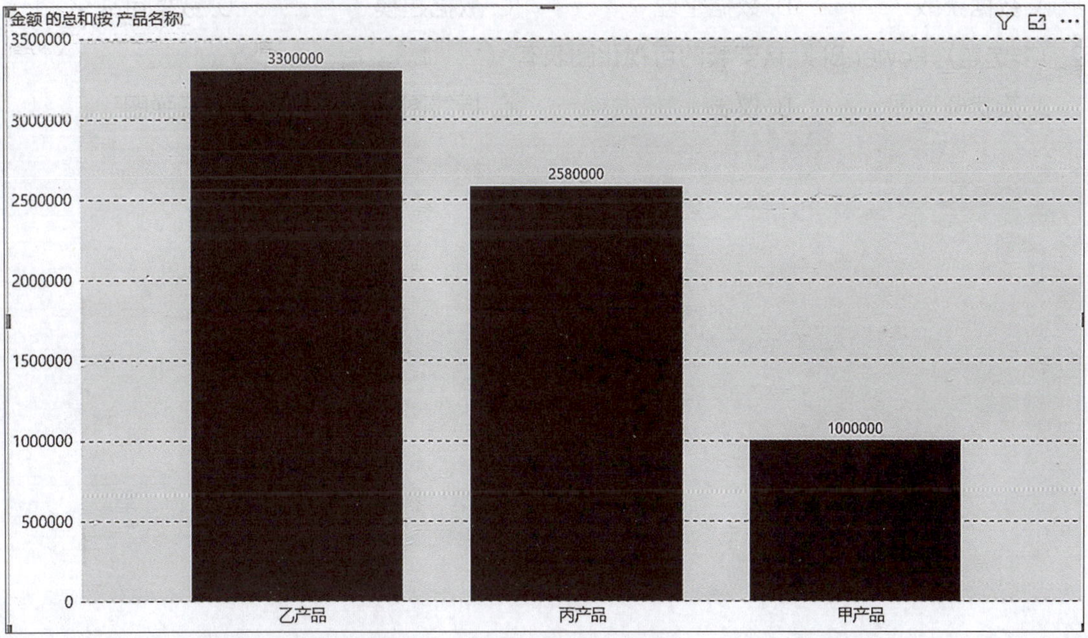

图 4-14 图表背景和数据标签示例

思维导图

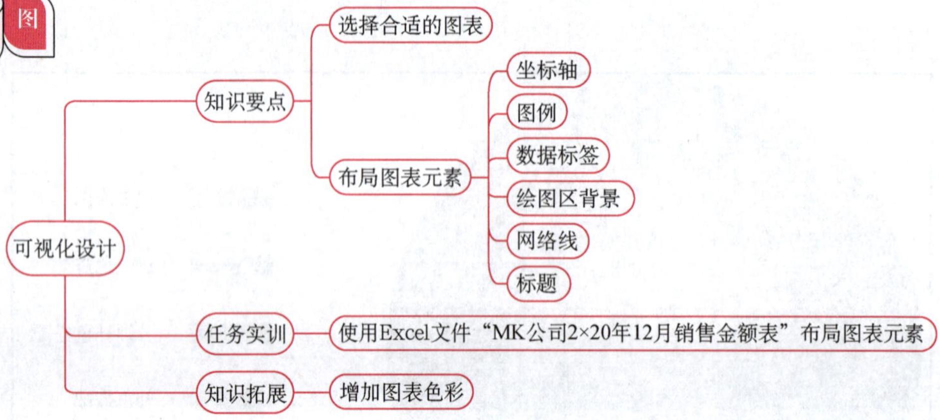

赛证融通测试题

1. (单选题)(　　)，是指将数据以视觉形式来呈现，如图表或地图，以帮助人们了解数据的意义的操作。

A. 数据获取　　B. 数据整理　　C. 数据建模　　D. 数据可视化

2. (多选题) Power BI 默认安装的可视化图表有（　　）。

A. 簇状条形图　　B. 仪表　　C. 折线图　　D. 子弹图

任务二 对比分析与可视化

情境导入

任何事物之间，都既有共性特征，又有个性特征，只有通过对比才能分辨出事物的性质、变化、发展与别的事物的异同，从而深刻地认识事物的本质和规律。解读数据时需要结合现实的情况做出评估，最好用也最实用的方法就是对比分析。没有对比，就不能说明问题，这也是对比分析在数据分析领域经久不衰的原因之一。

在 Power BI 中，对比分析最典型的图表是簇状条形图和簇状柱形图。雷达图通常用于多变量综合对比分析。漏斗图往往用于对流程各环节进行对比分析。

根据本节知识点和本任务要求，思考如何根据数据特点选择适用的对比分析方法。

知识要点

一、认识对比分析

（一）对比分析的概念

对比分析，是将客观事物进行对比以认识其本质和发展规律，并做出正确评价的一种分析方法。

对比分析通常根据现象之间的客观联系，对两个或多个有关的统计指标进行对比，从数量上反映研究对象的差异和变化。

微课 35：认识对比分析

（二）对比分析的种类

根据分析的需要，对比分析可分为绝对数比较和相对数比较两种形式。绝对数比较利用绝对数进行对比，从而寻找数据的差异，如比较分析甲、乙两家企业 2×20 年的净利润，甲企业的净利润为 100 万元，乙企业的净利润为 120 万元，甲企业的净利润低于乙企业。相对数比较利用相对数进行对比。相对数是由两个有联系的指标通过计算得出的，是用于反映客观现象之间数量联系程度的综合指标，如比较分析甲、乙两家企业 2×20 年的营业净利率，甲企业的营业净利率为 12.63%，乙企业的营业净利率为 10.31%，甲企业的营业净利率高于乙企业。在日常分析中，这两种方法可以结合使用，在上面的举例中，我们可以看出，2×20 年，虽然甲企业的营业收入低于乙企业，但是营业净利率高于乙企业，说明甲企业的净利润更多。

（三）对比分析的对比标准

在对比分析中，选择合适的对比标准十分关键，只有选择合适的对比标准才能做出客观的评价。对比标准分为以下四种：

1. 时间标准

时间标准，即选择不同时间的指标数据作为对比标准。例如，与上一年同期比较（同比）；与前一时期比较（环比）；与达到历史最高水平的时期或历史上一些关键时期比较。

2. 空间标准

空间标准，即选择不同空间的指标数据作为对比标准。例如，与相似的空间比较（如与同级部门、单位、地区比较）；与先进空间比较（如与行业内标杆企业比较）；与扩大的空间标准比较（如与行业内平均水平比较）。

3. 经验标准

经验标准，即通过对大量历史资料的归纳总结或已知理论的推理而得到的标准。例如，借助恩格尔系数衡量某国家或地区的生活质量；用流动比率的经验值衡量企业的短期偿债能力。

4. 计划标准

计划标准，即选择计划数、定额数和目标数作为对比标准。例如，实际销售额与计划销售额的比较。

（四）对比分析的流程

对比分析的流程至少包括五个步骤，如图 4-15 所示。

1. 确定分析对象和分析目标

在进行分析之前首先需要确定分析对象，以及为了什么目标进行分析，通过分析想要获取什么信息。

分析对象，即要分析什么。分析对象的选择取决于分析目标。如果是一般性的财务分析，那么分析的主要对象就是财务信息。如果存在特殊目的，分析对象取决于该特殊目的。

2. 确定对比标准

可以进行横向对比和纵向对比。

横向对比，是指选定一个时间段，用空间标准对比，衡量企业业务发展是否健康，或者判断业务是否赶超空间标准，以调整业务发展方向和策略。

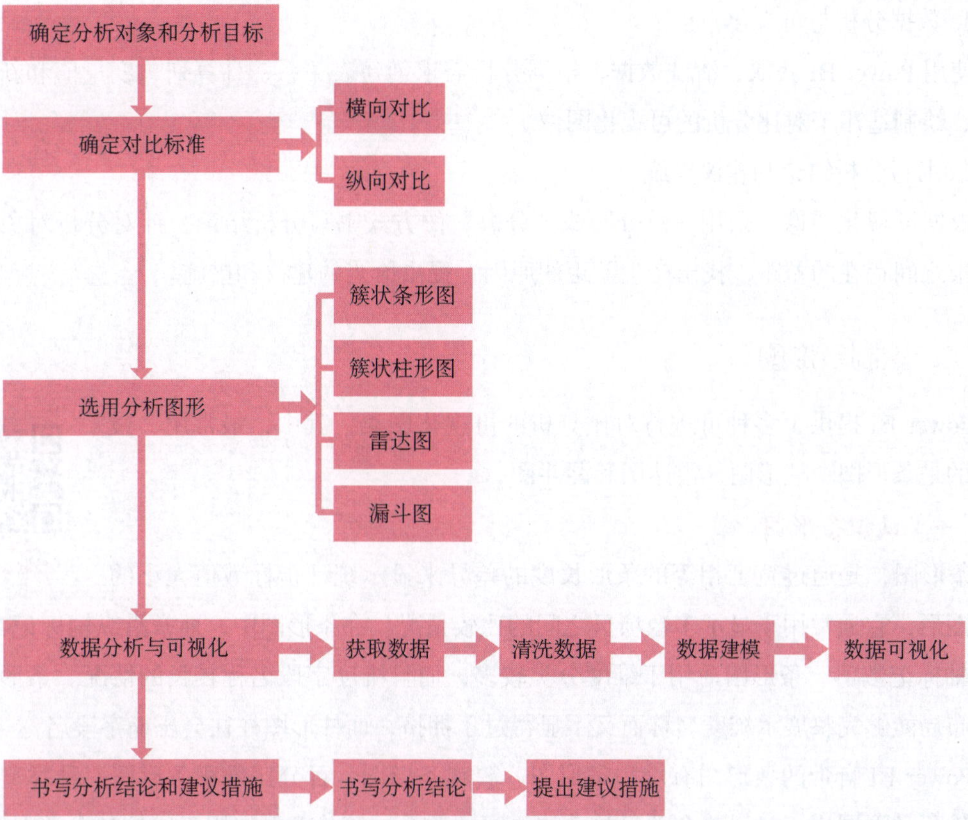

图 4-15 对比分析流程图

纵向对比，是在不同的时间段里使用时间标准、经验标准和计划标准，和企业自身对比，通过某段时间的业务指标数据来衡量业务发展情况，也可以通过同比、环比等方式来分析业务变化趋势。

3. 选用分析图形

根据数据特点，选择合适的对比分析图形，常用图形见表 4-2。

表 4-2 对比分析常用图形

序号	常用图形	适 用 范 围
1	簇状条形图	适用于比较各个类别的值，如不同月份的销售收入
2	簇状柱形图	
3	雷达图	适用于对多指标对象做出全局性、整体性评价，如财务状况评价
4	漏斗图	适用于数据从一个阶段传递到另一阶段时逐渐减少的情况，如销售环节

4. 数据分析与可视化

使用 Power BI 获取、清洗数据，根据分析需求创建表关系、计算列、度量值和新建计算表，绘制适用于对比分析的可视化图像。

5. 书写分析结论和建议措施

根据可视化图像，采用“总分”或“分总”的方式书写分析结论。针对分析对象与对比标准之间存在的差距，找出产生差距的原因，提出恰当的建议和措施。

二、绘制条形图

Power BI 提供了多种可进行对比分析的可视化图表，其中，最常用、最典型的是条形图、柱形图、雷达图和漏斗图。

微课 36：绘制条形图

（一）认识条形图

条形图，是通过宽度相等的条形长度的差异来显示统计指标数值大小的一种图形，它通常用于显示多数项目之间的比较情况。在条形图中，通常沿纵轴标记类别，沿横轴标记数值。条形图适用于维度分类较多，而且维度字段名称较长的情况。条形图的横向布局能够完整展示维度名称而又不显得过于拥挤，而柱形图往往会压缩字段名称。

Power BI 自带的条形图有堆积条形图、簇状条形图、百分比堆积条形图三种类型。其中，堆积条形图用于显示单个项目与整体之间的关系；簇状条形图用于比较各个类别的值；百分比堆积条形图用于比较各个类别的每一数值占总数值的百分比。

（二）绘制堆积条形图示例

使用 Excel 文件 4-2“MK 公司员工信息表”介绍如何绘制堆积条形图分析 MK 公司各部门员工的性别分布情况，具体操作步骤如下：

4-2

进行可视化分析之前，先把 Excel 文件“MK 公司员工信息表”导入 Power BI，数据视图中的表格如图 4-16 所示。

1. 查看默认可视化效果。点击“可视化”窗格中的“堆积条形图”图标，在报表视图中会出现堆积条形图的可视化效果，如图 4-17 所示。

2. 设置“X 轴”“Y 轴”和“图例”。在“可视化”窗格的“生成视觉对象”列表中选中“数据”窗格中的“部门”并拖动至“Y 轴”存储桶；选中“性别”并拖动至“X 轴”存储桶，此时显示的“X 轴”标题为“性别的计数”；选中“性别”并拖动至“图例”存储桶，如图 4-18 所示。

3. 在“可视化”窗格的“设置视觉对象格式”列表中调整堆积条形图。

（1）调整“X 轴”“Y 轴”和“图例”。将“X 轴”“Y 轴”的“值”字体大小设为“17”，“图例”的“文本”字体大小设为“14”，其他参数保持默认值。

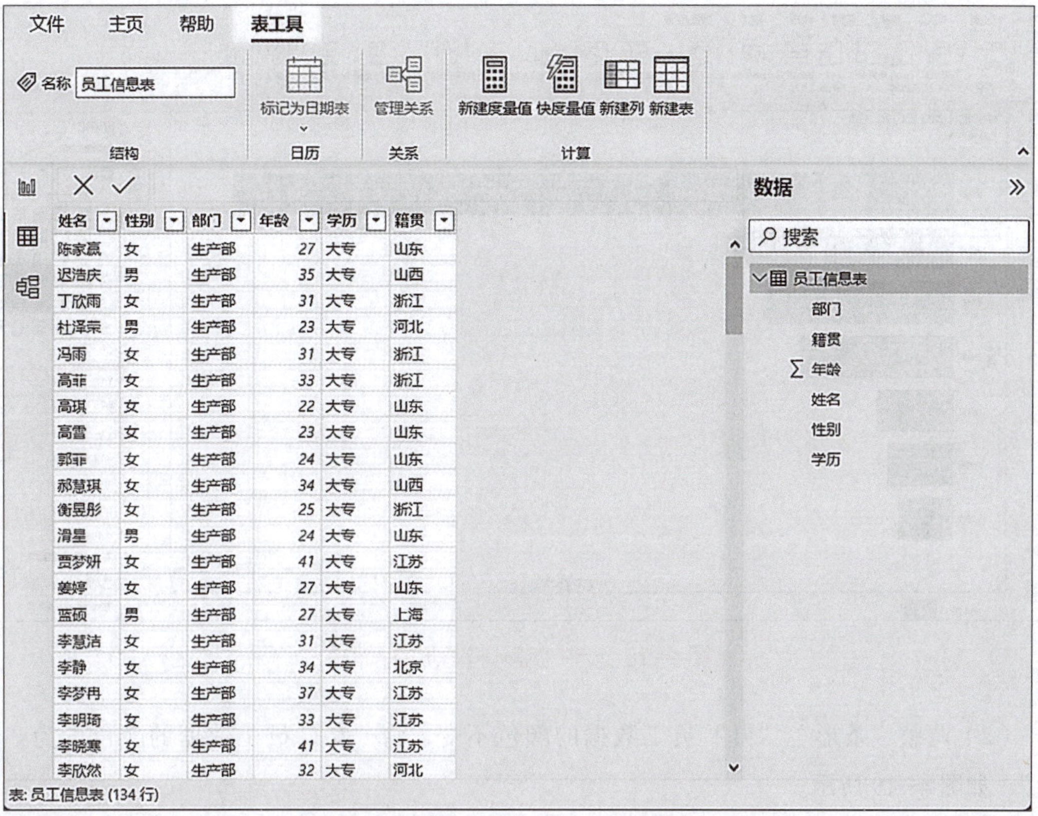

姓名	性别	部门	年龄	学历	籍贯
陈家赢	女	生产部	27	大专	山东
迟浩庆	男	生产部	35	大专	山西
丁欣雨	女	生产部	31	大专	浙江
杜泽宗	男	生产部	23	大专	河北
冯雨	女	生产部	31	大专	浙江
高菲	女	生产部	33	大专	浙江
高琪	女	生产部	22	大专	山东
高雪	女	生产部	23	大专	山东
郭菲	女	生产部	24	大专	山东
郝慧琪	女	生产部	34	大专	山西
衡昱彤	女	生产部	25	大专	浙江
滑垦	男	生产部	24	大专	山东
贾梦妍	女	生产部	41	大专	江苏
姜婷	女	生产部	27	大专	山东
蓝硕	男	生产部	27	大专	上海
李慧洁	女	生产部	31	大专	江苏
李静	女	生产部	34	大专	北京
李梦冉	女	生产部	37	大专	江苏
李明琦	女	生产部	33	大专	江苏
李晓寒	女	生产部	41	大专	江苏
李欣然	女	生产部	32	大专	河北

图 4-16 “员工信息表”数据视图

图 4-17 默认的堆积条形图的可视化效果

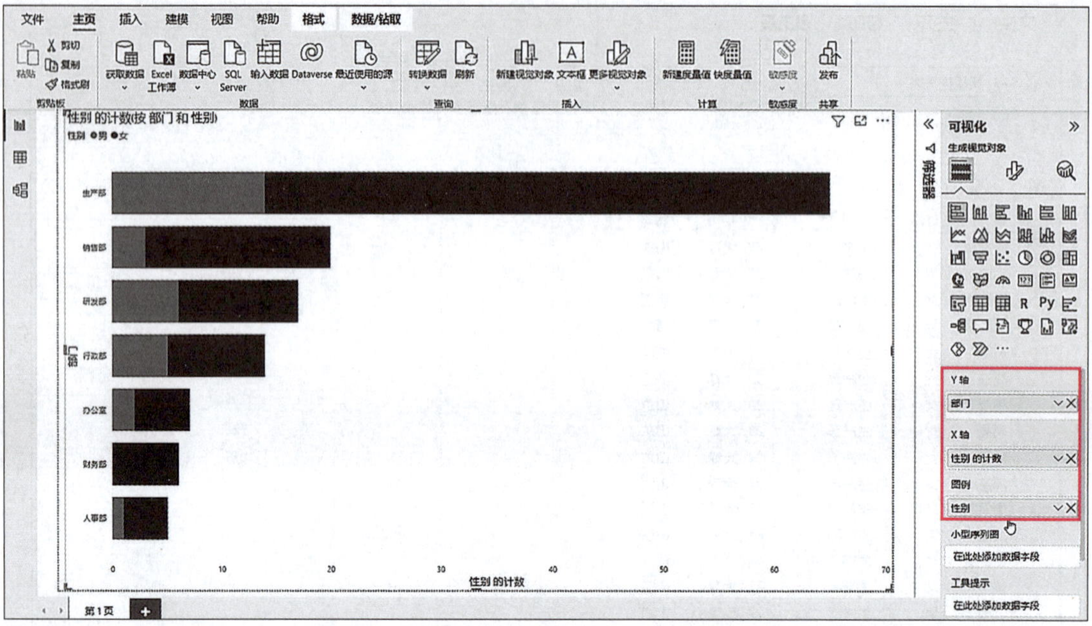

图 4-18　选中字段并拖动至存储桶

（2）调整“条形”。“男”员工数据的颜色不变，将“女”员工数据的颜色设为“橙色”，如图 4-19 所示。

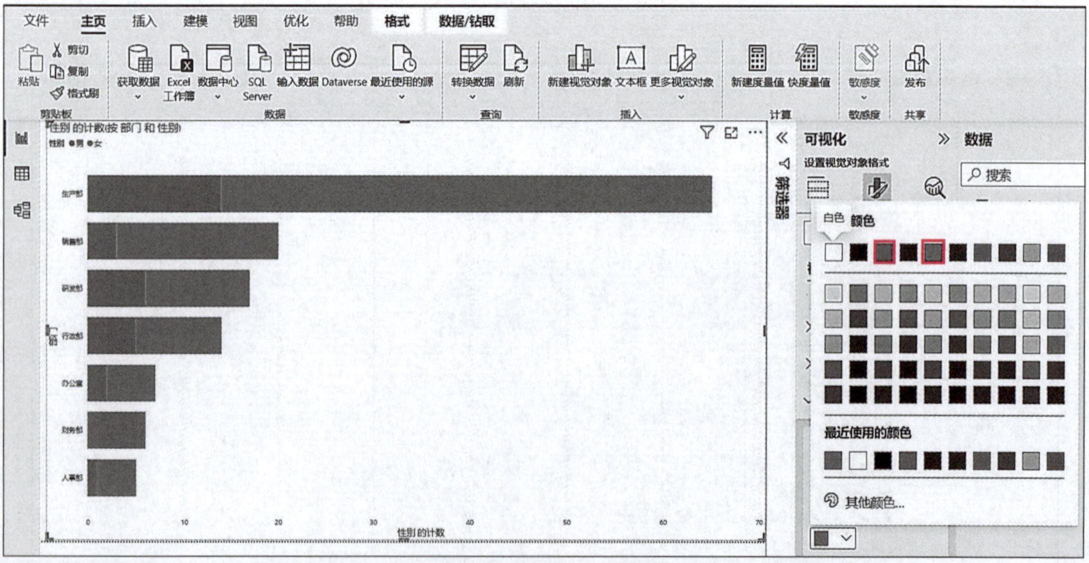

图 4-19　调整“条形”

（3）调整“数据标签”。将“数据标签”的状态设为 ，“值”字体大小设为“14”，其他参数保持默认值。

（4）调整“标题”。将“标题”文本设为“MK 公司各部门员工性别分布”，标题为“标题 2”，字体大小设为“19”，加粗，文本颜色设为“白色”，背景色设为“黑色”，水平对齐方式设为“居中”，其他参数保持默认值。

设置完成的堆积条形图如图 4-20 所示。点击“文件”选项卡下的“保存”按钮保存图像。

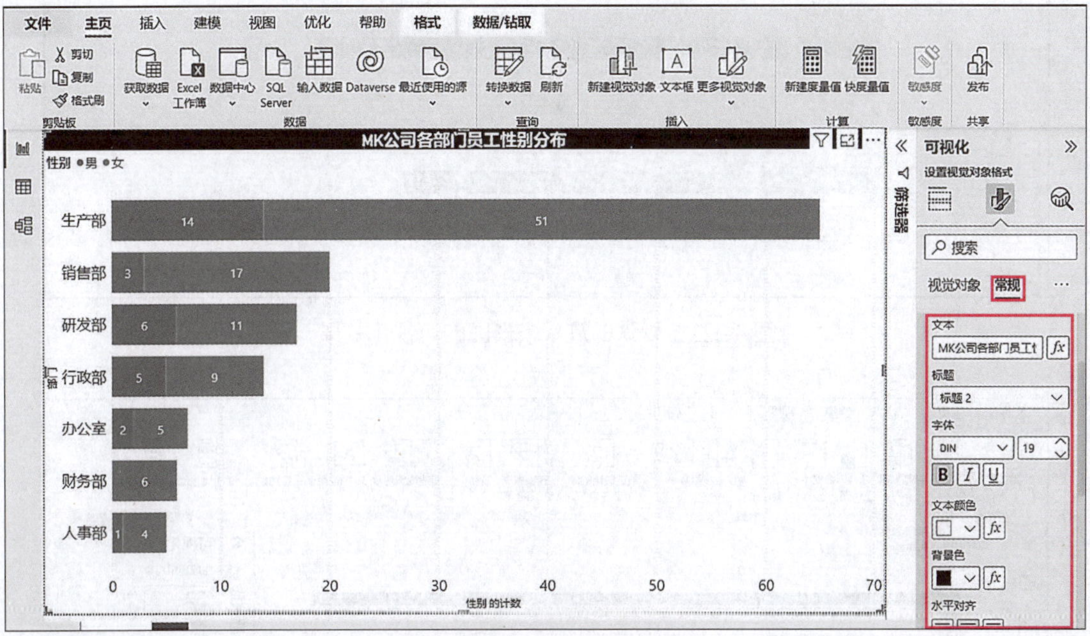

图 4-20 调整“标题”

4. 图 4-20 显示了 MK 公司各部门的员工人数，并显示了各部门员工的性别分布情况。根据可视化图表进行分析，可以得出如下结论：

MK 公司共有 7 个部门，其中人数最多的 3 个部门依次是生产部、销售部和研发部，分别为 65 人、20 人和 17 人。从性别分布来看，各部门人员主要由女性员工组成。

（三）绘制簇状条形图示例

绘制簇状条形图，分析 MK 公司各部门员工的学历分布情况，具体操作步骤如下：

1. 查看默认可视化效果。点击“可视化”窗格中的“簇状条形图”图标，在报表视图中会出现簇状条形图的可视化效果，如图 4-21 所示。

2. 设置“X 轴”“Y 轴”和“图例”。在“可视化”窗格的“生成视觉对象”列表中，选中“数据”窗格中的“部门”并拖动至“Y 轴”存储桶；选中“学历”并拖动至“X 轴”存储桶，此时显示的 X 轴标题为“学历的计数”；选中“学历”并拖动至“图例”存储桶，如图 4-22 所示。

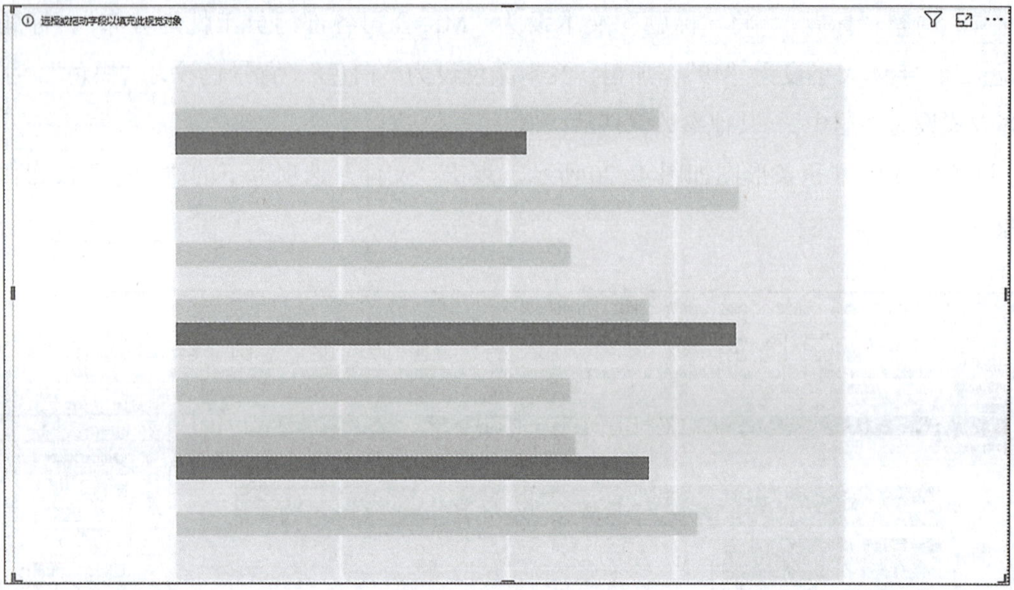

图 4-21　默认的簇状条形图的可视化效果

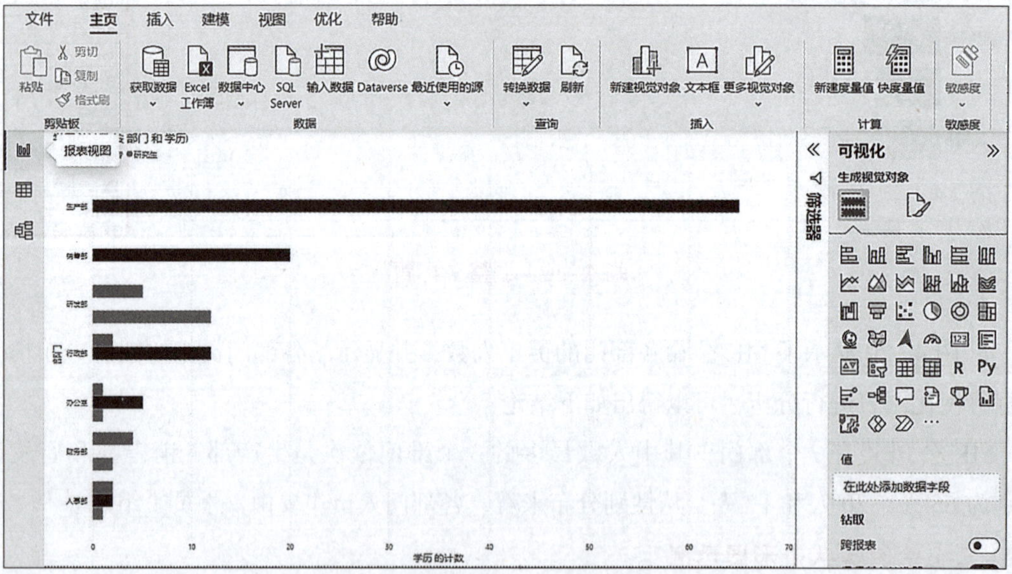

图 4-22　选中字段并拖动至存储桶

3. 在“可视化”窗格的“设置视觉对象格式”列表中调整簇状条形图。

（1）调整“X 轴”“Y 轴”和“图例”。将“X 轴”“Y 轴”的“值”字体大小设为“17”，“图例”的“文本”字体大小设为“14”，其他参数保持默认值。

（2）调整“条形”。“本科”员工数据的颜色不变，将“大专”员工数据的颜色设为“粉红色”，“研究生”员工数据的颜色设为“黄色”，如图 4-23 所示。

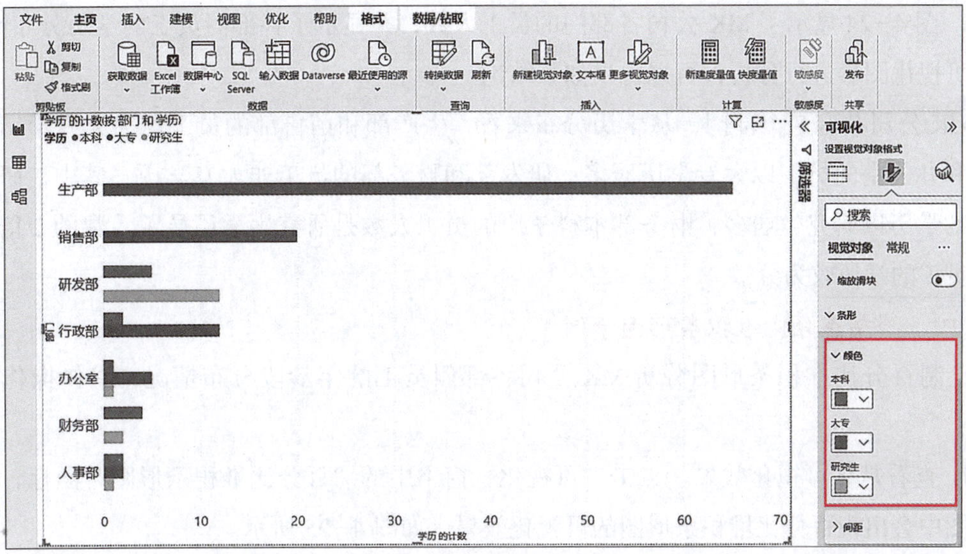

图 4-23 调整“条形”

（3）调整“数据标签”。将“数据标签”的状态设为 ，“值”字体大小设为“14”，其他参数保持默认值。

（4）调整“标题”。将“标题”文本设为“MK 公司各部门员工学历分布”，标题为“标题 2”，字体大小设为“19”，加粗，文本颜色设为“白色”，背景色设为“黑色”，水平对齐方式设为“居中”，其他参数保持默认值。

设置完成的簇状条形图如图 4-24 所示。点击“文件”选项卡下的“保存”按钮保存图像。

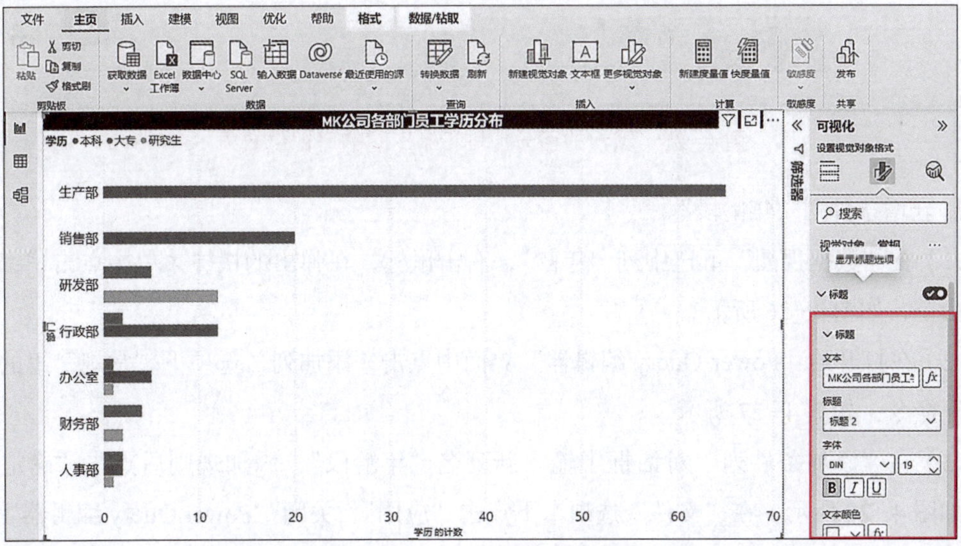

图 4-24 调整“标题”

4. 图 4-24 显示了 MK 公司各部门的员工人数，并显示了各部门员工的学历分布情况。根据可视化图表进行分析，可以得出如下结论：

MK 公司共有 7 个部门，从学历分布来看，生产部和销售部的员工均为大专学历，行政部和办公室的员工以大专学历居多；研发部和财务部的员工非大专学历，其中，研发部员工的学历以研究生居多，财务部本科学历的员工人数是研究生学历员工人数的 2 倍；人事部员工的学历较为分散。

（四）绘制百分比堆积条形图示例

绘制百分比堆积条形图分析 MK 公司各部门员工的年龄段分布情况，具体操作步骤如下：

1. 查看默认可视化效果。点击“可视化”窗格中的“百分比堆积条形图”图标，在报表视图中会出现百分比堆积条形图的可视化效果，如图 4-25 所示。

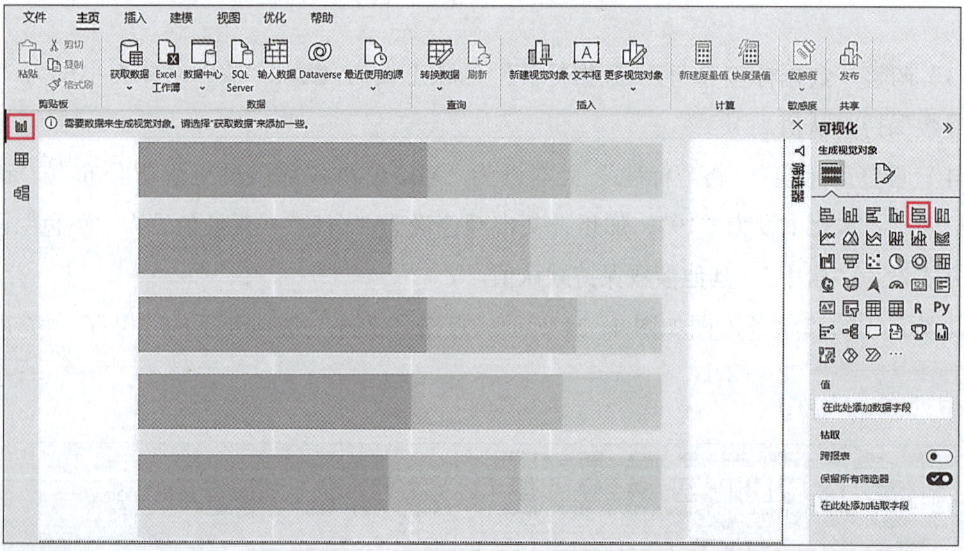

图 4-25　默认的百分比堆积条形图的可视化效果

2. 新增条件列“年龄段”。

（1）在“数据视图”下选中列“年龄”，右击鼠标，在弹出的快捷菜单中点击“编辑查询”命令，如图 4-26 所示。

（2）在打开的“Power Query 编辑器”界面中点击“添加列”选项下“常规”组的“条件列”命令，如图 4-27 所示。

（3）在“添加条件列”对话框中输入新列名“年龄段”，添加规则后点击“确定”按钮，如图 4-28 所示。在“文件”选项卡下点击“应用”，关闭“Power Query 编辑器”。

（4）在“数据视图”下可以看到新增列“年龄段”，如图 4-29 所示。

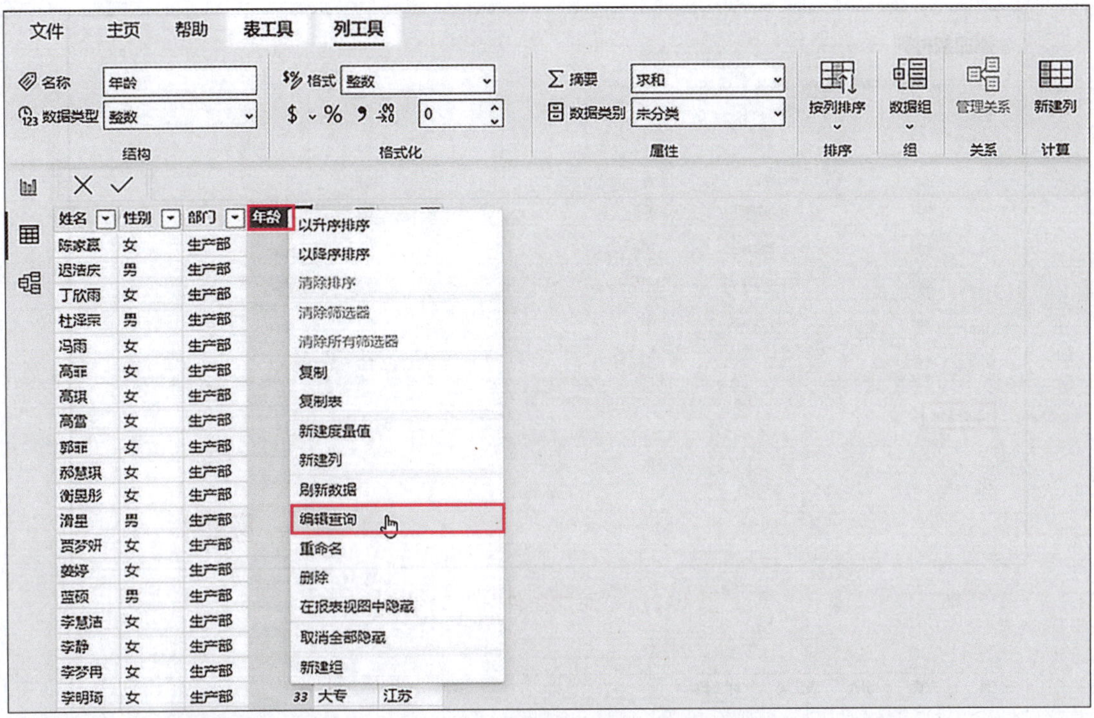

图 4-26 “编辑查询”命令

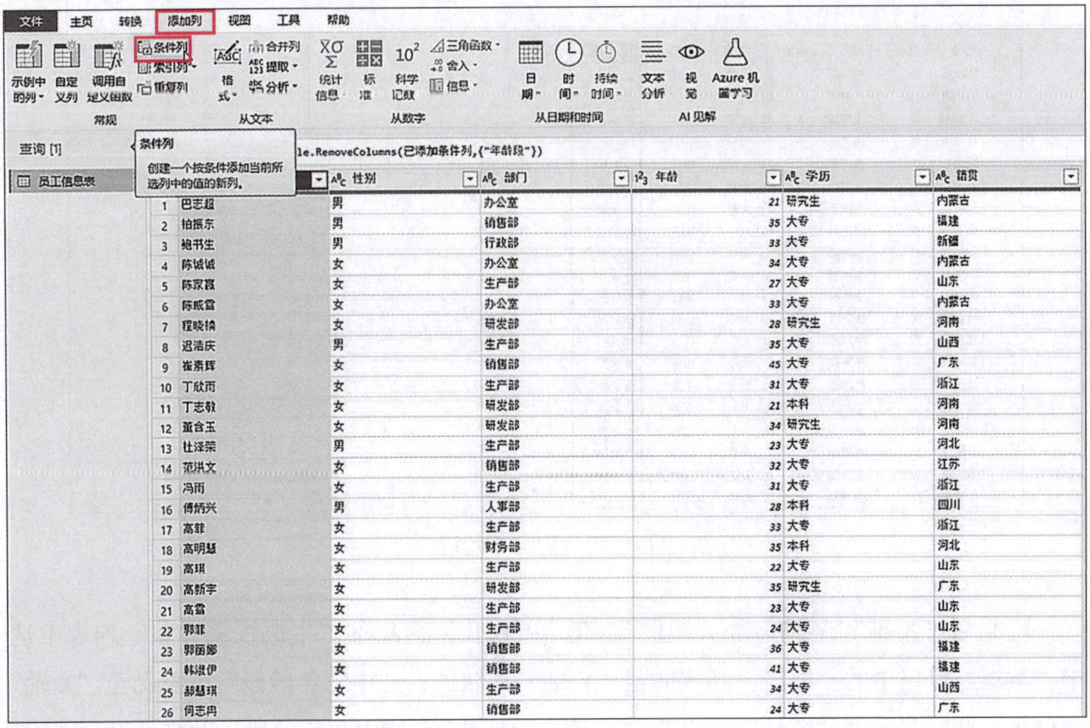

图 4-27 “条件列”命令

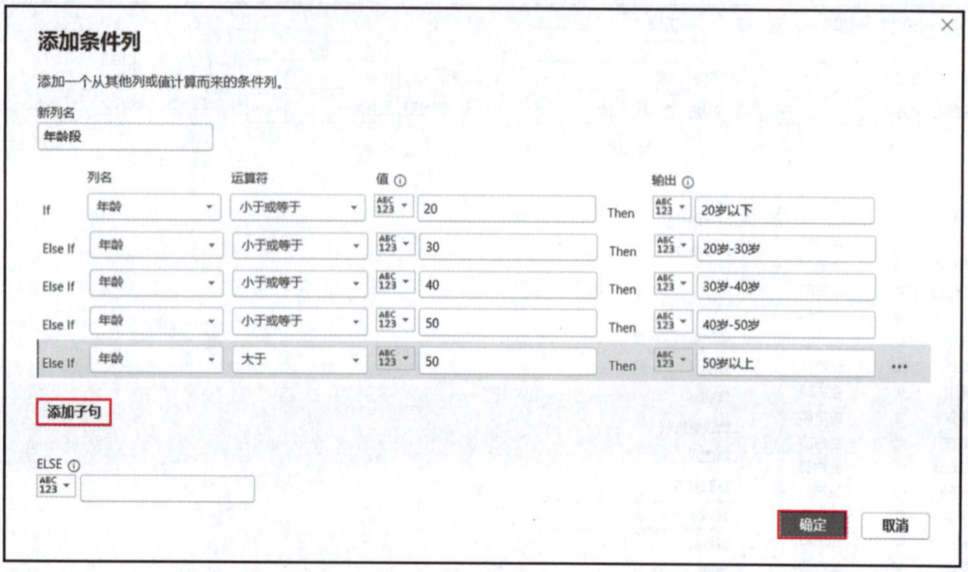

图 4-28 “添加条件列”对话框

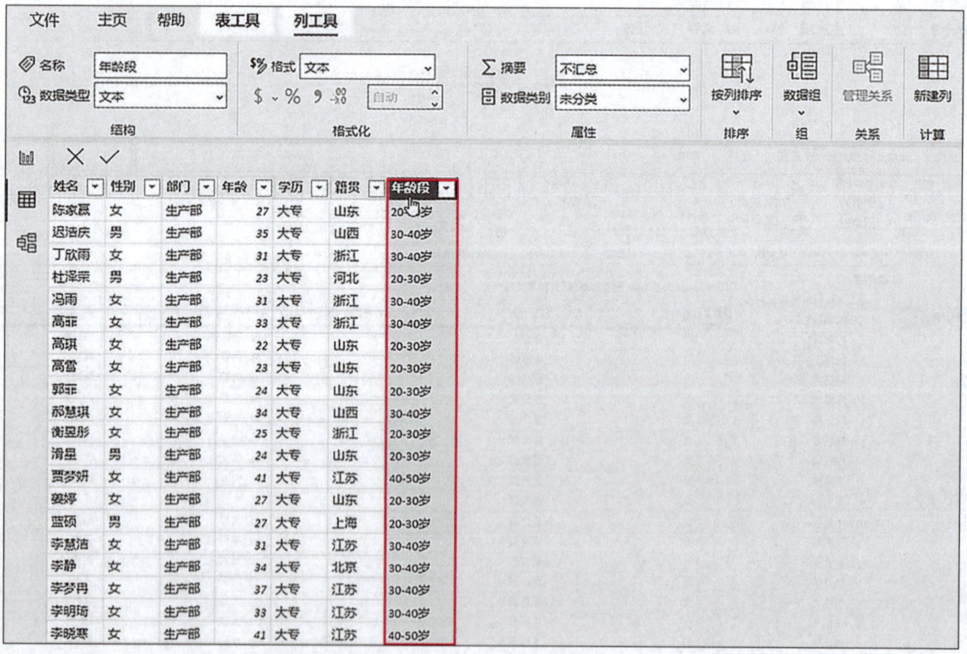

图 4-29 列“年龄段”

3. 设置“X 轴”“Y 轴”和“图例”。在“可视化”窗格的“生成视觉对象”列表中选中“数据”窗格中的“部门”并拖动至“Y 轴”存储桶；选中“年龄段”并拖动至“X 轴”存储桶，此时显示的“X 轴”标题为“年龄段的计数”；选中“年龄段”并拖动至“图例”存储桶，如图 4-30 所示。

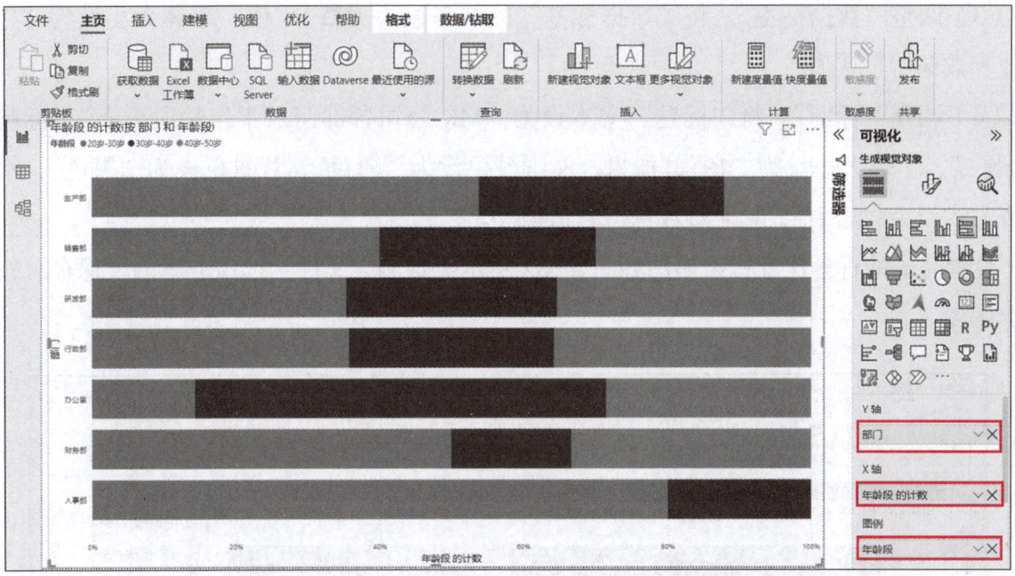

图 4-30 选中字段并拖动至存储桶

4. 在“可视化”窗格的“设置视觉对象格式”列表中调整百分比堆积条形图。

（1）调整“X 轴”“Y 轴”和“图例”。将“X 轴”“Y 轴”的“值”字体大小设为“17”，“图例”的“文本”字体大小设为“14”，其他参数保持默认值。

（2）调整“条形”。“20—30 岁”员工数据的颜色不变，将“30—40 岁”员工数据的颜色设为“黄色”，“40—50 岁”员工数据的颜色设为“绿色”，如图 4-31 所示。

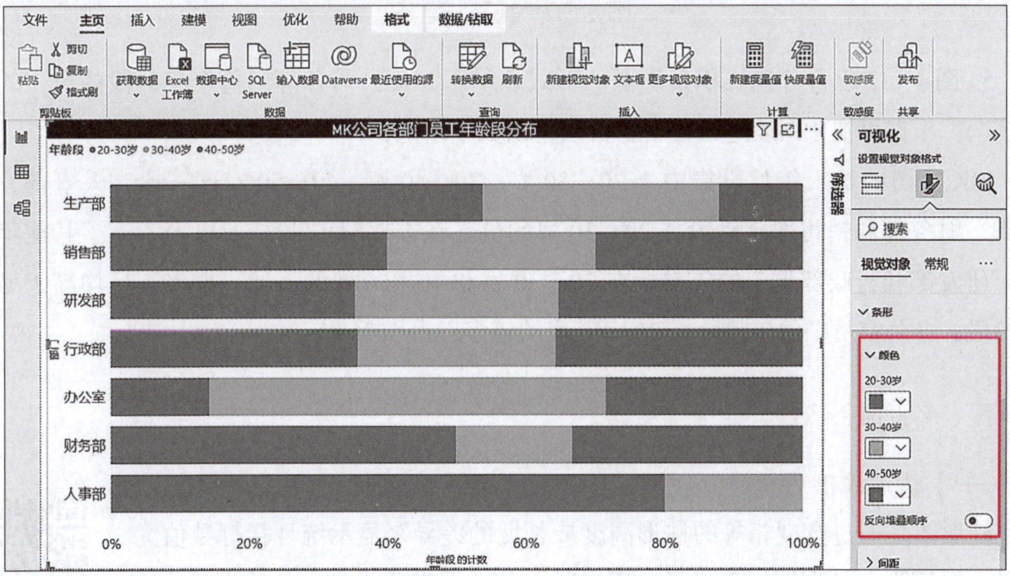

图 4-31 调整“条形”

（3）调整“数据标签”。将“数据标签”的状态设为 ，“值”字体大小设为“14”，其他参数保持默认值。

（4）调整“标题”。将“标题”文本设为“MK 公司各部门员工年龄段分布”，标题为“标题 2”，字体大小设为“19”，加粗，文本颜色设为“白色”，背景色设为“黑色”，水平对齐方式设为“居中”，其他参数保持默认值。

设置完成的百分比堆积条形图如图 4-32 所示。点击“文件”选项卡下的“保存”按钮保存图像。

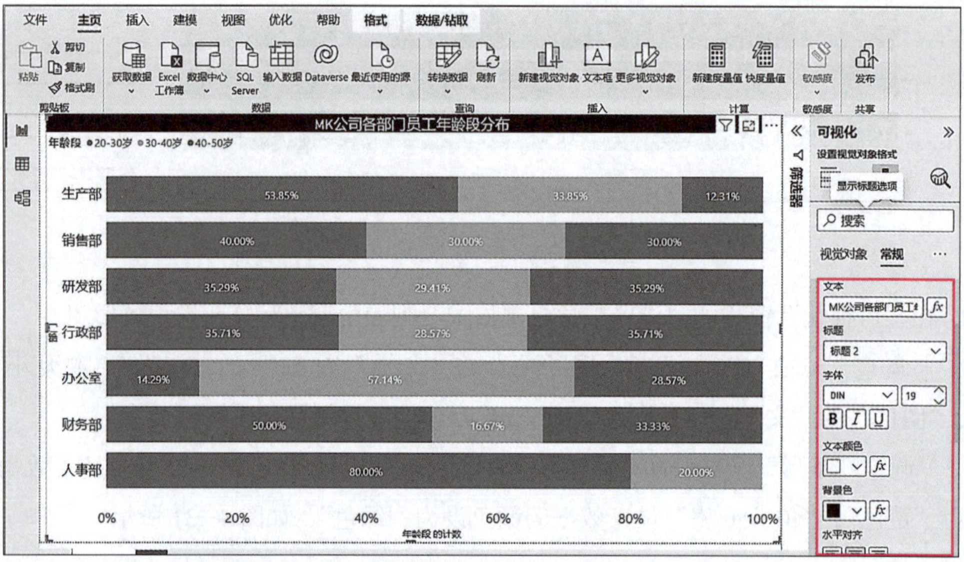

图 4-32　调整“标题”

5. 图 4-32 以百分比堆积条形图的形式显示了 MK 公司各部门每个年龄段的员工的分布情况。根据可视化图表进行分析，可以得出如下结论：

MK 公司的员工年龄段集中于 20—30 岁、30—40 岁、40—50 岁这三段，人事部、生产部、财务部和销售部年龄段在 20—30 岁的员工在本部门占 40% 及以上，高于其他年龄段；研发部和行政部员工的年龄段在 20—30 岁和 40—50 岁的占比一样多，且均高于另一年龄段；办公室员工的年龄段在 30—40 岁的较多，占 50% 以上。

三、绘制柱形图

（一）认识柱形图

柱形图是通过宽度相等的柱形高度或长度的差异来显示统计指标数值大小的一种图形。柱形图用于显示一段时间内的数据变化或显示各项之间的比较情况。与条形图不同，柱形图通常沿横轴组织类别，沿纵轴组织数值，可

微课 37：
绘制柱形图

以认为柱形图的坐标是条形图坐标轴的转置。柱形图可与折线图配合次坐标轴制作成复合型图表，条形图则不太适合。

Power BI 自带的柱形图包括堆积柱形图、簇状柱形图和百分比堆积柱形图。堆积柱形图用于显示单个项目与整体之间的关系；簇状柱形图用于比较各个类别的值；百分比堆积柱形图用于比较各个类别数占总类别数的百分比。

（二）绘制堆积柱形图示例

绘制堆积柱形图，分析 MK 公司各省市（自治区）的员工的性别分布情况，具体操作步骤如下：

1. 查看默认可视化效果。点击“可视化”窗格中的“堆积柱形图”图标，在报表视图中会出现堆积柱形图的可视化效果，如图 4-33 所示。

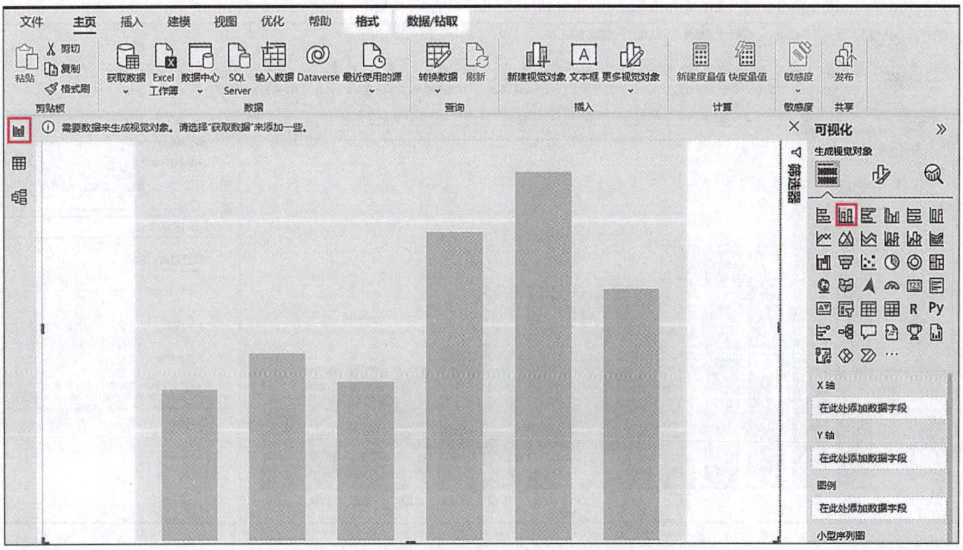

图 4-33　默认的堆积柱形图的可视化效果

2. 设置“X 轴”“Y 轴”和“图例”。在“可视化”窗格的“生成视觉对象”列表选中“数据”窗格中的“籍贯”并拖动至“X 轴”存储桶；选中“性别”并拖动至“Y 轴”存储桶，此时显示的“Y 轴”标题为“性别的计数”；选中“性别”并拖动至“图例”存储桶，如图 4-34 所示。

3. 在“可视化”窗格的“设置视觉对象格式”列表中调整堆积柱形图。

（1）调整“X 轴”“Y 轴”和“图例”。将“X 轴”“Y 轴”的“值”字体大小设为“17”，“图例”的“文本”字体大小设为“14”，其他参数保持默认值。

（2）调整“列”。“男”员工数据的颜色保存不变，将“女”员工数据的颜色设为“黄色”，如图 4-35 所示。

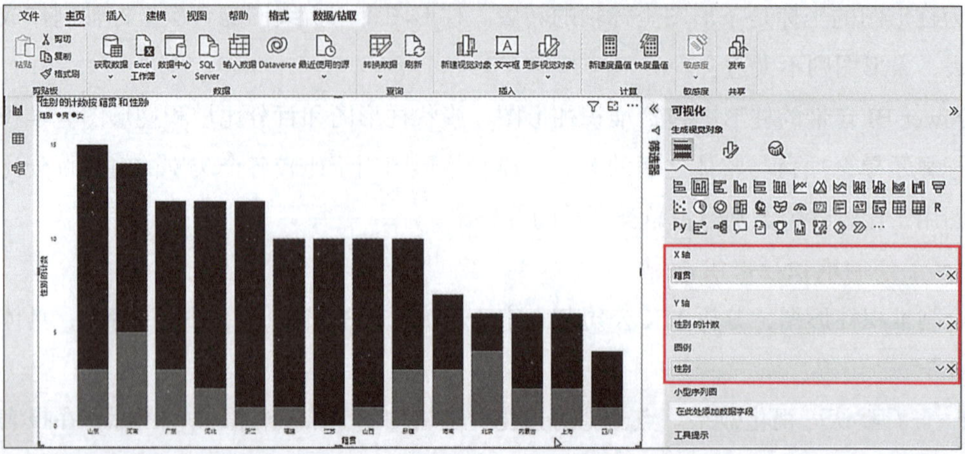

图 4-34　选中字段并拖动至存储桶

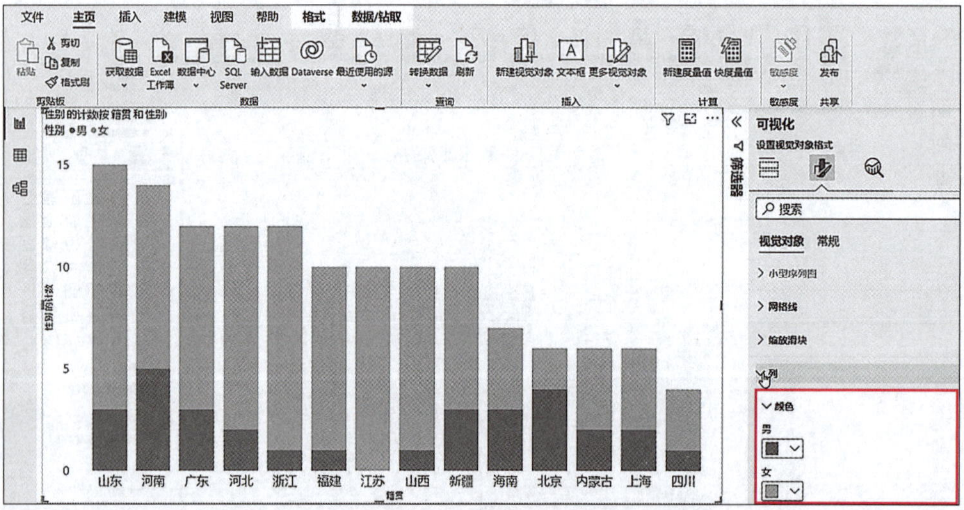

图 4-35　调整“列”

（3）调整“数据标签”。将“数据标签”的状态设为，“值”字体大小设为“14”，其他参数保持默认值。

（4）调整“标题”。将“标题”文本设为“MK 公司各省市（自治区）员工性别分布”，标题为“标题 2”，字体大小设为“19”，加粗，文本颜色设为“白色”，背景色设为“黑色”，水平对齐方式设为“居中”，其他参数保持默认值。

设置完成的堆积柱形图如图 4-36 所示。点击“文件”选项卡下的“保存”按钮保存图像。

4. 图 4-36 显示了 MK 公司各省市（自治区）的员工人数，并显示了各省市（自治区）员工的性别分布。根据可视化图表进行分析，可以得出如下结论：

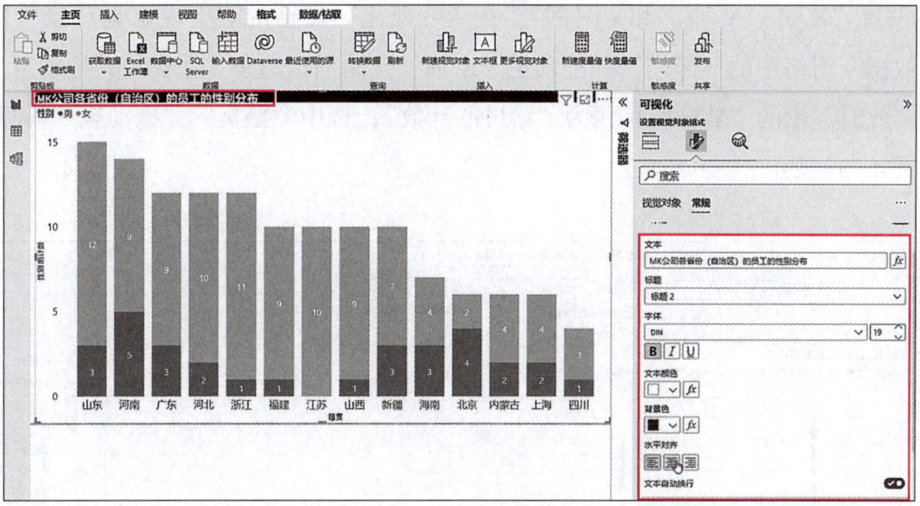

图 4-36 调整“标题”

MK 公司的员工来自 14 个省市（自治区），其中人数最多的 5 个省市（自治区）依次是山东、河南、广东、河北、浙江，广东、河北和浙江，都是 12 人。从性别分布来看，来自江苏的员工都是女性，来自北京的男员工多于女员工，其他省市（自治区）的员工数量均为女性多于男性。

（三）绘制簇状柱形图示例

绘制簇状柱形图，分析 MK 公司各部门员工的籍贯分布情况，具体操作步骤如下：

1. 查看默认可视化效果。点击“可视化”窗格中的“簇状柱形图”图标，在报表视图中会出现簇状柱形图的可视化效果，如图 4-37 所示。

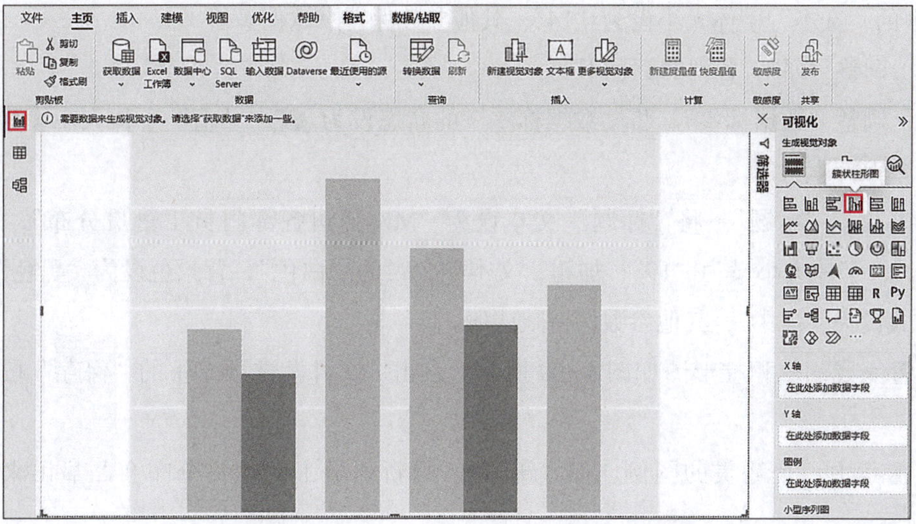

图 4-37 默认的簇状柱形图的可视化效果

2. 设置“X 轴”“Y 轴”和“图例”。在“可视化”窗格的“生成视觉对象”列表中，选中“数据”窗格中的“部门”并拖动至“X 轴”存储桶；选中“籍贯”并拖动至“Y 轴”存储桶，此时显示的“Y 轴”标题为“籍贯的计数”；选中“籍贯”并拖动至“图例”存储桶，如图 4-38 所示。

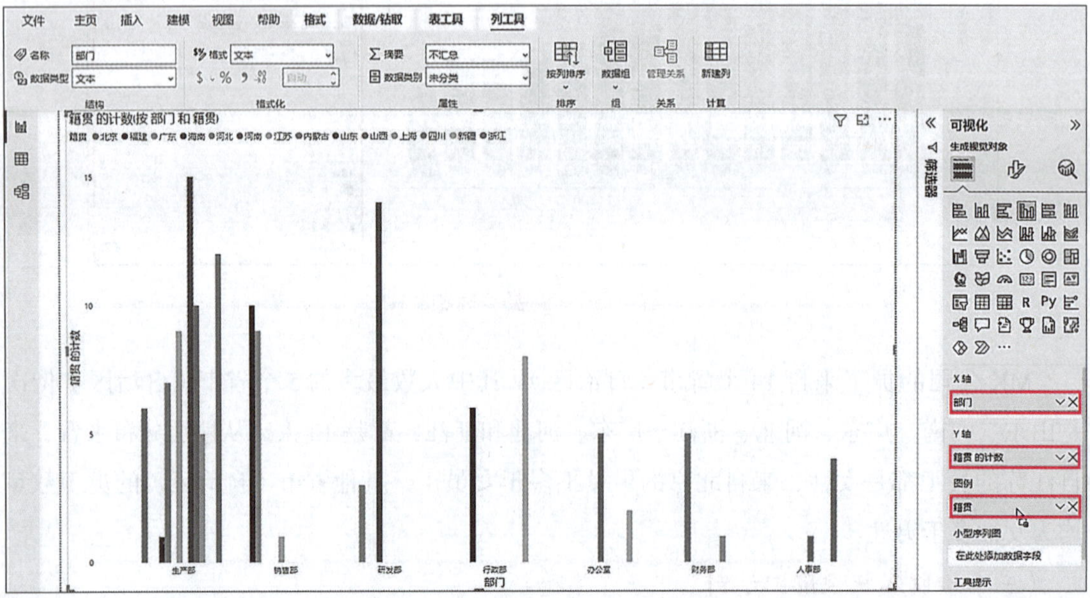

图 4-38　选中字段并拖动至存储桶

3. 在“可视化”窗格的“设置视觉对象格式”列表中调整簇状柱形图。

（1）调整“X 轴”“Y 轴”和“图例”。将“X 轴“Y 轴”的“值”字体大小设为“17”，“图例”的“文本”字体大小设为“14”，其他参数保持默认值。

（2）调整“列”。各列的颜色不变。

（3）调整“数据标签”。将“数据标签”的状态设为 ，“值”字体大小设为“14”，其他参数保持默认值。

（4）调整“标题”。将“标题”文本设为“MK 公司各部门员工籍贯分布”，标题为“标题 2”，字体大小设为“19”，加粗，文本颜色设为“白色”，背景色设为“黑色”，水平对齐方式设为“居中”，其他参数保持默认值。

设置完成的堆积柱形图如图 4-39 所示。点击“文件”选项卡下的“保存”按钮保存图像。

点击其中一个籍贯的图例，如“新疆”，则新疆员工的籍贯分布会凸显出来，如图 4-40 所示。

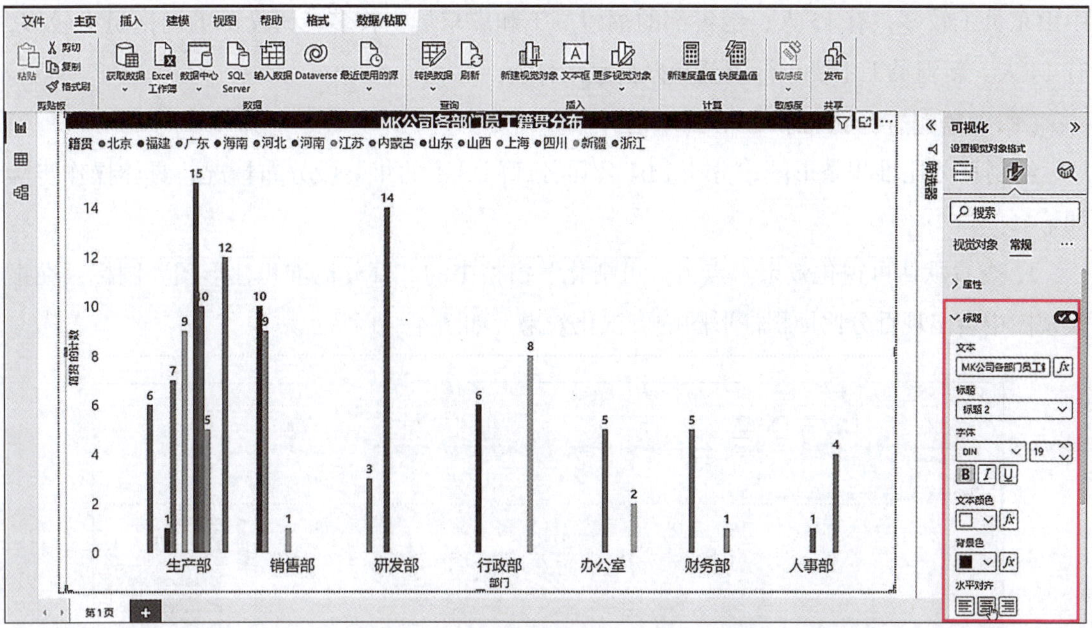

图 4-39 调整“标题”

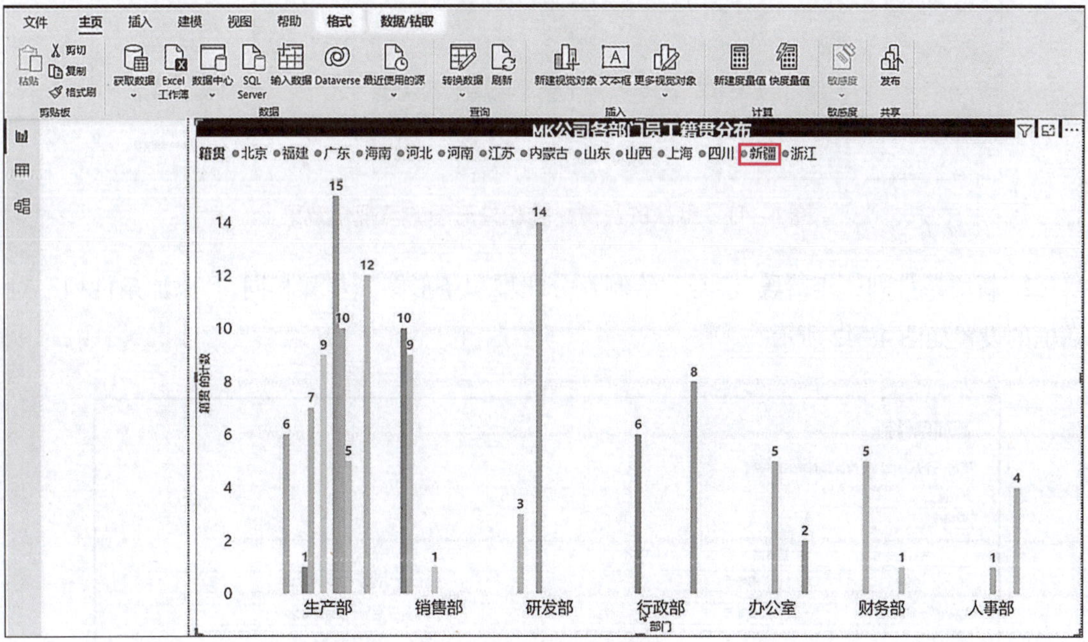

图 4-40 凸显的新疆籍贯员工分布

4. 图 4-39 显示了各部门的员工人数，并显示了各部门员工的籍贯分布。根据可视化图表进行分析，可以得出如下结论：

MK 公司共有 7 个部门，从籍贯分布来看，生产部的员工来自 8 个省市（自治区），其中山东员工较多，有 15 人；销售部的福建员工和广东员工较多；研发部的河南员工较多，有 14 人。新疆员工主要在行政部和办公室工作。

（四）绘制百分比堆积柱形图示例

绘制百分比堆积条形图，分析 MK 公司各部门员工的年龄段分布情况，具体操作步骤如下：

1. 查看默认可视化效果。点击“可视化”窗格中的“百分比堆积柱形图”图标，在报表视图中会出现百分比堆积柱形图的可视化效果，如图 4-41 所示。

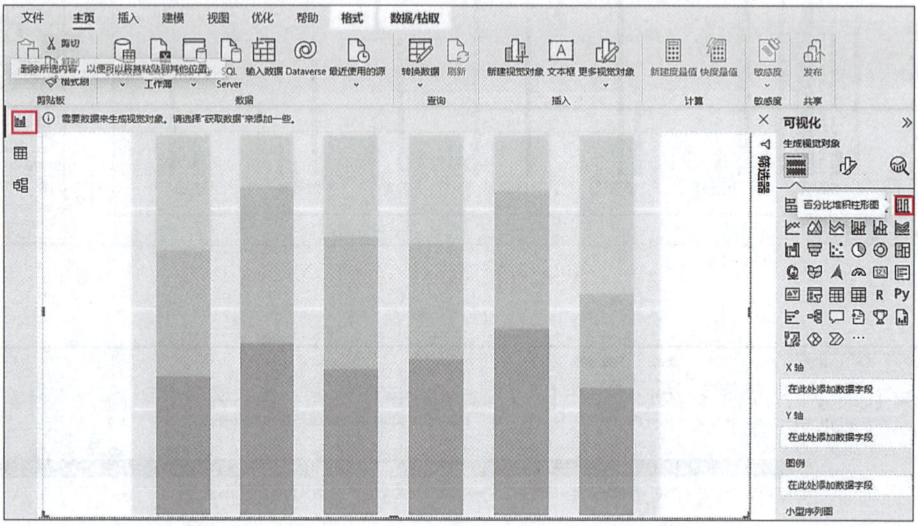

图 4-41　默认的百分比堆积柱形图的可视化效果

2. 新增条件列“年龄段”。与“绘制百分比堆积条形图”步骤相同，“添加条件列”对话框的设置如图 4-42 所示。

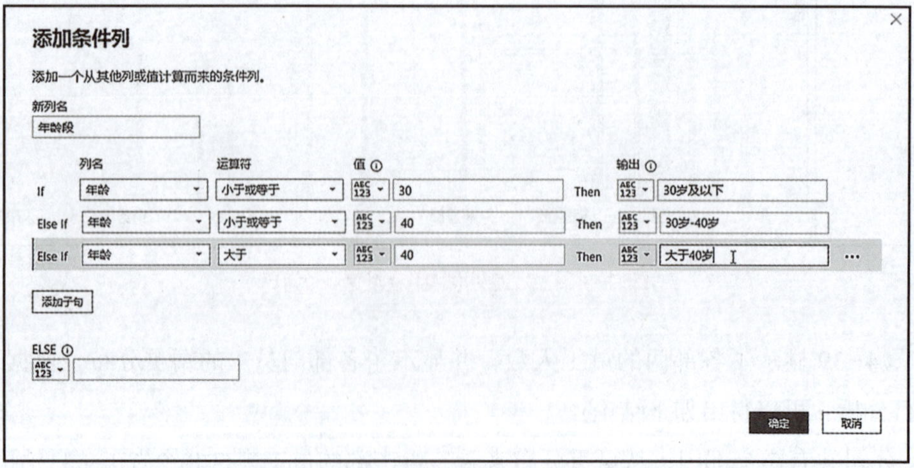

图 4-42　“添加条件列”对话框

3. 设置“X 轴”“Y 轴”和“图例”。在“可视化”窗格的“生成视觉对象”列表选中“数据”窗格中的“部门”并拖动至“X 轴”存储桶；选中“年龄段”并拖动至“Y 轴”存储桶，此时显示的“Y 轴”标题为“年龄段的计数”；选中“年龄段”并拖动至“图例”存储桶，如图 4-43 所示。

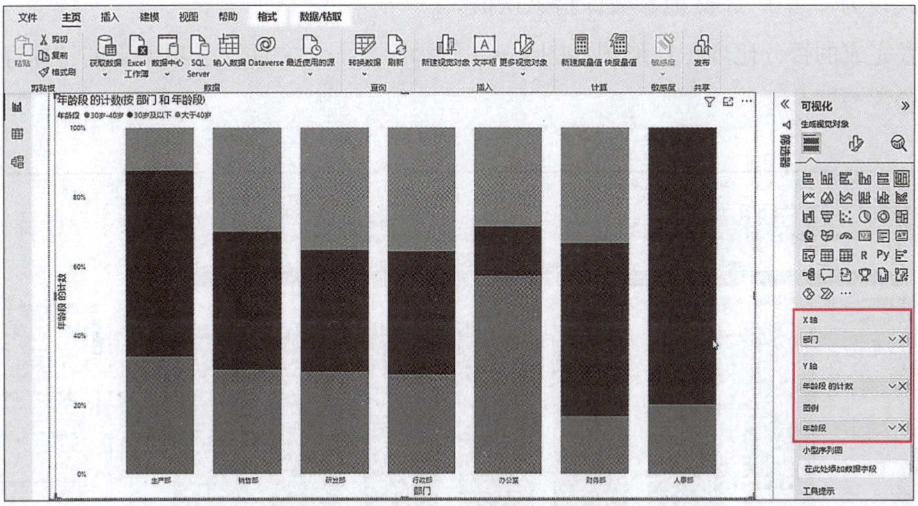

图 4-43　选中字段并拖动至存储桶

4. 在“可视化”窗格的“设置视觉对象格式”列表中调整百分比堆积柱形图。

（1）调整“X 轴”“Y 轴”和“图例”。将“X 轴”“Y 轴”的“值”字体大小设为“17”，“图例”的“文本”字体大小设为“14”，其他参数保持默认值。

（2）调整“列”。“30—40 岁”员工数据的颜色不变，将“30 岁及以下”员工数据的颜色设为“粉红色”，“大于 40 岁”员工数据的颜色设为“绿色”，如图 4-44 所示。

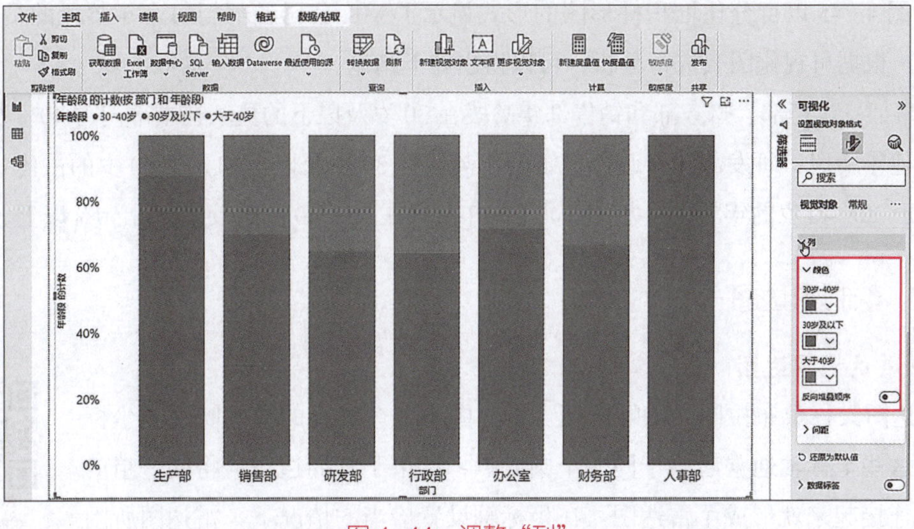

图 4-44　调整“列”

（3）调整“数据标签”。将“数据标签”的状态设为 ，“值”字体大小设为“14”，其他参数保持默认值。

（4）调整“标题”。将“标题”文本设为“MK 公司各部门员工年龄段分布”，标题为“标题 2”，字体大小设为“19”，加粗，文本颜色设为“白色”，背景色设为“黑色”，水平对齐方式设为“居中”，其他参数保持默认值。

设置完成的百分比堆积柱形图如图 4-45 所示。点击“文件”选项卡下的“保存”按钮保存图像。

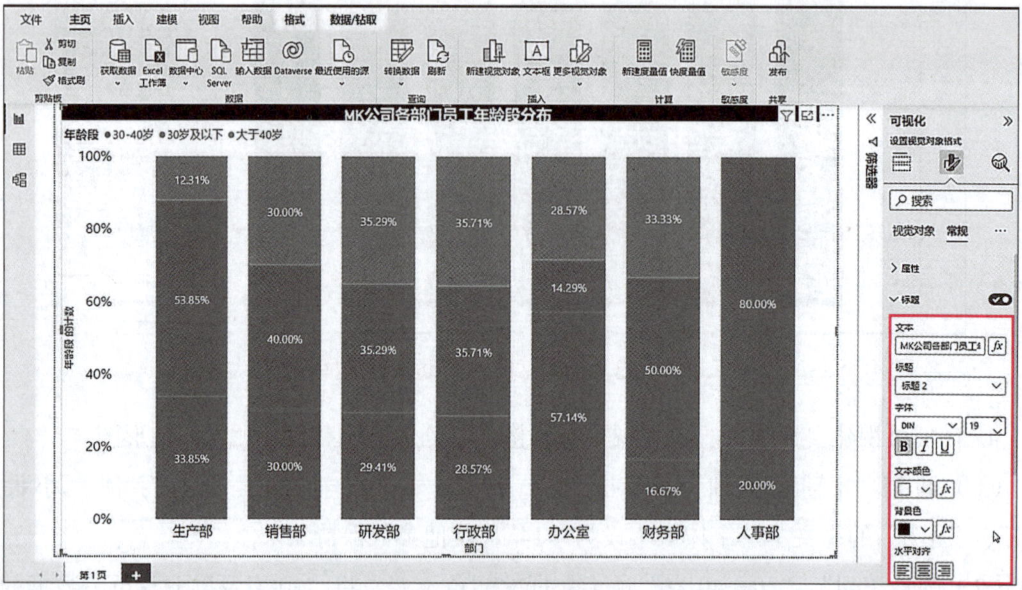

图 4-45　调整“标题”

5. 图 4-45 以百分比堆积柱形图的形式显示了 MK 公司各部门每个年龄段的员工的分布情况。根据可视化图表进行分析，可以得出如下结论：

人事部、生产部、财务部和销售部年龄段在 30 岁及以下的员工在本部门占 40% 及以上，高于其他年龄段；研发部和行政部员工的年龄段在 30 岁及以下和大于 40 岁的占比一样多，且均高于 30—40 岁的年龄段；办公室员工的年龄段在 30—40 岁的较多，占 50% 以上。

四、绘制雷达图

（一）认识雷达图

雷达图又称戴布拉图、蜘蛛网图。雷达图将多个维度的数据映射到坐标轴上，这些坐标轴通常起始于同一个圆心点，结束于圆周边缘，将同一组的点用线连接起来就形成了雷达图。在坐标轴设置恰当的情况下，雷达图所围

微课 38：
绘制雷达图

面积能表现出一些信息量。

雷达图把纵向和横向的分析比较方法结合起来，可以展示出数据集中各个变量的权重高低情况，非常适用于展示性能数据。

（二）添加雷达图

雷达图不属于 Power BI 提供的默认安装的可视化图表，需要手动添加。

在报表视图下的“可视化”窗格中点击“生成视觉对象”列表最后的“…”按钮，在弹出的快捷菜单中点击“获取更多视觉对象”命令，如图 4-46 所示。

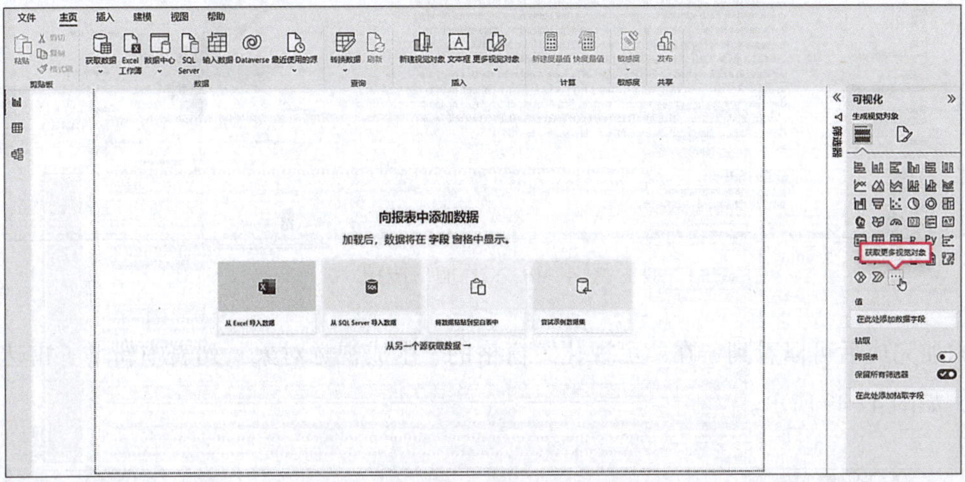

图 4-46 “获取更多视觉对象”命令

在右侧的搜索栏中输入“radar”，系统会自动显示搜索结果，自左向右，点击第一种雷达图，如图 4-47 所示。

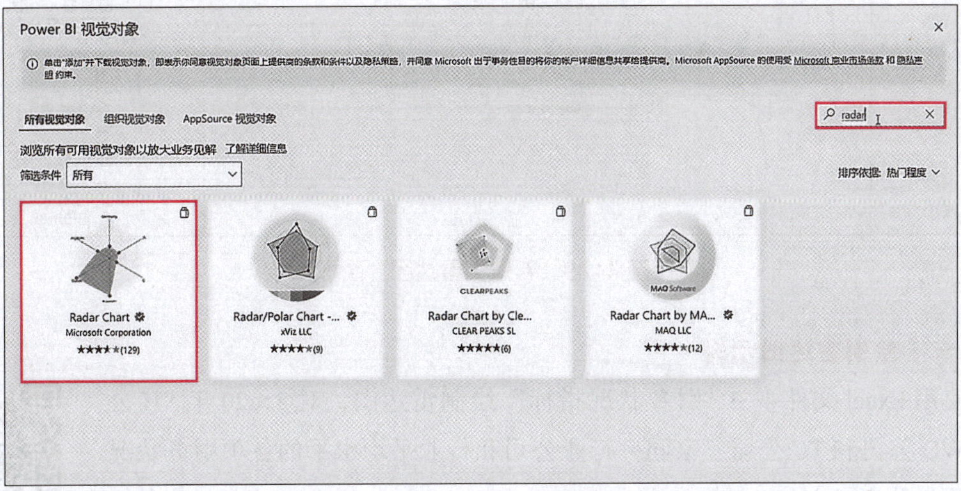

图 4-47 自动搜索的雷达图

在打开的新界面中点击“添加”按钮，如图 4-48 所示。

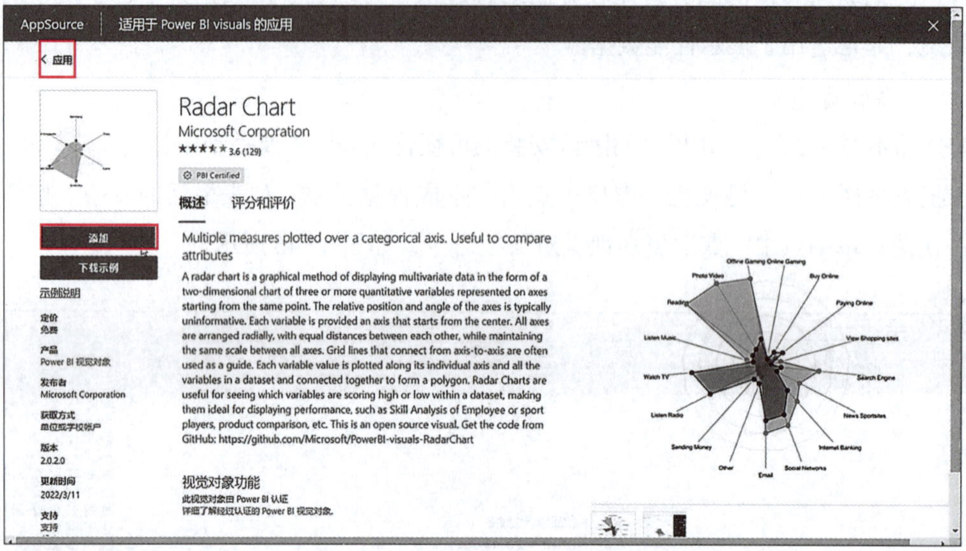

图 4-48 “添加”按钮

添加完成后可以看到，在“可视化”窗格的“生成视觉对象”列表中新增了雷达图的图标，如图 4-49 所示。

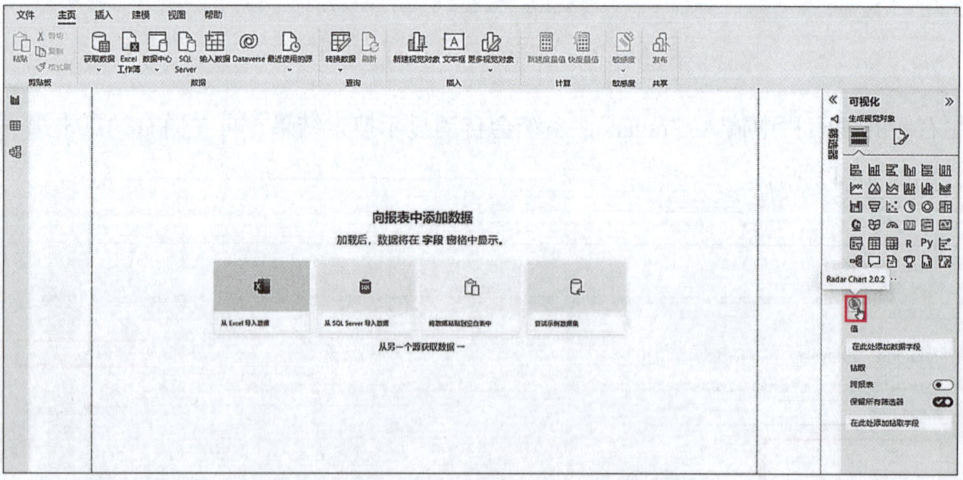

图 4-49 新增“雷达图”图标

（三）绘制雷达图示例

使用 Excel 文件 4-3“财务状况指标”绘制雷达图，对 2×20 年 XH 公司、WD 公司和 TC 公司三家同一行业公司和行业平均水平的各项财务状况指标进行分析对比。

4-3

导入 Excel 文件“财务状况指标”，此时，数据视图中的表格如图 4-50 所示。

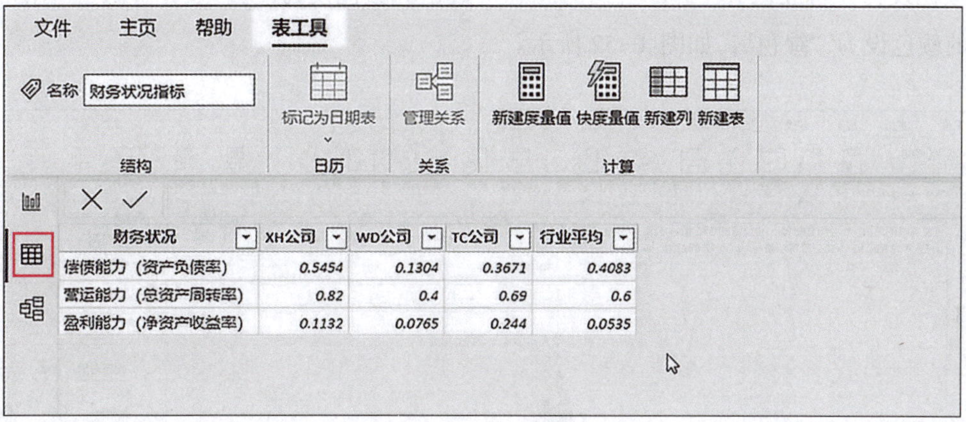

图 4-50　数据视图

绘制雷达图的具体操作步骤如下：

1. 设置“类别”和“Y 轴”。在“可视化”窗格的“生成视觉对象”列表中选中“数据”窗格中的“财务状况”并拖动至“类别”存储桶；选中“∑行业平均”“∑TC 公司”“∑WD 公司”“∑XH 公司”并拖动至“Y 轴”存储桶，此时显示的“Y 轴”标题为“行业平均的总和”“TC 公司的总和”“WD 公司的总和”“XH 公司的总和”，如图 4-51 所示。

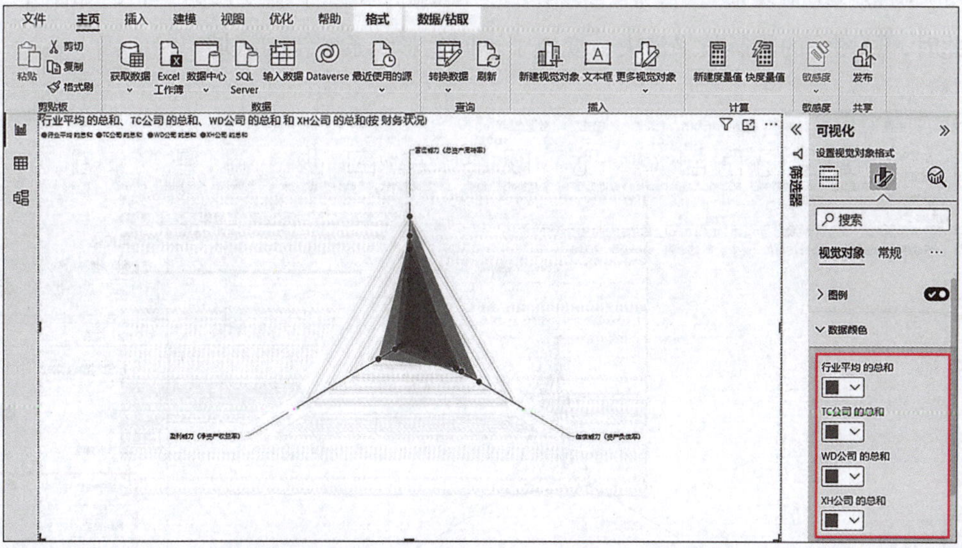

图 4-51　选中字段并拖动至存储桶

2. 在“可视化”窗格的“设置视觉对象格式”列表中调整雷达图。

（1）调整“图例”。将“图例”的“文本”字体大小设为“14”，其他参数保持默认值。

（2）调整“数据颜色”。“行业平均的总和”数据的颜色不变，将“TC 公司的总和”数据的颜色设为“粉红色”，“WD 公司的总和”数据的颜色设为“黄色”，“XH 公司的总和”数据的颜色设为“绿色”，如图 4-52 所示。

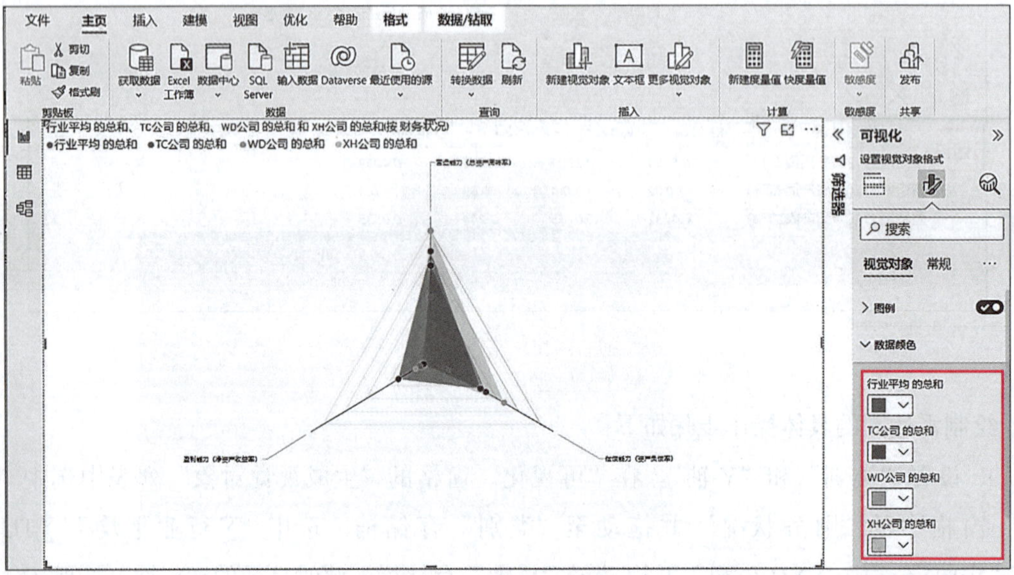

图 4-52　调整“数据颜色”

（3）调整“绘制线条”。打开“绘制线条”选项，将线条宽度设为“4”，如图 4-53 所示。此时，原图像的阴影效果消失，变成了不同色彩线条围绕的区域。

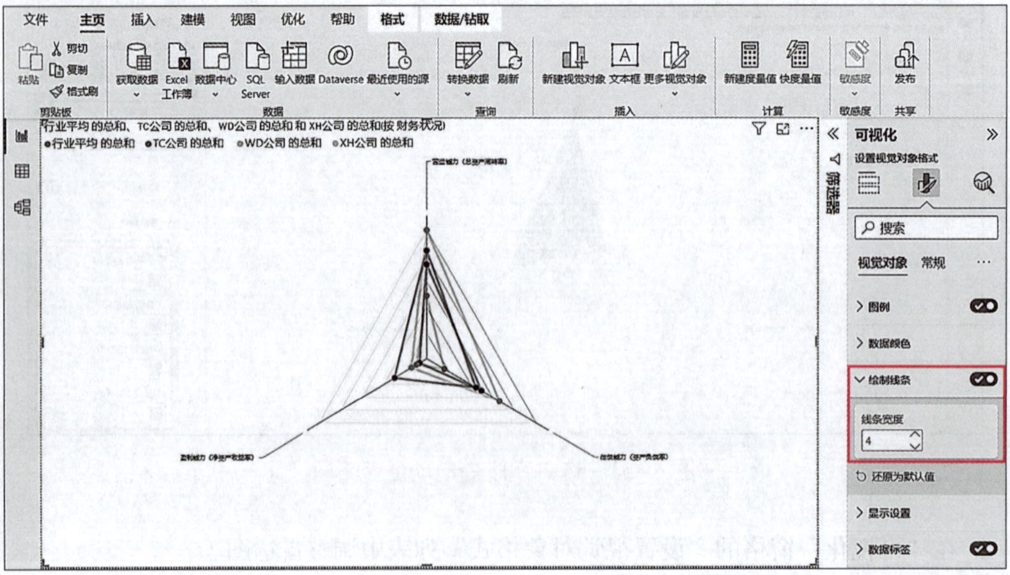

图 4-53　调整“绘制线条”

（4）调整“数据标签”。将“数据标签”的状态设为 ，“值”字体大小设为“14”，其他参数保持默认值。

（5）调整“标题”。将“标题”文本设为“财务状况指标比较”，标题为“标题 2”，字体大小设为“19”，加粗，文本颜色设为“白色”，背景色设为“黑色”，水平对齐方式设为“居中”，其他参数保持默认值。

设置完成的雷达图如图 4-54 所示。点击“文件”选项卡下的“保存”按钮保存图像。

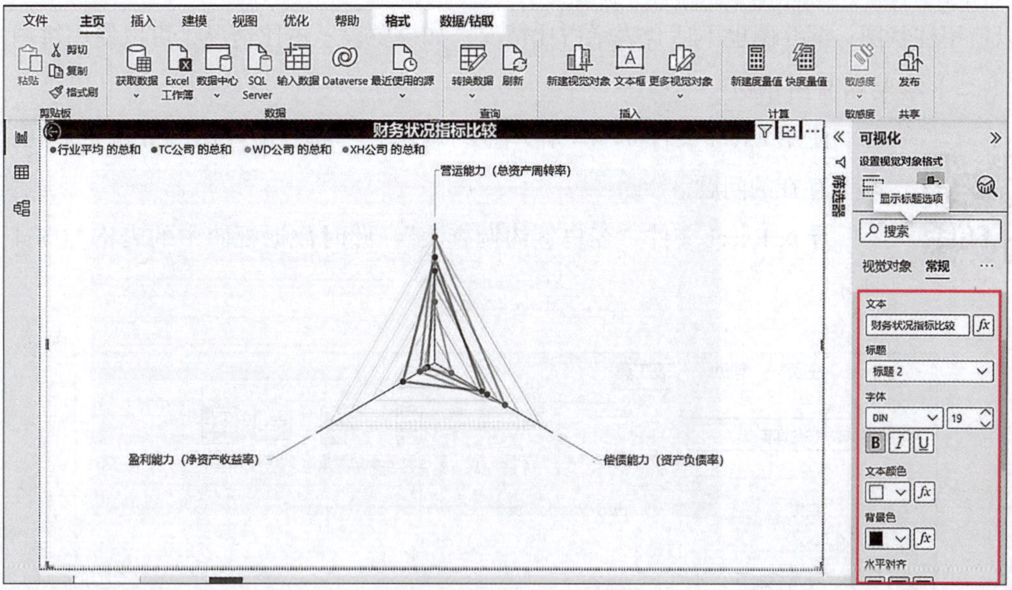

图 4-54 调整“标题”

4. 图 4-54 显示了三家公司和行业平均的财务状况指标比较结果。根据可视化图表进行分析，可以得出如下结论：

（1）XH 公司的偿债能力、营运能力和盈利能力均高于行业平均水平，仅盈利能力弱于 TC 公司。

（2）TC 公司的营运能力和盈利能力均高于行业平均水平，但是偿债能力弱于行业平均水平。建议 TC 公司提高资产流动性，优化资产配置，合理选择权益融资和债务融资方式。

（3）WD 公司仅盈利能力高于行业平均水平，在三个方面均弱于其他两家公司。建议 WD 公司在提升债务的偿还能力和提高资产的利用效率上下功夫。

五、绘制漏斗图

（一）认识漏斗图

漏斗图是一种形如漏斗状的图形，用以明晰地展示事件和项目环节，整个图形呈现一

微课 39：绘制漏斗图

种倒梯形的状态。图形一般由竖形条状或横形条状拼接而成，按照一定的顺序组成阶段层级，每一层都用于表示不同的阶段，从而呈现出这些阶段之间的某项要素 / 指标递减的趋势。

漏斗图适合用于分析周期长、环节多且具有规范性的业务流程，可用于展示、比较各步骤业务的数据，通过漏斗中各业务环节数据的比较，能够直观地发现和说明问题。

漏斗图不适合表示无逻辑顺序的分类对比，如果要表示无逻辑顺序的分类对比情况，可以使用柱状图；漏斗图也不适合表示占比情况，如果要表示占比情况，可以使用饼图。

（二）绘制漏斗图示例

4-4

使用 Excel 文件 4-4“客户签约调查表”绘制漏斗图，分析企业在销售环节存在的问题。

导入 Excel 文件“客户签约调查表”，此时数据视图中的表格如图 4-55 所示。

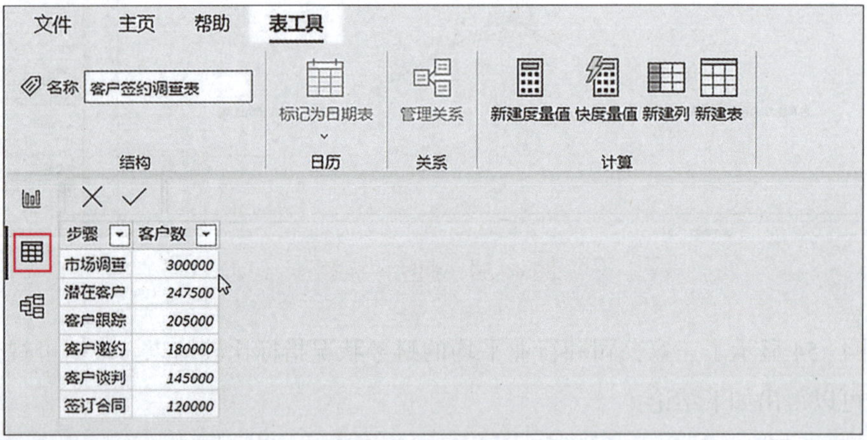

图 4-55　数据视图

绘制漏斗图的具体操作步骤如下：

1. 设置“类别”和“值”。在可视化窗格的“生成视觉对象”列表选中“数据”窗格中的“步骤”并拖动至“类别”存储桶；选中“∑ 客户数”并拖动至“值”存储桶，此时显示的“值”标题为“客户数的总和”，在 Power BI 的报表视图中可以看到反映各销售环节人数转换情况的漏斗图，如图 4-56 所示。

2. 在可视化窗格的“设置视觉对象格式”列表中调整漏斗图。

（1）调整“颜色”。打开“显示全部”按钮，为每一销售环节设置不同的颜色，如图 4-57 所示。

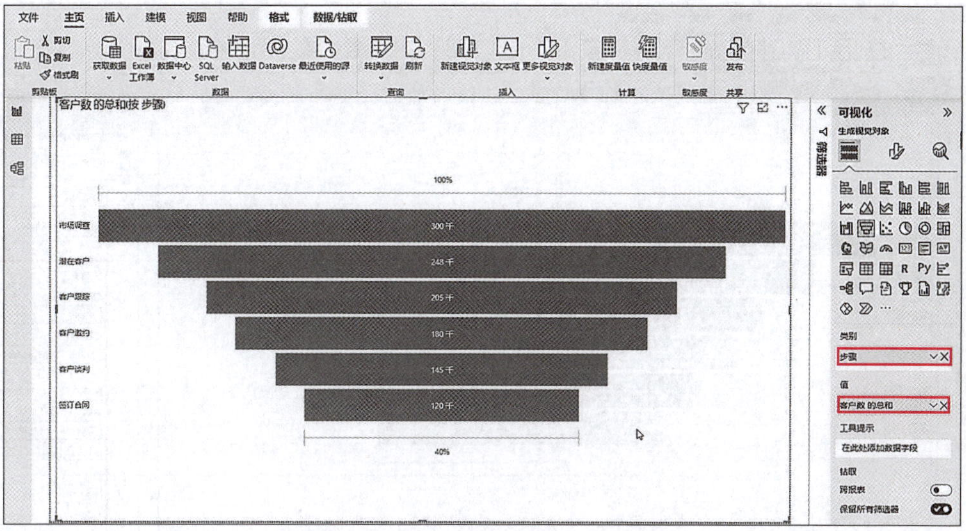

图 4-56　选中字段并拖动至存储桶

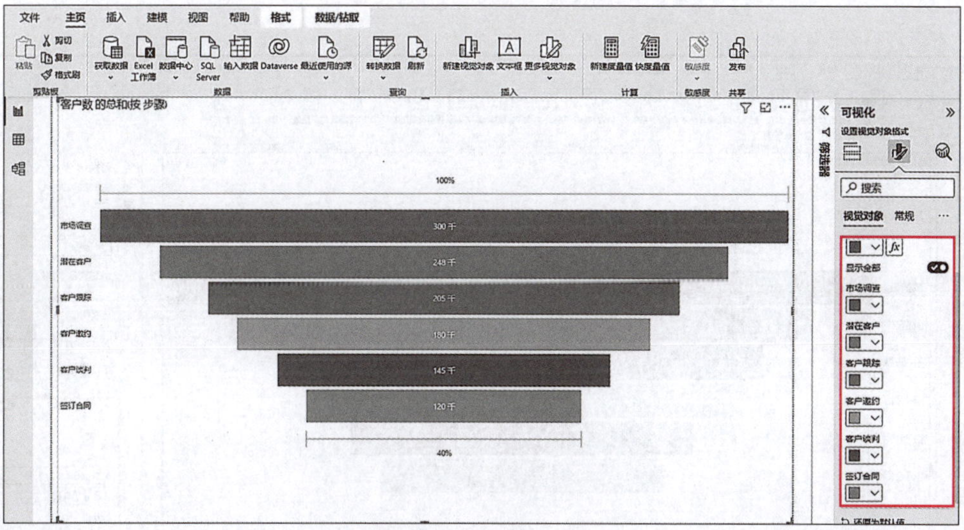

图 4-57　调整“颜色”

（2）调整“类别标签”。将“值”的字体大小设为“14”，其他参数保持默认值。

（3）调整“数据标签”。将“数据标签”的状态设为 ，标签内容选择“数据值，以前的百分比”，“值”字体大小设为“14”，显示单位设为“无”，其他参数保持默认值，如图 4-58 所示。“以前的百分比”实际为环比，为每一销售环节与前一个销售环节数据的比较。

（4）调整“转换速率标签”。将“值”的字体大小设为“14”，加粗，颜色设为“红色”，如图 4-59 所示。

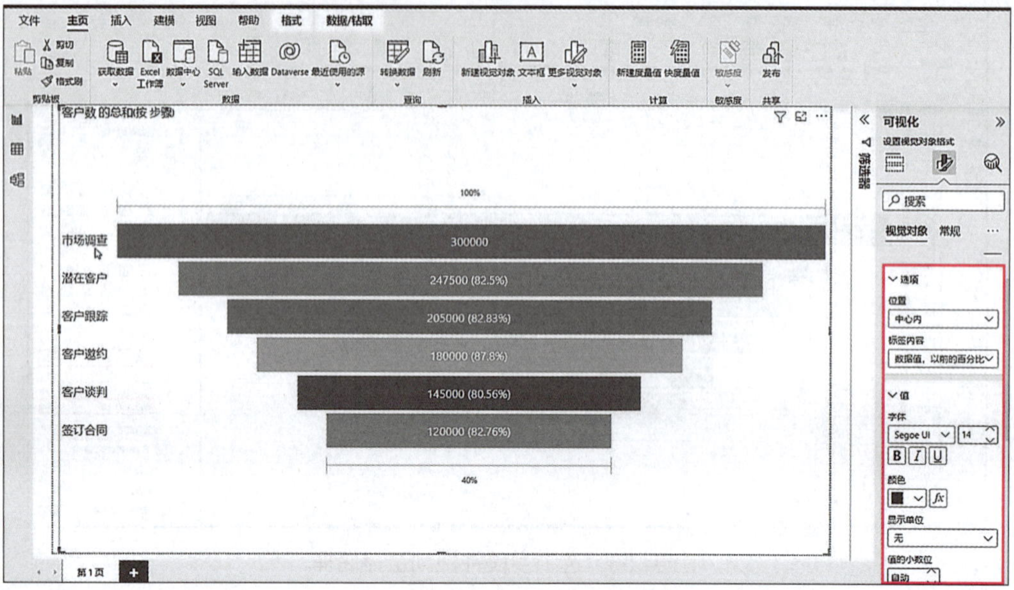

图 4-58　调整“数据标签”

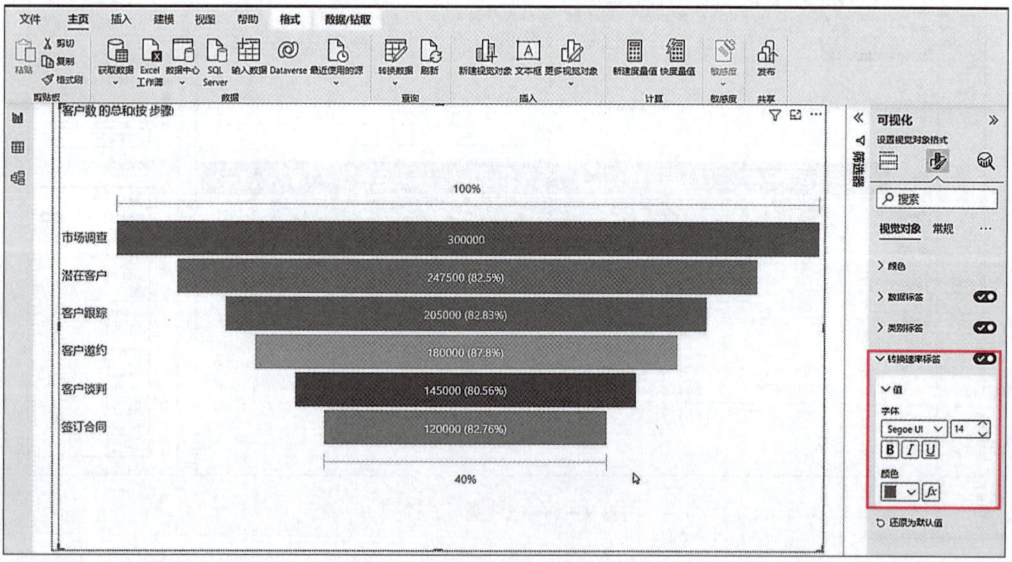

图 4-59　调整“转换速率标签”

（5）调整“标题”。将“标题”文本设为“销售环节调查”，标题为“标题 2”，字体大小设为“19”，加粗，文本颜色设为“白色”，背景色设为“黑色”，水平对齐方式设为“居中”，其他参数保持默认值。

设置完成的漏斗图如图 4-60 所示。点击“文件”选项卡下的“保存”按钮保存图像。

4. 图 4-60 显示了企业销售环节调查情况。根据可视化图表进行分析，可以得出如下结论：

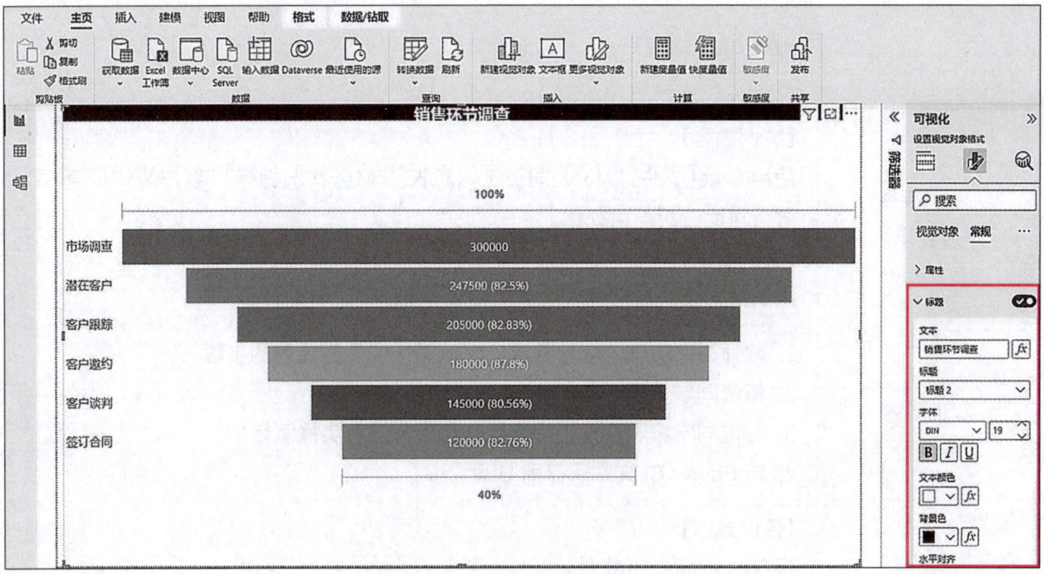

图 4-60　调整“标题”

市场调查到的潜在客户的转换人数为 247 500 人，转换速率为 83%，但是签订合同的转换人数为仅为 120 000 人，转换速率为 40%。相比较而言，客户邀约的转换速率较高，而客户谈判的转换速率较低。

任务实训

一、实训任务

使用 Excel 文件“MK 公司员工信息表”“财务状况指标”“客户签约调查表”进行对比分析与可视化。

二、任务实施

任务实施单

实训目标	能够使用条形图、柱形图、雷达图和漏斗图进行对比分析与可视化。
实训环境	投影仪、具备网络查询功能的电脑。

（续表）

实训内容及要求	【实训内容】 使用 Excel 文件“MK 公司员工信息表”“财务状况指标”“客户签约调查表”进行对比分析与可视化。 【实训要求】 绘制条形图、柱形图、雷达图和漏斗图。
实训步骤	1. 教师讲授实训内容及要求，提示操作中需要注意的事项； 2. 每位同学分配一台电脑； 3. 每位同学按照教师讲解的操作步骤，进行实操演练； 4. 将 Power BI 文件保存到 U 盘。
实训考核评价	【评价载体】 保存的 Power BI 文件。 【评价指标】 1. 绘制条形图，占 30%； 2. 绘制柱形图，占 30%； 3. 绘制雷达图，占 20%； 4. 绘制漏斗图，占 20%。

知识拓展

如何依据可视化图像书写分析结论和建议

依据可视化图像书写分析结论和建议可以采用“总分”或“分总”的方式。

以图 4-61 为例，以 FY 公司作为对比标准，比较 HY 公司和 FY 公司 2×20 年的营业净利率。

1. 总分方式

总分方式是先写结论，然后描述得出结论的依据，并据此提出建议。

总结论：2×20 年，HY 公司的营业净利率低于 FY 公司，说明 HY 公司的盈利能力弱。

分析：一般情况下，营业净利率越高越好。2×20 年，FY 公司的营业净利率为 13.32%，即每取得 100 元的营业收入就可以获得净利润 13.32 元，而 HY 公司的营业净利率为 5.71%，即每取得 100 元的营业收入仅有 5.71 元的净利润，HY 公司的营业净利率远低于 FY 公司。

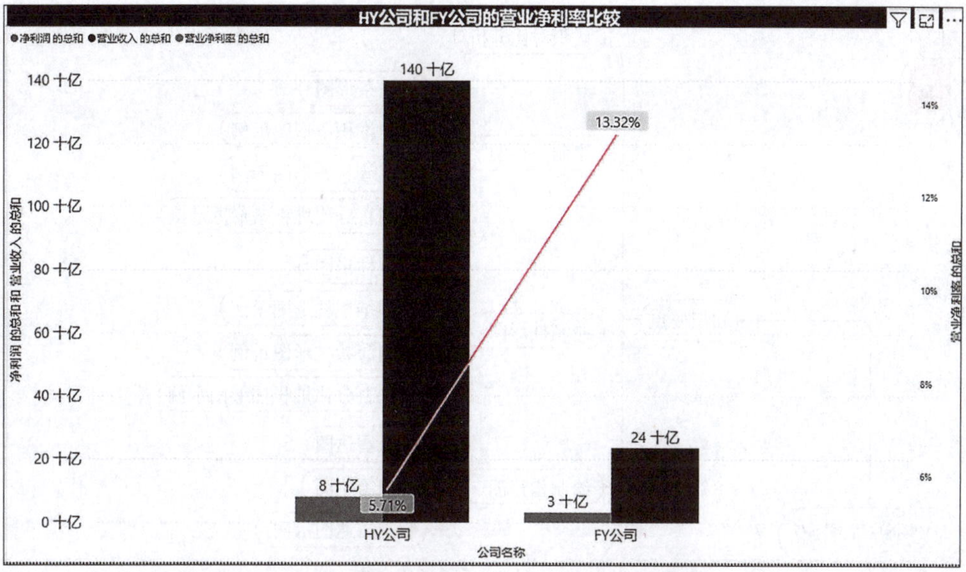

图 4-61　HY 公司和 FY 公司 2×20 年营业净利率的比较

建议：营业净利率受净利润和营业收入两个因素的影响，与净利润呈正相关，与营业收入呈负相关。2×20 年，相比于 FY 公司，HY 公司的营业收入是 FY 公司的 5.93 倍，但是净利润仅为 FY 公司的 2.54 倍，说明 HY 公司取得的营业收入多，但是净利率低。建议 HY 公司控制收入规模，或者研究影响净利润的因素，如降低营业成本、增加投资收益等，以提高净利率。

2. 分总方式

分总方式是先描述分析对象与对比标准之间的差异，然后得出总结论，并提出建议。

分析：营业净利率是衡量企业盈利能力的指标，表明企业每取得 100 元营业收入获得的净利润有多少。2×20 年，FY 公司的营业净利率为 13.32%，即每取得 100 元的营业收入可以获得净利润 13.32 元，而 HY 公司的营业净利率为 5.71%，即每取得 100 元的营业收入可以获得 5.71 元的净利润。

总结论：一般情况下，营业净利率越高，说明企业的盈利能力越强。2×20 年，HY 公司的营业净利率低于 FY 公司，说明 HY 公司的盈利能力弱。

建议：营业净利率受净利润和营业收入两个因素的影响，与净利润呈正相关，与营业收入呈负相关。2×20 年，相比于 FY 公司，HY 公司的营业收入是 FY 公司的 5.93 倍，但是净利润仅为 FY 公司的 2.54 倍，说明 HY 公司取得的营业收入多，但是净利率低。建议 HY 公司控制收入规模，或者研究影响净利润的因素，如降低营业成本、增加投资收益等，以提高净利率。

思维导图

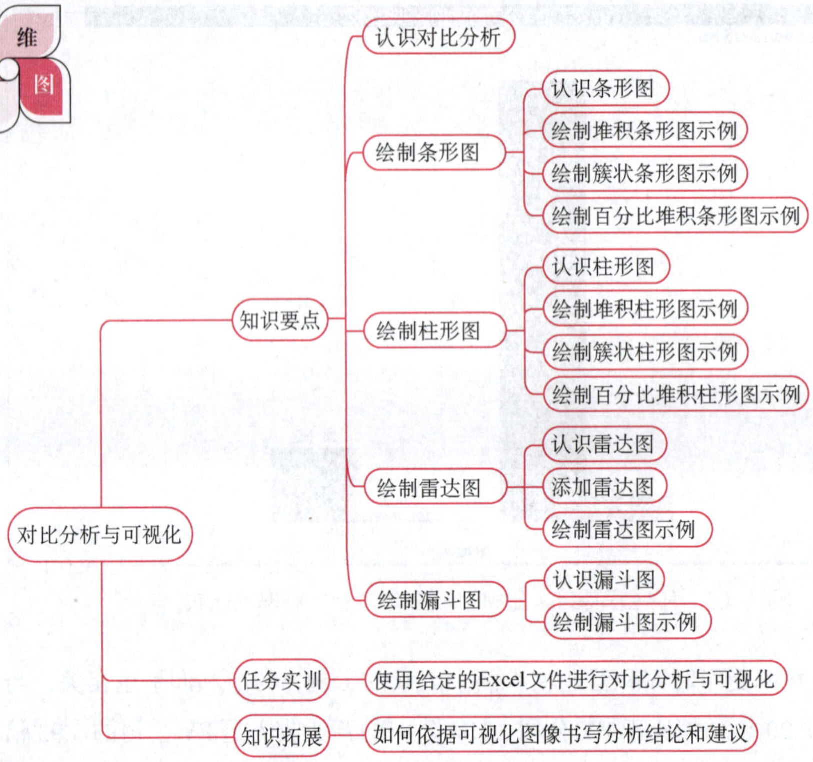

赛证融通测试题

1.（单选题）（　　）用于比较各个类别的值。

A. 堆积柱形图　　B. 簇状柱形图

C. 百分比堆积柱形图　　D. 折线和簇状柱形图

2.（实操题）使用 Excel 文件 4-2-1“MK 公司 2×20 年 12 月销售订单明细表”绘制簇状条形图，分析不同客户的购买情况。

4-2-1

任务三 趋势分析与可视化

情境导入

数据分析里最常用的方法是趋势分析法，只要和数据有关，几乎每个人时时刻刻都在用这个方法。做出一幅简单的数据趋势图并不算是趋势分析，趋势分析更多的是需要明确数据的变化，并对变化的原因进行分析。趋势分析法可以应用于分析企业的销售趋势、收益趋势、净资产变动趋势、营运资本变动趋势、财务比率变动趋势等。

在 Power BI 中，趋势分析的最典型图表是折线图，折线图利用线段描述数据在时间上的变化趋势。折线和堆积柱形图、折线和簇状柱形图属于组合图，可以显示数据量的大小及总和，也可以显示数据变化的趋势。分区图和堆积面积图显示数据总量随时间变化的趋势。

根据本节知识点和本任务要求，思考如何根据数据特点选择适用的趋势分析方法。

知识要点

一、认识趋势分析

（一）趋势分析的概念

趋势分析，是将不同时期数据中的相同指标或比率进行比较，直接观察其增减变动情况及变动幅度，考查其发展趋势，预测其发展前景。它是基于事物时间发展的延续性原理来预测事物发展趋势的。这一方法预设了一个前提：事物发展具有一定的连贯性，即事物过去随时间发展变化的趋势，便是未来事物随时间发展变化的趋势。

微课 40：认识趋势分析

（二）趋势分析的种类

1. 绝对数趋势分析

编制连续数期的表格，将有关分析对象连续几期的绝对数额并行排列，比较金额变动幅度，以此来说明在一定时间段内分析对象的发展变化，例如，分析企业连续五年的销售收入金额，如图 4-62 所示。

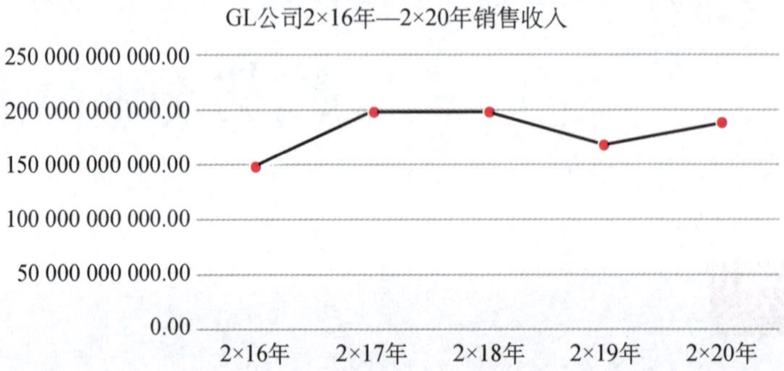

图 4-62　销售收入绝对数趋势分析

2. 相对数趋势分析

（1）定基分析，是指选择一个固定的期间作为基期，计算分析对象的数据在各分析期的水平相对于基期水平的百分比。定基百分比的计算公式如下：

$$\text{定基百分比} = \frac{\text{分析期数据}}{\text{基期数据}} \times 100\%$$

这种分析不仅能看出分析对象的数据在不同期间的变动方向和幅度，还可以看出一个较长期间内的总体变动趋势，便于进行较长时期的趋势分析。使用定基分析时，将分析对象在基期的数据定为 100%，以后各分析期的数据用定基百分比表示，以 2×16 年的销售收入金额为基期数据，进行趋势分析，如图 4-63 所示。

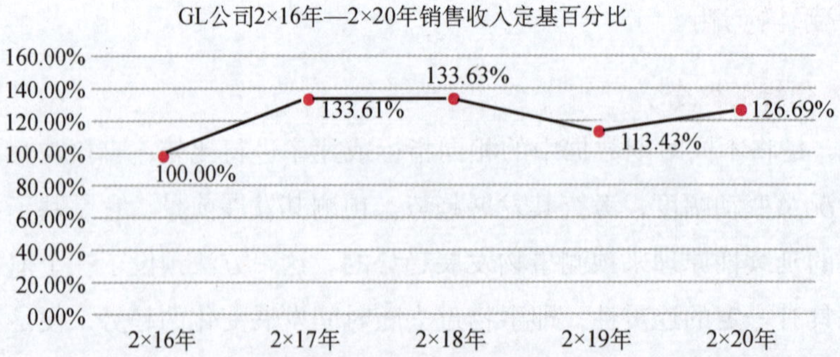

图 4-63　销售收入定基分析

（2）环比分析，是指计算分析对象的数据在相邻两期的变化率，即分析对象在分析期的数据相对于前期数据的变动百分比。这种分析可以看出分析对象数据变动的方向以及其变动的幅度。环比百分比的计算公式如下：

$$环比百分比=\frac{分析期数据}{前期数据}\times 100\%$$

图 4-64 为环比分析示例，显示了 2×16 年—2×20 年这一时间段内每一年销售收入与相邻前一年销售收入的环比分析结果。从图形看，环比分析的结果比定基分析结果折线幅度更大。

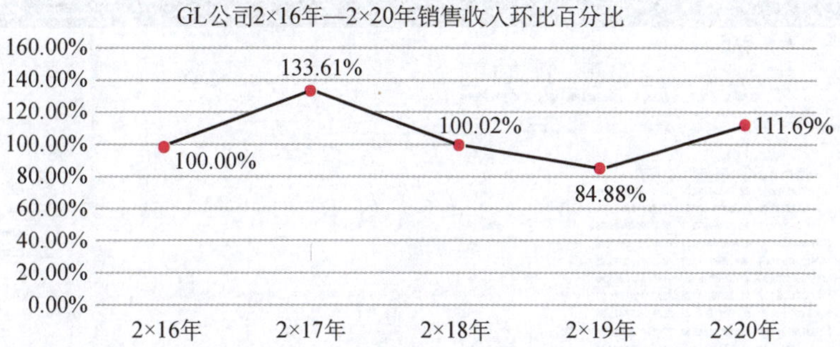

图 4-64 销售收入环比分析

（三）趋势分析常用的图形

在 Power BI 中，常用的趋势分析图形有折线图、组合图、分区图和堆积面积图，组合图包括折线和堆积柱形图、折线和簇状柱形图两种，其适用范围见表 4-3。

表 4-3 趋势分析常用图形

序号	常用图形	适用范围
1	折线图	显示相等时间间隔下的数据变化趋势
2	组合图	显示数据量的大小及总和并进行比较
3	分区图	展示数据在时间维度上的变化趋势
4	堆积面积图	对比多个变量随时间变化的情况

二、绘制折线图

（一）认识折线图

折线图用于显示数据随时间或有序类别变化而变化的趋势，连接各个单独的数据点，可以更加简单、清晰地展现数据变化的趋势，非常适合显示相等时间间隔下的数据变化，尤其是趋势比单个数据点更为重要的场景，如近一年股价的变化、用户的增长趋势等。

微课 41：绘制折线图

在折线图中，通常沿横轴标记类别，沿纵轴标记数值。数据的增减、增减的速率、增减的规律（周期性、螺旋性等）、峰值等特征都可以清晰地反映出来。所以，折线图常用来分析数据随时间的变化趋势，也可用来分析多组数据随时间变化的相互作用和相互影响。

使用 Excel 文件 4-5“GL 公司资产数据表”，介绍如何绘制折线图。

在进行可视化分析之前，先把表格导入 Power BI，数据视图中的表格如图 4-65 所示。

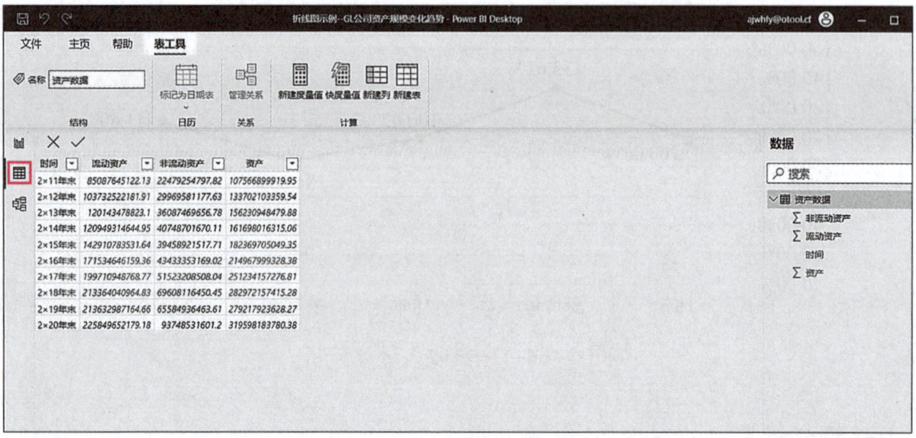

图 4-65 “资产数据”数据视图

（二）绘制折线图示例

绘制折线图，分析 GL 公司的资产规模在给定时间段的变化趋势，具体操作步骤如下：

1. 查看默认可视化效果。点击可视化窗格中的“折线图”图标，在报表视图中会出现折线图的可视化效果，如图 4-66 所示。

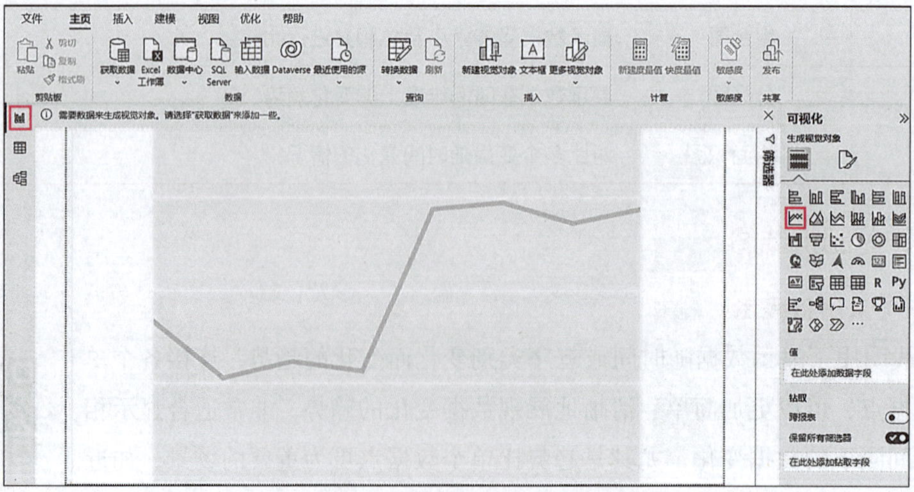

图 4-66 默认的折线图的可视化效果

2. 设置"X 轴""Y 轴"。在可视化窗格的"生成视觉对象"列表选中"数据"窗格中的"时间"并拖动至"X 轴"存储桶；选中"资产"并拖动至"Y 轴"存储桶，此时显示的"Y 轴"标题为"资产的总和"，如图 4-67 所示。

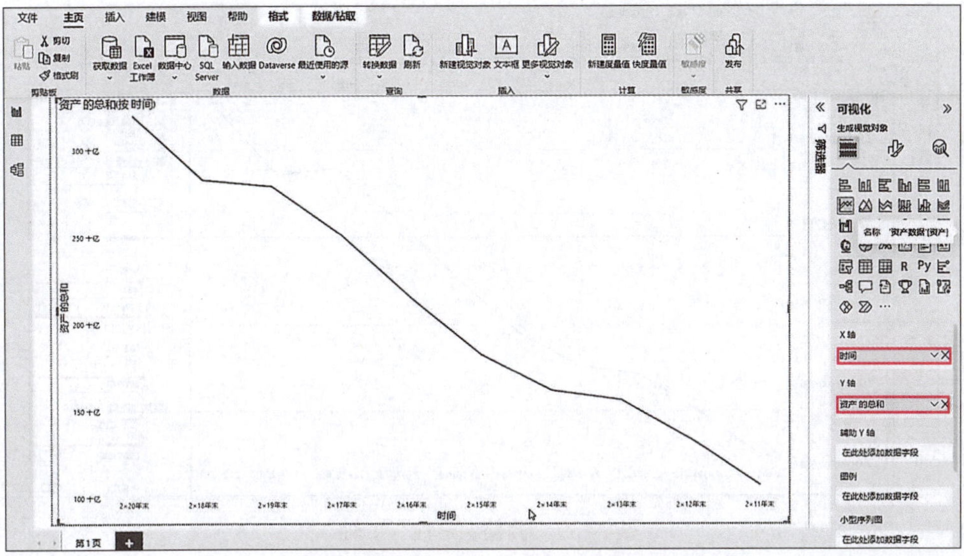

图 4-67 选中字段并拖动至存储桶

此时，"X 轴"不是按时间顺序，而是按资产金额大小排列的，应该进行调整。点击编辑区右上角的"…"按钮，在弹出的快捷菜单中点击"排列轴"，选择"时间"和"以升序排序"。在 Power BI 的报表视图中可以看到反映 GL 公司 2×11 年末至 2×20 年末资产规模变化趋势的折线图，如图 4-68 所示。

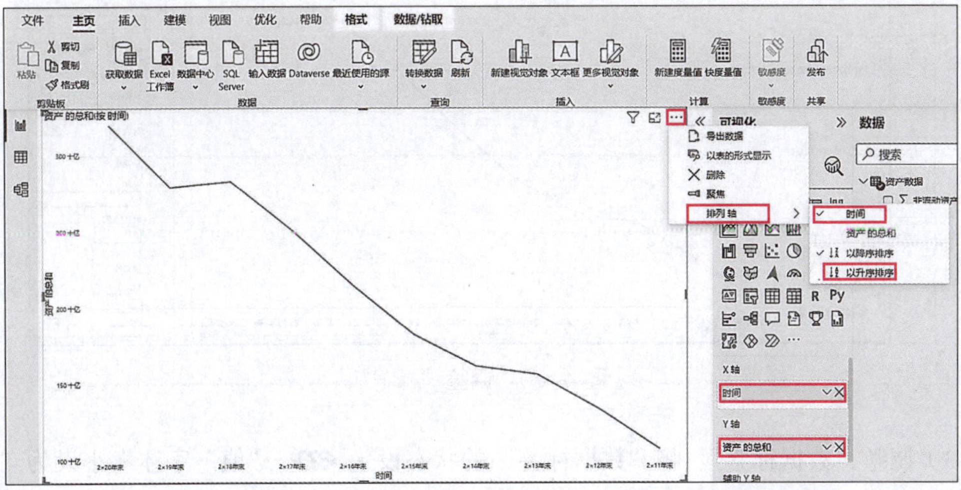

图 4-68 设置"X 轴"的序列

3. 在“可视化”窗格的“设置视觉对象格式”列表中调整折线图。

（1）调整“X 轴”“Y 轴”。将“X 轴”“Y 轴”的“值”字体大小设为“14”，“Y 轴”的“值”显示单位设为“无”，小数位设为“2”，其他参数保持默认值，如图 4-69 所示。

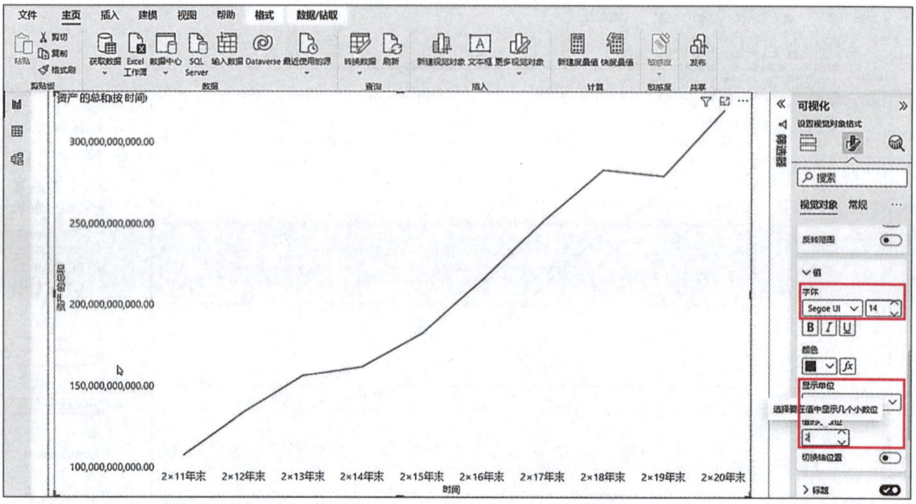

图 4-69 调整“X 轴”“Y 轴”

（2）调整“标记”。将“标记”的状态设为，将“形状”的类型设为“三角形”，“颜色”设为“橙色”，其他参数保持默认值，如图 4-70 所示。

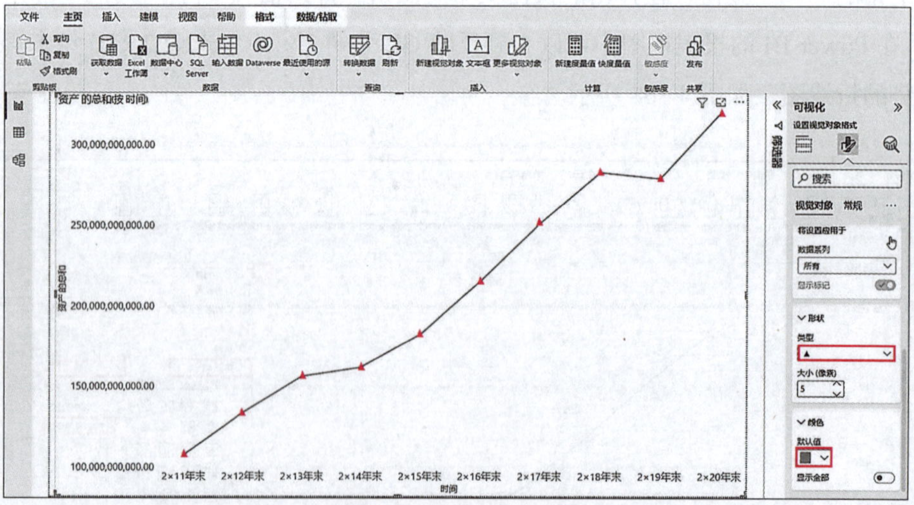

图 4-70 调整“标记”

（3）调整“数据标签”。将“数据标签”的状态设为，“值”字体大小设为“13”，小数位设为“2”，其他参数保持默认值。

（4）调整“标题”。将“标题”文本设为“GL公司2×11年末至2×20年末资产规模变化趋势”，标题为“标题2”，字体大小设为“17”，加粗，文本颜色设为“白色”，背景色设为“黑色”，水平对齐方式设为“居中”，其他参数保持默认值，如图4-71所示。

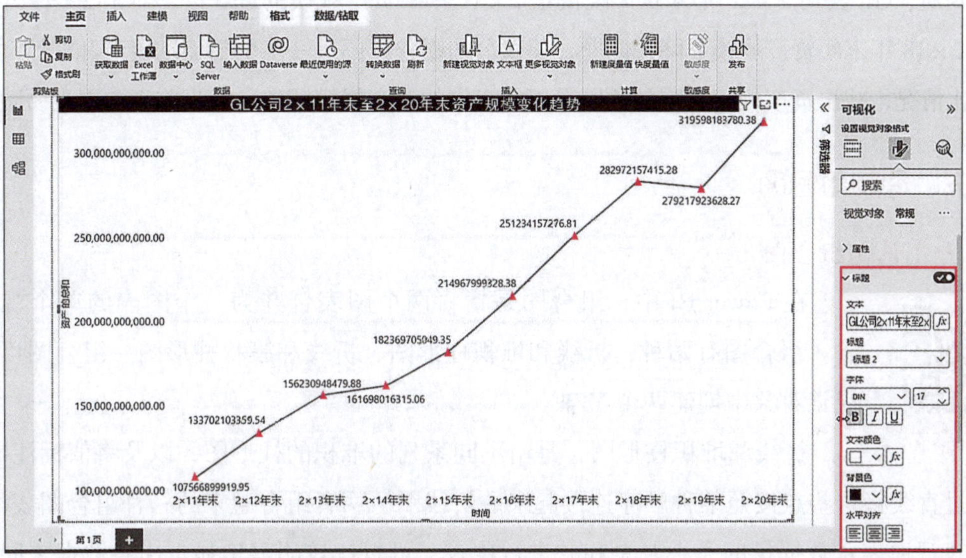

图4-71 调整“标题”

4. 添加最大值线、最小值线、平均值线。在可视化窗格的“向视觉对象添加进一步分析”列表中，可以添加Y轴恒线、最小值线、最大值线、平均值线、中值线、百分位数线、误差线。

设置完成的折线图如图4-72所示。点击“文件”选项卡下的“保存”按钮保存图像。

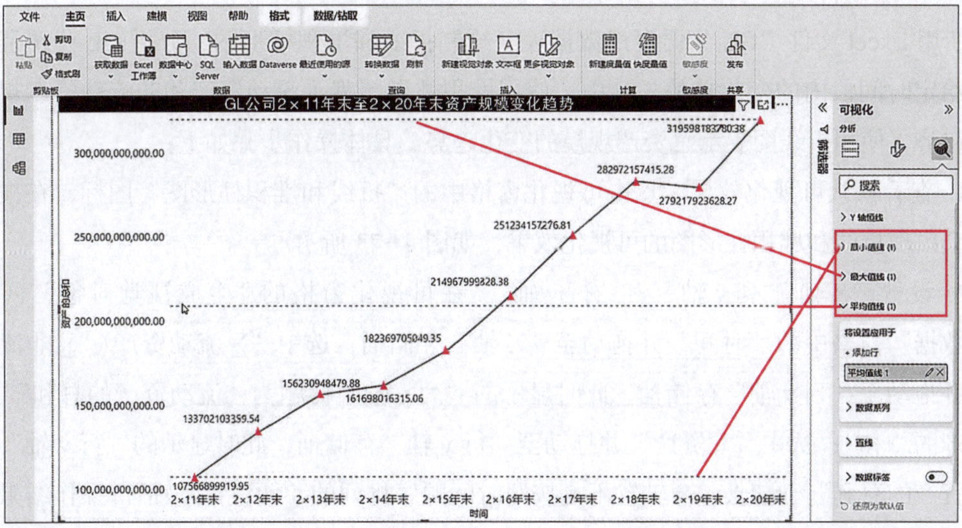

图4-72 设置最大值线、最小值线和平均值线

5. 图 4-72 显示了 GL 公司 2×11 年末至 2×20 年末资产规模变化趋势。根据可视化图表进行分析，可以得出如下结论：

除 2×19 年末外，GL 公司的资产规模均呈现持续的上升趋势。结合最大值线和最小值线可以判断，GL 公司 2×20 年末资产规模是 2×11 年末资产规模的近 3 倍。对于 2×19 年末相较于 2×18 年末年资产规模下降的问题，建议公司财务部门进一步分析流动资产和非流动资产的变化情况，找出资产规模下降的原因是否为正常的资产规模调整，或是非正常因素所致。

三、绘制组合图

（一）认识组合图

微课 42：绘制组合图

在 Power BI 中，组合图是指将两个图表合并为一个图表的单个视觉对象。组合图有两种：折线和堆积柱形图、折线和簇状柱形图。组合图可以在视觉对象中创建两个 Y 轴。

折线和堆积柱形图，是由不同系列的堆积的柱形图，以及将值标注成点，并通过直线将这些点按照某种顺序连接起来的折线图，两者组合起来的一种组合图表类型，可以直观地表示数据量的大小及总和并进行比较，可以比较明显地显示出各数据之间的比例差异，也可以显示数据随时间或有序类别而变化的趋势。

折线和簇状柱形图，由簇状柱形图和折线图组合组成，通过在一个图表内组合使用簇状柱形图和折线图可以绘出多个数据序列，对于突出显示各种数据序列之间的关系非常有用。两个图形合用一个 Y 轴，分组只针对簇状柱形图进行分组。折线和簇状柱形图适用于既需要表示序列的分类又需要表示变化趋势的场景，且二者的数据大小类似。

（二）绘制折线和堆积柱形图示例

使用 Excel 文件“GL 公司资产数据表”绘制折线和堆积柱形图，分析 GL 公司资产规模在给定时间段内的变化趋势，其中，使用堆积柱形图表示流动资产和非流动资产规模的变化趋势，使用折线图表示总资产规模的变化趋势。具体操作步骤如下：

1. 查看默认可视化效果。点击可视化窗格中的“折线和堆积柱形图”图标，在报表视图中会出现折线和堆积柱形图的可视化效果，如图 4-73 所示。

2. 设置“X 轴”“列 y 轴”和“行 y 轴”。在可视化窗格的“生成视觉对象”列表选中“数据”窗格中的“时间”并拖动至“X 轴”存储桶；选中“∑流动资产”“∑非流动资产”并拖动至“列 y 轴”存储桶，此时显示的“列 y 轴”标题为“流动资产的总和”“非流动资产的总和”；选中“∑资产”并拖动至“行 y 轴”存储桶，此时显示的“行 y 轴”标题为“资产的总和”。此时，“X 轴”不是按照时间顺序排列的，调整“X 轴”。操作结果如图 4-74 所示。

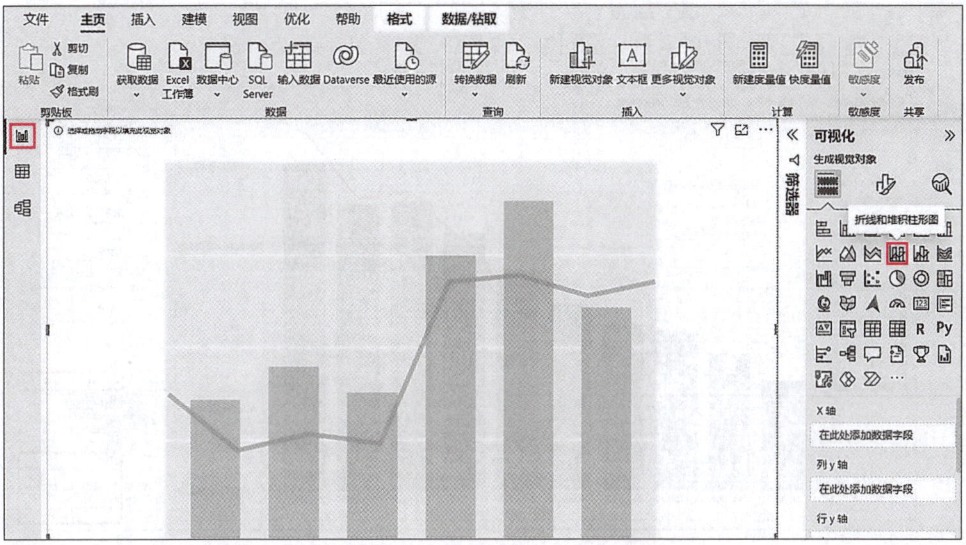

图 4-73　默认的折线和堆积柱形图的可视化效果

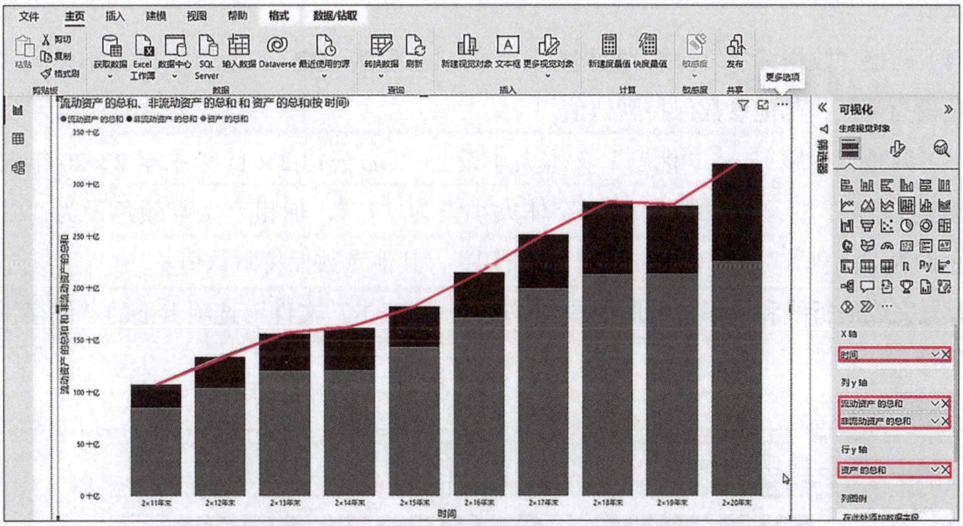

图 4-74　选中字段并拖动至存储桶

3. 在可视化窗格的“设置视觉对象格式”列表中调整折线和堆积柱形图。

（1）调整“X 轴”“Y 轴”。将“X 轴”“Y 轴”的“值”字体大小设为“12”，“Y 轴”的“值”显示单位设为“无”，小数位设为“2”，其他参数保持默认值。

（2）调整“辅助 Y 轴”。将“辅助 Y 轴”的状态设为 ，“值”字体大小设为“12”，“值”显示单位设为“无”，小数位设为“2”，其他参数保持默认值，如图 4-75 所示。

（3）调整“行”“列”和“标记”。在“列”颜色中，将“非流动资产的总和”的颜色设为“黄色”，在“行”的形状中，线条样式设为“虚线”，打开“标记”开关，其他参数保

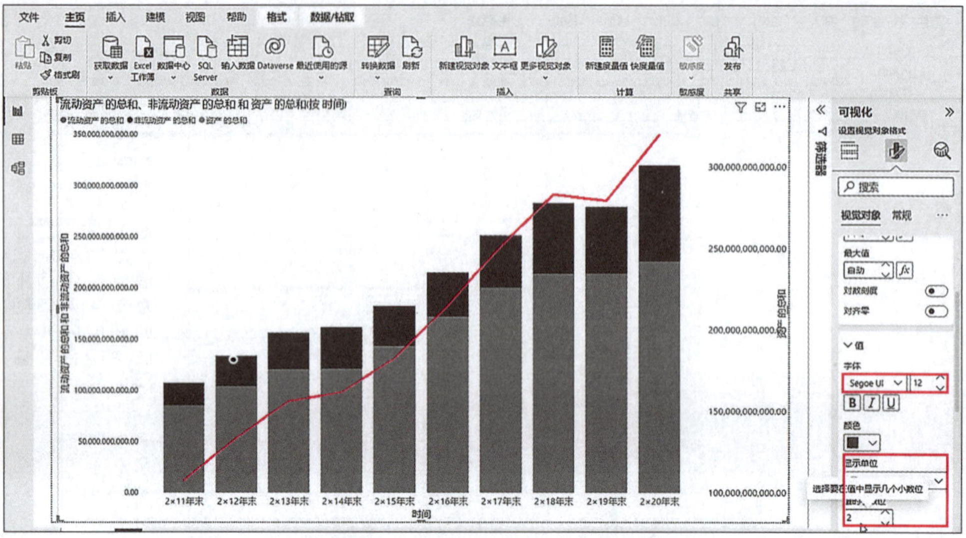

图 4-75　调整“辅助 Y 轴”

持默认值。

（4）调整“数据标签”。将“数据标签”的状态设为，“值”字体大小设为“12”，小数位设为“2”，其他参数保持默认认值。

（5）调整“标题”。将“标题”文本大小设为“GL 公司 2×11 年末至 2×20 年末资产规模变化趋势”，标题为“标题 2”，字体大小设为“17”，加粗，文本颜色设为“白色”，背景色设为“黑色”，水平对齐方式设为“居中”，其他参数保持默认认值。

设置完成的折线和堆积柱形图如图 4-76 所示。点击“文件”选项卡下的“保存”按钮保存图像。

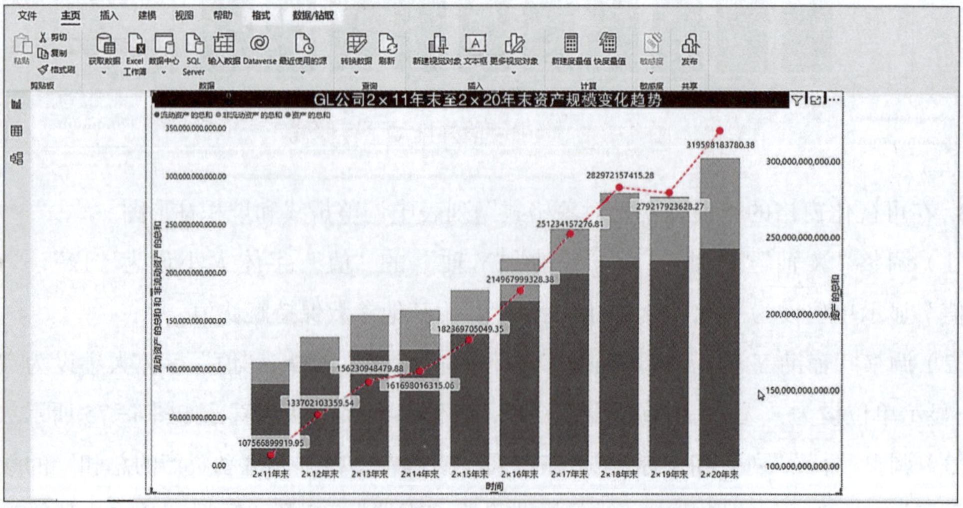

图 4-76　设置完成的折线和堆积柱形图

4. 图 4-76 显示了 GL 公司 2×11 年末至 2×20 年末资产规模变化趋势。根据可视化图表进行分析，可以得出如下结论：

除了 2×19 年末外，GL 公司的资产规模均呈现出持续的上升趋势。2×19 年末资产规模下降，是由于非流动资产的明显下降。2×11 年末至 2×20 年末，GL 公司的流动资产一直处于上升趋势，而且明显多于非流动资产，说明 GL 公司的资产以流动资产为主，资产流动性强。这种资产结构虽然有助于 GL 公司防范经营风险，但是会影响资产的盈利性，建议合理分配资产结构。

（三）绘制折线和簇状柱形图示例

使用同一文件也可以绘制折线和簇状柱形图，具体步骤与绘制折线和堆积柱形图相似，此处不再详细介绍。设置完成的折线和簇状柱形图如图 4-77 所示。堆积柱形图使用的是不同系列的堆积的柱形；簇状柱形图中的各个柱形是无关联的，单独显示各自的数量。相比于图 4-76，图 4-77 显示的流动资产和非流动资产的变化趋势更为明显。

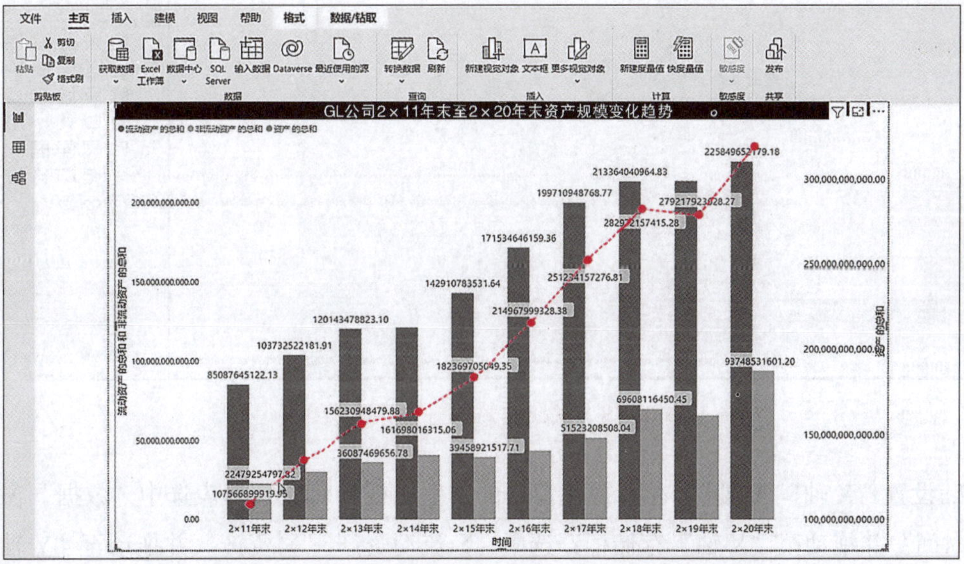

图 4-77　设置完成的折线和簇状柱形图

四、绘制分区图

（一）认识分区图

分区图，也称基本面积图，是在折线图的基础上形成的，它将折线图中折线与 X 轴之间的区域使用颜色或者纹理填充，填充区域叫作面积，使用不同的颜色填充可以更好地突出趋势信息。分区图强调数量随时间而变化的程度，也可用于引起人们对总值趋势的注意。

微课 43：
绘制分区图

分区图能够直观地传达累计的数据，而不是传达特定的值，适合展示数据在时间维度上的变化，最常用于表现趋势和关系，或者用于展示累积数据，不适合用于不同分类数值之间的比较。

（二）绘制分区图示例

使用 Excel 文件“GL 公司资产数据表”绘制分区图，分析 GL 公司的流动资产和资产规模在给定时间段内的变化趋势，具体操作步骤如下：

1. 查看默认可视化效果。点击可视化窗格中的“分区图”图标，在报表视图中会出现分区图的可视化效果，如图 4-78 所示。

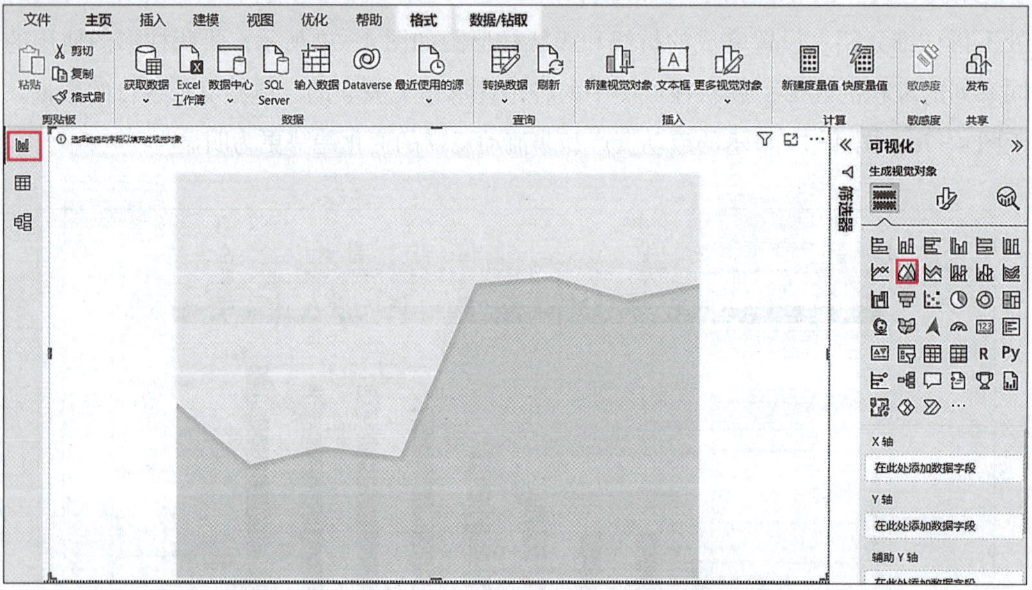

图 4-78　默认的分区图的可视化效果

2. 设置“X 轴”“Y 轴”。在可视化窗格的“生成视觉对象”列表选中“数据”窗格中的“时间”并拖动至“X 轴”存储桶；选中“∑ 流动资产”“∑ 资产”并拖动至“Y 轴”存储桶，此时显示的“Y 轴”标题为“流动资产的总和”。此时，“X 轴”不是按照时间顺序排列的，调整“X 轴”。操作结果如图 4-79 所示。

3. 在可视化窗格的“设置视觉对象格式”列表中调整分区图。

（1）调整“X 轴”“Y 轴”和“图例”。将“X 轴”“Y 轴”的“值”字体大小设为“14”，“Y 轴”的“值”显示单位设为“无”，小数位设为“2”，“图例”的“文体”字体大小设为“12”，其他参数保持默认值。

（2）调整“行”“标记”。在“行”颜色中，将“流动资产总和”的颜色设为“粉红色”，打开“标记”开关，其他参数保持默认值。

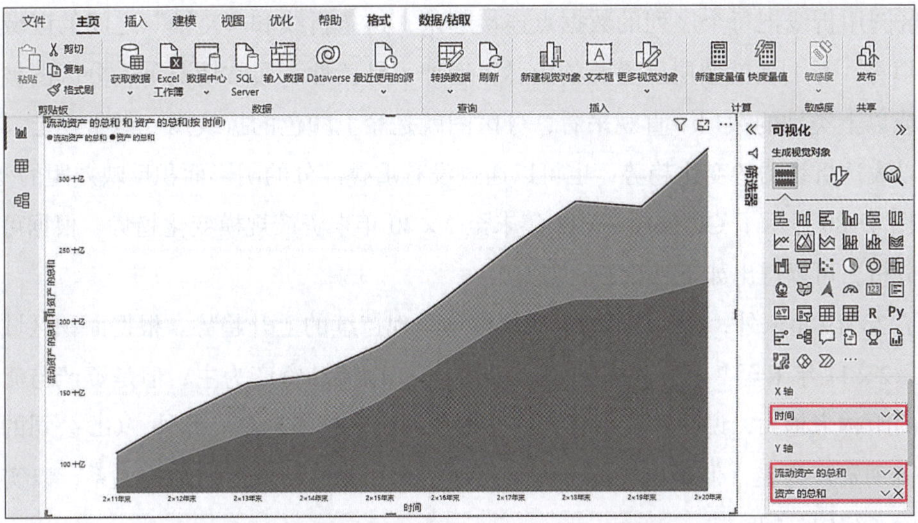

图 4-79 选中字段并拖动至存储桶

(3) 调整“数据标签”。将“数据标签”的状态设为 [开关图标]，“值”字体大小设为“12”，显示单位设为“无”，小数位设为“2”，其他参数保持默认值。

(4) 调整“标题”。将“标题”文本设为“GL 公司 2×11 年末至 2×20 年末资产规模变化趋势”，标题为“标题 2”，字体大小设为“17”，加粗，文本颜色设为“白色”，背景色设为“黑色”，水平对齐方式设为“居中”，其他参数保持默认值。

设置完成的分区图如图 4-80 所示。点击“文件”选项卡下的“保存”按钮保存图像。

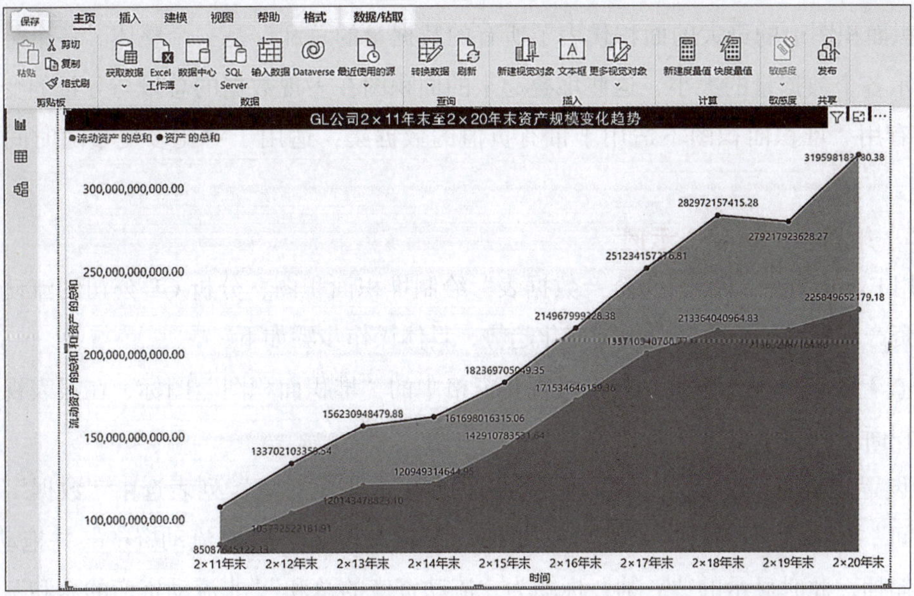

图 4-80 设置完成的分区图

分区图用折线把每个序列的数据点连接起来，这条折线和“X 轴”之间的区域用颜色或纹理填充，看上去就像层层叠叠的山脉，增加了易读性。通常情况下，分区图被用来比较两个或以上类别的数据。直观来看，分区图就是涂上颜色的折线图，但事实上，分区图除了可以表达折线图的变化趋势，也可以通过没有重叠部分的阴影面积反映差距的变化。

4. 图 4-80 显示了 GL 公司 2×11 年末至 2×20 年末资产规模变化趋势。根据可视化图表进行分析，可以得出如下结论：

除了 2×19 年末外，GL 公司的资产规模均呈现持续的上升趋势。根据面积区域可以明显看出，2×11 年末至 2×20 年末，GL 公司的资产以流动资产为主，但是资产与流动资产之间的间距越来越大，说明非流动资产占总资产的比率越来越高。此外，GL 公司的资产虽然是以流动资产为主，但是也在逐步调整流动资产和非流动资产的结构关系，以实现更加合理的资产结构分配。

五、绘制堆积面积图

（一）认识堆积面积图

微课 44：绘制堆积面积图

堆积面积图，是面积图的一种，显示每个数值所占大小随时间或类别变化的趋势线，可强调某个类别交于系列轴上的数值的趋势线。

堆积面积图和分区图一样，唯一的区别就是图上每一个数据集的起点不同，堆积面积图的起点是基于前一个数据集的，用于显示每个数值所占大小随时间或类别变化的趋势线，展示的是部分与整体的关系。

堆积面积图上的最大的面积代表了所有的数据量的总和，是一个整体。各个叠起来的面积表示各个数据量的大小，这些堆叠起来的面积图在表现数据的总量与分量的变化情况时格外有用。堆积面积图不适用于带有负值的数据集，适用于对比多变量随时间变化的情况。

（二）绘制堆积面积图示例

使用 Excel 文件“GL 公司资产数据表”绘制堆积面积图，分析 GL 公司的流动资产和非流动资产规模在给定时间段内的变化趋势，具体操作步骤如下：

1. 查看默认可视化效果。点击可视化窗格中的“堆积面积图”图标，在报表视图中会出现堆积面积图的可视化效果，如图 4-81 所示。

2. 设置“X 轴”“Y 轴”。在可视化窗格的“生成视觉对象”列表选中“数据”窗格中的“时间”并拖动至“X 轴”存储桶；选中“∑ 流动资产”“∑ 非流动资产”并拖动至“Y 轴”存储桶，此时显示的“Y 轴”标题为“流动资产的总和”“非流动资产的总和”。此时，“X 轴”不是按照时间顺序排列的，调整“X 轴”。操作结果如图 4-82 所示。

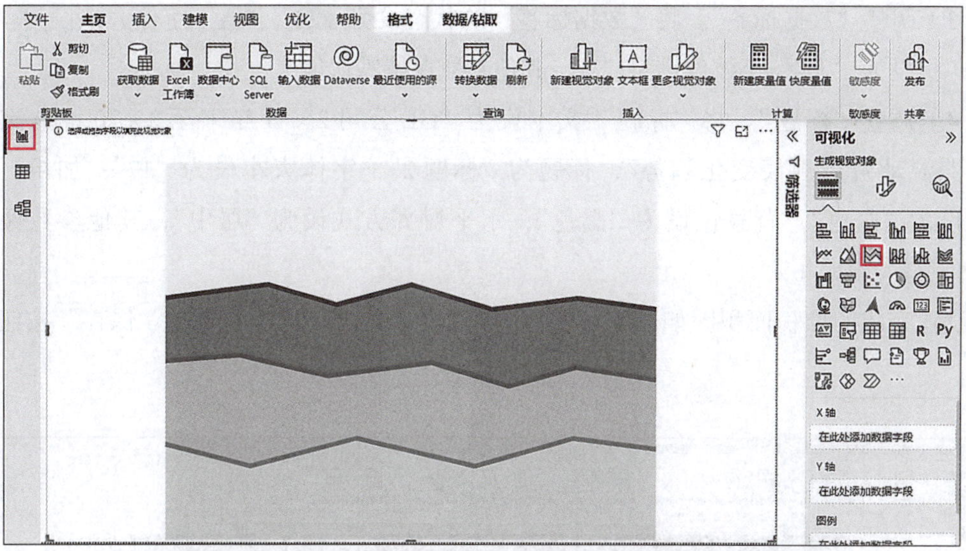

图 4-81 默认的堆积面积图的可视化效果

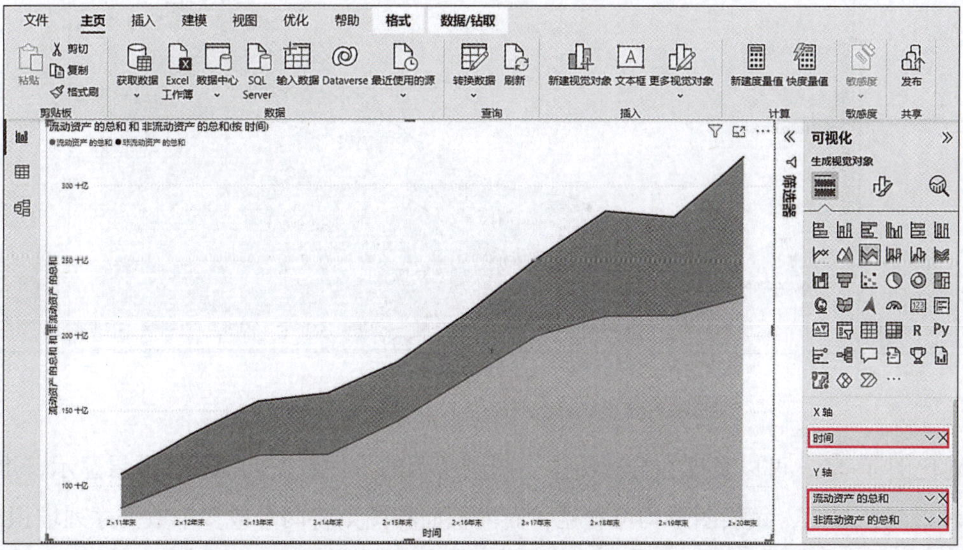

图 4-82 选中字段并拖动至存储桶

3. 在可视化窗格的“设置视觉对象格式”列表中调整堆积面积图。

（1）调整“X 轴”“Y 轴”和“图例”。将“X 轴”“Y 轴”的“值”字体大小设为“14”，“Y 轴”的“值”显示单位设为“无”，小数位设为“2”，“图例”的“文本”字体大小设为“12”，其他参数保持默认值。

（2）调整“行”“标记”。在“行”颜色中，将“非流动资产总和”的颜色设为“黄色”，打开“标记”开关，其他参数保持默认值。

（3）调整“数据标签”。将“数据标签”的状态设为 ，“值”字体大小设为“12”，显示单位设为“无”，小数位设为“2”，其他参数保持默认值。

（4）调整“标题”。将“标题”文本设为“GL 公司 2×11 年末至 2×20 年末流动资产和非流动资产规模变化趋势”，标题为“标题 2”，字体大小设为“17”，加粗，文本颜色设为“白色”，背景色设为“黑色”，水平对齐方式设为“居中”，其他参数保持默认值。

设置完成的堆积面积图如图 4-83 所示。点击“文件”选项卡下的“保存”按钮保存图像。

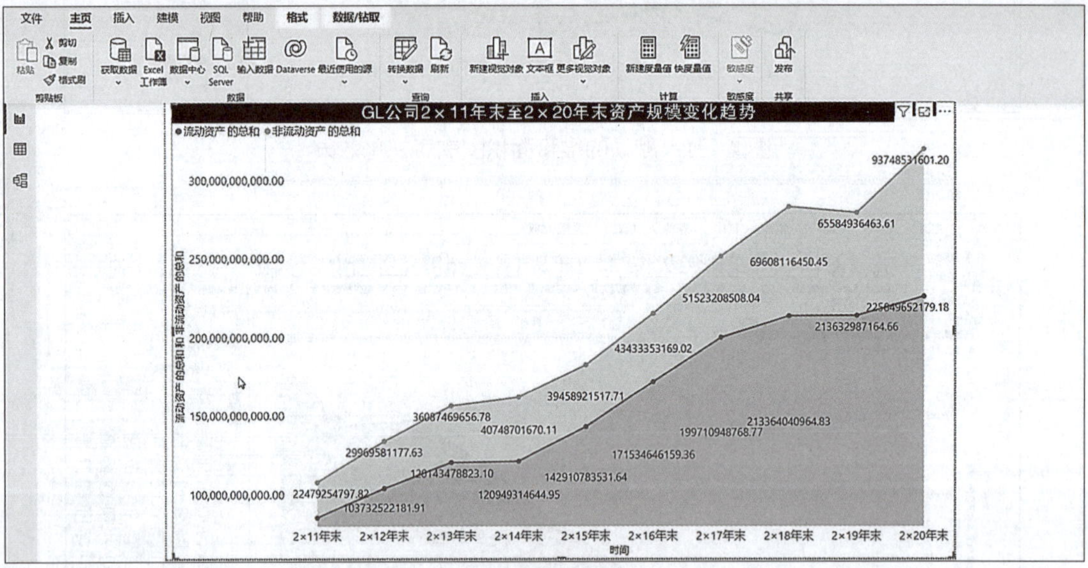

图 4-83　设置完成的堆积面积图

对比图 4-80，可以发现在分区图中，图例所示的每种数据的面积图分层显示，重叠部分用相近颜色显示，每层图形均可看见；而堆积面积图则将两个或多个数据序列堆积起来，重叠部分颜色不变。

4. 图 4-83 显示了 GL 公司 2×11 年末至 2×20 年末流动资产和非流动资产规模的变化趋势。根据可视化图表进行分析，可以得出如下结论：

从总体上看，GL 公司的流动资产和非流动资产规模呈上升趋势，但在 2×19 年末，非流动资产规模较上一年末有较大程度的减少。从面积区域上可以看出，GL 公司的流动资产远远多于非流动资产，资产的流动性较强，但非流动资产的面积也在逐渐增大。建议 GL 公司应根据自己的实际情况，合理配置资产的结构关系。

任务实训

一、实训任务

使用 Excel 文件“GL 公司资产数据表”进行趋势分析与可视化。

二、任务实施

任务实施单

实训目标	能够使用折线图、折线和堆积柱形图、折线和簇状柱形图、分区图和堆积面积图进行趋势分析与可视化。
实训环境	投影仪、具备网络查询功能的电脑。
实训内容及要求	【实训内容】 使用 Excel 文件“GL 公司资产数据表”进行趋势分析与可视化。 【实训要求】 绘制折线图、折线和堆积柱形图、折线和簇状柱形图、分区图和堆积面积图。
实训步骤	1. 教师讲授实训内容及要求，提示操作中需要注意的事项； 2. 每位同学分配一台电脑； 3. 每位同学按照教师讲解的操作步骤，进行实操演练； 4. 将 Power BI 文件保存到 U 盘。
实训考核评价	【评价载体】 保存的 Power BI 文件。 【评价指标】 1. 绘制折线图，占 20%； 2. 绘制折线和堆积柱形图，占 20%； 3. 绘制折线和簇状柱形图，占 20%； 4. 绘制分区图，占 20%； 5. 绘制堆积面积图，占 20%。

知识拓展

使用折线图分析多个对象的同一项目变化趋势

4-6

使用 Excel 文件 4-6“三家公司营业净利率”绘制折线图，分析三家公司 2×11 年至 2×20 年营业净利率指标的变化趋势，并进行对比分析，具体操作步骤如下：

1. 将 Excel 文件“三家公司营业净利率”的数据导入 Power BI，数据视图中的表格如图 4-84 所示。

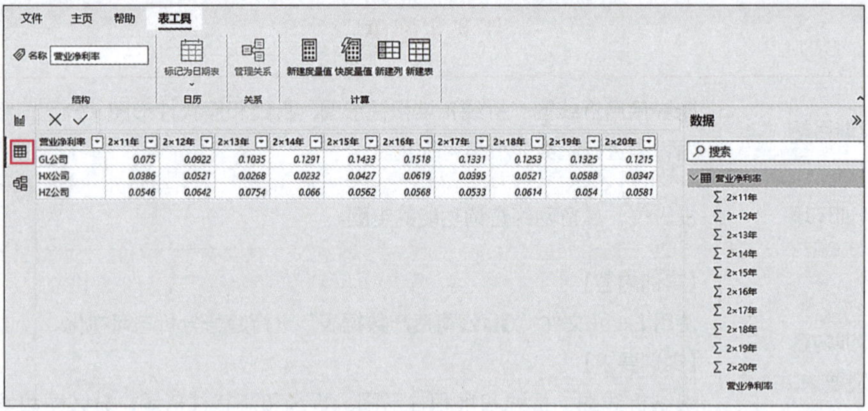

图 4-84　导入数据

2. 此时，列字段显示的是年份，通过“转置”功能，将列字段改为公司名称。

（1）在“数据视图”中选中任一列，右击鼠标，点击“编辑查询”命令，打开“Power Query 编辑器”。在“主页”选项卡下点击“将标题作为第一行”命令，如图 4-85 所示。

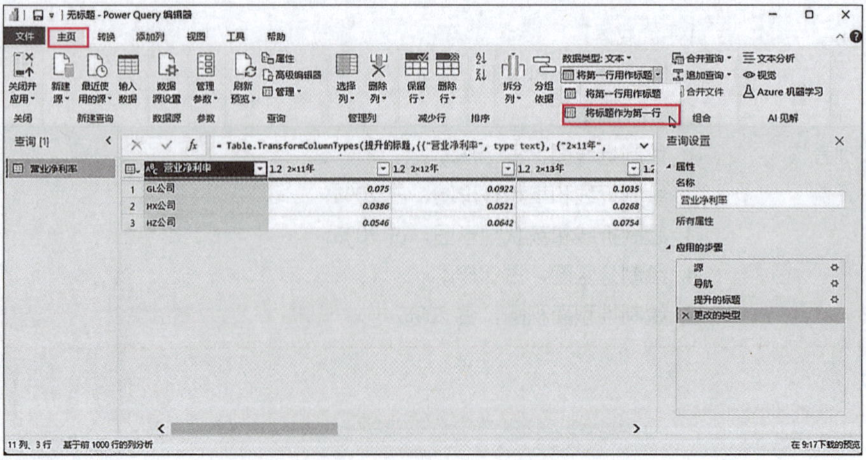

图 4-85　“将标题作为第一行”命令

（2）在“转换”选项卡下选中“转置”命令，如图 4-86 所示。

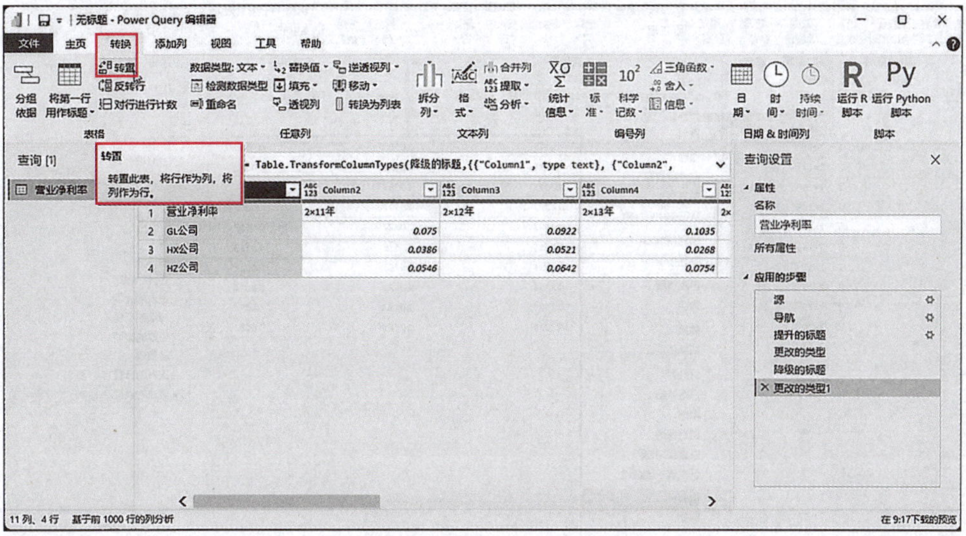

图 4-86 “转置”命令

（3）在“主页”选项卡下点击“将第一行用作标题”命令，如图 4-87 所示。在“文件”选项卡下点击“应用”命令，保存并关闭“Power Query 编辑器”。

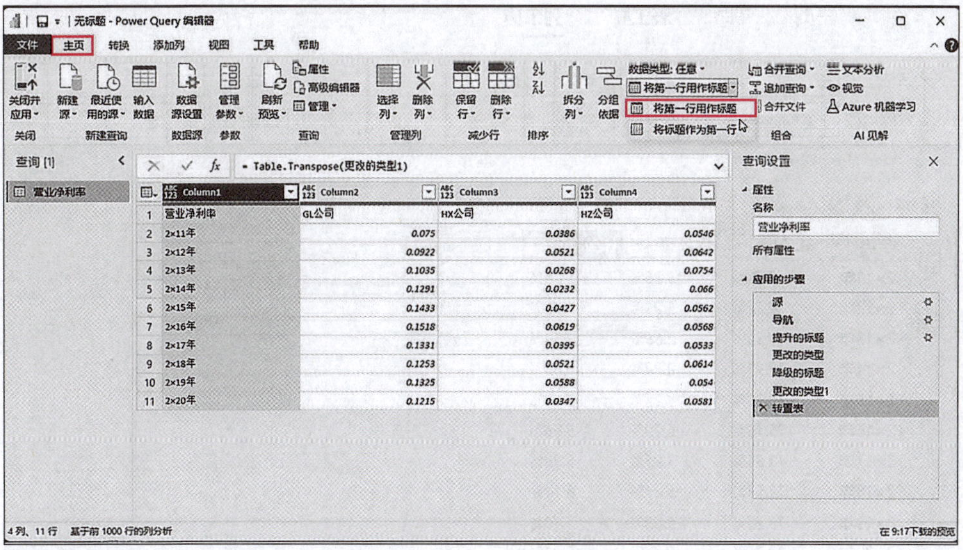

图 4-87 “将第一行用作标题”命令

（4）在“数据视图”下，选中列字段“营业净利率”，右击鼠标，在弹出的快捷菜单中，选中“重命名”命令，将列字段重命名为“年份”，如图 4-88 所示。

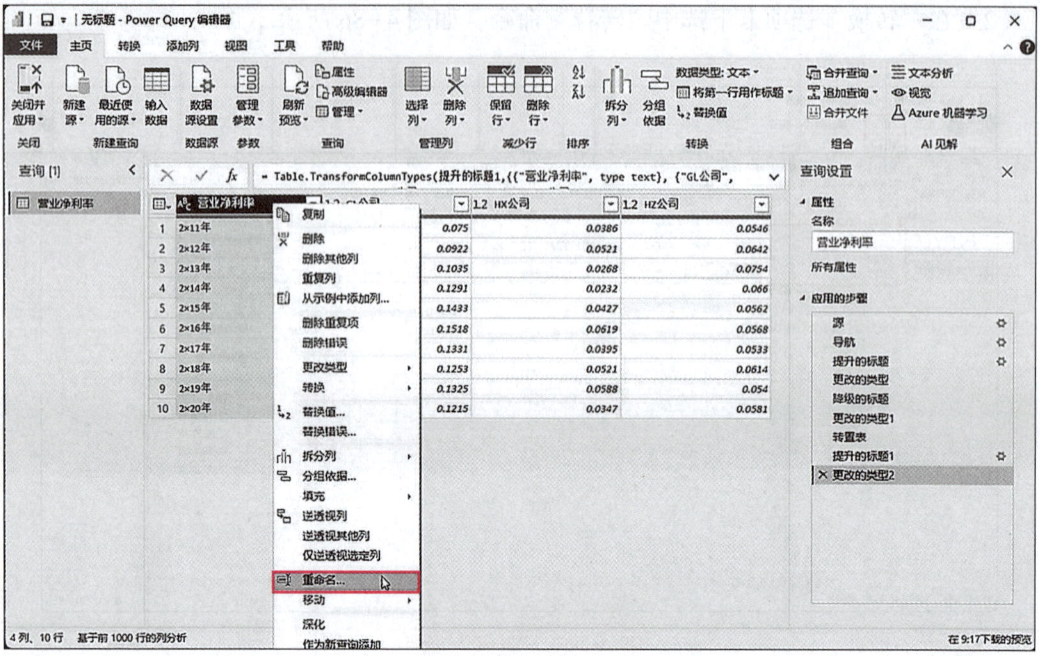

图 4-88 “重命名”命令

（5）选择列“HZ 公司”，将指标值的数据格式变更为百分数，如图 4-89 所示。

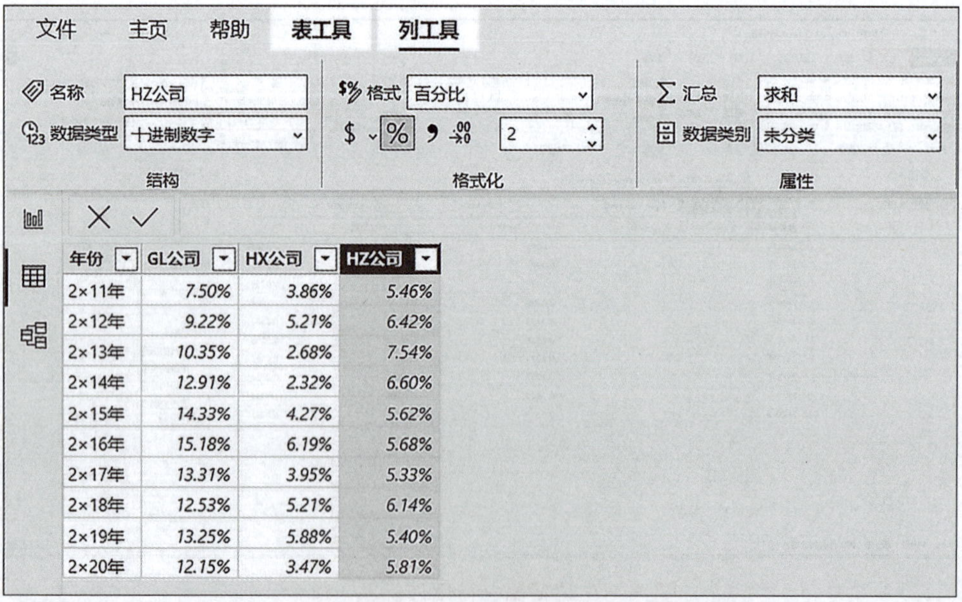

年份	GL公司	HX公司	HZ公司
2×11年	7.50%	3.86%	5.46%
2×12年	9.22%	5.21%	6.42%
2×13年	10.35%	2.68%	7.54%
2×14年	12.91%	2.32%	6.60%
2×15年	14.33%	4.27%	5.62%
2×16年	15.18%	6.19%	5.68%
2×17年	13.31%	3.95%	5.33%
2×18年	12.53%	5.21%	6.14%
2×19年	13.25%	5.88%	5.40%
2×20年	12.15%	3.47%	5.81%

图 4-89 变更数据格式

3. 在报表视图下，点击可视化窗格的“折线图”图标，绘制折线图。

（1）设置“X 轴”“Y 轴”并按时间顺序进行排列，如图 4-90 所示。

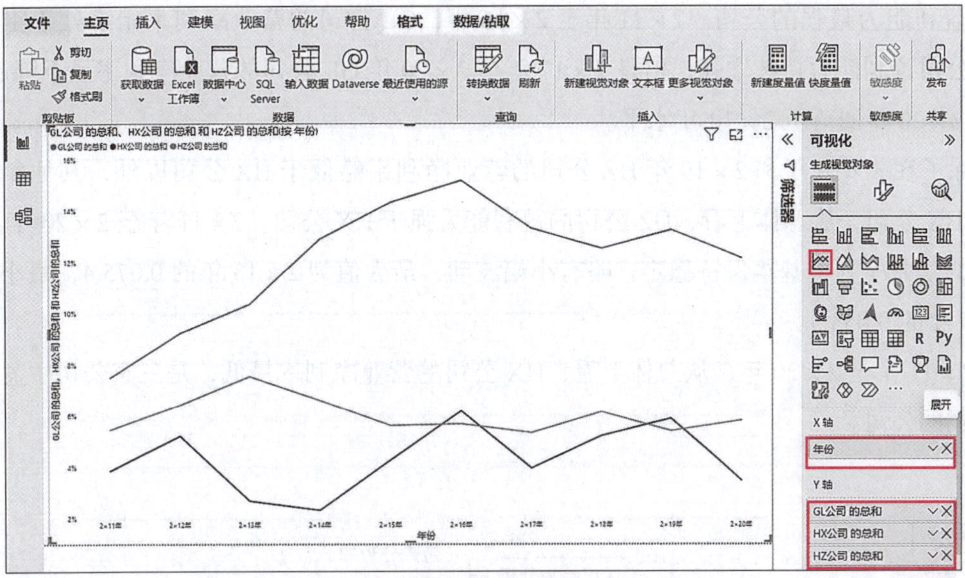

图 4-90 设置坐标轴

（3）在可视化窗格的“设置视觉对象格式”列表中，调整折线图。设置选项完成后的效果如图 4-91 所示。

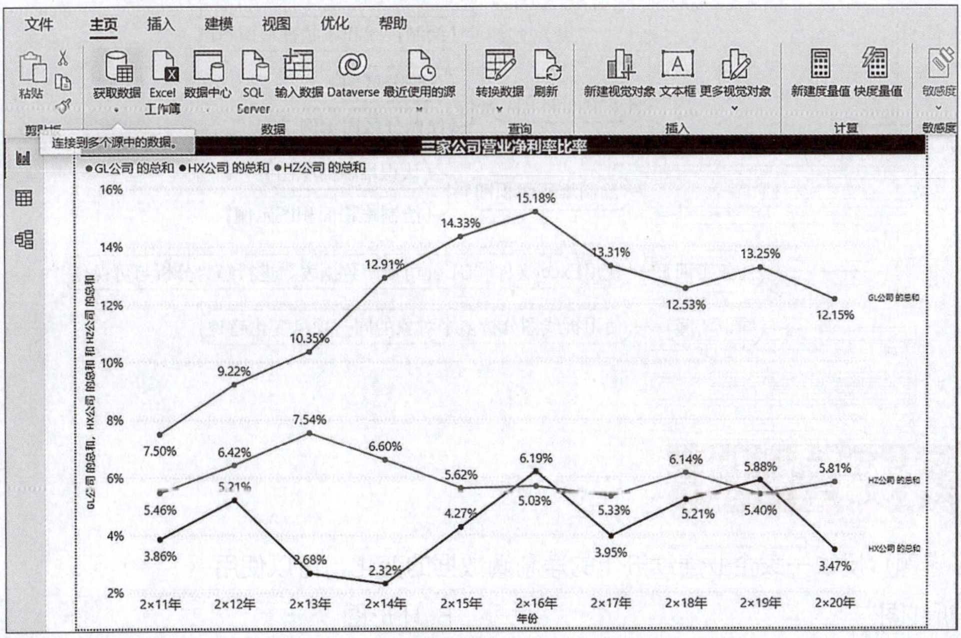

图 4-91 设置完成后的折线图

（4）根据可视化图表进行分析，可以得出如下结论：

2×11 年至 2×20 年，GL 公司的营业净利率始终高于 HX 公司和 HZ 公司，是三家公司中盈利能力最强的公司。2×11 年至 2×16 年，GL 公司的营业净利率始终处于上升趋势，公司盈利能力持续增强，但是 2×17 年至 2×20 年 GL 公司的营业净利率呈下降趋势，并于 2×20 年回落至 2×14 年水平。

除了在 2×16 年和 2×19 年 HZ 公司的营业净利率略低于 HX 公司以外，其他年份均高于 HX 公司，从总体上看，HZ 公司的盈利能力强于 HX 公司。2×11 年至 2×20 年，HZ 公司的营业净利率基本保持稳定，略有小幅波动，最大值为 2×13 年的 0.075 4，最小值为 2×17 年的 0.053 3。

2×11 年至 2×20 年，从总体上看，HX 公司的营业净利率最低，是三家公司中盈利能力最弱的公司。

思维导图

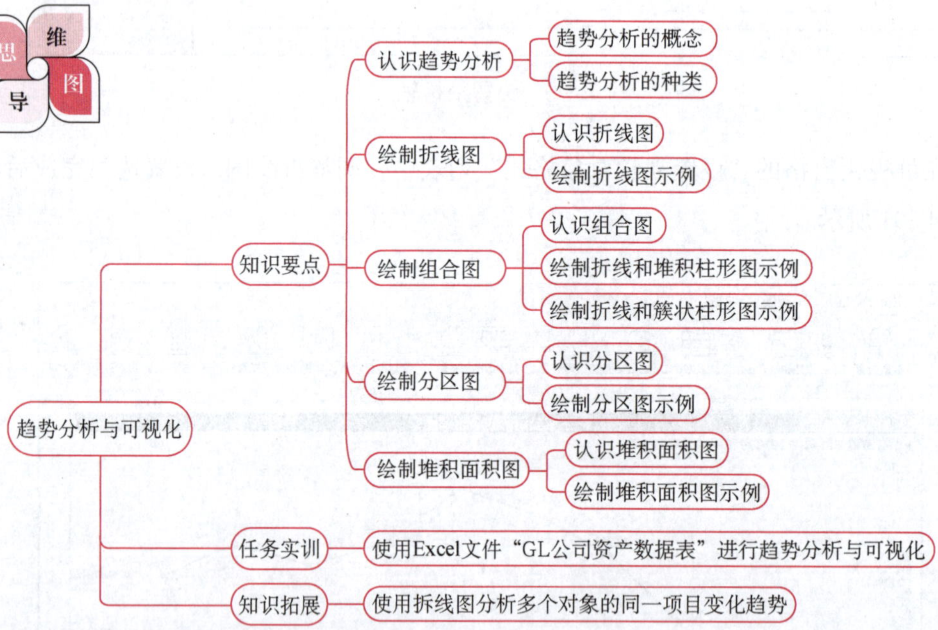

赛证融通测试题

1. （多选题）反映一家企业连续五年的净利润数据的变化，可以使用（　　）。

A. 折线图　　B. 环形图

C. 饼图　　D. 分区图

2. （实操题）使用 Excel 文件 4-3-1“GL 公司利润数据表”绘制折线和簇状柱形图，分析 GL 公司毛利率的变化趋势。

4-3-1

任务四 结构分析与可视化

情境导入

构成总体的各个部分通常被称为“结构”。例如，玻璃厂生产的产品可以分为汽车玻璃、浮法玻璃和其他产品三类，其销售收入就是这三种产品销售收入之和。了解结构，就能更容易解读出总体数据变化背后的原因。例如，企业销售收入下降，如果只看总数，很难发现下降的原因，但是分析每一种产品的销售收入，看到每种产品销售收入的变化以后，就可以从结构上分析原因。

在 Power BI 中，结构分析的最典型图表是饼图和环形图。饼图和环形图都可以显示部分与整体的关系。瀑布图适用于表现多个特定数值之间的数量变化关系。树状图适用于分析一件事物的构成，或发现不同事物之间的关联。

根据本节知识点和本任务要求，思考如何根据数据特点选择适用的结构分析方法。

知识要点

一、认识结构分析

（一）结构分析的概念

结构分析，是在统计分组的基础上，将总体划分为若干组成部分，计算各组成部分占总体的比例，用以反映总体内部构成状况的综合指标的统计方法。

微课 45：认识结构分析

结构分析可以用于分析某一总体现象的内部结构特征、总体的性质、总体内部结构随时间推移表现出的变化规律等。但是，结构分析是一种“知其然，不知其所以然”的方法，只适用于发现问题，不能解答问题。

（二）结构相对指标的计算

结构分析的基本表现形式是计算结构相对指标，具体计算公式如下：

$$结构相对指标（\%）= \frac{总体中的某一部分}{总体} \times 100\%$$

结构相对指标一般用百分数表示，其计算公式的分母既可以是单位总量指标，也可以是标志总量指标。其中，单位总量是总体中所包含的总体单位数的总和，用来说明总体本身的规模大小；标志总量是反映总体单位某种标志值总和的总量指标。

需要注意的是，结构相对指标计算公式的分子、分母不能互换。由于结构相对指标是总体中的某一组成部分与总体之比，因此各组成部分所占比例之和一定等于 100%。

（三）结构分析常用图形

在 Power BI 中，常用的结构分析图形有饼图、环形图、瀑布图和树状图，各图形适用场景见表 4-4。

表 4-4　结构分析常用图形

序号	常用图形	适用范围
1	饼图	用扇形面积描述百分比构成
2	环形图	用环形长度描述百分比构成
3	瀑布图	用正数和负数表示增加和减少，用于找出对总值有影响的主要因素
4	树状图	用矩形面积、排列和颜色区分各个数据之间的权重关系，以及占总体的比例

二、绘制饼图

（一）认识饼图

微课 46：绘制饼图

饼图以一个完整的圆来表示数据对象的总体，其中的扇形表示各个组成部分，根据数量大小划分圆中的扇形区域，每个扇形用一种颜色进行填充，每一个扇形面积代表一类数据所占的比例。饼图展现的是个体占总体的比例，常用于描述百分比构成。

在使用时应注意，个体类别不应太多，以 3—5 个为宜；一般从 12 点方向开始，从大到小排列；如果要显示比例数据，需要保证个体总和为 100%；饼图展现的是比例关系，不同的饼图相互之间不可轻易比较。另外，数据之间占比的差异最好比较明显，如果比例相差不多，如 5 个分类都占 20% 左右，从饼图上很难区分哪个占比更大，因为人类视力对于角度的辨别力要比长度弱得多。

（二）绘制饼图示例

使用 Excel 文件 4-7“FY 公司流动资产构成表”绘制饼图，描述 FY 公司的流动资产构成，具体操作步骤如下：

将数据导入 Power BI，数据视图中的表格如图 4-92 所示。在 Power BI 中，每次只能绘制一张饼图，因而以绘制 2×20 年末饼图为例。

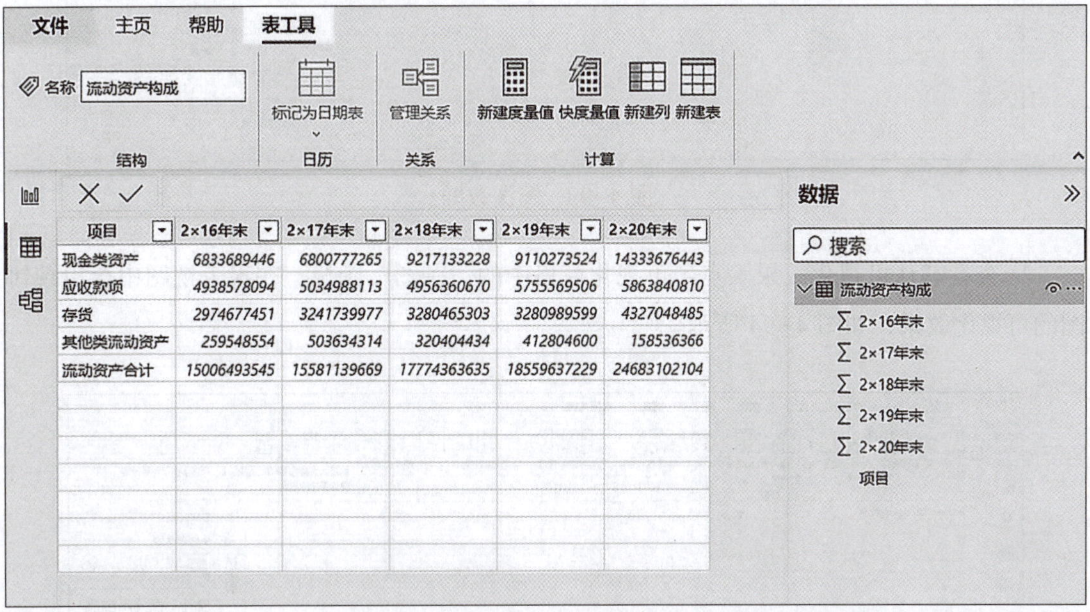

项目	2×16年末	2×17年末	2×18年末	2×19年末	2×20年末
现金类资产	6833689446	6800777265	9217133228	9110273524	14333676443
应收款项	4938578094	5034988113	4956360670	5755569506	5863840810
存货	2974677451	3241739977	3280465303	3280989599	4327048485
其他类流动资产	259548554	503634314	320404434	412804600	158536366
流动资产合计	15006493545	15581139669	17774363635	18559637229	24683102104

图 4-92 数据视图

1. 清洗数据。从图 4-92 中可以看出，FY 公司的流动资产被分成四类：现金类资产、应收款项、存货和其他类流动资产。其中，现金类资产包括“货币资金”和“交易性金融资产”，应收款项包括“应收票据”“应收账款”“预付款项”“其他应收款”，其他类流动资产包括“一年内到期的非流动资产”和“其他流动资产”。

（1）数据表中存在空行，任选一列，右击鼠标，点击“编辑查询”命令打开“Power Query 编辑器”，使用“主页”选项卡下“删除行”列表中的“删除空行”命令，将空白行删除。

（2）数据表格中包含“流动资产合计”，这一项数据需要删除，否则将作为一个个体加入饼图。在“Power Query 编辑器”中使用“主页”选项卡下“删除行”列表中的“删除最后几行”命令，在弹出对话框的“行数”对话框输入“1”，点击“确定”按钮。

（3）点击“文件”选项卡下的“应用”保存表格。整理完成后的数据表格如图 4-93 所示。

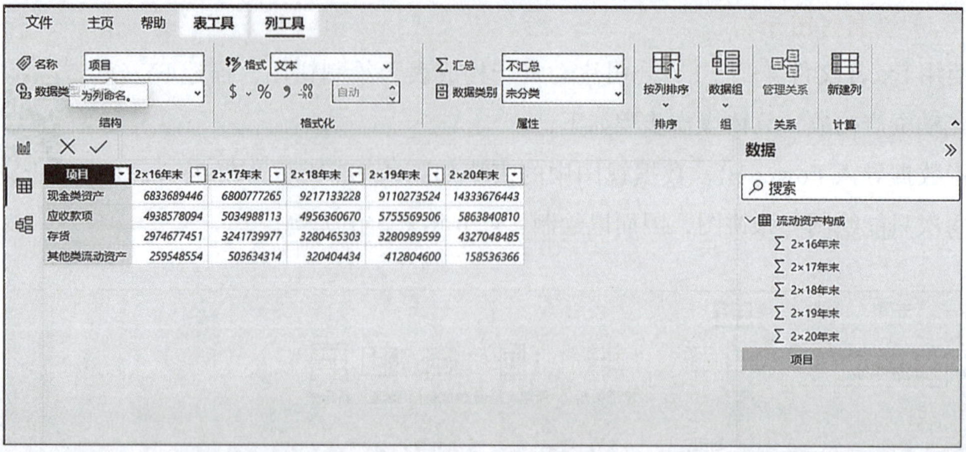

图 4-93　清洗数据

2. 查看默认可视化效果。点击可视化窗格中的“饼图”图标，在报表视图中会出现饼图的可视化效果，如图 4-94 所示。

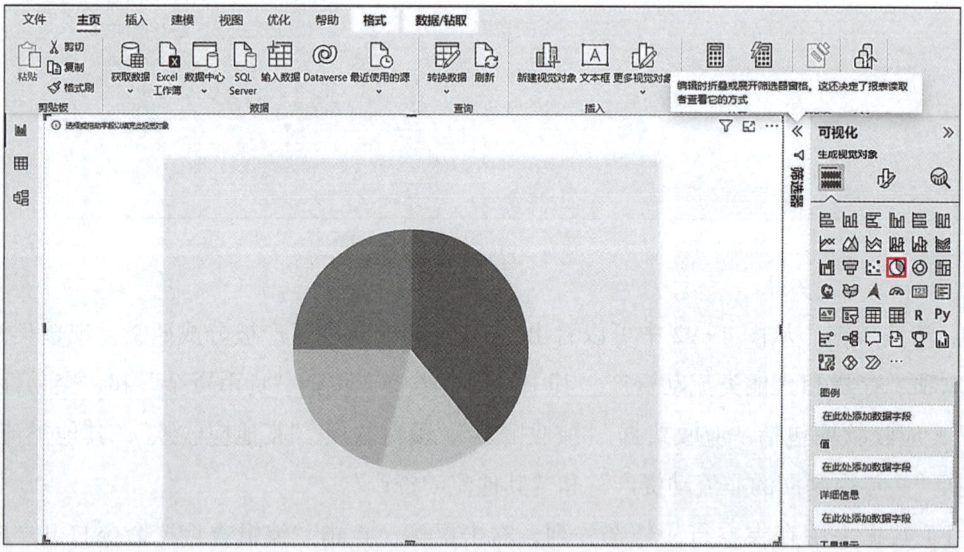

图 4-94　默认的饼图的可视化效果

3. 设置“图例”“值”。在可视化窗格的“生成视觉对象”列表选中“数据”窗格中的“项目”并拖动至“图例”存储桶；选中“∑2×20 年末”并拖动至“值”存储桶，此时显示的“值”标题为“2×20 年末的总和”。操作结果如图 4-95 所示。

4. 在可视化窗格的“设置视觉对象格式”列表中调整饼图。

（1）调整“图例”。将“文本”字体大小设为“14”，关闭“标题”按钮，其他参数保持默认值，如图 4-96 所示。

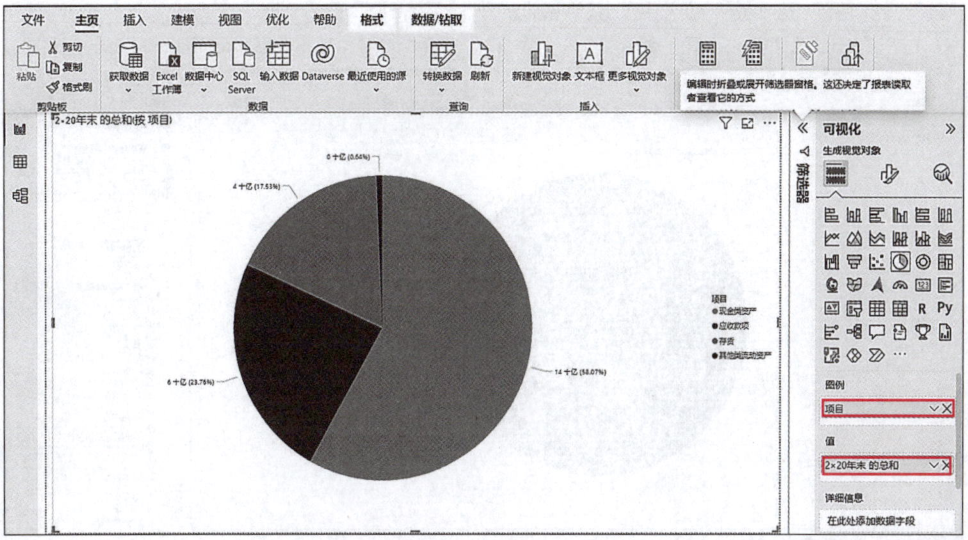

图 4-95 设置"图例""值"

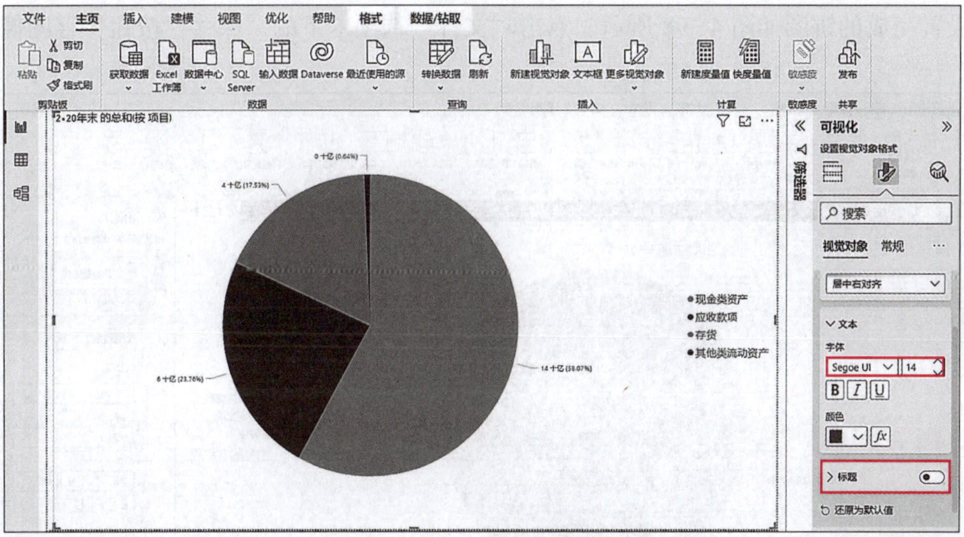

图 4-96 调整"图例"

（2）调整"扇形"。根据个人喜好调整颜色。

（3）在"详细信息标签"选项中选择标签内容的"类别，总百分比"，将"值"字体大小设为"14"，显示单位设为"无"，值的小数位设为"2"，百分比小数位数设为"2"，其他参数保持默认值。如图 4-97 所示。

（4）调整"标题"。将"标题"文本设为"FY 公司 2×20 年末流动资产构成"，标题为"标题 2"，字体大小设为"17"，加粗，文本颜色设为"白色"，背景色设为"黑色"，水平对齐方式设为"居中"，其他参数保持默认值。

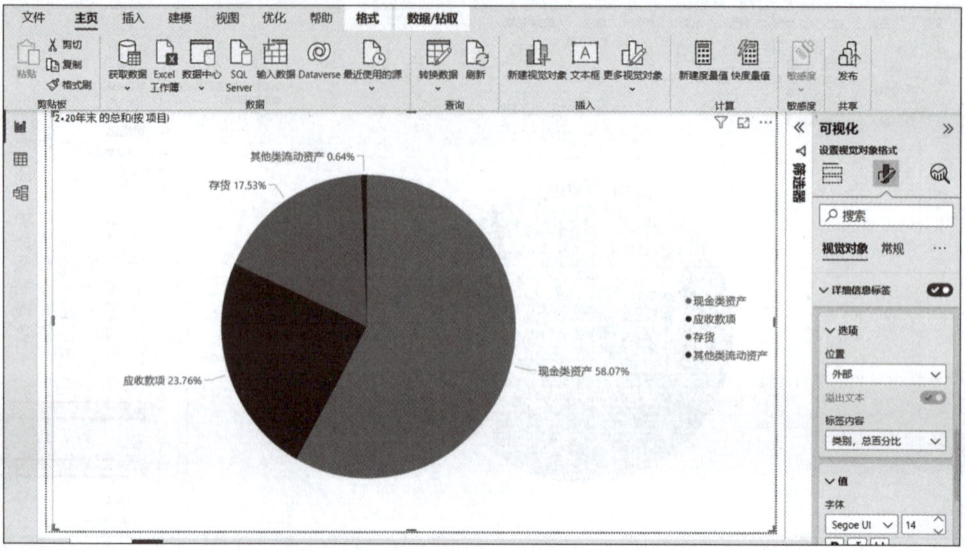

图 4-97　调整“详细信息标签”

设置完成的饼图如图 4-98 所示。点击“文件”选项卡下的“保存”按钮保存图像。

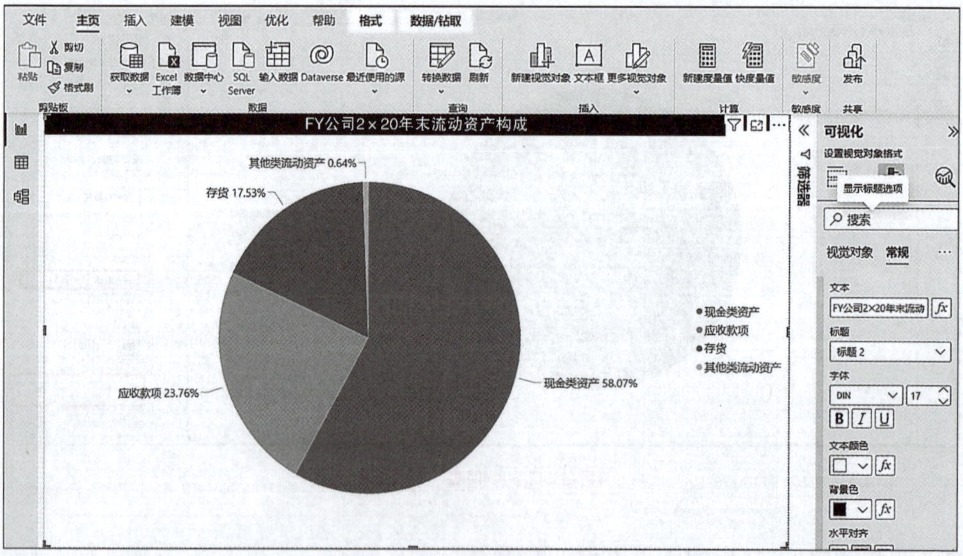

图 4-98　设置完成的饼图

5. 图 4-98 显示了 FY 公司 2×20 年末流动资产的构成。根据可视化图表进行分析，可以得出如下结论：

2×20 年末，在 FY 公司的流动资产中，现金类资产占 58.07%，是流动资产最重要的组成部分；应收款项占 23.76%，存货占 17.53%，其他类流动资产占 0.64%。结合 FY 公司在 2×20 年末的流动负债，可以分析公司是否存在大量资金闲置的情况，如果短期内需要偿还的债务不多，FY 公司可以研究是否充分利用闲置资金对内扩建规模或对外合理进行投资，尤其是短期投资。

三、绘制环形图

（一）认识环形图

与饼图一样，环形图用于显示各个部分与整体之间的关系，环形图以一个完整的环形来表示数据对象的全体。环形图用环形的长度，而非扇形的角度来表示比例的大小。当然，如果比例很接近，通常也很难看出环形的大小。

（二）绘制环形图示例

以图 4-98 为基础，在 Power BI 的“可视化”窗格中点击“环形图”图标就可以将饼图换成环形图的样式，如图 4-99 所示。

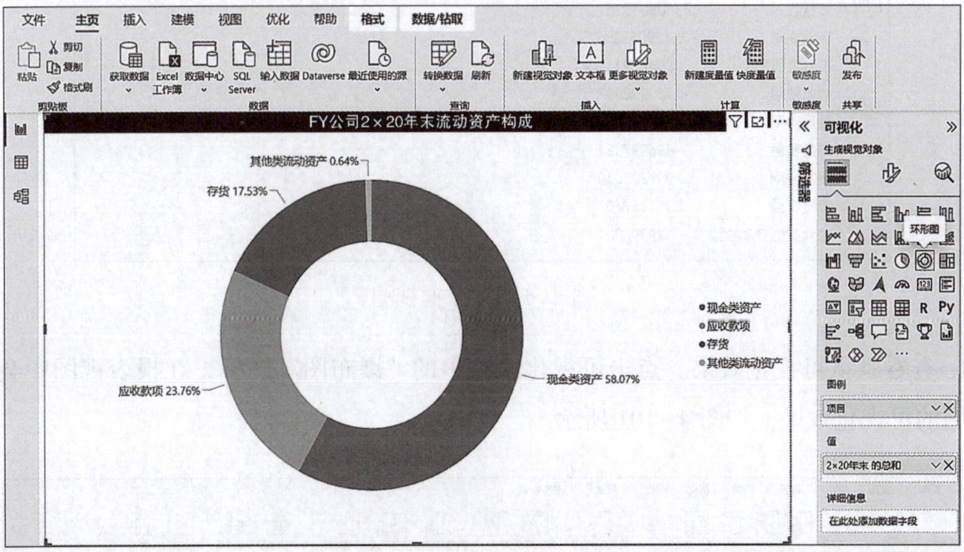

图 4-99　同一示例的环形图

四、绘制瀑布图

（一）认识瀑布图

瀑布图，也称为阶梯图，最初为麦肯锡咨询公司所创，因自上而下形似瀑布而得名。瀑布图根据数据的正负值来表示增加和减少，并以此来调整矩形的上升和下降，进而根据矩形的变化序列来表达最终数据的生成过程。

微课 47：绘制瀑布图

瀑布图通常用于找出对总值有影响的主要因素，如表现一年中每月公司员工人数的变化情况，或通过显示各种收入来源和成本费用支出计算利润（或损失）。

（二）绘制瀑布图示例

使用 Excel 文件 4-8“FY 公司 2×20 年营业利润构成表”绘制瀑布图，分析 FY 公司 2×20 年营业利润构成，具体操作步骤如下：

将表格导入 Power BI，数据视图中的表格如图 4-100 所示。其中，收入类项目，如营业收入、投资收益以正数列示，费用类项目以负数列示。公允价值变动损益为负数时表示损失。

4-8

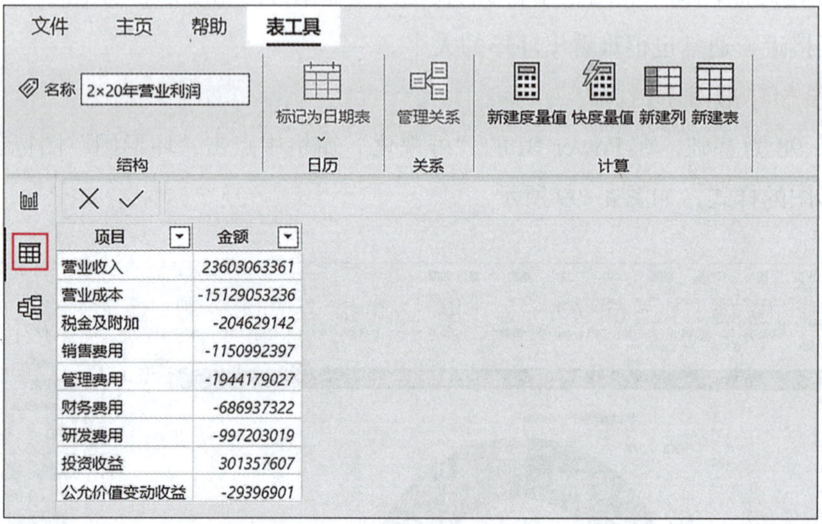

项目	金额
营业收入	23603063361
营业成本	-15129053236
税金及附加	-204629142
销售费用	-1150992397
管理费用	-1944179027
财务费用	-686937322
研发费用	-997203019
投资收益	301357607
公允价值变动收益	-29396901

图 4-100　数据视图

1. 查看默认可视化效果。点击可视化窗格中的“瀑布图”图标，在报表视图中会出现瀑布图的可视化效果，如图 4-101 所示。

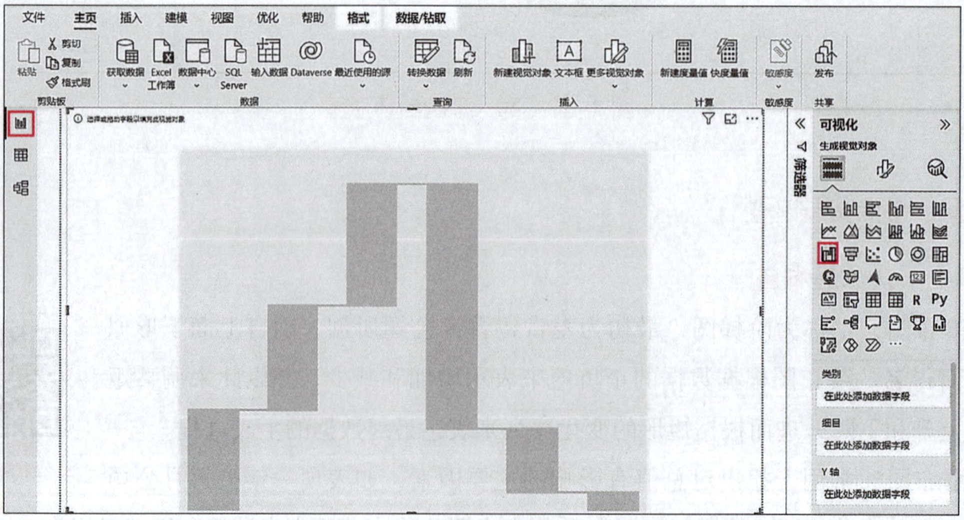

图 4-101　默认的瀑布图的可视化效果

2. 设置“类别”“Y 轴”。在可视化窗格的“生成视觉对象”列表选中“数据”窗格中的“项目”并拖动至“类别”存储桶；选中“∑ 金额”并拖动至“Y 轴”存储桶，此时显示的“Y 轴”标题为“金额的总和”。在这里，“类别”实际就是“X 轴”。操作结果如图 4-102 所示。

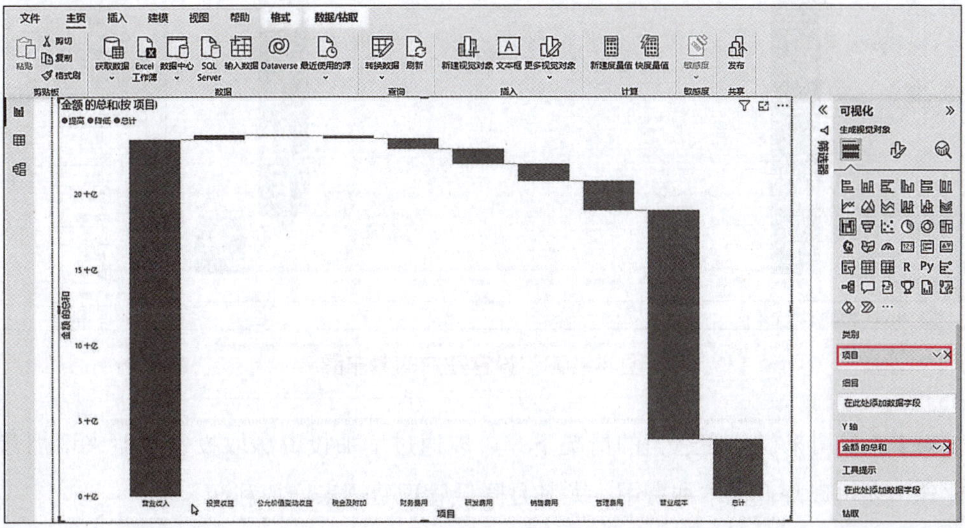

图 4-102　选中字段并拖动至存储桶

3. 在可视化窗格的“设置视觉对象格式”列表中调整瀑布图。

（1）调整“X 轴”“Y 轴”。将“Y 轴”的“值”显示单位设为“无”，小数位设为“2”，其他参数保持默认值。

（2）调整“列”。根据个人喜好调整颜色。

（3）调整“数据标签”。将“数据标签”的状态设为 ，显示单位设为“无”，小数位设为“2”，其他参数保持默认值。

（4）调整“标题”。将“标题”文本设为“FY 公司 2×20 年营业利润构成”，字体大小设为“15”，加粗，文本颜色设为“白色”，背景色设为“黑色”，水平对齐方式设为“居中”，其他参数保持默认值。

设置完成的瀑布图如图 4-103 所示，总计金额即为 FY 公司 2×20 年营业利润。点击“文件”选项卡下的“保存”按钮保存图像。

4. 图 4-103 显示了 FY 公司 2×20 年营业利润的构成。根据可视化图表进行分析，可以得出如下结论：

营业利润主要受收入类项目和费用类项目的影响。收入类项目主要是营业收入，投资收益相对较少。费用类项目大部分为营业成本，其次是期间费用，期间费用中的管理费用

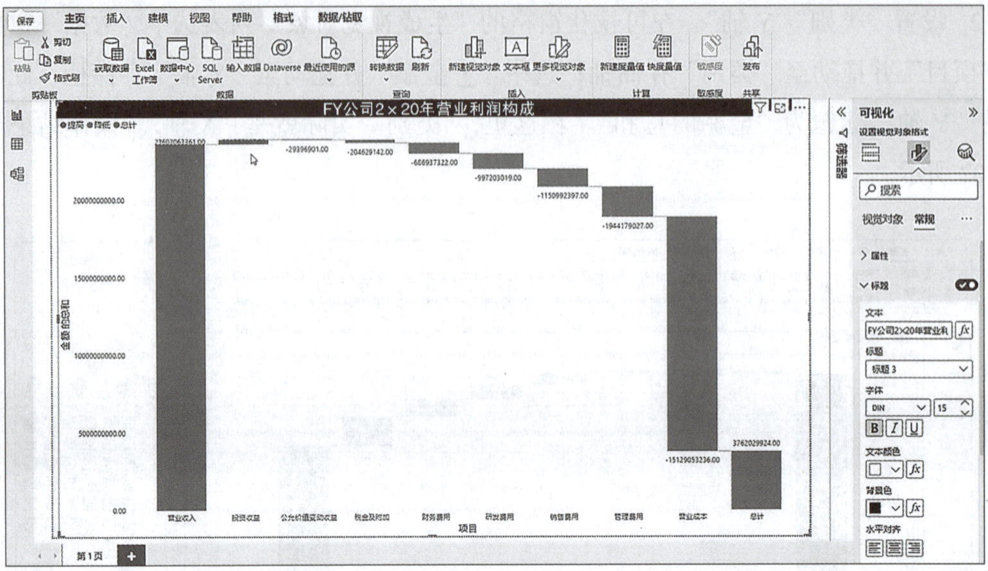

图 4-103　设置完成的瀑布图

较多。对 FY 公司来说，在适当的情况下，可以通过增加投资赚取投资收益来增加营业利润，此外，还可以降低成本和费用，尤其是降低管理费用来增加利润。

五、绘制树状图

（一）认识树状图

微课 48：绘制树状图

树状图，也叫作矩形树图。它把整体的数据想象成一棵树，一个数据就是一个枝叶，不过这些枝叶是放在一个矩形中，然后每一个数据矩形错落有致地排放在一个整体的大矩形中。

树状图通过每个矩形的大小、位置和颜色来区分各个数据之间的权重关系，以及各数据占总体的比例，使我们对整个数据集一目了然。

条形图、折线图等图表的内部总有空白区域没有被完全利用，而在树状图中没有任何空白区域，每一处都用于表现数据的关系，从这方面来看，树状图是空间利用率最高的图表。

（二）绘制树状图示例

使用 Excel 文件 4-9“JF 公司 2×20 年 12 月销售金额表”绘制树状图，分析 JF 公司 2×20 年 12 月销售金额的分布，具体操作步骤如下：

将表格导入 Power BI，数据视图中的表格如图 4-104 所示。

4-9

1. 查看默认可视化效果。点击可视化窗格中的“树状图”图标，在报表视图中会出现树状图的可视化效果，如图 4-105 所示。

图 4-104 数据视图

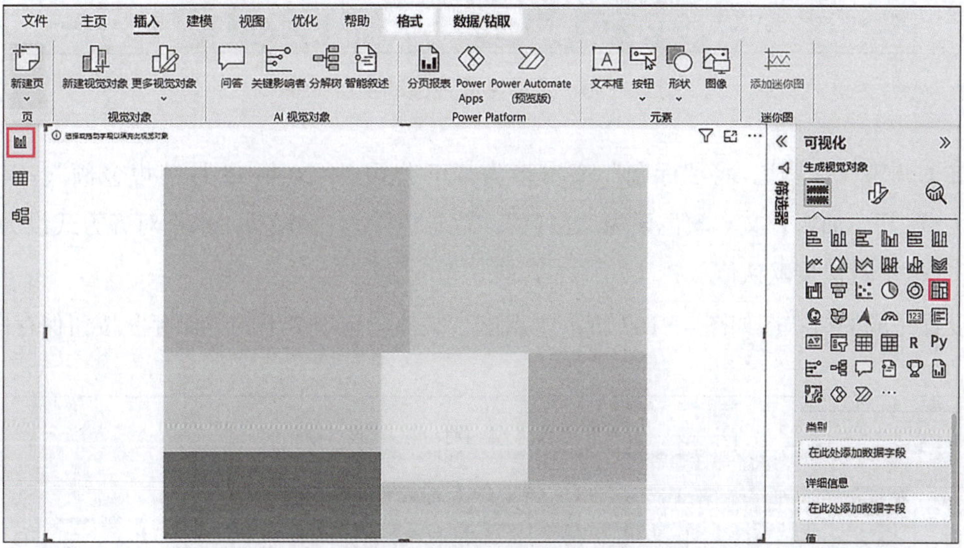

图 4-105 默认的树状图的可视化效果

2. 设置“类别”“值”。在可视化窗格的“生成视觉对象”列表选中“数据”窗格中的“产品”并拖动至“类别”存储桶；选中“∑ 销售金额”并拖动至“值”存储桶，此时显示的“值”标题为“销售金额的总和”。操作结果如图 4-106 所示。

3. 在可视化窗格的“设置视觉对象格式”列表中调整树状图。

（1）调整“图例”。将“文本”字体大小设为“12”，其他参数保持默认值。

（2）调整“颜色”。根据个人喜好调整颜色。

（3）调整“数据标签”。将“数据标签”的状态设为 ，“值”字体大小设为“14”，显示单位设为“无”，小数位设为“2”，其他参数保持默认值。

（4）调整“类别标签”。将“类别标签”的状态设为 ，“值”字体大小设为“16”，其他参数保持默认值。

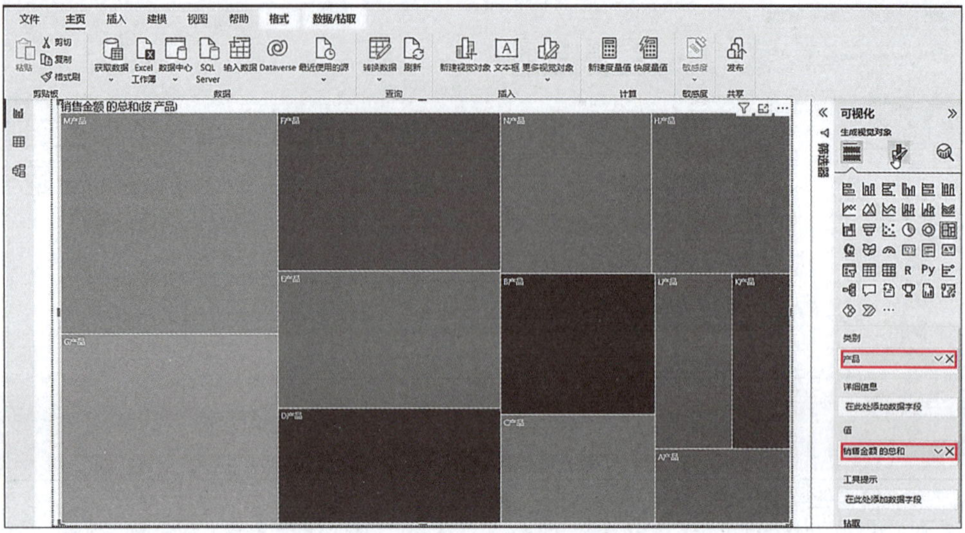

图 4-106　选中字段并拖动至存储桶

（5）调整“标题”。将“标题”文本设为“JF 公司 2×20 年 12 月销售金额”，字体大小设为“17”，加粗，文本颜色设为“白色”，背景色设为“黑色”，水平对齐方式设为“居中”，其他参数保持默认值。

设置完成的树状图如图 4-107 所示。点击“文件”选项卡下的“保存”按钮保存图像。

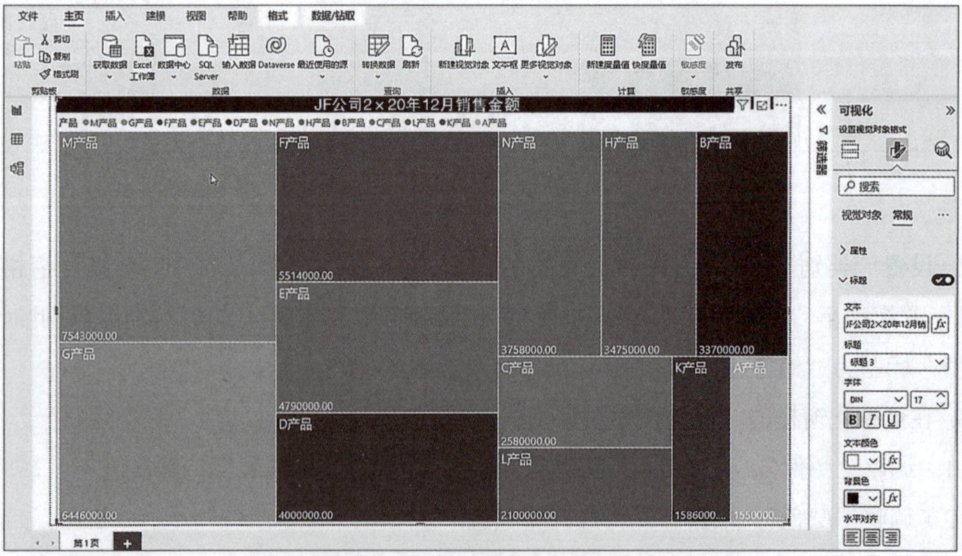

图 4-107　设置完成的树状图

4. 图 4-107 显示了 JF 公司 2×20 年 12 月销售金额的分布。根据可视化图表进行分析，可以得出如下结论：

2×20 年 12 月，JF 公司在售产品 12 款，销售额最高的前三位分别是 M 产品、G 产品和 F 产品。相比之下，K 产品和 A 产品的销售金额较少。对于 JF 公司而言，可以优化产品，对于销售额较高的产品，分析其原因，必要时增加产品的产量。对于销售额较低的产品，分析是否存在销量下降的趋势，必要时进行产品升级或淘汰。

任务实训

一、实训任务

使用 Excel 文件“FY 公司流动资产构成表”“FY 公司 2×20 年营业利润构成”“JF 公司 2×20 年 12 月销售金额表”进行结构分析与可视化。

二、任务实施

任务实施单

实训目标	能够使用饼图、环形图、瀑布图和树状图进行结构分析与可视化。
实训环境	投影仪、具备网络查询功能的电脑。
实训内容及要求	【实训内容】 使用 Excel 文件“FY 公司流动资产构成表”“FY 公司 2×20 年营业利润构成”“JF 公司 2×20 年 12 月销售金额表”进行结构分析与可视化。 【实训要求】 绘制饼图、环形图、瀑布图和树状图。
实训步骤	1. 教师讲授实训内容及要求，提示操作中需要注意的事项； 2. 每位同学分配一台电脑； 3. 每位同学按照教师讲解的操作步骤，进行实操演练； 4. 将 Power BI 文件保存到 U 盘。
实训考核评价	【评价载体】 保存的 Power BI 文件。 【评价指标】 1. 绘制饼图，占 25%；

（续表）

实训考核评价	2. 绘制环形图，占 25%； 3. 绘制瀑布图，占 25%； 4. 绘制树状图，占 25%。

知识拓展

绘制树状图展现双层结构

4-10

使用 Excel 文件 4-10“PQ 公司 2×20 年 12 月销售金额表”绘制树状图，分析 PQ 公司 2×20 年 12 月产品的销售金额，并进行对比分析，具体操作步骤如下：

1. 将表格导入 Power BI，数据视图中的表格如图 4-108 所示。

图 4-108　导入数据

2. 因为数据表中列“产品”有合并单元格，导入后出现空值，需要填充。

任选一列，右击鼠标，点击“编辑查询”命令打开“Power Query 编辑器”，用鼠标右击需要填充的列名称，在弹出的快捷菜单中点击“填充”命令下的“向下”。点击“文件”选项卡下的“应用”命令，保存并关闭“Power Query 编辑器”。

3. 在报表视图中点击“树状图”，设置“类别”“详细信息”“值”，如图 4-109 所示。

调整设置选项，如图 4-110 所示。点击“文件”选项下的“应用”进行保存。

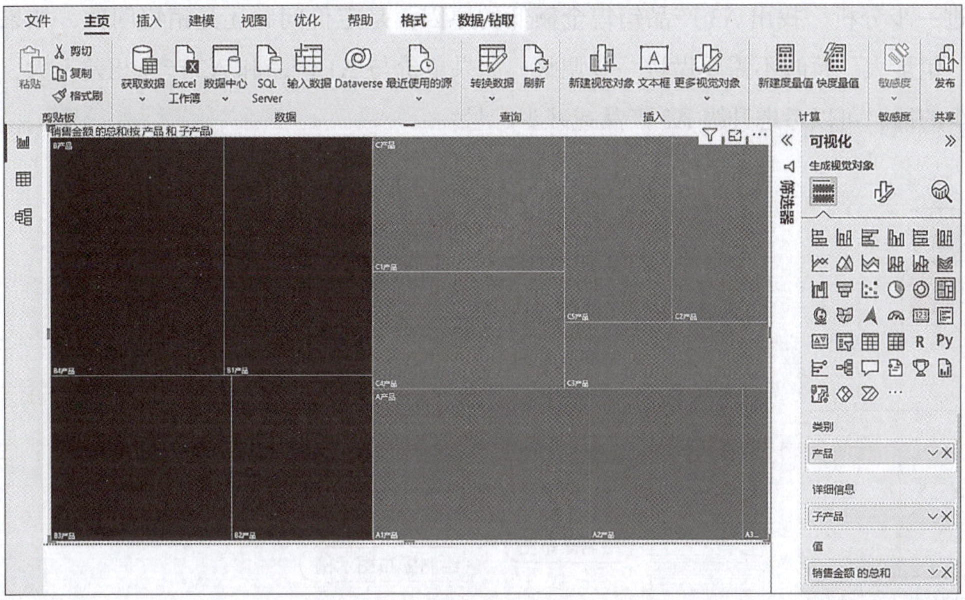

图 4-109 设置“类别”“详细信息”“值”

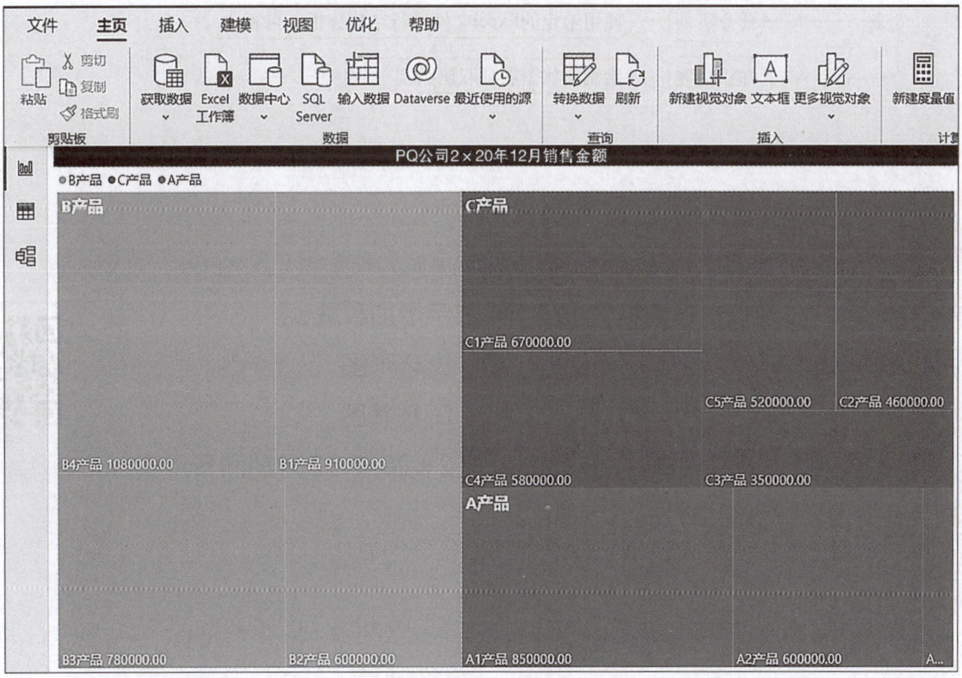

图 4-110 设置选项

4. 从图 4-110 中可以看出，2×20 年 12 月，PQ 公司的销售金额主要来自三组产品：A 产品、B 产品和 C 产品。B 产品的销售总额最高，其下的四种产品都有较好的销售表现。A 产品的销售总额最低，尤其是 A3 产品，其销售金额与 A1 产品和 A2 产品的差距都很大，需要进一步分析，找出 A3 产品销售金额低的原因，是定价问题还是销售问题，如果是单价低、销量大，暂时不需要做进一步调整；如果单价与 A1 产品和 A2 产品相差不大，但是销量少的话，可以考虑升级 A3 产品或减少产量。

思维导图

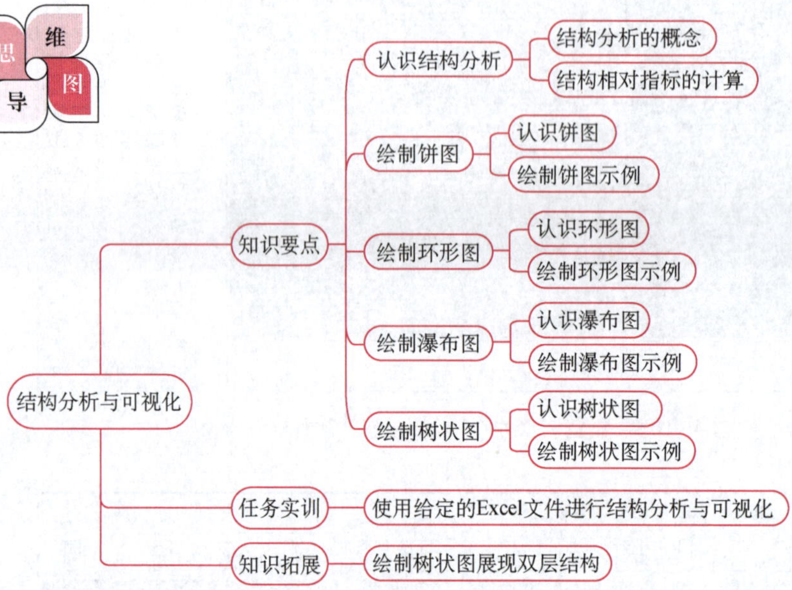

赛证融通测试题

1. （单选题）（　　）可以根据数据的正负值来表示增加和减少。

A. 折线图　　B. 环形图

C. 瀑布图　　D. 树状图

4-4-1

2. （实操题）使用 Excel 文件 4-4-1“MK 公司 2×20 年 12 月期间费用表”，选择合适的图表进行结构分析与可视化。

任务五 排名、相关性和描述性分析与可视化

情境导入

借助图形可以完成排名分析、相关性分析和描述性分析。

排名分析，主要用于有相同属性的不同事物之间的比较，并展示排名顺序。例如，针对某家企业运营的一些指标给出一个准确的数字排名，让管理人员一眼即可看出哪些部门或者哪些人是第一名，哪些是最后一名。

相关性是指不同事物之间的联系，相关性分析是通过对两个或多个具备相关性的变量进行分析，衡量两个变量的相关密切程度。例如，篮子分析就是相关性分析的典型应用，即找出不同产品之间的销售关联。

描述性分析可以运用分类、制表、图形及统计指标来描述数据特征的各项活动。

在 Power BI 中，排名分析可以多使用丝带图，相关性分析可以多使用散点图，描述性分析可以多使用盒须图、表、矩阵。

根据本节知识点和本任务要求，思考如何根据数据特点需要选择适用的图表。

知识要点

一、排名分析与可视化

（一）认识排名分析和丝带图

1. 排名分析

排名即为依据某一个维度（如销售金额或利润），对维度中的个体（如产品）进行升序或降序排序。排名分析，是指针对企业内部功能相同或相似的责任单位，选择一些能够反映责任单位运营情况的核心指标（如人均营业收

微课 49：认识排名分析和绘制丝带图

入、人均管理费用等）进行排名，分析产生差距的原因，促进排名落后的责任单位加强管理、改善业绩。

在使用排名分析时主要是通过指标与维度的对应关系，对一个指标在相应的维度上给出一个明确的排名（例如，销售金额对应各种产品，给各种产品的销售金额进行排名），这样管理人员可以快速了解各种产品的市场销售情况。

排名分析是一个比较通用的分析方法，其应用范围相当广泛，一般没有行业局限性。

2. 丝带图

丝带图适用于呈现数据在时间纬度上的变化，它会为数据的每个分类生成一条丝带，并能根据结果的大小把这些类别从高到低排列。

丝带图能够高效地显示排名变化，并且会在每个时间段内始终将最高排名（值）显示在最顶部。

（二）绘制丝带图示例

使用 Excel 文件 4-11“FG 公司 2×20 年 1—12 月销售金额表”绘制丝带图，分析 FG 公司 2×20 年三种产品的销售情况，找到销售金额较高的 3 个月份，具体操作步骤如下：

4-11

1. 获取数据。将 Excel 文件“FG 公司 2×20 年 1—12 月销售金额表”中的数据导入 Power BI，数据视图中的表格如图 4-111 所示。

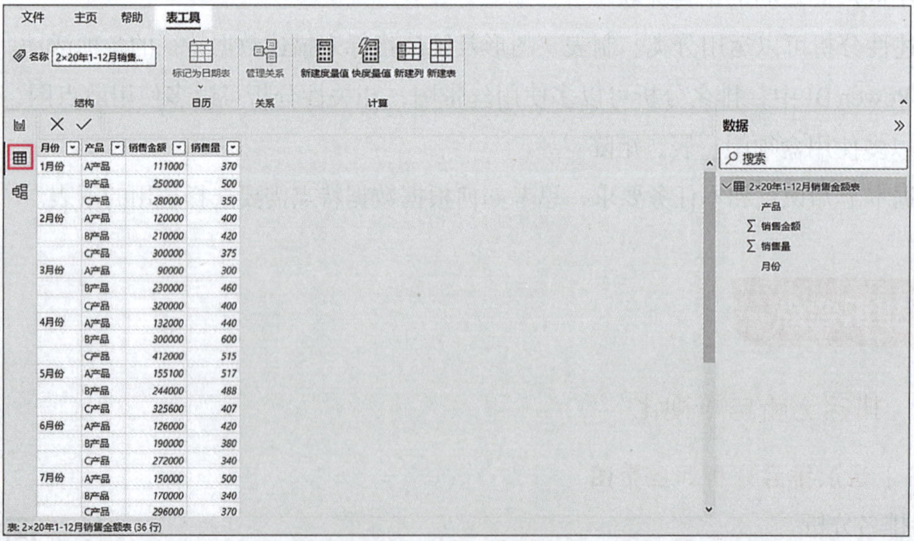

图 4-111 获取数据

2. 清洗数据。因为数据表中列“月份”有合并单元格，导入后出现空值，需要填充。任选一列，右击鼠标，点击“编辑查询”命令打开“Power Query 编辑器”，用鼠标右击需要填充的列名称，在弹出的快捷菜单中点击“填充”命令下的“向下”。点击“文件”选项卡下的“应用”命令，保存并关闭“Power Query 编辑器”。

3. 设置“X 轴”“Y 轴”和“图例”。在“可视化”窗格的“生成视觉对象”列表选中“数据”窗格中的“月份”并拖动至“X 轴”存储桶；选中“∑ 销售金额”并拖动至“Y 轴”存储桶，此时显示的“Y 轴”标题为“销售金额的总和”；选中“产品”并拖动至“图例”存储桶。点击图形编辑器右上角的“…”按钮，设置排列轴，选择“销售金额的总和”“按降序排序”，如图 4-112 所示。

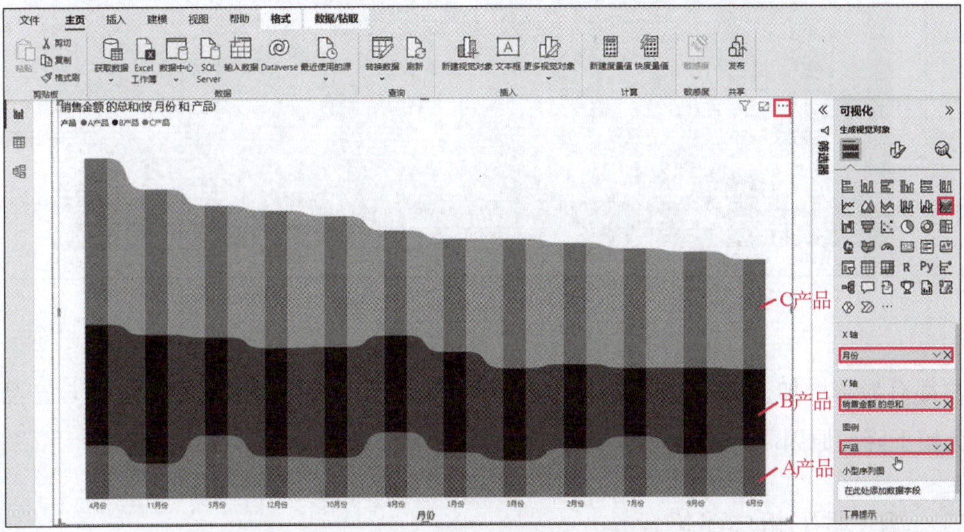

图 4-112　设置坐标轴和排列轴

4. 在可视化窗格的“设置视觉对象格式”列表中调整丝带图。

（1）调整“X 轴”“图例”。将“X 轴”的“值”字体大小设为“14”，“图例”的“文本”字体大小设为“12”，其他参数保持默认值。

（2）调整“丝带”。根据个人喜好调整颜色。

（3）调整“标题”。将“标题”文本设为“FG 公司 2×20 年 1—12 月销售金额”，字体大小设为“17”，加粗，文本颜色设为“白色”，背景色设为“黑色”，水平对齐方式设为“居中”，其他参数保持默认值。

设置完成的丝带图如图 4-113 所示。点击“文件”选项卡下的“保存”按钮保存图像。

5. 根据可视化图表进行分析，可以得出如下结论：

从图 4-113 中可以看出，2×20 年 4 月，FG 公司的总销售金额最高，其后依次是 11 月、5 月，产品销售没有显现出明显的季节性差异。在三种产品中，A 产品的月销售金额最低，C 产品的月销售金额最高。需要注意的是，在 2×20 年 8 月，A 产品和 B 产品的销

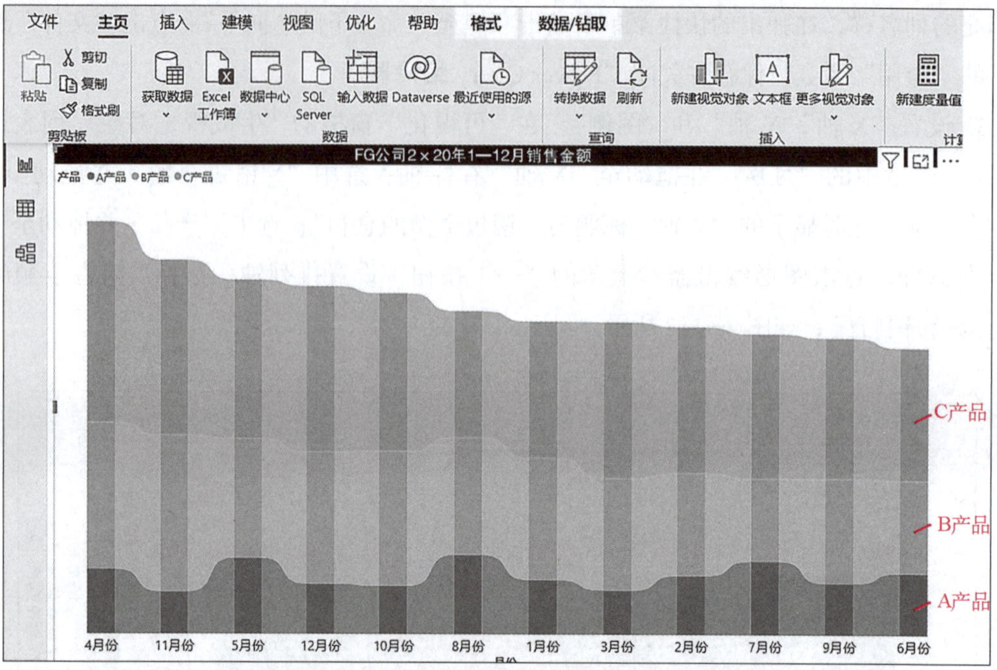

图 4-113　设置完成的丝带图

售金额都有显著增加，而整个月的总销售金额在全年仅排第 6，这就需要寻找 C 产品的销售额大幅下降的原因。

二、相关性分析与可视化

（一）认识相关性分析和散点图

1. 相关性分析

相关性分析，是研究现象之间是否存在某种依存关系，并对具有依存关系的现象探讨其相关方向和相关程度的统计方法，可研究随机变量之间的相关关系。

微课 50：认识相关性分析和绘制散点图

相关性分析描述客观事物相互间关系的密切程度并用适当的统计指标表示出来，需要确定相关关系的存在、相关关系呈现的形态和方向、相关关系的密切程度。

2. 散点图

在直角坐标系中，可以用两组数据构成多个坐标点，这些点的分布图就是散点图。根据点的分布及大致趋势，可以判断两个变量之间是否存在某种关系。在制作散点图时至少要有两组数据，分别放在“X 轴”和“Y 轴”上。

散点图可以让散乱的数据变得简单直观，并能让使用者从这些庞杂数据中发现一些表面上看不到的联系。更重要的是，数据量对于散点图来说多多益善，数据量越大，从散点图中越能看出一些规律。

（二）绘制散点图示例

使用Excel文件“FG公司2×20年1—12月销售金额表”绘制散点图，分析FG公司2×20年三种产品的销售情况，找到销售金额较高的3个月份。获取数据和清洗数据步骤在绘制丝带图时已经展示，以下主要介绍可视化部分，具体操作步骤如下：

1. 设置“值”“X轴”“Y轴”和“图例”。在可视化窗格的“生成视觉对象”列表选中“数据”窗格中的“∑销售量”并拖动至“值”和“X轴”存储桶，此时显示的“X轴”标题为“销售量的总和”；选中“∑销售金额”并拖动至“Y轴”存储桶，此时显示的“Y轴”标题为“销售金额的总和”；选中“产品”并拖动至“图例”存储桶。如图4-114所示。

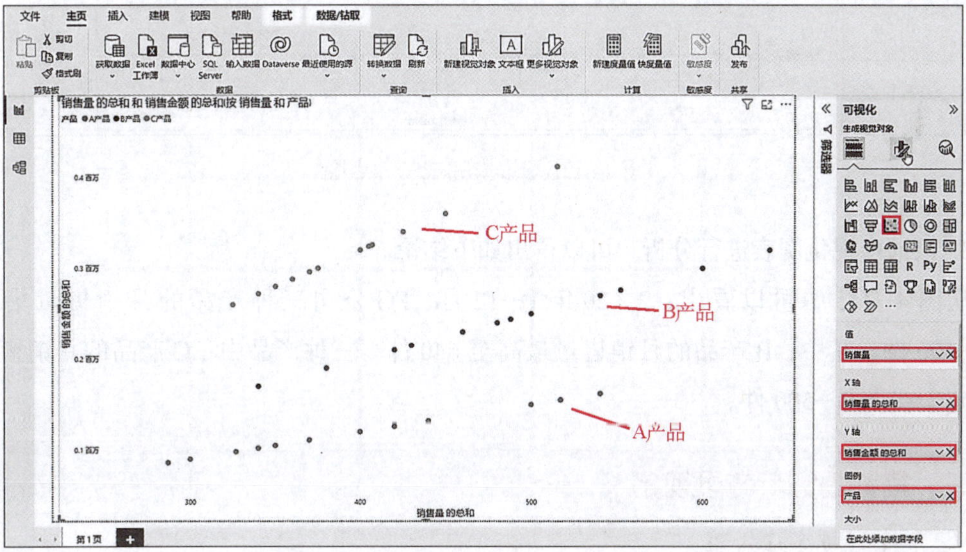

图4-114 设置坐标轴和排列轴

2. 在可视化窗格的“设置视觉对象格式”列表中调整散点图。

（1）调整“X轴”“Y轴”和“图例”。将“X轴”“Y轴”的“值”字体大小设为“14”，“Y轴”的“值”显示单位设为“无”，小数位设为“2”，“图例”的“文本”字体大小设为“12”，其他参数保持默认值。

（2）调整“网格线”。将水平和垂直的样式都设为“虚线”，颜色为“粉红色”。

（3）调整“标记”。根据个人喜好调整颜色。

（4）调整“类别标签”。打开“类别标签”按钮，将“值”字体大小设为“12”。

（5）调整“标题”。将“标题”文本设为“FG公司2×20年1—12月销售量”，字体大小设为“17”，加粗，文本颜色设为“白色”，背景色设为“黑色”，水平对齐方式设为“居中”，其他参数保持默认值。

设置完成的散点图如图 4-115 所示。点击“文件”选项卡下的“保存”按钮保存图像。

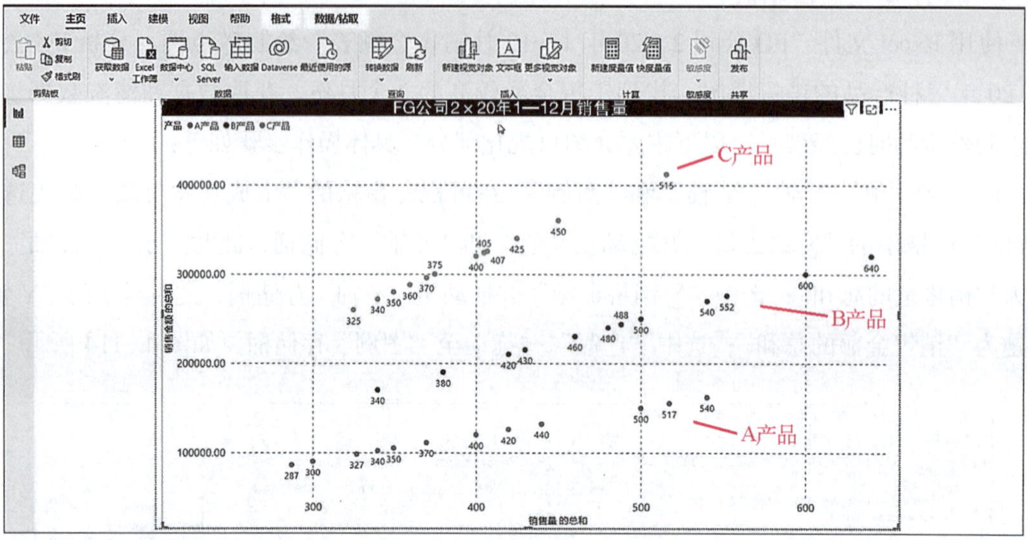

图 4-115　设置完成的散点图

3. 根据可视化图表进行分析，可以得出如下结论。

从图 4-115 中可以看出，2×20 年 1—12 月，FG 公司三种产品的月销售量集中在 300—600 件。其中，B 产品的月销售量最高至 640 件。三种产品中，C 产品的月销售量最为稳定，在 300—500 件。

三、描述性分析与可视化

（一）认识描述性分析

描述性分析是指对大量的原始数据资料进行初步的整理和归纳，通过描述原始数据的内在规律分析其集中趋势和分散趋势，包括以下几个方面：

微课 51：认识描述性分析和绘制盒须图

1. 频数分析。利用频数分析和交叉频数分析可以检验异常值。

2. 集中趋势分析。用平均值、中位数和众数等常用的指标来反映数据的一般水平。

3. 离散程度分析。用方差和标准差来反映数据之间的差异程度。

4. 分布分析。用偏度和峰度两个指标来检查样本数据是否符合正态分布规律。

在 Power BI 中，可以使用盒须图、表、矩阵进行描述性分析。

（二）绘制盒须图

1. 认识盒须图

盒须图，也被称为箱线图、盒图等，用来反映一组或者多组数据的分布情况，因形状像长着胡须的盒子而得名。

盒须图的外观非常简洁，但可以在有限的区域内同时展示多项信息，大大节省了报告空间。盒须图被广泛用于统计分布的信息，例如，员工薪资分布、单笔订单金额分布或者人口年龄分布等。

2. 添加盒须图

盒须图不属于 Power BI 提供的默认安装的可视化图表，需要手动添加。在报表视图下的可视化窗格中点击“获得更多视觉对象”命令，在打开的“Power BI 视觉对象”界面中搜索“Box”，选择第一种添加至 Power BI，如图 4–116 所示。

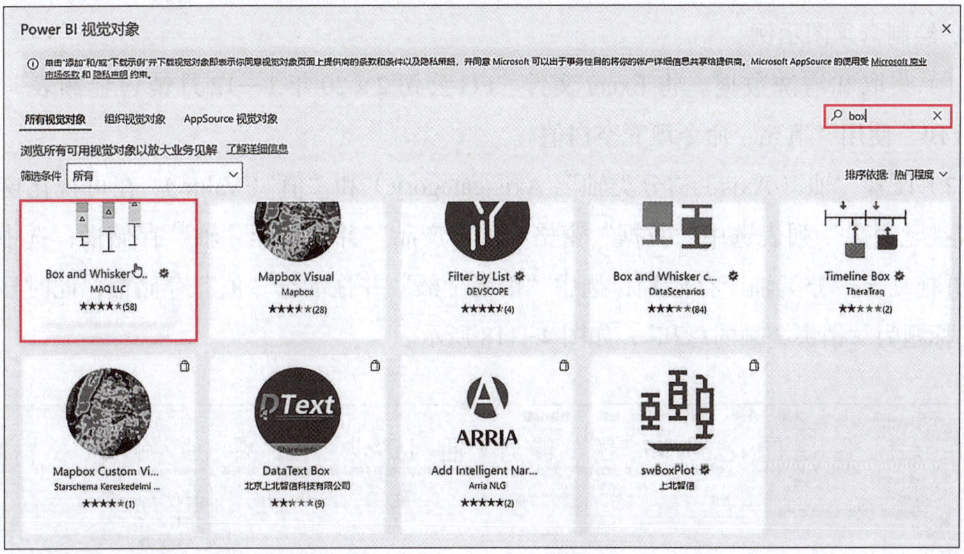

图 4–116 添加盒须图

3. 认识盒须图元素

盒须图中各项元素如图 4–117 所示。

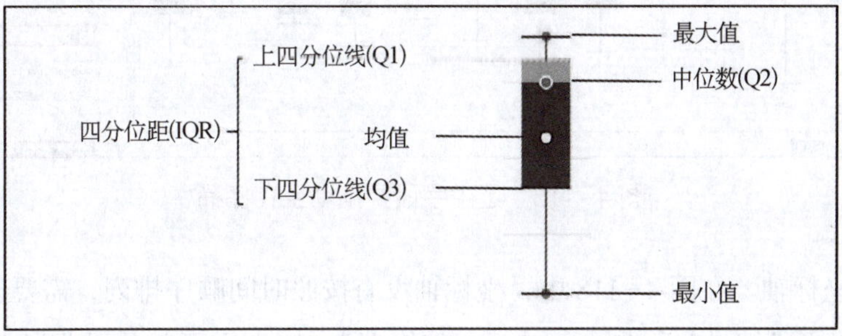

图 4–117 盒须图元素

（1）盒子中间的一条线，代表数据的中位数（Q2）；

（2）盒子的上方和下方线，如果数据从大到小排列，分别为数据的上四分位线（Q1）和下四分位线（Q3），盒子内包含 50% 的数据；

（3）上四分位线和下四分位线的差距就是盒子的高度，称为四分位距（IQR）；

（4）盒子内的线反映了半数的数据分布，盒子的高度反映了这些数据的波动状态，盒子越扁表示数据分布越集中；

（5）伸出去的“胡须”的上下边缘一般代表数据的最大值和最小值（也可以设置为 1.5 倍 IQR 等），伸出去的“胡须”越短，说明数据越集中；

（6）盒子中间的点为数据的平均值，在观察数据分布时仅作为参考，并不是太重要。

4. 绘制盒须图示例

（1）获取和清洗数据。将 Excel 文件“FG 公司 2×20 年 1—12 月销售金额表”导入 Power BI。使用“填充”命令填充空白值。

（2）设置“轴”（Axis）、“分类轴”（Axis category）和“值”（Value）。在可视化窗格的“生成视觉对象”列表选中“数据”窗格中的“产品”并拖动至“轴”存储桶；选中“月份”并拖动至“分类轴”存储桶；选中“销售金额”并拖动至“值”存储桶，此时显示的“值”标题为“销售金额的总和”，如图 4-118 所示。

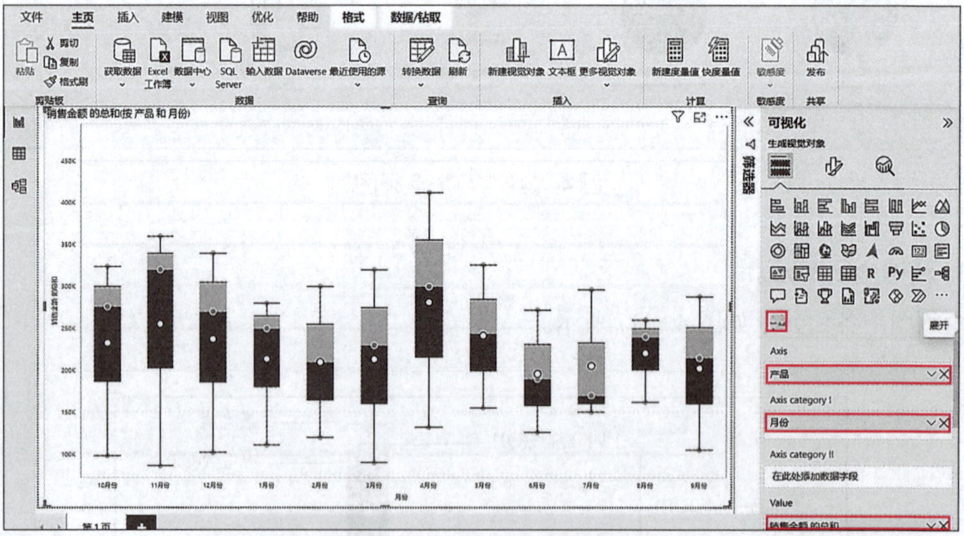

图 4-118　选中字段并拖动至存储桶

（3）调整坐标轴。在图 4-118 中，坐标轴没有按照时间顺序排列，需要进行调整。

在“数据视图”下打开“Power Query 编辑器”，选中需要替换数据的列，右击鼠标，在弹出的快捷菜单中点击“替换值”命令，如图 4-119 所示。

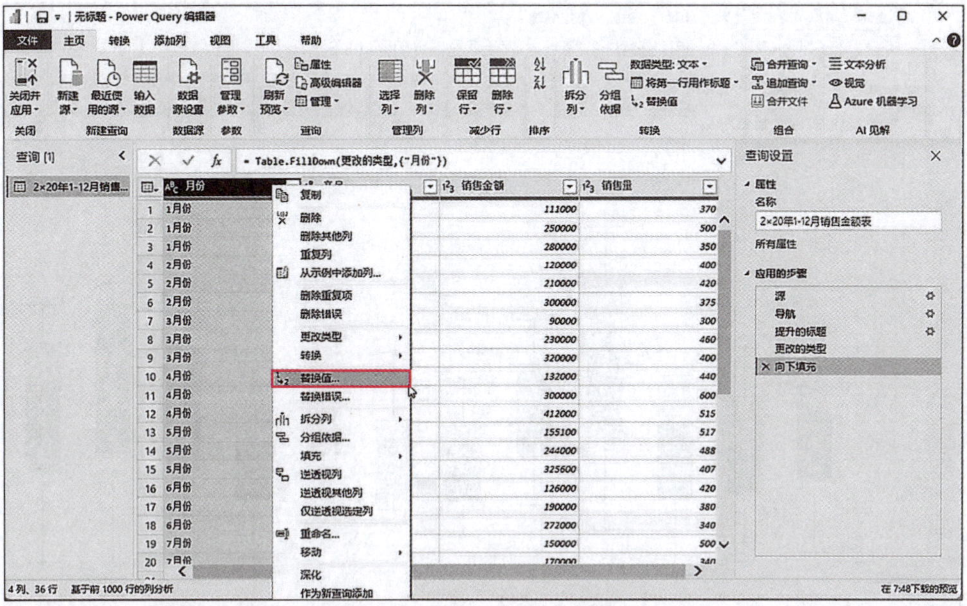

图 4-119 “替换值”命令

在弹出的“替换值”对话框中，将 1 至 9 月份名称前加“0”，如图 4-120 所示。替换完成后，点击“文件”选项卡下的“应用”命令，关闭“Power Query 编辑器”。

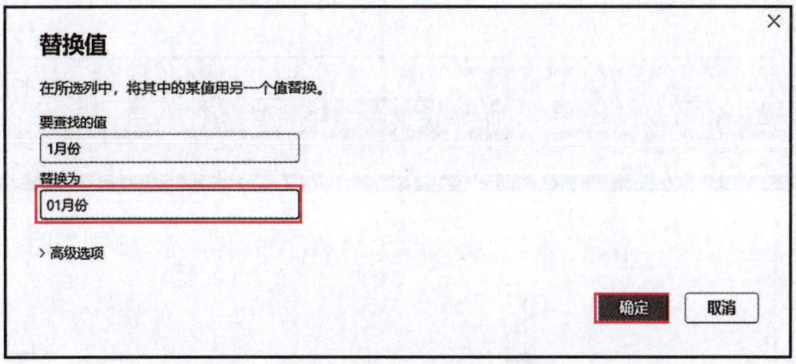

图 4-120 “替换值”对话框

回到报表视图，此时，“X 轴”已经按时间顺序排列，如图 4-121 所示。

（4）在可视化窗格的“设置视觉对象格式”列表中调整盒须图。

① 调整“X 轴”“Y 轴”。将“X 轴”“Y 轴”的“值”字体大小设为“14”，“Y 轴”的“值”显示单位设为“无”，其他参数保持默认值。

② 调整“Box options”“Dots”。根据个人喜好调整颜色。

③ 调整“标题”。将“标题”文本设为“FG 公司 2×20 年 1—12 月销售金额”，字体大小设为“17”，加粗，文本颜色设为“白色”，背景色设为“黑色”，水平对齐方式设为“居

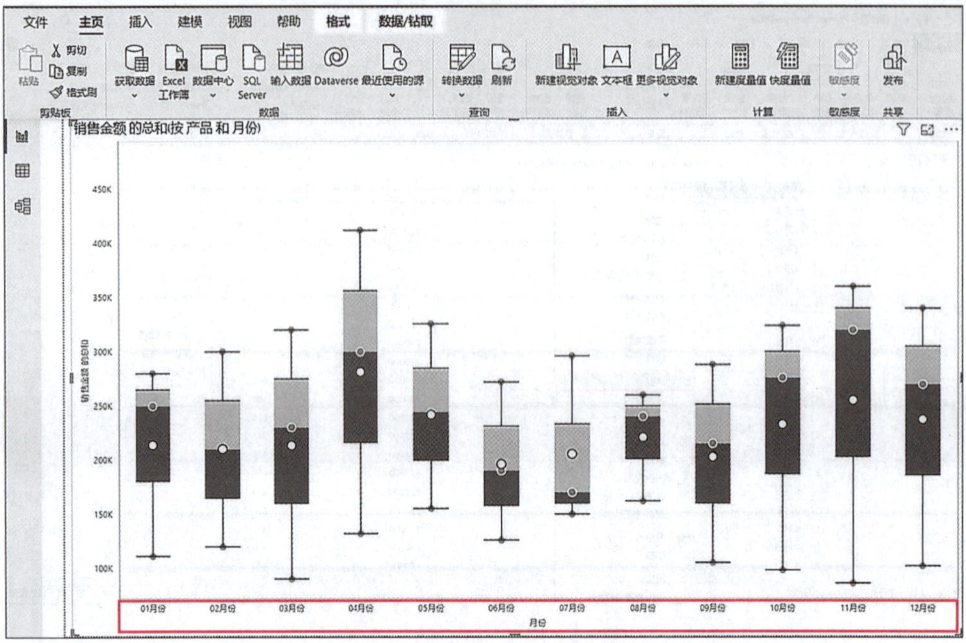

图 4-121　调整后的 X 轴

中”，其他参数保持默认值。

设置完成的盒须如图 4-122 所示。点击“文件”选项卡下的“保存”按钮保存图像。

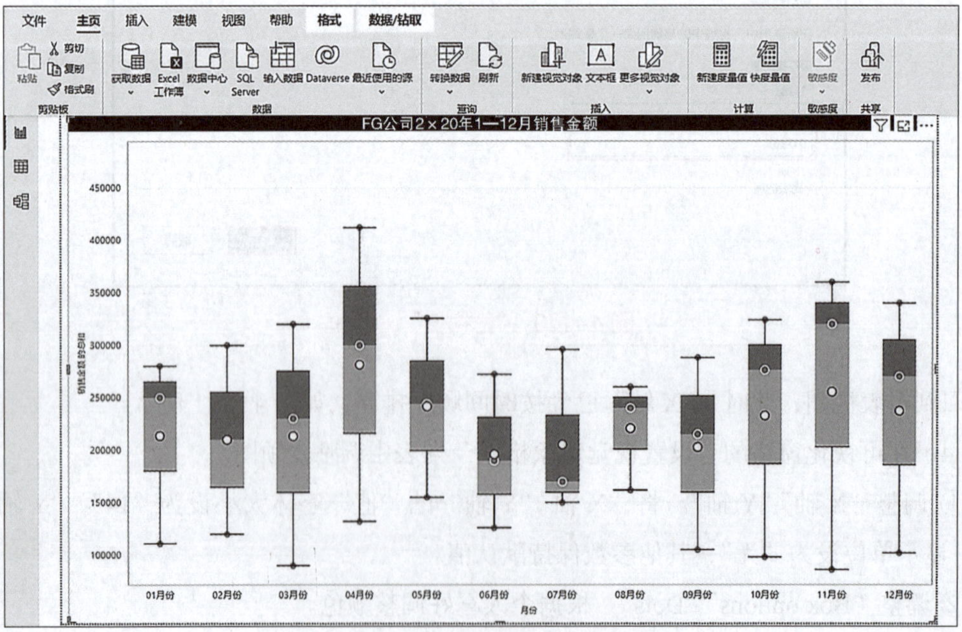

图 4-122　设置完成的盒须图

把鼠标放在盒子附近位置会显示数据快捷菜单，如图 4-123 所示。

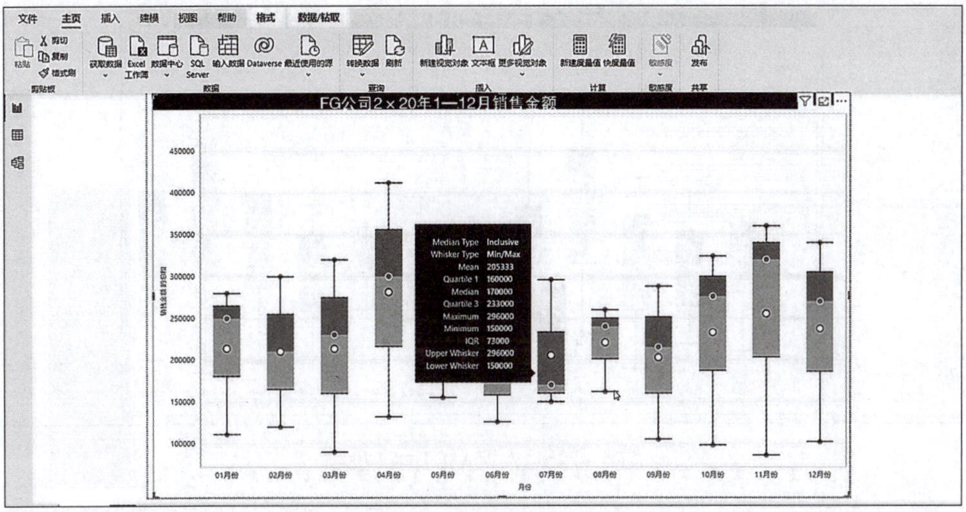

图 4-123 快捷显示菜单

（5）根据可视化图表进行分析，可以得出如下结论：

以 FG 公司 2×20 年 4 月的销售金额为例。最大值为 412 000 元，为 C 产品的销售金额，如图 4-124 所示；最小值为 132 000 元，为 A 产品的销售金额，如图 4-125 所示；三种产品销售金额的均值为 281 333 元，如图 4-126 所示。相对而言，4 月份的盒子较高，集中分布在 200 000 元到 350 000 元之间，说明三种产品的销售金额分布较分散。对比而言，8 月份三种产品的销售金额分布较为集中。

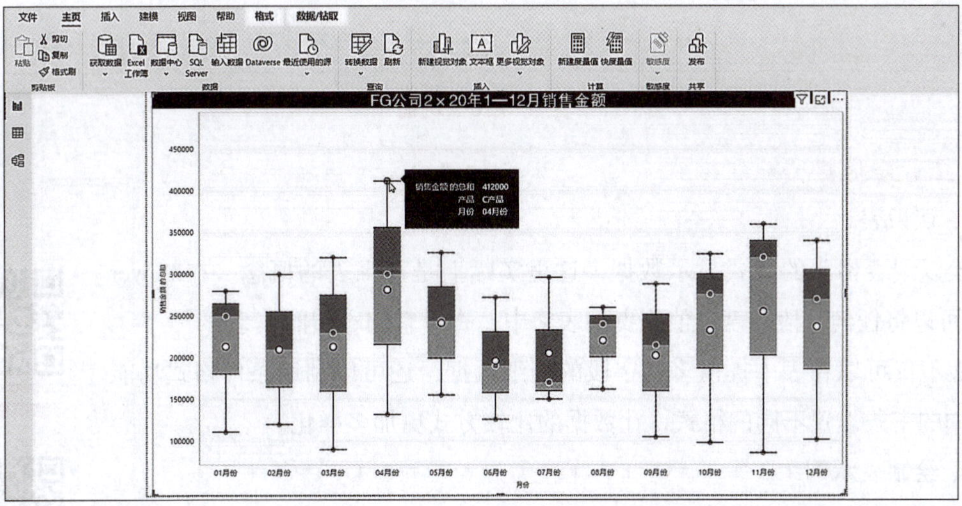

图 4-124 C 产品的销售金额

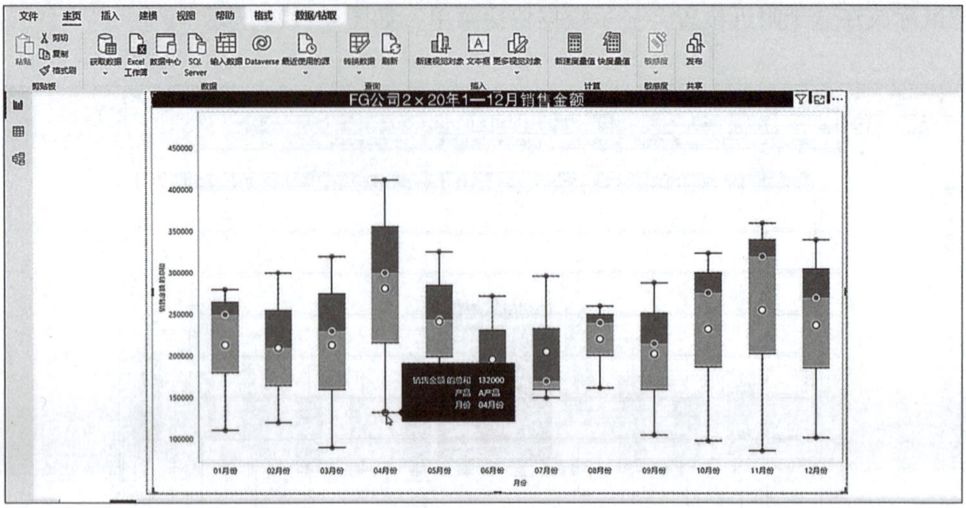

图 4-125　A 产品的销售金额

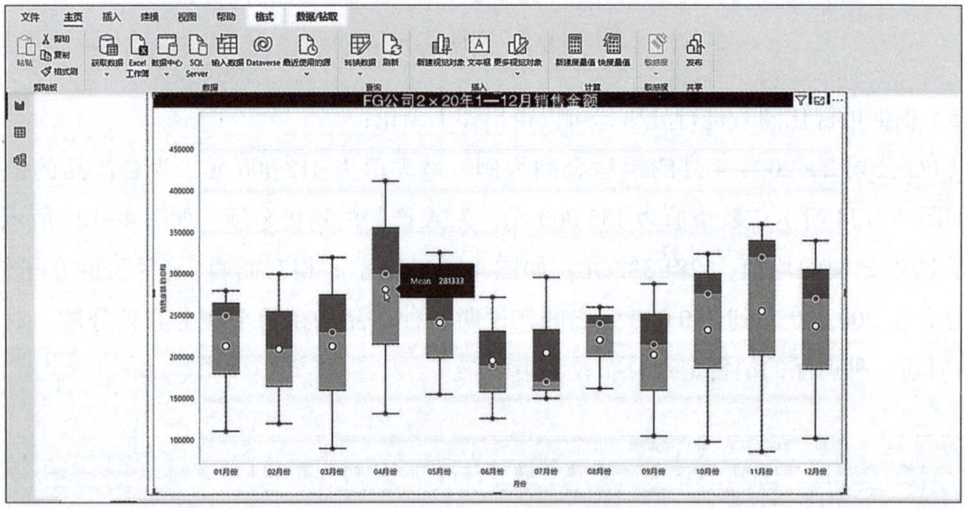

图 4-126　均值

（三）绘制表

1. 认识表

表以“表格”的方式显示数据，这里实际上是一维表的概念。在 Power BI 中可以将任何字段和度量值拖曳到表格中，查看它们之间的关系。

微课 52：绘制表和矩阵

表不仅可以在表中提供多个字段的明细数据，还可以利用条件格式功能为不同的字段设置不同的格式，让数据的比较方式更加多样化。

2. 绘制表示例

使用 Power BI 文件 4-12“FG 公司 2×20 年 1—12 月销售金额表”，介绍如何使用表进行 FG 公司 2×20 年产品销售金额的描述性分析，具体操作步骤如下：

4-12

（1）获取和清洗数据。打开 Power BI 文件“FG 公司 2×20 年 1—12 月销售金额表”，在报表视图下点击图形编辑区右上角的“…”按钮，删除原有的盒须图，如图 4-127 所示。

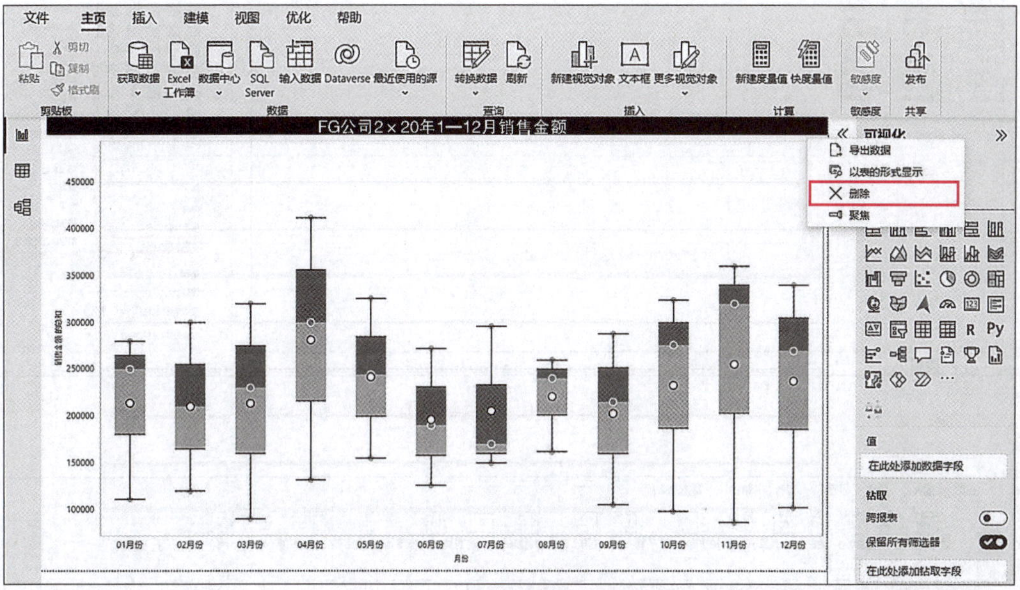

图 4-127　删除原有的盒须图

（2）在报表视图下，点击可视化窗格中的“表”图标，设置“列”。选中“数据”窗格中的“月份”并拖动至“列”存储桶；选中“∑ 销售金额”并拖动至“列”存储桶，此时显示的列标题为“销售金额的总和”；再次选中“∑ 销售金额”并拖动至“列”存储桶，此时显示的列标题为“销售金额的总和”。点击“销售金额的总和”旁的箭头，在弹出的快捷菜单中可以求销售金额的平均值、最大值、最小值等，如图 4-128 所示。

（3）选择销售金额的平均值、最小值、最大值、中值，将值显示为占总计的百分比并移入“列”存储桶，如图 4-129 所示。

（4）在可视化窗格的“设置视觉对象格式”列表中调整表。

① 调整“值”。将“值”字体大小设为“13”，其他参数保持默认值。

② 调整“列标题”。将“列标题”文本字体大小设为“14”，水平对齐方式设为“居中”，其他参数保持默认值。

③ 调整“标题”。将“标题”文本设为“FG 公司 2×20 年 1—12 月销售金额”，字体大小设为“17”，加粗，文本颜色设为“白色”，背景色设为“黑色”，水平对齐方式设为“居中”，其他参数保持默认值。

设置完成的表如图 4-130 所示。点击“文件”选项卡下的“保存”按钮保存图像。

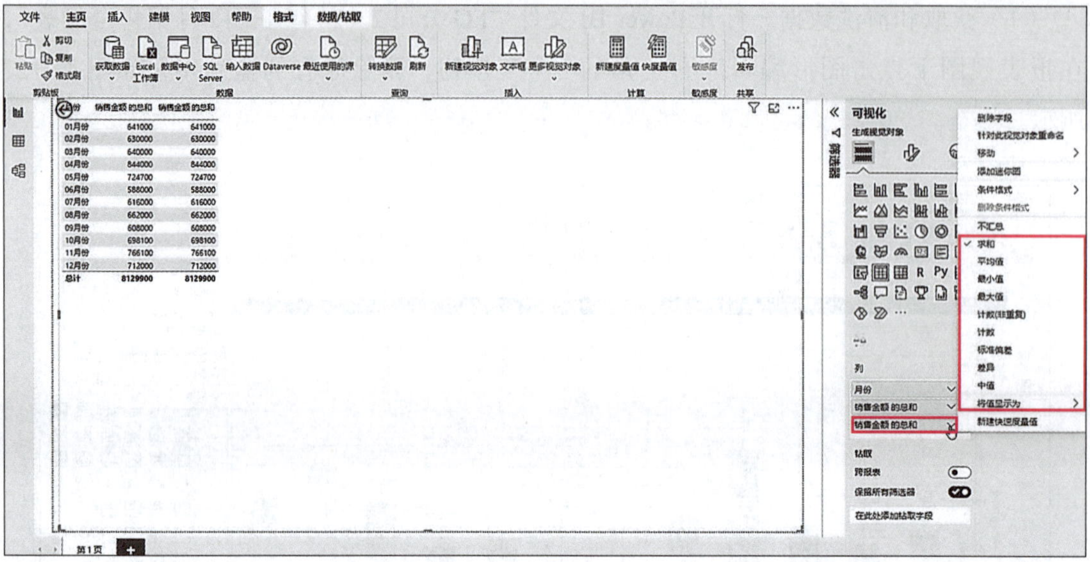

图 4-128　快捷菜单

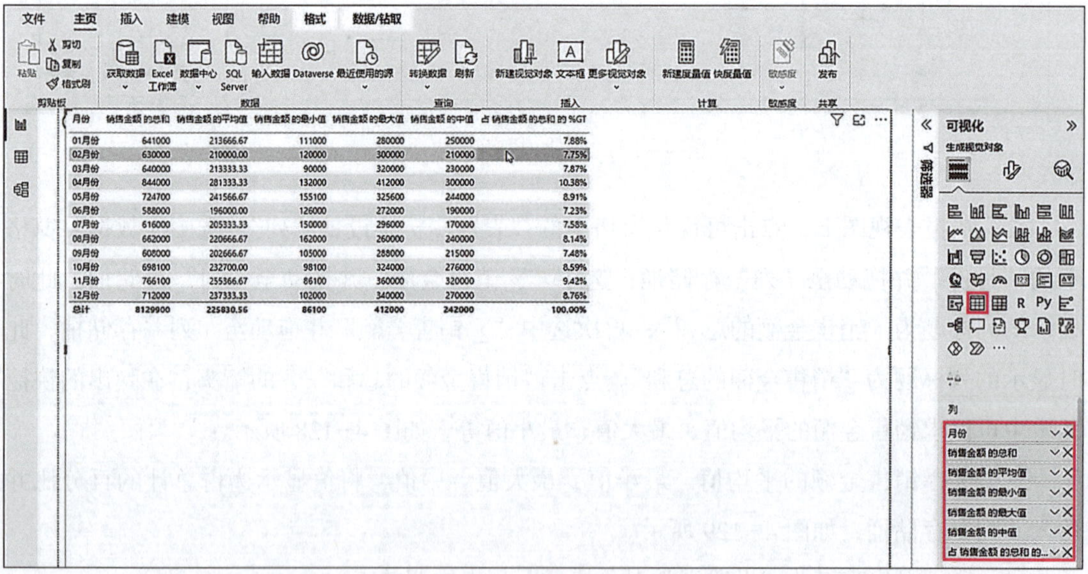

图 4-129　设置“列”

（5）根据可视化图表进行分析，可以得出如下结论：

从图 4-130 中可以看出，2×20 年 1—12 月，FG 公司产品销售金额总和为 8 129 900 元，月平均销售金额为 225 830.56 元，月销售额最小为 86 100 元、最大为 412 000 元。4 月份销售金额占全年销售金额的比率最高，为 10.38%；6 月份的销售金额占比最低，为 7.23%。

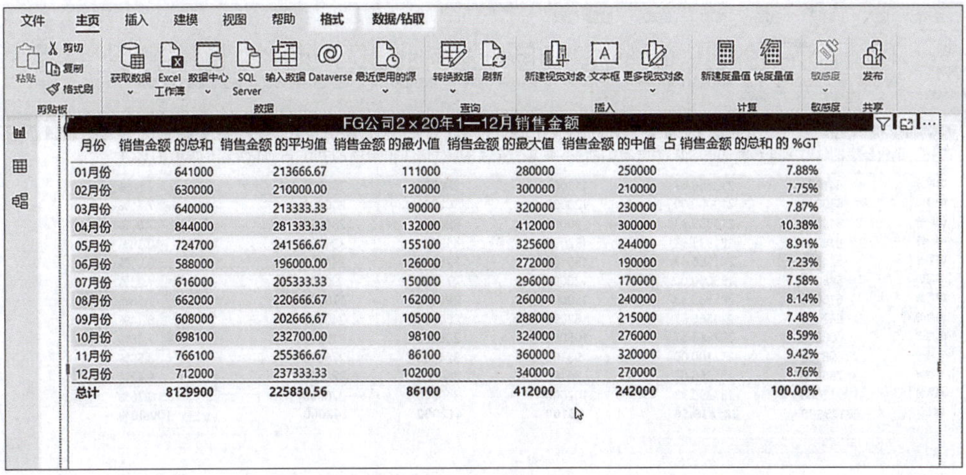

月份	销售金额 的总和	销售金额 的平均值	销售金额 的最小值	销售金额 的最大值	销售金额 的中值	占 销售金额 的总和 的 %GT
01月份	641000	213666.67	111000	280000	250000	7.88%
02月份	630000	210000.00	120000	300000	210000	7.75%
03月份	640000	213333.33	90000	320000	230000	7.87%
04月份	844000	281333.33	132000	412000	300000	10.38%
05月份	724700	241566.67	155100	325600	244000	8.91%
06月份	588000	196000.00	126000	272000	190000	7.23%
07月份	616000	205333.33	150000	296000	170000	7.58%
08月份	662000	220666.67	162000	260000	240000	8.14%
09月份	608000	202666.67	105000	288000	215000	7.48%
10月份	698100	232700.00	98100	324000	276000	8.59%
11月份	766100	255366.67	86100	360000	320000	9.42%
12月份	712000	237333.33	102000	340000	270000	8.76%
总计	8129900	225830.56	86100	412000	242000	100.00%

图 4-130 设置完成的表

（四）绘制矩阵

1. 认识矩阵

矩阵实际上是二维表的概念，表格是以逻辑序列的行和列表示的包含相关数据的网格，其中包含表头和合计行。矩阵与表格类似，都按行、列显示数据，但矩阵可对行、列中的值进行汇总。

在默认情况下，矩阵会在矩阵的最末行和最末列显示总计，分别称为行小计和列小计。在 Power BI 报表中创建矩阵视觉对象可以查看表中某个字段的数据信息及合计值；如果行中有多个级别的字段，可以使用钻取功能查看下一级别的数据。

2. 绘制矩阵示例

在 Power BI 的报表视图下将视觉对象“表”切换为“矩阵”，如图 4-131 所示。

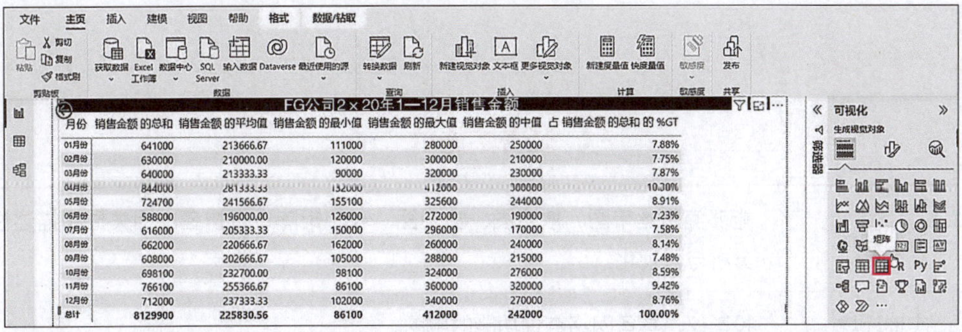

图 4-131 “表”切换为“矩阵”

此时，一维表变成了二维表。在“设置视觉对象格式”中，调整“行标题”文本字体大小为“14”。设置完成的矩阵如图 4-132 所示。

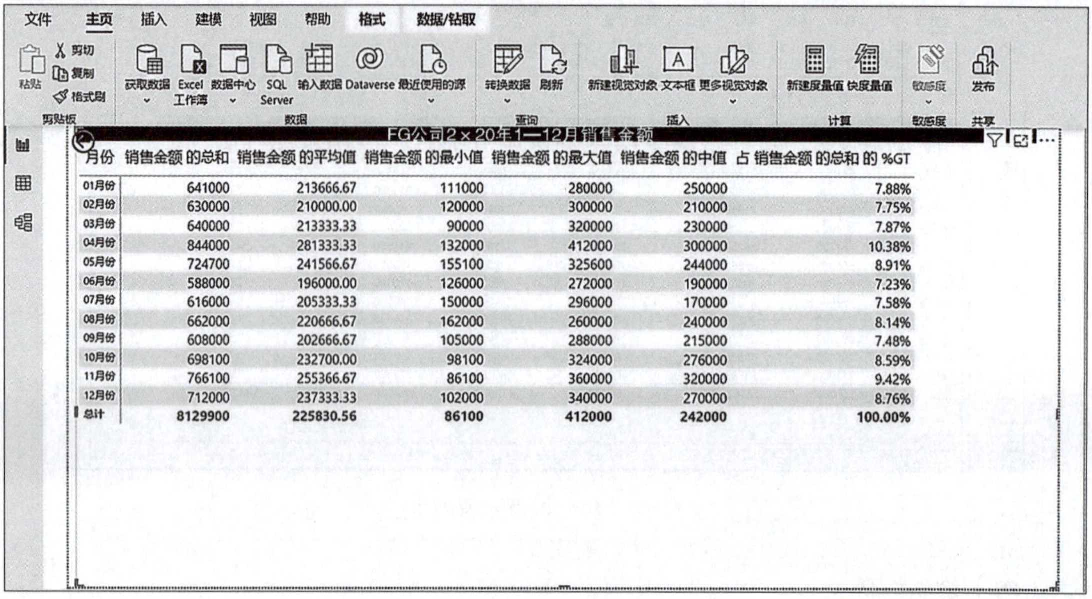

FG公司2×20年1—12月销售金额

月份	销售金额 的总和	销售金额 的平均值	销售金额 的最小值	销售金额 的最大值	销售金额 的中值	占 销售金额 的总和 的 %GT
01月份	641000	213666.67	111000	280000	250000	7.88%
02月份	630000	210000.00	120000	300000	210000	7.75%
03月份	640000	213333.33	90000	320000	230000	7.87%
04月份	844000	281333.33	132000	412000	300000	10.38%
05月份	724700	241566.67	155100	325600	244000	8.91%
06月份	588000	196000.00	126000	272000	190000	7.23%
07月份	616000	205333.33	150000	296000	170000	7.58%
08月份	662000	220666.67	162000	260000	240000	8.14%
09月份	608000	202666.67	105000	288000	215000	7.48%
10月份	698100	232700.00	98100	324000	276000	8.59%
11月份	766100	255366.67	86100	360000	320000	9.42%
12月份	712000	237333.33	102000	340000	270000	8.76%
总计	**8129900**	**225830.56**	**86100**	**412000**	**242000**	**100.00%**

图 4-132 设置完成的矩阵

任务实训

一、实训任务

使用 Excel 文件“FG 公司 2×20 年 1—12 月销售金额表”进行排名、相关性和描述性分析与可视化。

二、任务实施

任务实施单

实训目标	能够使用丝带图、散点图、盒须图、表和矩阵进行排名、相关性和描述性分析与可视化。
实训环境	投影仪、具备网络查询功能的电脑。

（续表）

实训内容及要求	【实训内容】 使用 Excel 文件“FG 公司 2×20 年 1—12 月销售金额表”进行排名、相关性和描述性分析与可视化。 【实训要求】 绘制丝带图、散点图、盒须图、表和矩阵。
实训步骤	1. 教师讲授实训内容及要求，提示操作中需要注意的事项； 2. 每位同学分配一台电脑； 3. 每位同学按照教师讲解的操作步骤，进行实操演练； 4. 将 Power BI 文件保存到 U 盘。
实训考核评价	【评价载体】 保存的 Power BI 文件。 【评价指标】 1. 绘制丝带图，占 20%； 2. 绘制散点图，占 20%； 3. 绘制盒须图，占 20%； 4. 绘制表，占 20%； 5. 绘制矩阵，占 20%。

知识拓展

为散点图添加播放轴

散点图通过横纵坐标值、圆点大小，展现数据的分布情况，表现的数据维度多，图形美观、欣赏性强。以前面绘制的散点图为例，添加播放轴可将图表做成动态图表，大大提升图表的可视化效果。

接散点图示例，“值”“X 轴”“Y 轴”和“图例”的设置不变，增加“大小”和“播放轴”。选中“数据”窗格中的“∑销售金额”并拖动至“大小”存储桶，此时显示的“大小”标题为“销售金额的总和”；选中“月份”并拖动至“播放轴”存储桶。

设置完成的动态散点图如图 4-133 所示。

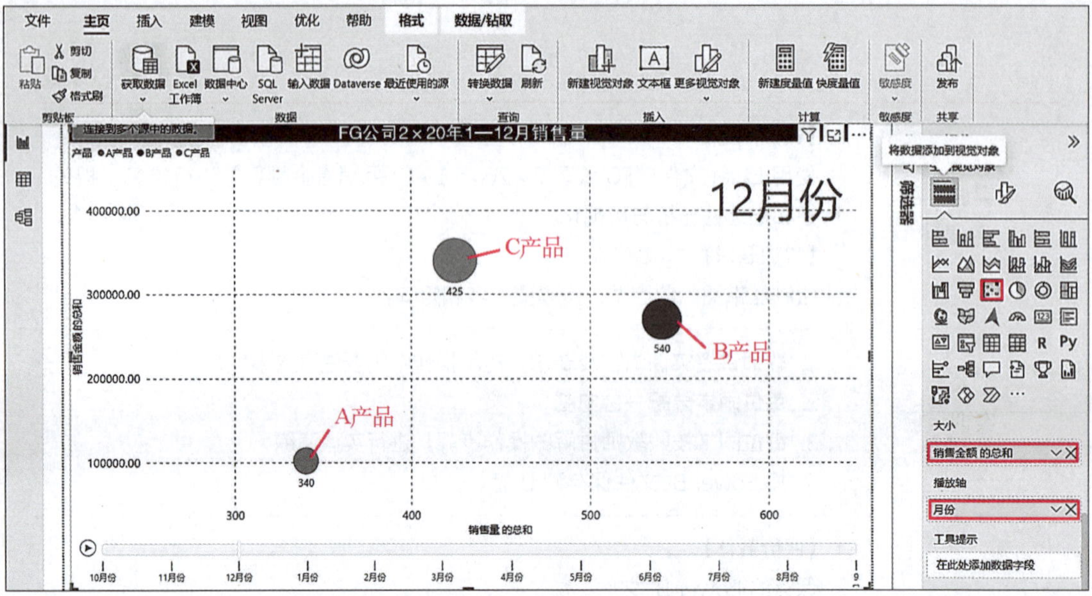

图 4-133　动态散点图

调整播放轴的时间顺序后，点击“播放轴”，散点图将动态显示 FG 公司 2×20 年每个月份的销售金额的变动情况，如图 4-134 所示。

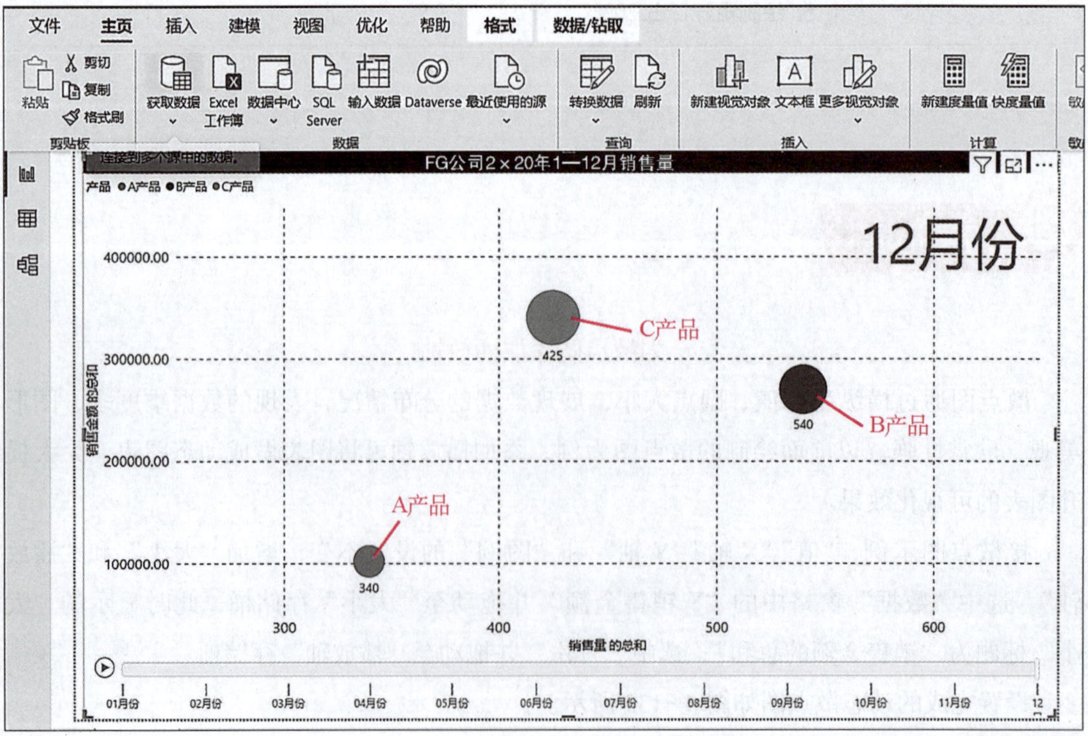

图 4-134　调整播放轴后的动态散点图

思维导图

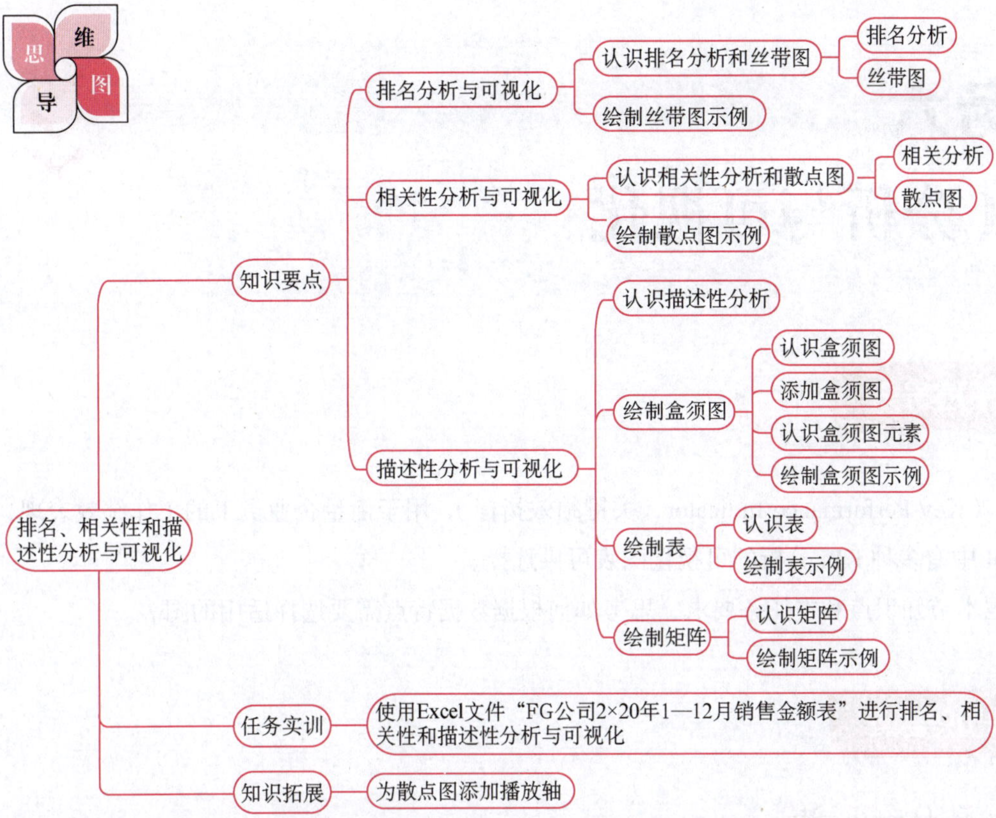

赛证融通测试题

1. （多选题）在 Power BI 中，可以使用（　　）进行描述性分析。

A. 丝带图　　B. 盒须图

C. 散点图　　D. 表

4-5-1

2. （实操题）使用 Excel 文件 4-5-1“FY 公司 2×16 年末至 2×20 年末流动资产表”，选择合适的图表进行描述性分析与可视化。

任务六 KPI 分析与可视化

情境导入

KPI（Key Performance Indicator，关键绩效指标），用于衡量企业员工的工作绩效表现，Power BI 中有多种 KPI 分析的可视化图表可供选择。

根据本节知识点和本任务要求，思考如何根据数据特点需要选择适用的图表。

知识要点

一、认识 KPI 分析

微课 53：认识 KPI 分析和绘制仪表图

KPI 是通过对企业内部流程的输入端、输出端的关键参数进行设置、取样、计算、分析，用来衡量流程绩效的一种目标式量化管理指标。KPI 把企业战略目标分解为可操作的工作目标，是企业绩效管理的基础。

KPI 是绩效计划的重要组成部分，也是对比分析的一种特殊应用。KPI 可以使部门主管明确部门的主要责任，并以此为基础，制定部门人员的业绩衡量指标。

在 Power BI 中，用于 KPI 分析的图形包括仪表、卡片图、多行卡、KPI 图等。

二、绘制仪表

（一）认识仪表

仪表，也称径向仪表盘，用于显示单个值相对于目标的进度。查看最新的经营数据最简单的方式就是查看描述关键指标的仪表。仪表为一个半圆弧，在 Power BI 的默认可视化效果中，实际数据总是显示在仪表盘的中间位置。仪表盘的最小值为 0，最大值为实际数据的 2 倍，目标值根据实际数据完成情况显示在实际数据左右两边。

在实际应用中通常可设置最大值和最小值，使得实际值出现在仪表的右侧，即接近最大值的位置。仪表盘被广泛应用于经营数据分析、财务指标跟踪和绩效考核等方面。

（二）绘制仪表示例

使用 Excel 文件 4-13 “WP 公司 2×20 年 12 月销售任务完成情况表”，绘制仪表，分析 WP 公司 2×20 年 12 月销售任务完成情况，具体操作步骤如下：

4-13

1. 获取和清洗数据。将 Excel 文件 “WP 公司 2×20 年 12 月销售任务完成情况表” 数据导入 Power BI。

2. 在报表视图下选择 “仪表” 进行可视化分析。

3. 设置 “值”“目标值”。在可视化窗格的 “生成视觉对象” 列表中，选中 “数据” 窗格中的 “∑ 实际销售额” 并拖动至 “值” 存储桶，此时显示的 “值” 标题为 “销售额的总和”；选中 “∑ 销售任务额” 并拖动至 “目标值” 存储桶，此时显示的 “目标值” 标题为 “销售任务额的总和”，如图 4-135 所示。

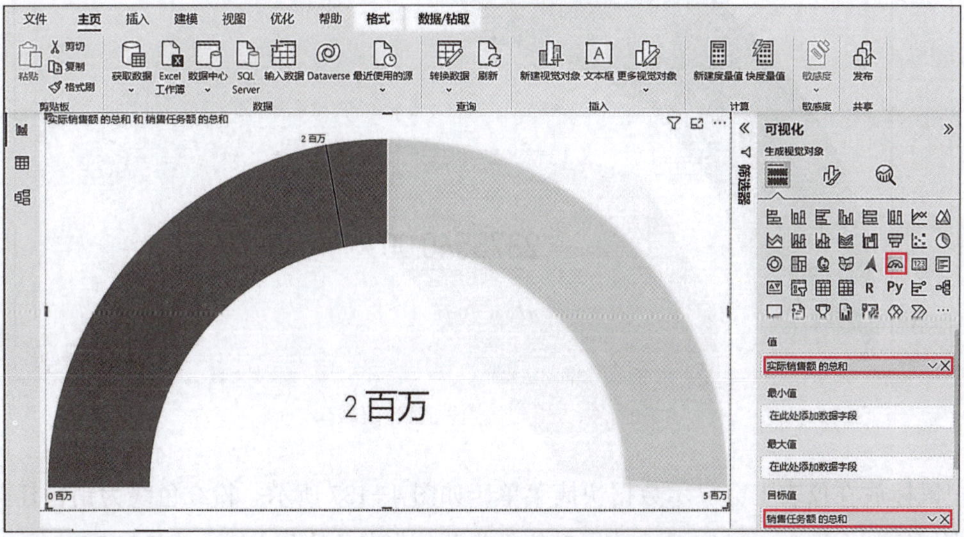

图 4-135　选中字段并拖动至存储桶

4. 在可视化窗格的 “设置视觉对象格式” 列表中调整仪表。

（1）调整 “颜色”。将填充颜色设为 “黄色”，目标颜色设为 “粉红色”，其他参数保持默认值。

（2）调整 “数据标签”。将 “值” 字体大小设为 “14”，显示单位设为 “无”，小数位设为 “2”，其他参数保持默认值。

（3）调整 “目标标签”。将 “值” 字体大小设为 “14”，显示单位设为 “无”，小数位设为 “2”，其他参数保持默认值。

（4）调整 “标注值”。字体加粗，“值” 显示单位设为 “无”，小数位设为 “2”，其他参数保持默认值。

（5）调整“标题”。将“标题”文本设为“WP 公司 2×20 年 12 月销售任务完成情况”，字体大小设为“17”，加粗，文本颜色设为“白色”，背景色设为“黑色”，水平对齐方式设为“居中”，其他参数保持默认值。

（6）调整“效果”。背景颜色设为最浅的蓝色。

设置完成的仪表如图 4-136 所示。点击“文件”选项卡下的“保存”按钮保存图像。

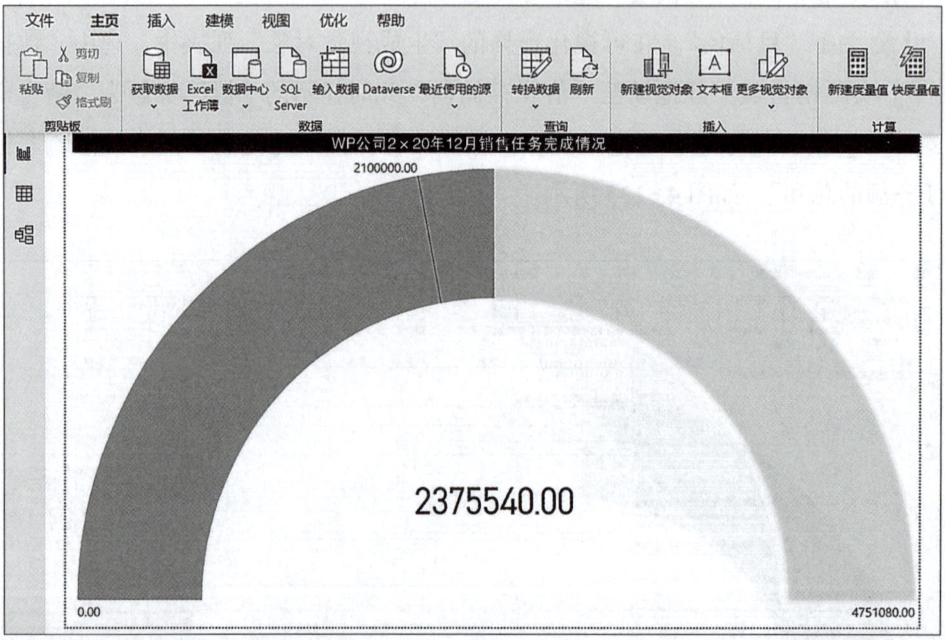

图 4-136　设置完成的仪表

把鼠标放在仪表上会显示数据快捷菜单，如图 4-137 所示。粉红色线为销售任务额，即计划销售额，为 2 100 000 元；实际销售额为黄色与白色的分界线，为 2 375 540 元。

5. 根据可视化图表进行分析，可以得出如下结论：

如图 4-137 所示，2×20 年 12 月 WP 公司实际销售额 2 375 540 元，计划销售额 2 100 000 元，实际销售额超过了计划销售额 275 540 元，超额完成率为 13.12%。WP 公司可以将 2×20 年 12 月的超额完成率与 2×20 年 11 月的超额完成率进行对比，分析公司销售业绩是否有所提升。

三、绘制卡片图

（一）认识卡片图

卡片图，也称为大数字磁贴，严格来说不能算是一种图表，只是仪表板的一个组件。

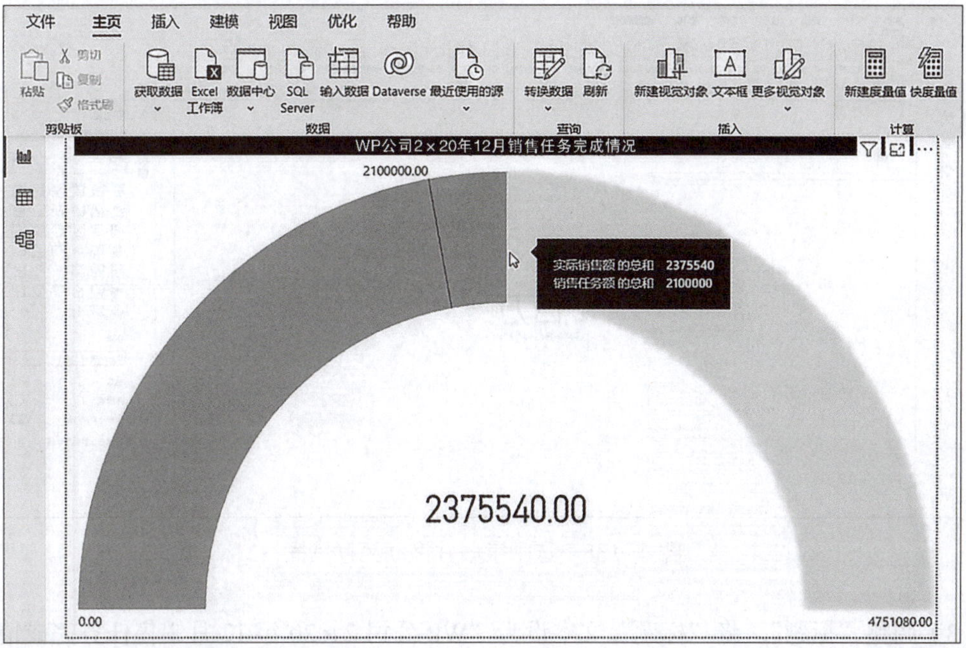

图 4-137 快捷显示菜单

卡片图十分简单，它只展示一个值。在仪表板或报表中，需要跟踪和展示的最重要信息有时只是一个数字，这时卡片图就派上用场了。

微课 54：绘制卡片图和多行卡

因为卡片图只能展示一个值，所以当把字段放进去时，它会自动聚合，例如，数值型字段自动聚合为求和，文本型字段自动展示第一个。

卡片图一般不单独使用，而是在展现重要指标或者为其他数据提供上下文时，在仪表板或报表的醒目位置展示重要的数据来使用。大而醒目的关键绩效指标是查看报告的锚点，因此，指标越受关注，越适合用卡片图来展现。

（二）绘制卡片图示例

使用绘制仪表时已经导入 Power BI 的数据，按以下步骤操作：

1. 在报表视图下选择“卡片图”进行可视化分析。

2. 设置“字段”。在可视化窗格的“生成视觉对象”列表选中“数据”窗格中的“∑ 实际销售额”并拖动至“字段”存储桶，此时显示的“字段”标题为“实际销售额的总和”，如图 4-138 所示。

3. 在可视化窗格的“设置视觉对象格式”列表中调整卡片图。

（1）调整“标注值”。将颜色设为“粉红色”，“值”的显示单位设为“无”，小数位设为“2”，其他参数保持默认值。

（2）调整“类别标签”。将“值”字体大小设为“15”，其他参数保持默认值。

图 4-138　选中字段并拖动至存储桶

（3）调整“标题”。将“标题”文本设为“WP 公司 2×20 年 12 月销售任务完成情况”，字体大小设为“17”，加粗，文本颜色设为“白色”，背景色设为“黑色”，水平对齐方式设为“居中”，其他参数保持默认值。

（4）调整“效果”。将背景设为“黄色”，打开“视觉对象边框”按钮，其他参数保持默认值。

设置完成的卡片图如图 4-139 所示。点击“文件”选项卡下的“保存”按钮保存图像。

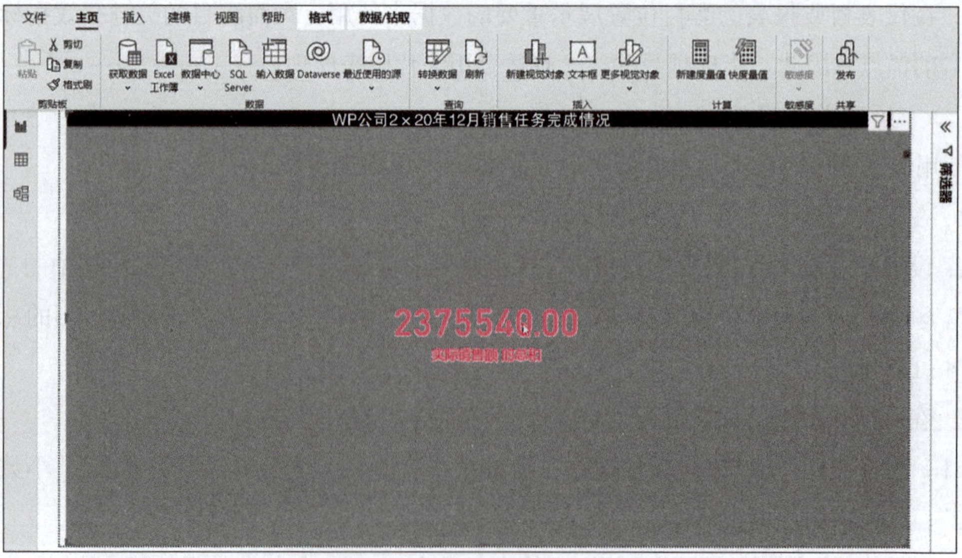

图 4-139　设置完成的卡片图

4. 根据可视化图表进行分析，可以得出如下结论：

如图 4-139 所示，2×20 年 12 月 WP 公司销售额为 2 375 540 元。

四、绘制多行卡

（一）认识多行卡

在 Power BI 的默认可视化对象中，在卡片图的旁边还有一个“多行卡”选项，这个也是卡片图，它可以同时展示多个指标的数据，只要把多个字段拖动至该图的字段框即可。

（二）绘制多行卡示例

使用绘制仪表时已经导入 Power BI 的数据，按以下步骤操作：

1. 在报表视图下选择“多行卡”进行可视化分析。

2. 设置“字段”。在可视化窗格的“生成视觉对象”列表选中“数据”窗格中的“销售经理”“∑客户数”“∑实际销售额”“∑销售任务额”并拖动至“字段”存储桶，如图 4-140 所示。

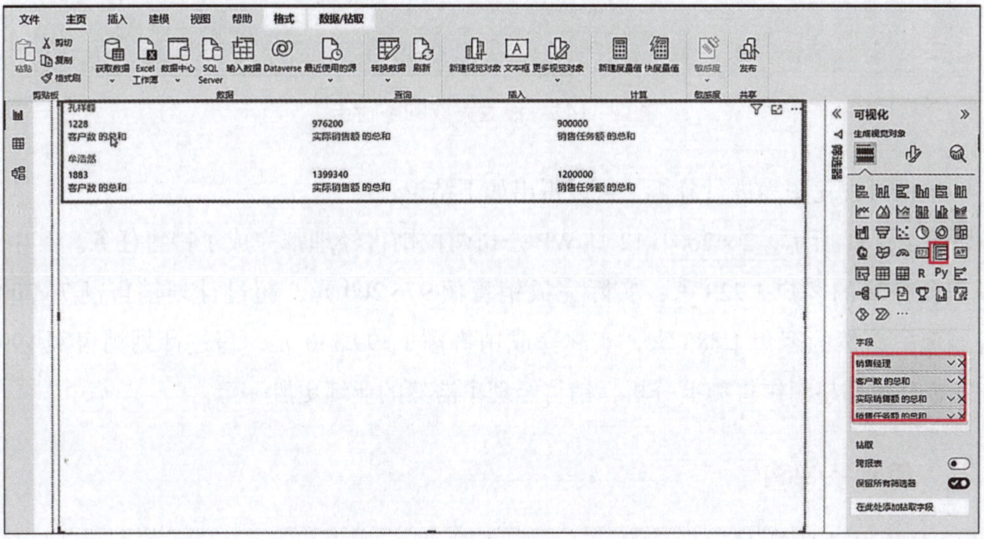

图 4-140 选中字段并拖动至存储桶

3. 在可视化窗格的“设置视觉对象格式”列表中调整多行卡。

（1）调整“标注值”。将“值”字体大小设为“14”，其他参数保持默认值。

（2）调整“类别标签”。将“值”字体大小设为“14”，其他参数保持默认值。

（3）调整“卡”。将“卡”字体大小设为“15”，加粗，样式背景色设为“黄色”，其他参数保持默认值。

（4）调整“标题”。将“标题”文本设为“WP 公司 2×20 年 12 月销售任务完成情况”，字体大小设为“16”，加粗，文本颜色设为“白色”，背景色设为“黑色”，水平对齐方式设为“居中”，其他参数保持默认值。

（5）调整“效果”。将背景设为最浅的蓝色，打开“视觉对象边框”按钮。

设置完成的多行卡如图 4-141 所示。点击“文件”选项卡下的“保存”按钮保存图像。

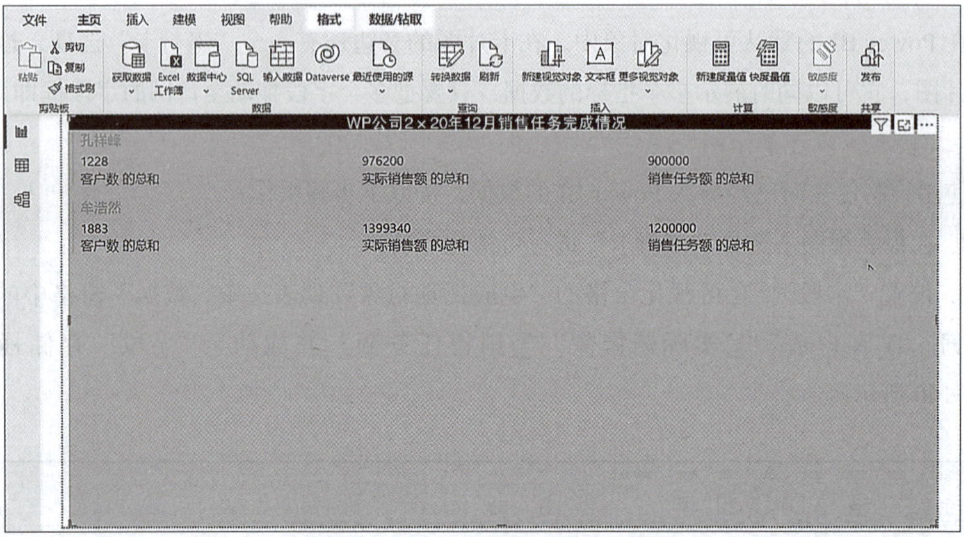

图 4-141　设置完成的多行卡

4. 根据可视化图表进行分析，可以得出如下结论：

如图 4-141 所示，2×20 年 12 月 WP 公司两位销售经理都完成了销售任务。其中，销售经理孔祥峰的客户 1 228 家，实际完成销售额 976 200 元，超过计划销售额 76 200 元；销售经理牟浩然的客户 1 883 家，实际完成销售额 1 399 340 元，超过计划销售额 199 340 元。从客户数和超额销售额上分析，销售经理牟浩然的业绩更胜一筹。

五、绘制子弹图

（一）认识子弹图

微课 55：绘制子弹图和 KPI 图

子弹图是仪表的一种变化形式，因其外形像一颗射出的子弹而得名，主要用于比较实际数据与目标数据的差异情况，在 KPI 分析中经常可以看到，如预实分析或考核销售达成情况等。

子弹图中可以定义深红、红、黄、绿 4 种颜色，分别表示有待改善、一般、好、很好 4 种情况。

（二）添加子弹图

子弹图不属于 Power BI 提供的默认安装的可视化图表，需要手动添加。在报表视图下的可视化窗格中点击“获得更多视觉对象”命令，在打开的“Power BI 视觉对象”界面中搜索“Bullet”，选择第一种添加至 Power BI，如图 4-142 所示。

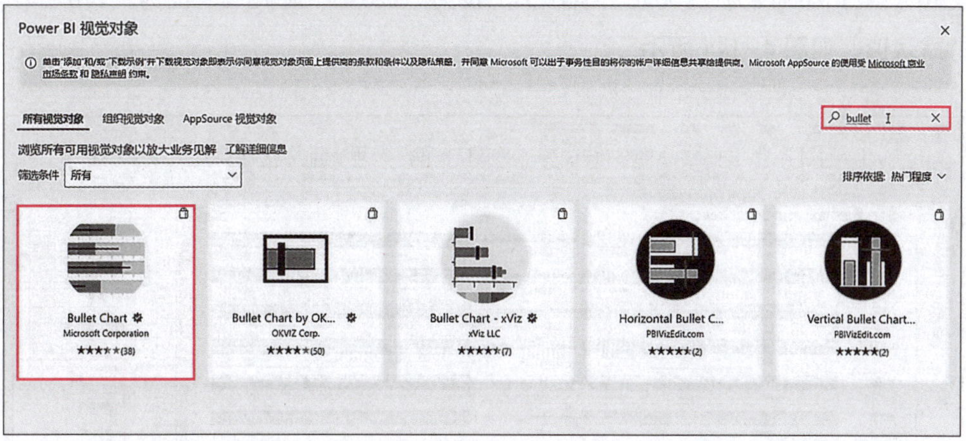

图 4-142 添加子弹图

（三）绘制子弹图示例

使用绘制仪表时已经导入 Power BI 的数据，按以下步骤操作：

1. 在报表视图下选择添加的“子弹图”进行可视化分析。

2. 设置“类别”“值”“目标值”。在可视化窗格的“生成视觉对象”列表选中“数据”窗格中的“销售代表”并拖动至“类别”存储桶；选中“∑实际销售额”并拖动至“值”存储桶，此时显示的“值”标题为“实际销售额的总和”；选中“∑销售任务额”并拖动至“目标值”存储桶，此时显示的“目标值”标题为“销售任务额的总和”，如图 4-143 所示。

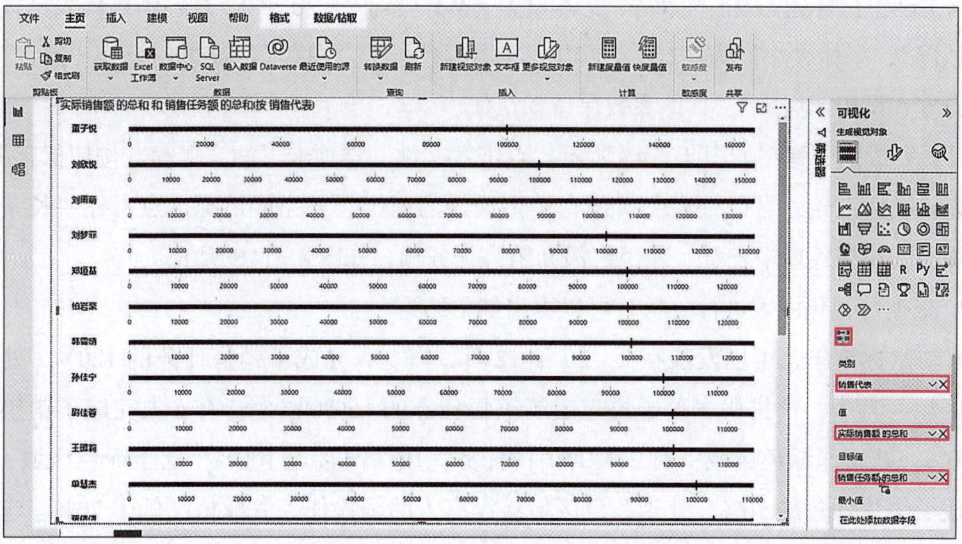

图 4-143 选中字段并拖动至存储桶

3. 在可视化窗格的“设置视觉对象格式”列表中调整子弹图。

（1）调整“数据值”。将“最小 %”设为“0”，“有待改善 %”设为“30”，“一般 %”设为“70”，“好 %”设为“100”，“很好 %”设为“120”，“最大 %”设为“170”，其他参数保持默认值，如图 4–144 所示。

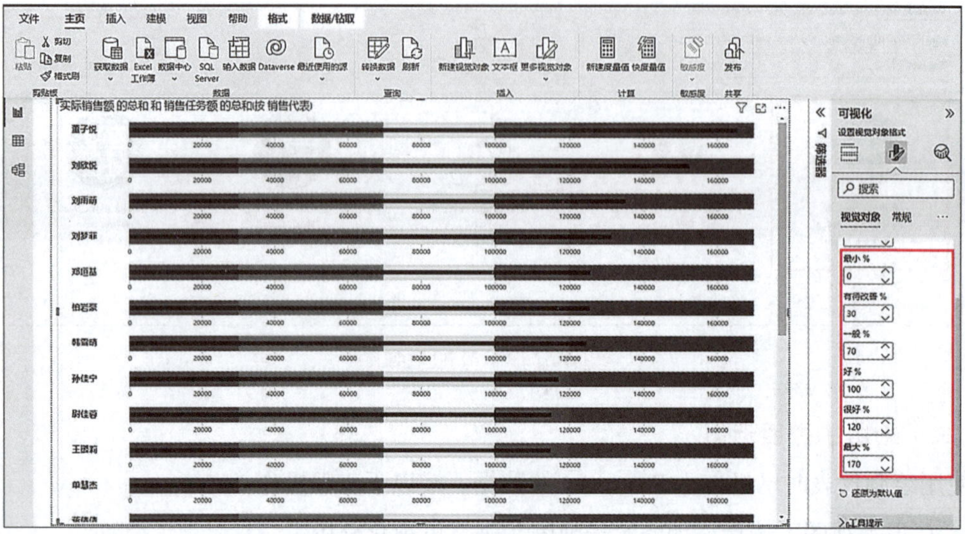

图 4–144 数据值设置

（2）调整“工具提示”。将“值”自定义名称设为“实际销售额”，“目标值”自定义名称设为“销售任务额”，其他参数保持默认值。

（3）调整“类别标签”。将“值”字体大小设为“14”，其他参数保持默认值。

（4）调整“标题”。将“标题”文本设为“WP 公司 2×20 年 12 月各销售代表销售任务完成情况”，字体大小设为“16”，加粗，文本颜色设为“白色”，背景色设为“黑色”，水平对齐方式设为“居中”，其他参数保持默认值。

设置完成的子弹图如图 4–145 所示。点击“文件”选项卡下的“保存”按钮保存图像。

滚动鼠标滚轮，可以查看公司所有销售代表的销售任务完成情况。点击任一长条，可以在弹出的快捷菜单中查看实际销售额和销售任务额，如图 4–146 所示。

4. 根据可视化图表进行分析，可以得出如下结论。

滚动鼠标滚轮，可以发现在 2×20 年 12 月，有 7 人完成了销售任务的 120%，处于深绿色区域。其中，销售代表董子悦完成了销售任务的 160% 以上；有 6 人完成了销售任务的 120%，处于深绿色区域；有 2 人的销售任务完成情况接近 100%，处于绿色区域，有 5 人完成了销售任务的 70%，处于黄色区域；没有人的销售任务完成情况低于 70%。建议对于销售任务完成 120% 及以上的销售代表给予一定的奖励；对于销售任务完成不到 100% 的

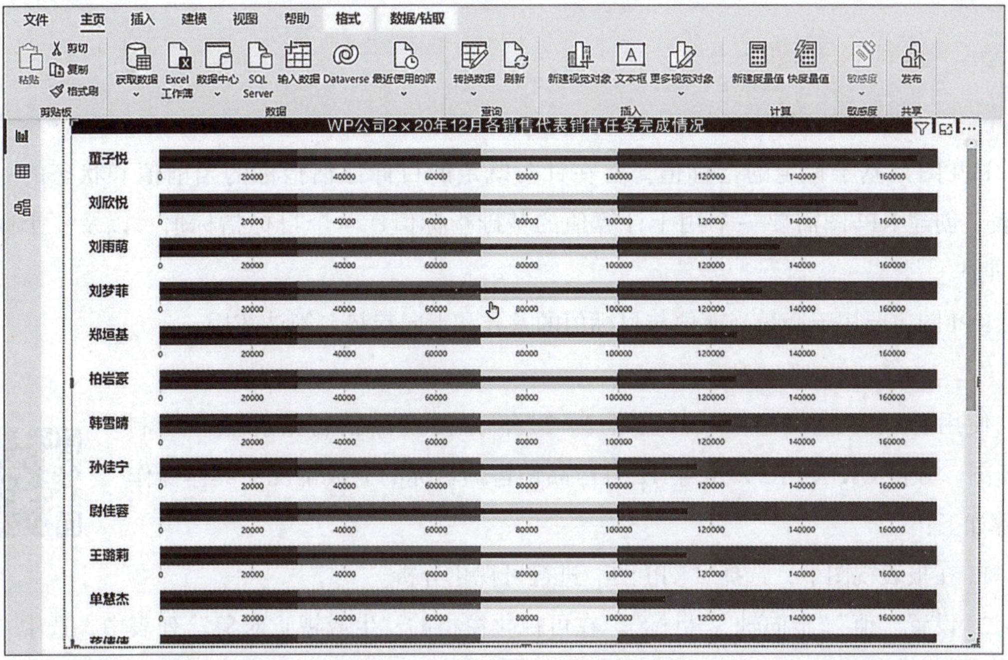

图 4-145　设置完成的子弹图

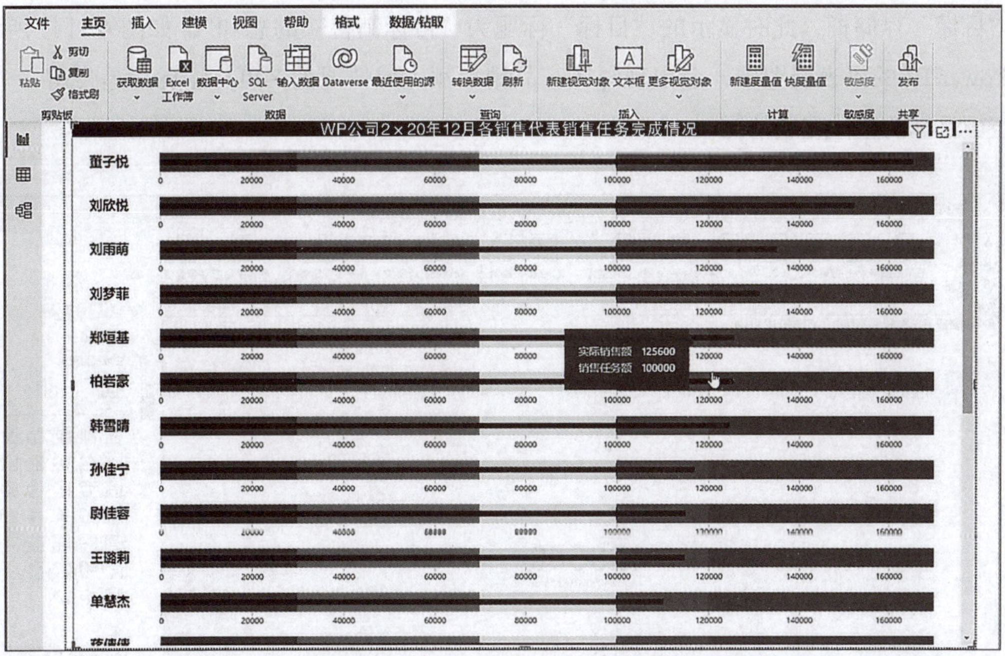

图 4-146　任一销售代表的销售任务完成情况

销售代表，召开座谈会分析未达成目标的原因，有针对性地提供帮助，争取完成下一月份的销售任务。

六、绘制 KPI 图

（一）认识 KPI 图

KPI 图是基于特定的指标值，旨在针对既定的目标评估指标的当前值和状态的一种图表。创建 KPI 图需要一个用于计算值的基础指标值、一个目标指标值，以及一个阈值（日期）。

KPI 图主要用于衡量当前值与目标值的差异和走向趋势，简洁实用。

（二）绘制 KPI 图示例

使用 Excel 文件 4-14 “UK 公司 2×20 年 12 月产品销售情况表” 绘制 KPI 图，分析 UK 公司 2×20 年 12 月产品销售额目标的完成情况，具体操作步骤如下：

4-14

1. 在报表视图下，选择 “KPI 图” 进行可视化分析。

2. 设置 “值”“走向轴”“目标”。在可视化窗格的 “生成视觉对象” 列表中，选中 “数据” 窗格中的 “∑ 实际销售额” 并拖动至 “值” 存储桶，此时显示的 “值” 标题为 “实际销售额的总和”；选中 “日期” 并拖动至 “走向轴” 存储桶；选中 “∑ 目标销售额” 并拖动至 “目标” 存储桶，此时显示的 “目标” 标题为 “目标销售额的总和”，如图 4-147 所示。在 Power BI 的报表视图中，会出现每天产品销售额完成情况的 KPI，注意不是公司一个月销售额目标的整体完成情况。

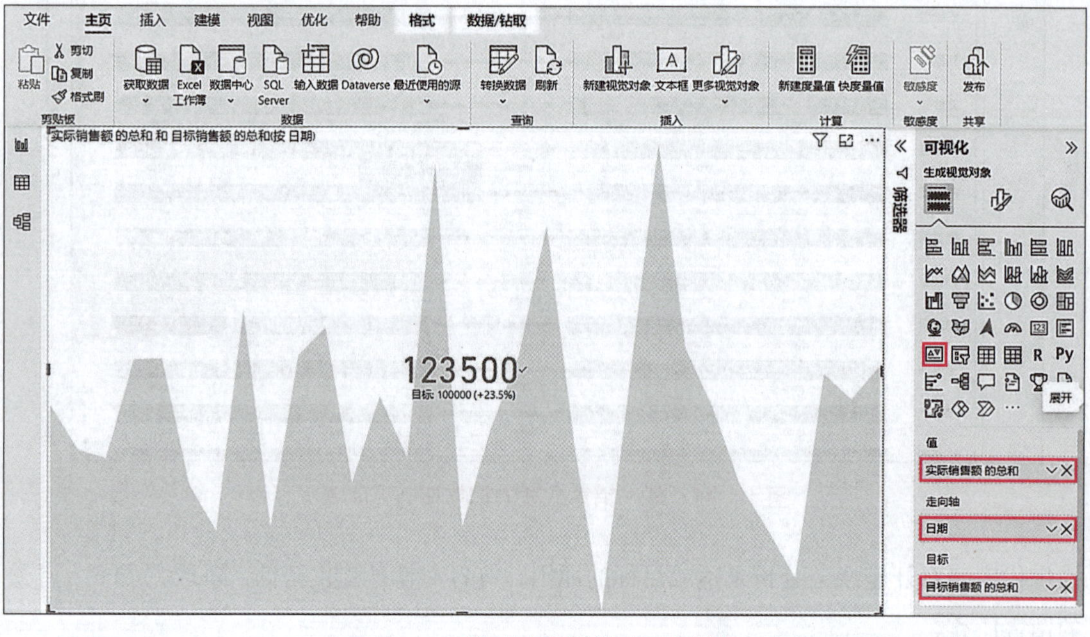

图 4-147　选中字段并拖动至存储桶

3. 在可视化窗格的“设置视觉对象格式”列表中调整 KPI 图。

（1）调整“标注值”。将“值”字体加粗，其他参数保持默认值。

（2）调整“目标标签”。将“值”字体大小设为“14”，其他参数保持默认值。

（3）调整“日期”。打开“日期”按钮，将字体大小设为“13”，其他参数保持默认值。

（4）调整“标题”。将“标题”文本设为“UK 公司 2×20 年 12 月销售任务完成情况”，字体大小设为“16”，加粗，文本颜色设为“白色”，背景色设为“黑色”，水平对齐方式设为“居中”，其他参数保持默认值。

设置完成的 KPI 图如图 4-148 所示。点击“文件”选项卡下的“保存”按钮保存图像。

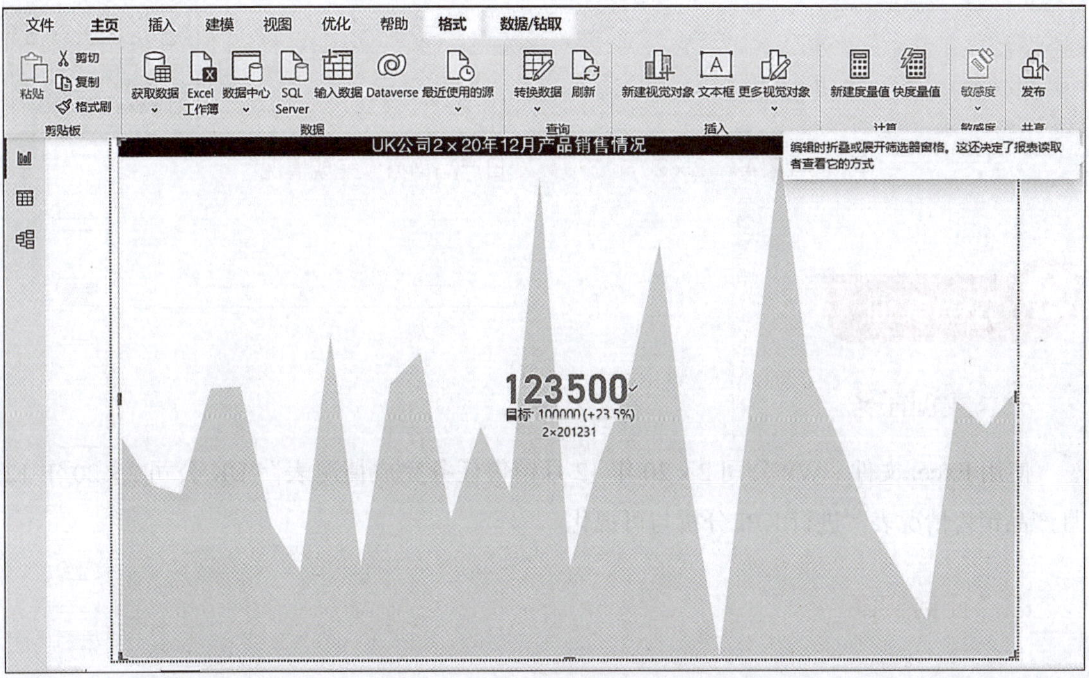

图 4-148　设置完成的 KPI 图

点击“筛选器”窗格的“此视觉对象上的筛选器”中“月份”右上角的箭头，可以筛选查看任意一天的产品销售额完成情况，例如，查看 2×20 年 12 月 26 日的产品销售额完成情况，如图 4-149 所示。

4. 根据可视化图表进行分析，可以得出如下结论：

如图 4-148 所示，2×20 年 12 月 31 日，UK 公司产品实际销售额为 123 500 元，超过目标销售额 23.5%。而如图 4-159 所示，在 2×20 年 12 月 26 日，产品实际销售额为 98 700 元，比目标销售额低 1.3%。

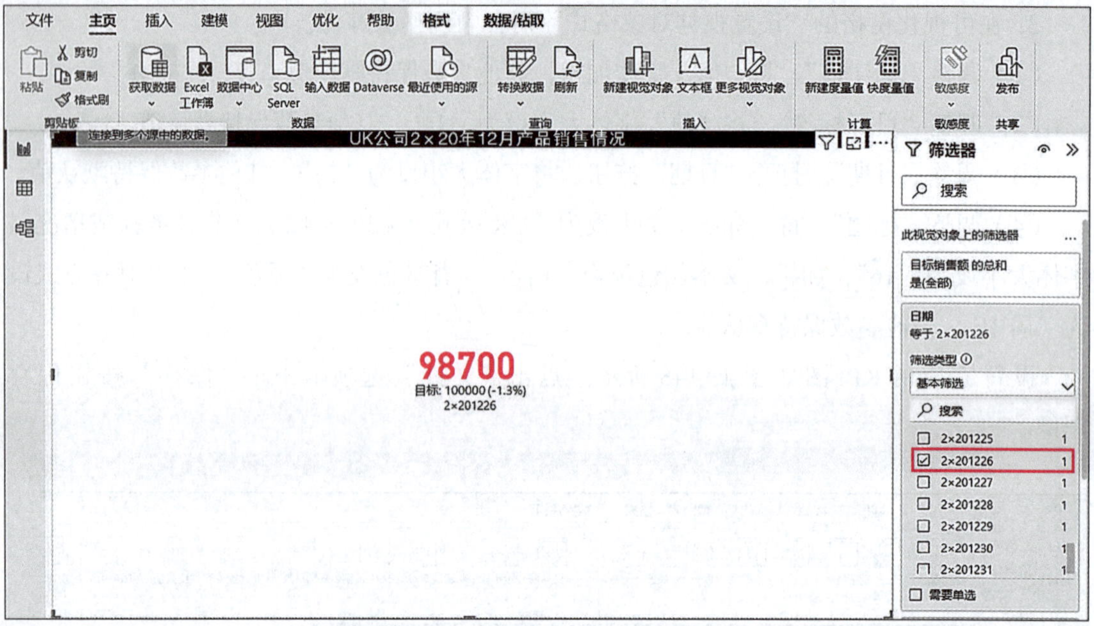

图 4-149　2×20 年 12 月 26 日产品销售额完成情况

任务实训

一、实训任务

使用 Excel 文件“WP 公司 2×20 年 12 月销售任务完成情况表”“UK 公司 2×20 年 12 月产品销售情况表”进行 KPI 分析与可视化。

二、任务实施

任务实施单

实训目标	能够使用仪表、卡片图、多行卡、子弹图和 KPI 图进行 KPI 分析与可视化。
实训环境	投影仪、具备网络查询功能的电脑。

（续表）

实训内容及要求	【实训内容】 使用 Excel 文件“WP 公司 2×20 年 12 月销售任务完成情况表”“UK 公司 2×20 年 12 月产品销售情况表”进行 KPI 分析与可视化。 【实训要求】 绘制仪表、卡片图、多行卡、子弹图和 KPI 图。
实训步骤	1. 教师讲授实训内容及要求，提示操作中需要注意的事项； 2. 每位同学分配一台电脑； 3. 每位同学按照教师讲解的操作步骤，进行实操演练； 4. 将 Power BI 文件保存到 U 盘。
实训考核评价	【评价载体】 保存的 Power BI 文件。 【评价指标】 1. 绘制仪表，占 25%； 2. 绘制卡片图和多行卡，占 25%； 3. 绘制子弹图，占 25%； 4. 绘制 KPI 图，占 25%。

知识拓展

切片器与仪表的结合使用

切片器是报表中的可视化效果，是在画布中的视觉筛选器。切片的作用本质上不是为了呈现数据，而是能控制其他可视化对象根据切片器的指令来显示相应的数据。因此，一般将维度表的数据放入切片器中。

以 Excel 文件“WP 公司 2×20 年 12 月销售任务完成情况表”为例，介绍如何结合切片器和仪表，分析每一位销售代表的销售计划完成情况，具体操作步骤如下：

1. 生成切片器

（1）点击可视化窗格中的“切片器”图标，在报表视图中会出现切片器的可视化效果。

（2）在可视化窗格的“生成视觉对象”列表选中“数据”窗格中的“销售代表”段并

拖动至“值”存储桶，在“筛选器”窗格，出现“此视觉对象上的筛选器”，如图 4-150 所示。

图 4-150　设置切片器字段

2. 生成仪表

（1）点击可视化窗格中的“仪表”图标，在报表视图中会出现仪表的可视化效果。

（2）在可视化窗格的“生成视觉对象”列表选中“数据”窗格中的“∑ 实际销售额”并拖动至“值”存储桶；选中“∑ 销售任务额”并拖动至“目标值”存储桶，此时显示“目标值”标题为“销售任务额的总和”。此时，在 Power BI 的报表视图中，会出现整体销售任务完成情况的仪表。

3. 调整切片器和仪表

根据个人喜好调整切片器和仪表的颜色。

4. 筛选条件和数据显示

切换到切片器，在“筛选器”窗格进行“销售代表”的筛选，这里选择销售代表“付丝雨”。

在“报表视图”下显示的就是销售代表付丝雨的销售任务完成情况，如图 4-151 所示。

5. 分析结论

如图 4-151 所示，付丝雨的计划销售额为 100 000 元，实际销售额为 105 800 元，她超额完成了销售任务。

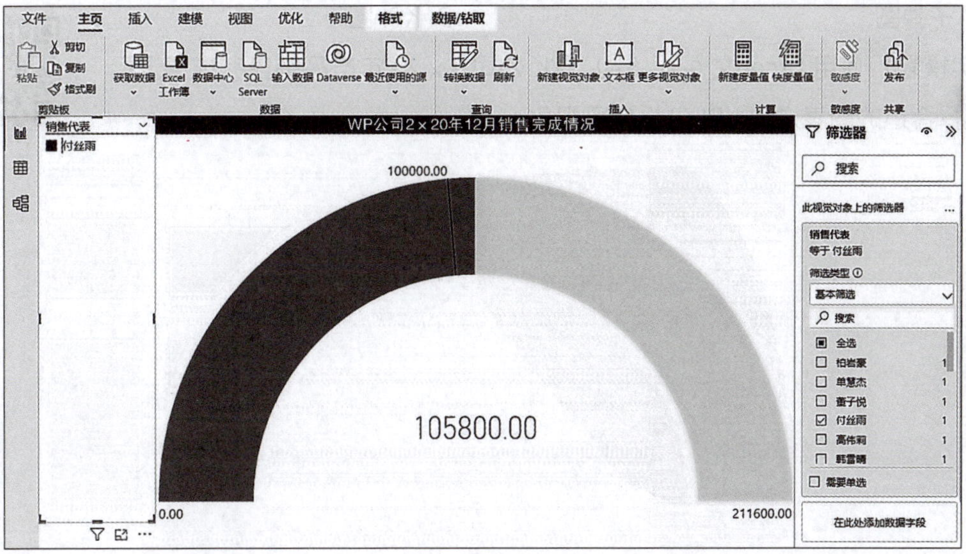

图 4-151　付丝雨的销售任务完成情况

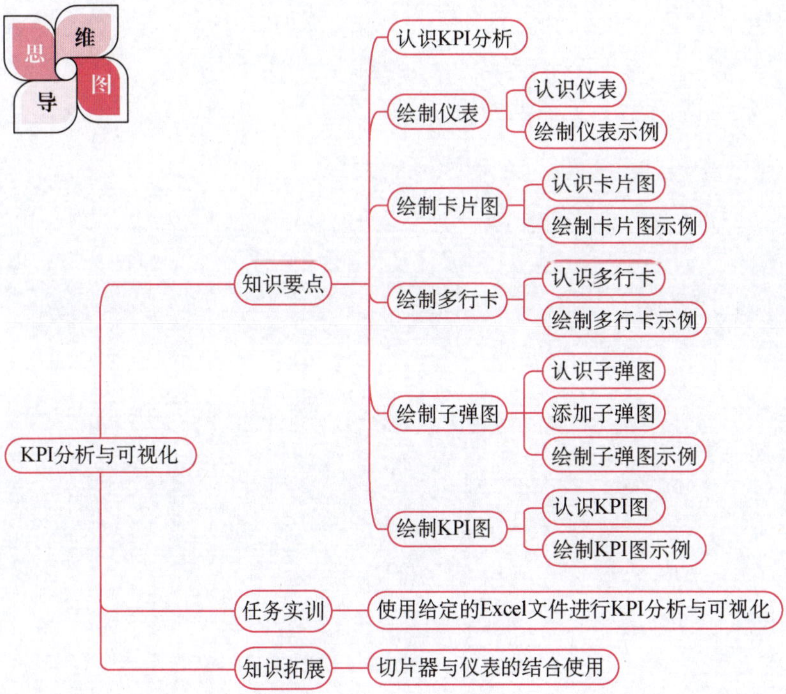

赛证融通测试题

1. （多选题）在 Power BI 中，可以用于 KPI 分析的图表有（　　）。

A. 地图　　　　B. 仪表

C. 子弹图　　D. KPI 图

2.（实操题）使用 Excel 文件 4-6-1“YK 公司 2×20 年产品销售完成情况”，选择合适的图表进行 KPI 分析与可视化。

4-6-1

项目五

可视化报表设计

项目导读

Power BI是一个可视化工具，但它的“可视化”不仅仅是生成普通的图表。平时看到的很多图表只是将数据转变为图形来展示，这样的图表利用大部分数据处理软件都能轻松完成，而Power BI的可视化同时包括了可视化分析，是数据分析的一部分。Power BI报表是对数据集的多角度审视，它使用视觉对象来表示数据集呈现的结果和分析。一个报表可包含单个视觉对象，也可包含充满视觉对象的多个页面。Power BI报表是交互的，可以引导用户一步步深入探索数据，可视化的过程也是分析推理的过程，它的可视化比生成普通图表的意义要大得多。

微课56：可视化报表设计

请思考：Power BI丰富的交互方式，给财务大数据的展现带来了哪些变化？

思政课堂

2012年11月，党的十八大报告明确指出：“建设生态文明，是关系人民福祉、关乎民族未来的长远大计。面对资源约束趋紧、环境污染严重、生态系统退化的严峻形势，必须树立尊重自然、顺应自然、保护自然的生态文明理念，把生态文明建设放在突出地位，融入经济建设、政治建设、文化建设、社会建设各方面和全过程，努力建设美丽中国，实现中华民族永续发展。”

人与自然是生命共同体，无止境地向自然索取甚至破坏自然，必然会遭到大自然的报复。我们必须牢固树立和践行“绿水青山就是金山银山”的理念，站在人与自然和谐共生的高度谋划发展，像保护眼睛一样保护生态环境，像对待生命一样对待生态环境。把自然和生态当成我们自身的一部分，才能更好地把绿色发展的理念融入我们的一举一动中，形成绿色生产、生活方式，为中华民族的永续发展打下坚实的基础。

学习目标

知识目标

1. 熟悉 Power BI 报表主题、布局和导航的设置；
2. 掌握图表的筛选、钻取、编辑交互和工具提示等功能的适用条件；
3. 掌握新建参数的方法；
4. 掌握可视化报告的写作步骤。

能力目标

1. 能够根据 Power BI 报表的特点选择和设置主题、布局和导航；
2. 能够使用图表的筛选、钻取、编辑交互和工具提示等功能；
3. 能够使用参数，完成多种类型的动态分析；
4. 能够完成一份完整的可视化报告。

素质目标

1. 培养学生的财务大数据思维；
2. 培养学生的职业自律和慎言慎行的职业态度；
3. 培养学生勇于探索和敢于批判的精神。

任务一 报表美化

情境导入

常常听到这样的说法：Power BI ≈ Excel + PPT。良好的可视化设计不仅可以满足用户对美感的追求，更重要的是它可以帮助用户更快、更透彻地理解数据，降低沟通成本，提高决策效率。查看一个可视化报表时，最先注意到的特征就是颜色。在 Power BI 中，整体配色方案是由“主题”控制的，一个个图表如何更合适地组合在一起，形成一个整体、有效的报表，这就涉及报表的布局。如果报表页数较少，则不需设置“导航”；但对于一个多页的报表，设置导航就变得非常必要。

根据本节知识点和本任务要求，思考如何设计报表的主题、布局和导航。

知识要点

一、切换主题

微课 57：切换主题

主题可以控制整个 Power BI 报表的配色、默认视觉样式以及字体等，这里只说最直观的配色。应用主题可以节省大量的时间，因为不需要手动设置可视化图表中每个元素的格式，所有的配置可以一次性完成。将主题应用于可视化图表中的美妙之处在于，在默认情况下，所有视觉效果都和所选主题的格式和颜色风格一致。

（一）内置主题

内置主题提供了随 Power BI 软件安装时一起预先导入的配色方案，可以在“视图”功能中查看这些主题。选择并点击某个主题，就可以在整个报表中快速应用这个配色方案，使每页报表都焕然一新。

Power BI 提供了默认、开花、城市公园、经典、教室、色盲友好、散开、电气、管理者、边界、高对比度、高大建筑物、创新、太阳光、暴风雨、日落、温度、潮汐、黄昏等多个主题，每一个主题有不同的配色，如图 5-1 所示。进行可视化分析时，可以根据数据的特点、公司的风格和文化背景等选择适合的主题。

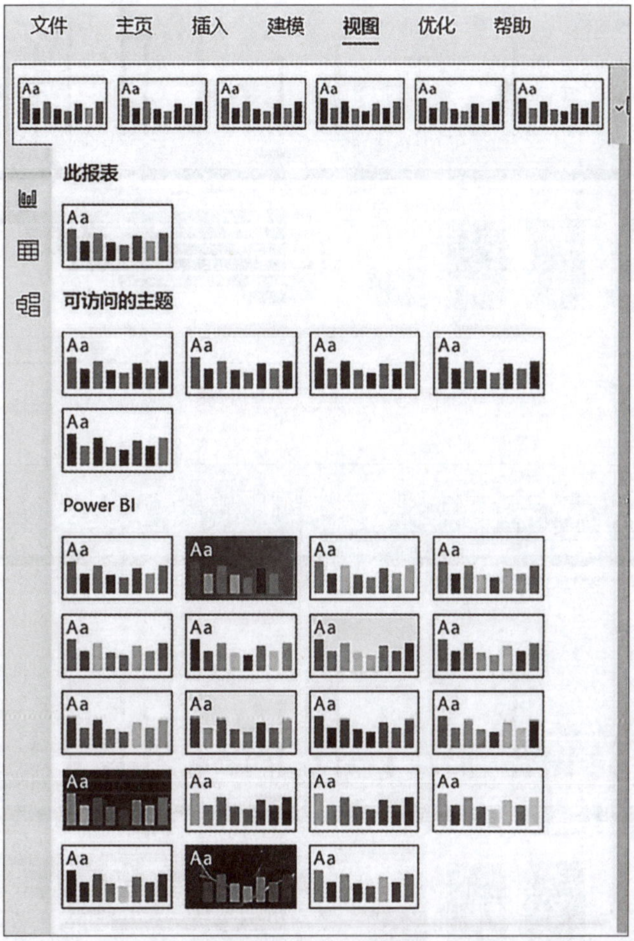

图 5-1　内置主题

使用 Power BI 文件 5-1“MK 公司 2×20 年 12 月销售数据表（主题）”，介绍如何切换主题，具体操作步骤如下：

5-1

1. 将文件导入 Power BI，默认主题的效果如图 5-2 所示。

2. 在“视图”选项卡下点击“主题”组对话框右侧向下的箭头，点击“潮汐”主题，切换主题后的报表效果如图 5-3 所示。

（二）导入主题

除了内置主题，Power BI 还提供导入主题功能，从“主题”的下拉菜单中选择“主题库”，可以浏览 Power BI 社区成员创建的主题集合。具体操作步骤如下：

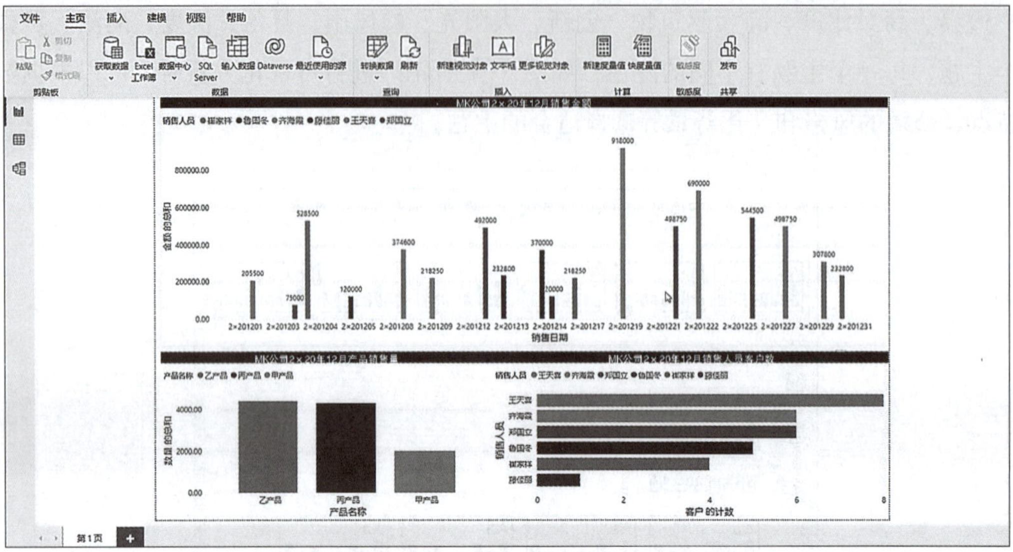

图 5-2　默认主题效果

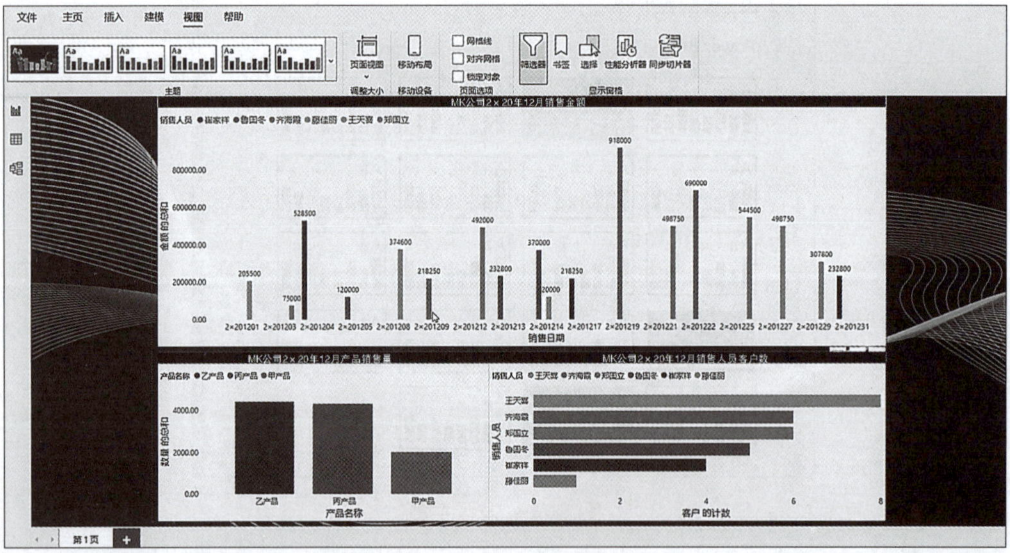

图 5-3　“潮汐”主题效果

1. 点击图 5-1 中的“主题库”选项，在打开的网页界面中可以看到更多的主题，如图 5-4 所示。

2. 选择第三种“Global Unicorn Club Analysis”主题，下载 JSON 文件。

3. 在“主题”下拉菜单中选择“浏览主题”，转到下载的 JSON 文件的保存位置，选择该位置，将主题作为新主题导入 Power BI。

4. Power BI 会显示一个对话框，提示已成功添加主题，如图 5-5 所示。

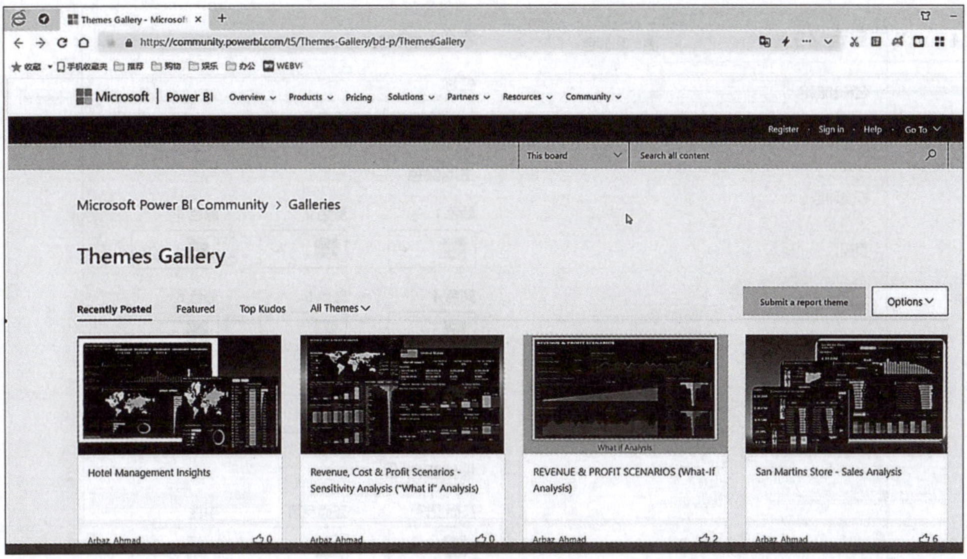

图 5-4　社区主题库

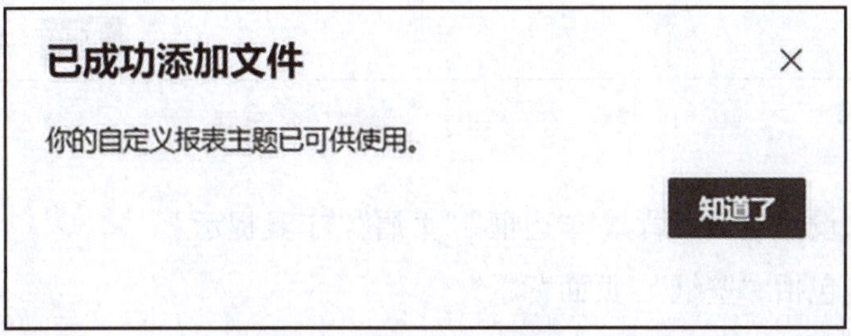

图 5-5　主题导入成功对话框

（三）自定义主题

通过主题的自定义编辑，可以自定义一套专属于自己公司的个性化配色或者与公司商标协调的配色，将主题导出也可以应用于其他的报表。在图 5-1 中可以看到 Power BI 提供了自定义主题功能。具体操作步骤如下：

1. 点击图 5-1 中的“自定义当前主题”选项。在打开的对话框中对当前主题进行更改，如图 5-6 所示。

2. 根据需要更改各选项内容，更改完成后，选择“应用”以保存主题。

（1）名称和颜色设置包括“名称和颜色”“高级”。“名称和颜色”包括主题颜色、情绪颜色和不同颜色。情绪颜色适用于特定的图表，如 KPI 图或者瀑布图中用于指示正、负、中性结果的颜色。

（2）文本设置包括“常规”“标题”“卡和 KPI”“选项卡标题”。这些设置下均包括字体系列、字号和字体颜色选项。

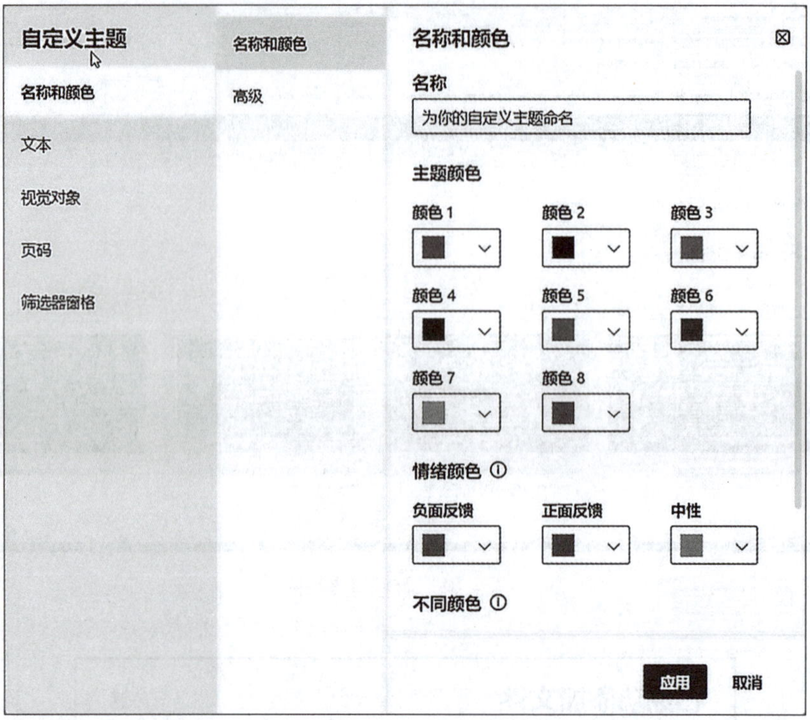

图 5-6 “自定义主题”对话框

（3）视觉对象设置包括“背景”“边框”“页眉”“工具提示”。

（4）页面设置包括“壁纸”“页面背景”。

（5）筛选器窗格设置包括“筛选器窗格”“可用的筛选器卡”“应用的筛选器卡”。

关于数据图表的色彩选择，可以参考如下原则：

（1）差异化。为了更易于识别不同的数据，不要使用过于接近的颜色，也不要使用过多的色彩，过多的色彩会使图表看起来很混乱。

（2）一致性。同样的维度在不同的图表中色彩应保持一致，这样用户看一次图例，就知道每种颜色代表什么数据，可以减少认知成本，快速传达信息。

二、调整布局

在调整图表的布局时，切忌将大量重要的信息拥挤在一起，导致用户分不清主次，无法关注更重要的信息。一页报表中也不要放置太多的图表，一般情况下，同一个报表中放置 3—5 个图表最佳。

微课 58：调整布局

（一）报表页面元素

报表页面一般都会含有以下元素：

1. 标题。报表页的标题，如果需要带上组织的标识，一般也会将其放在标题区。

以 Power BI 文件 5-2“MK 公司 2×20 年 12 月销售数据表（布局）”为例，介绍如何在报表中插入标题和图像，具体操作步骤如下：

5-2

（1）在报表视图下点击“插入”选项卡下“元素”组中“文本框”命令，如图 5-7 所示。

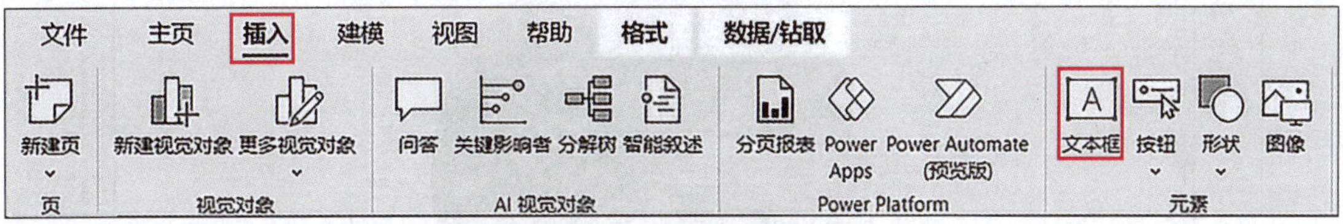

图 5-7 插入文本框

（2）在文本框内输入报表的标题，加粗，并拖动至合适的位置，如图 5-8 所示。

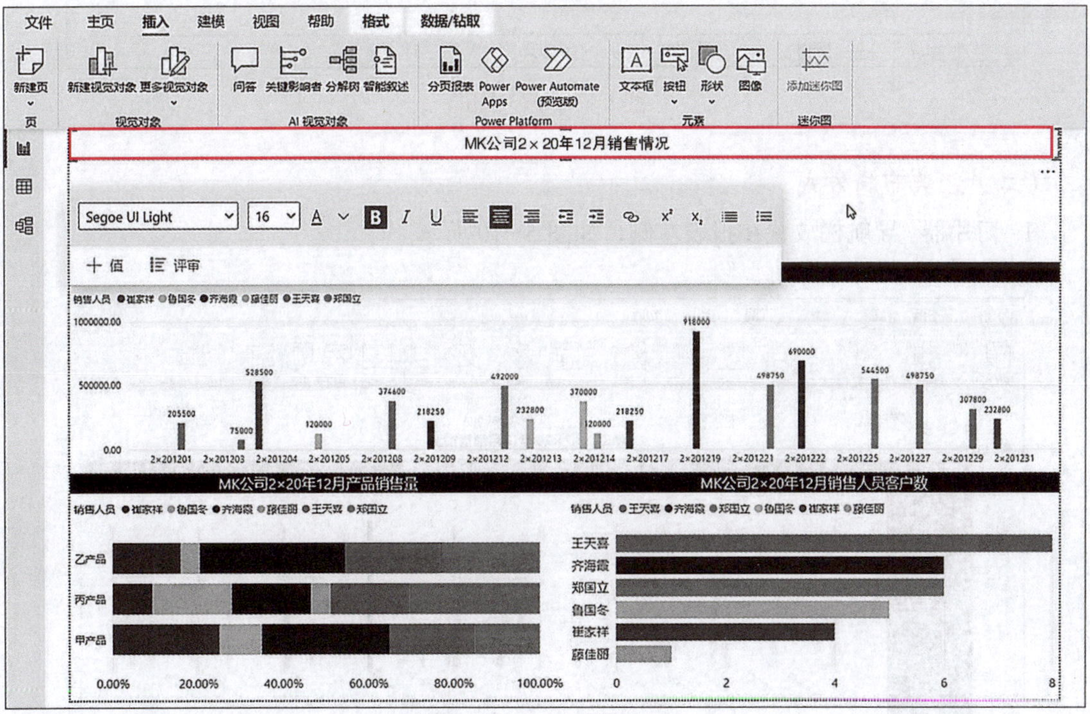

图 5-8 编辑报表标题

组织标识也可以通过插入图像的方式实现，如图 5-9 所示。

2. 切片器。切片器是 Power BI 区别于 PPT 页面的一个功能，查看交互图表时，可以将分析维度做成切片器来快速完成不同维度数据的切换。

3. 图表区。一页报表内一般含有多个可视化图表。

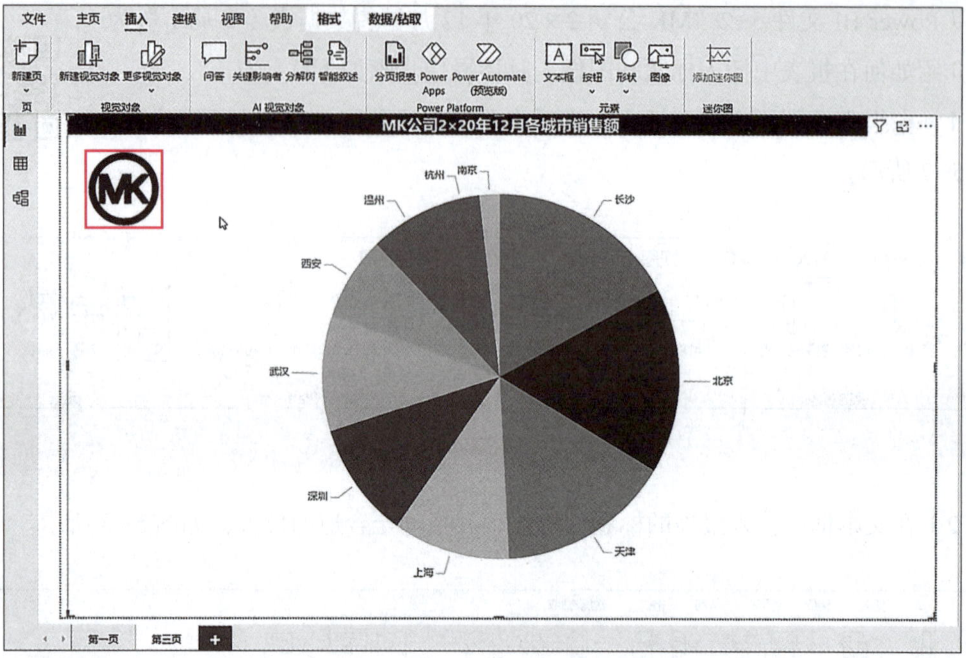

图 5-9　插入图像

（二）经典布局方式

1. 切片器 / 导航栏放置在报表左侧，如图 5-10 所示。

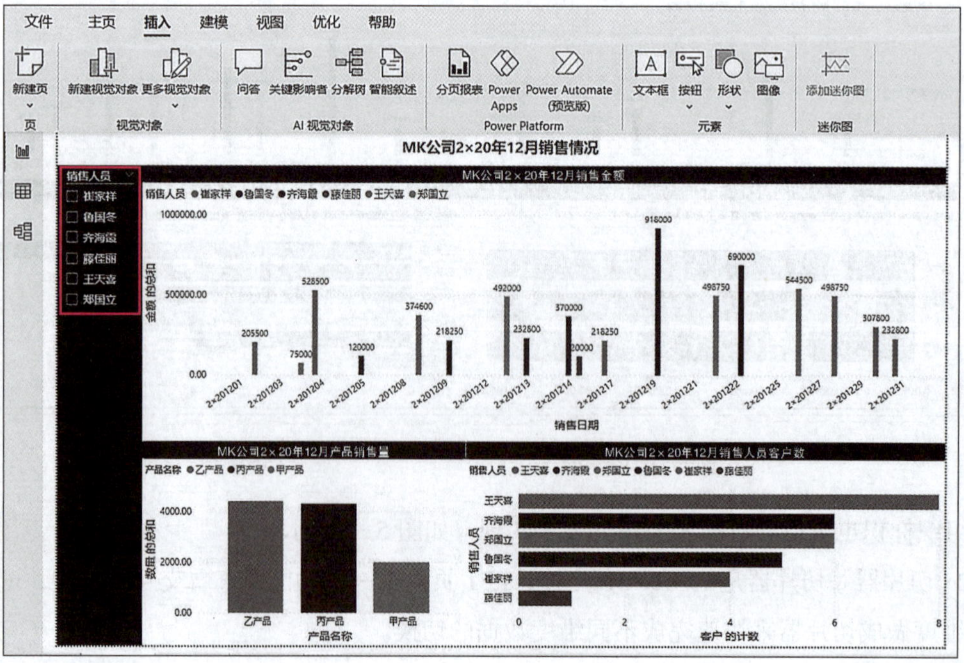

图 5-10　切片器 / 导航栏放置在报表左侧

2. 切片器 / 导航栏放置在报表上方，如图 5-11 所示。

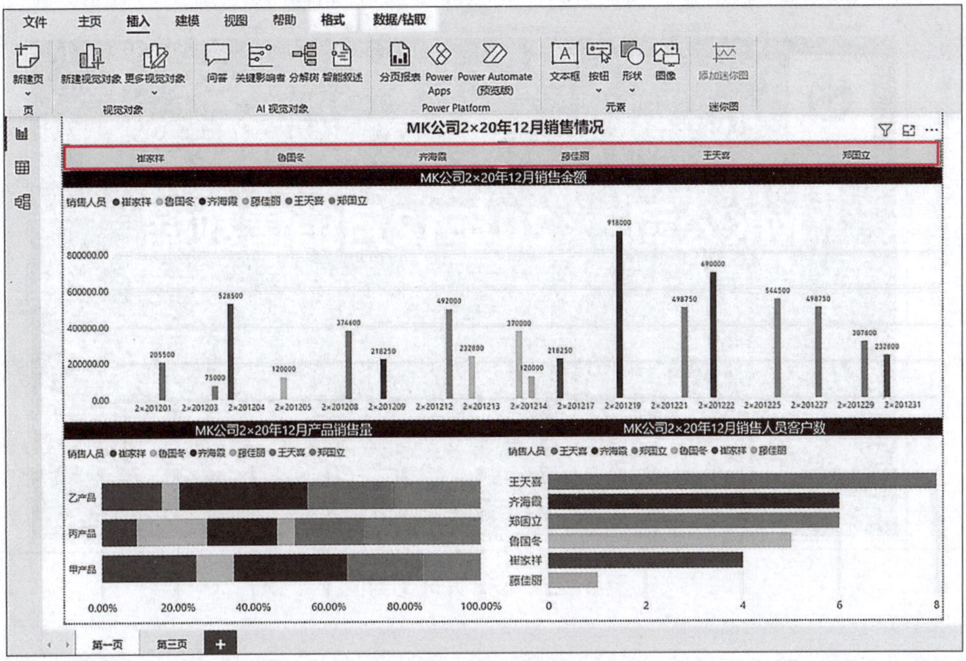

图 5-11 切片器 / 导航栏放置在报表上方

三、设计导航

在 Power BI 中，导航一般是通过书签来实现的。以 Power BI 文件 5-3“MK 公司 2×20 年 12 月销售数据表（导航）”为例，介绍如何在报表中设计导航。

微课 59：设计导航

（一）设计封面

一个分析报告一般有一个封面页来统筹导航到各明细页。设计封面的具体操作步骤如下：

5-3

1. 在窗口底部的页面选项卡中，点击“+”按钮新建页“封面”，将位置调整到报表页的最前面。

2. 选择画布背景，插入图像、文本等。

设计完成的封面如图 5-12 所示。

（二）建立书签

在“视图”选项卡下选择“书签”命令，为每一页建立一个书签，将书签分别重命名为“第一页”“第二页”“第三页”，如图 5-13 所示。

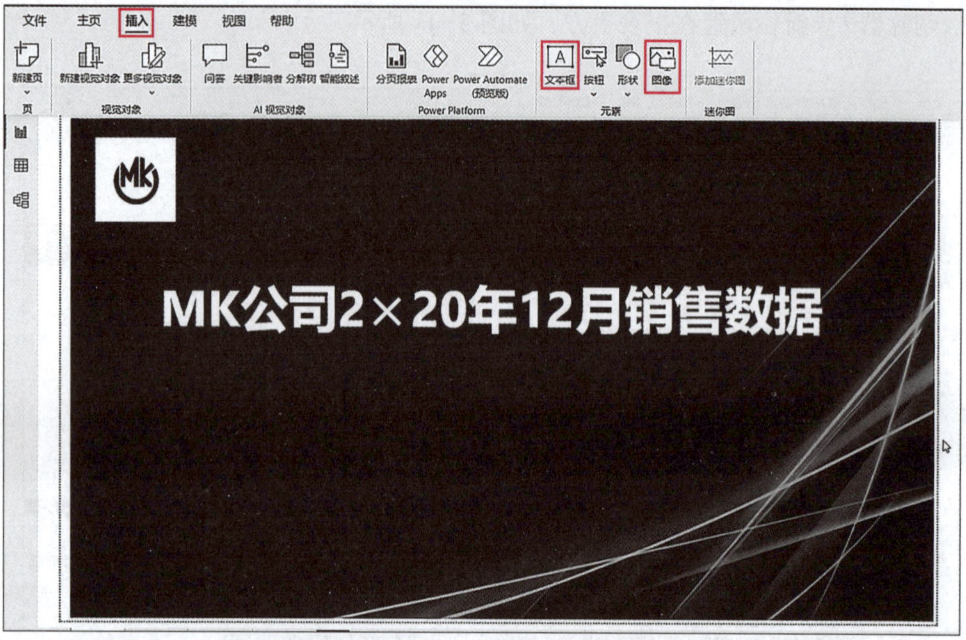

图 5-12　设计完成的封面

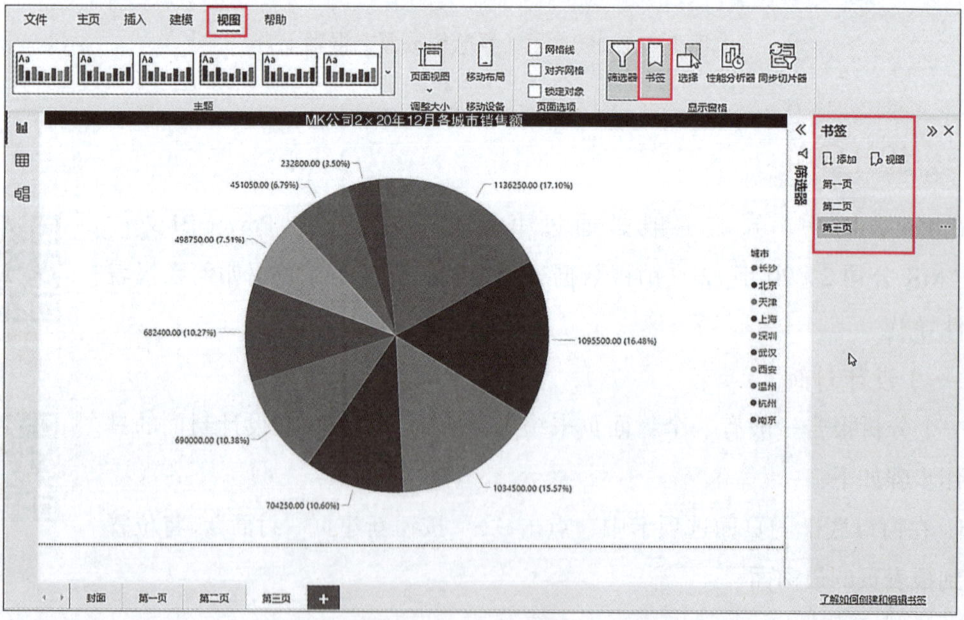

图 5-13　添加标签

（三）插入导航器

1. 在“封面”界面的“插入”选项卡下点击“元素”组中“按钮”命令下的“书签导航器”，如图 5-14 所示。

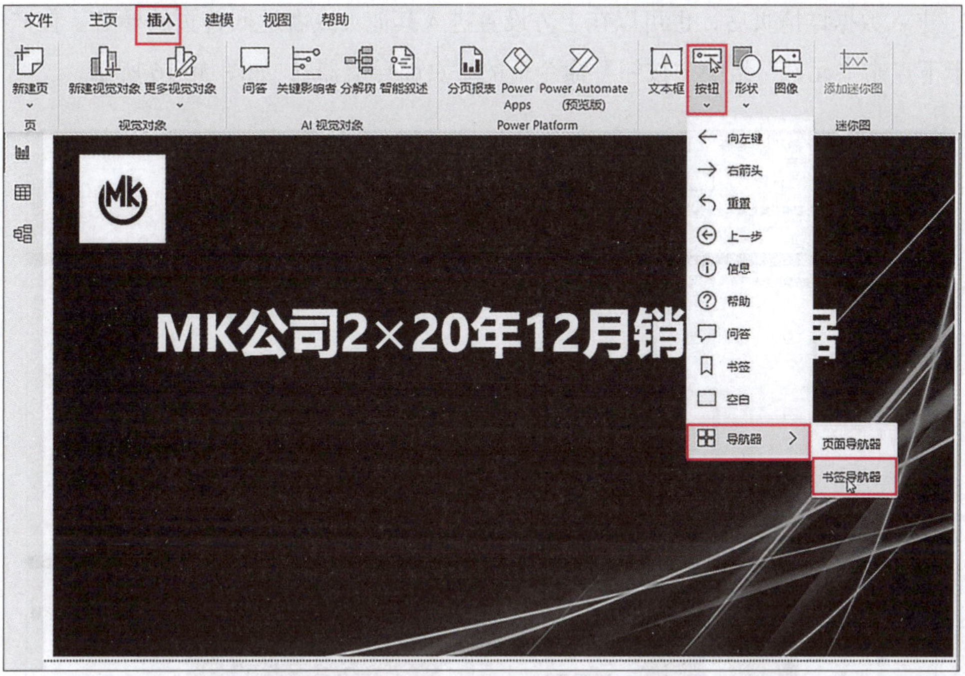

图 5-14　书签导航器

2. 可以看到在封面页中添加了几个图标，这几个图标分别设置了每一页的书签操作，按住“Ctrl”键并点击这些按钮，就会自动跳转到指定的页面，如图 5-15 所示。

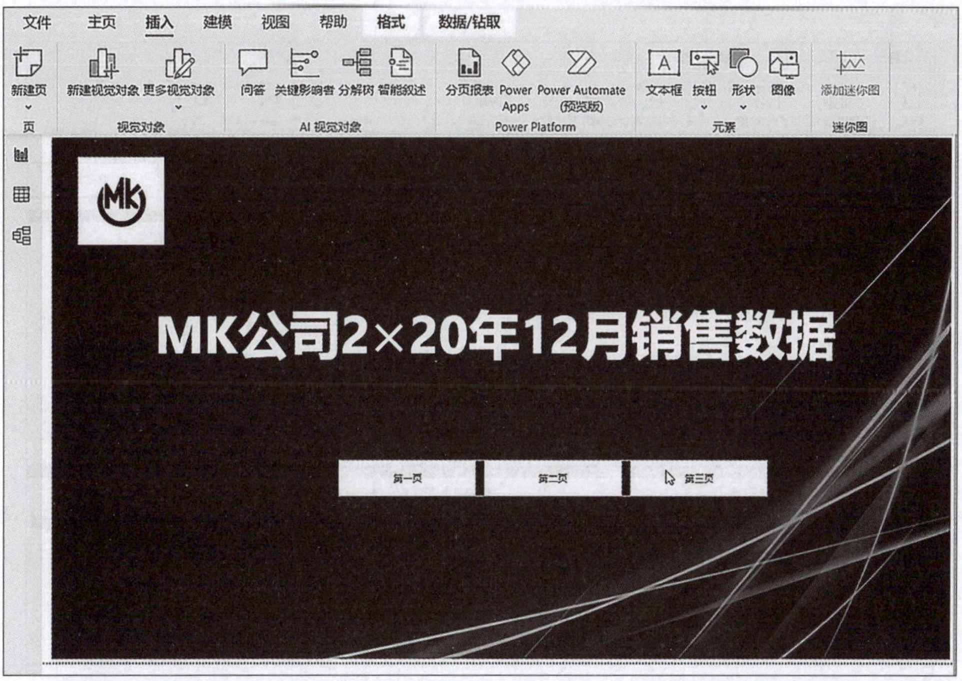

图 5-15　插入书签

3. 进入数据详情页后，也可以在上方设置进入其他页或者返回首页的导航。在“插入”选项卡下点击“元素”组中“按钮”命令下的“页面导航器”，如图 5-16 所示。

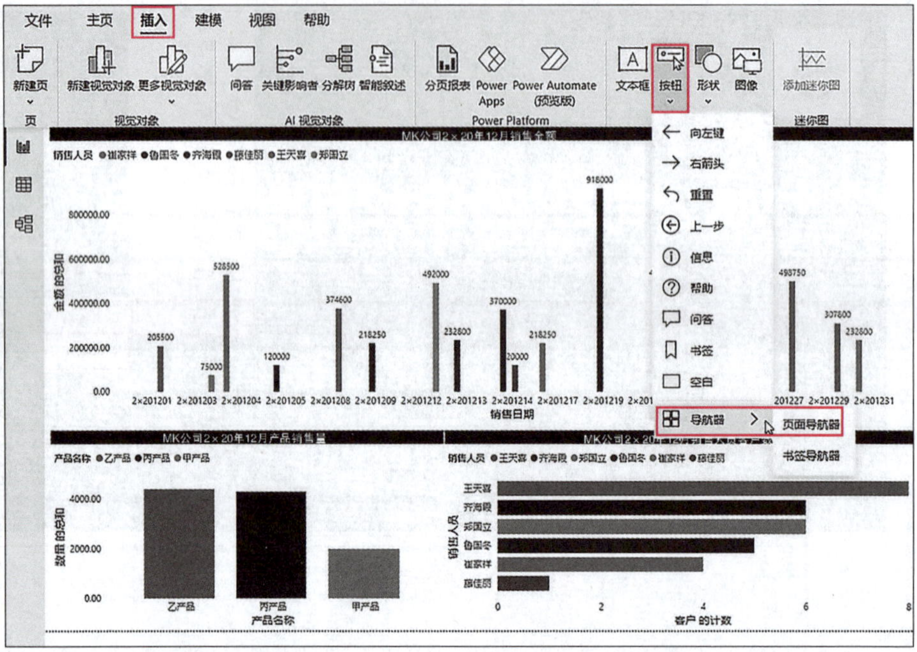

图 5-16　页面导航器

设置完成的页面导航器如图 5-17 所示。

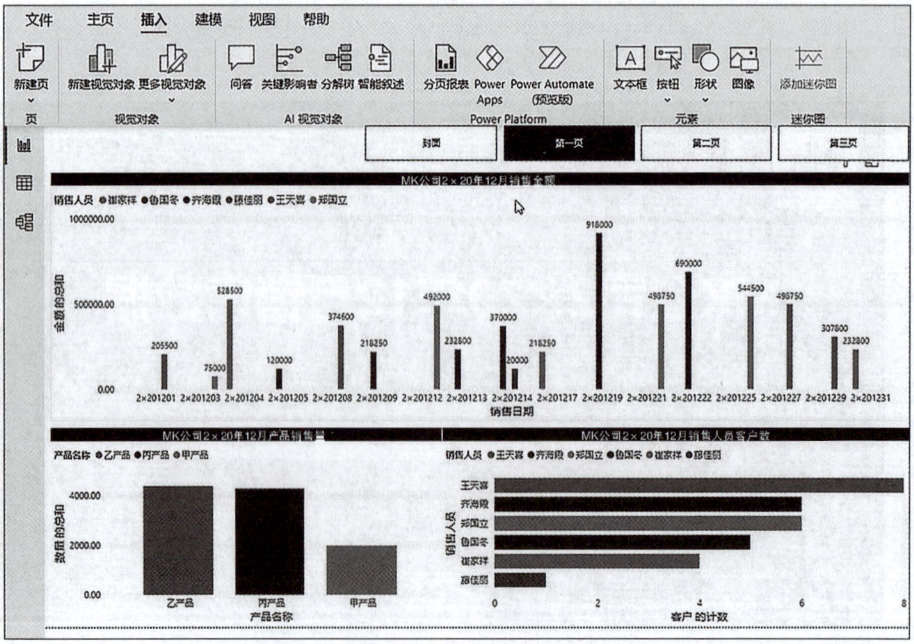

图 5-17　设置完成的页面导航器

任务实训

一、实训任务

使用Power BI文件“MK公司2×20年12月销售数据表”练习主题、布局和导航的设计。

二、任务实施

任务实施单

实训目标	能够进行Power BI报表主题、布局和导航的设计。
实训环境	投影仪、具备网络查询功能的电脑。
实训内容及要求	【实训内容】 使用Power BI文件“MK公司2×20年12月销售数据表”练习主题、布局和导航的设计。 【实训要求】 1. 学会三种切换主题的方式； 2. 学会调整布局和设计导航。
实训步骤	1. 教师讲授实训内容及要求，提示操作中需要注意的事项； 2. 每位同学分配一台电脑； 3. 每位同学按照教师讲解的操作步骤，进行实操演练； 4. 将Power BI文件保存到U盘。
实训考核评价	【评价载体】 保存的Power BI文件。 【评价指标】 1. 切换主题，占40%； 2. 调整布局，占30%； 3. 插入导航器，占30%。

知识拓展

重命名页

一个多页面的 Power BI 报表可以通过重命名页的方式区分各页的内容。

使用 Power BI 文件 5-4“MK 公司 2×20 年 12 月销售数据表（重命名页）”，介绍如何重命名 Power BI 报表中的多页图表，具体操作步骤如下：

5-4

1. 将文件导入 Power BI，可以看到 Power BI 报表中有三页，如图 5-18 所示。

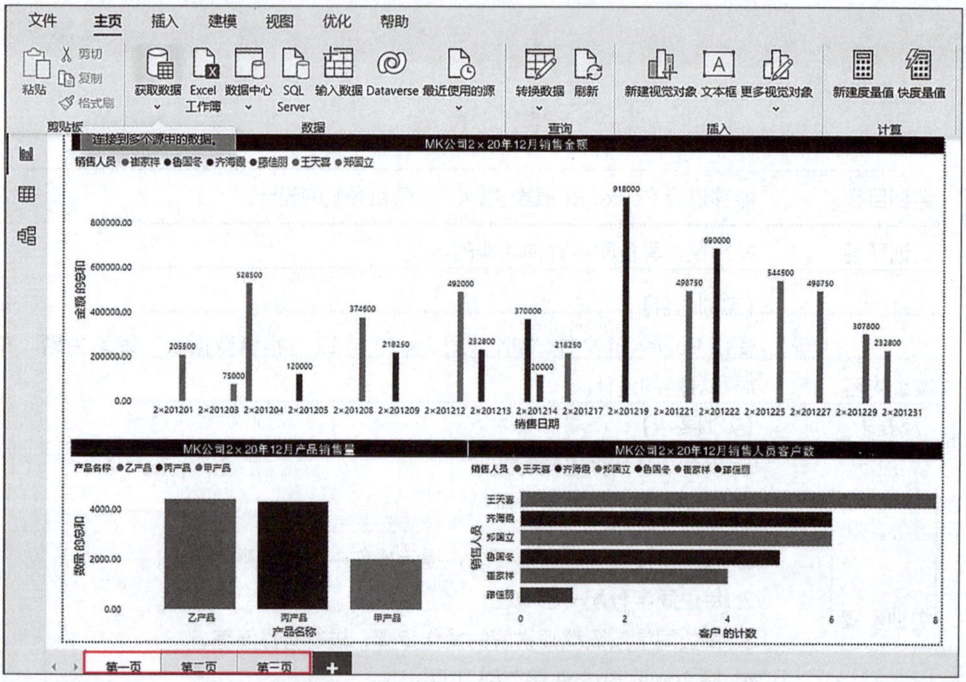

图 5-18　多页的 Power BI 报表

2. 在窗口底部的页面选项卡中右击要重命名的页标签，在弹出的快捷菜单中点击“重命名页”命令，如图 5-19 所示。除了重命名页外，还可以在该页面进行复制页、删除页和隐藏页等操作。

3. 此时，页标签中的名称呈现可编辑的状态。输入新名称“MK 公司 2×20 年 12 月销售数据”“MK 公司 2×20 年 12 月日销售额”“MK 公司 2×20 年 12 月各城市销售额”，按下“Enter”回车键后，即可完成图表页的重命名。用相同的方法重命名其他图表页，最终效果如图 5-20 所示。

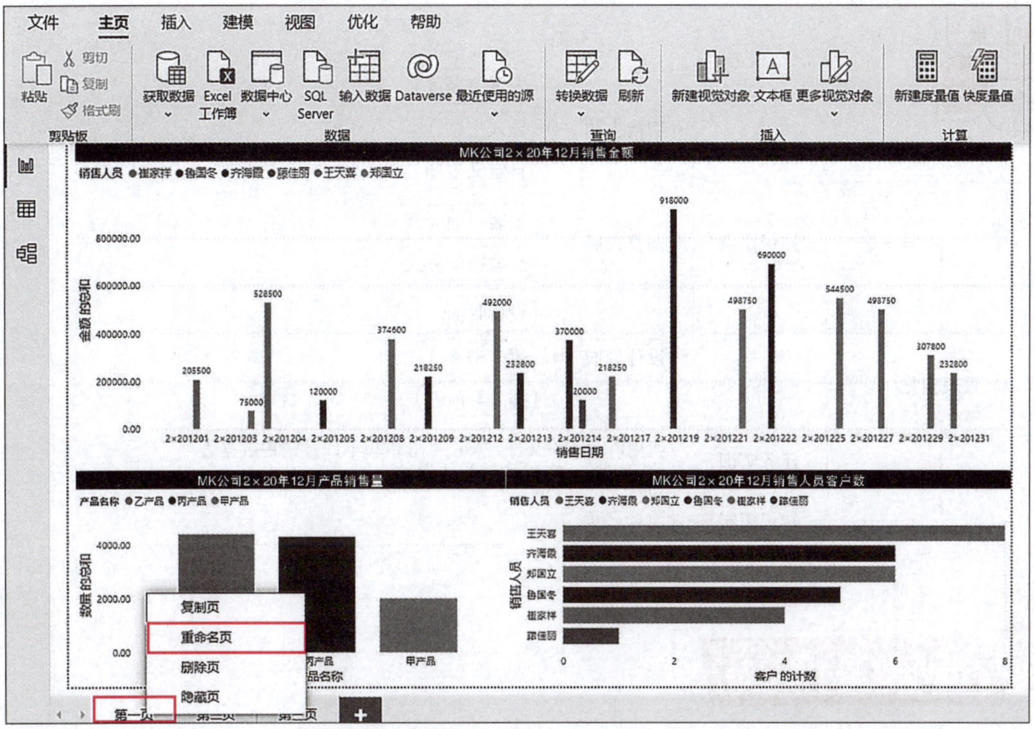

图 5-19 “重命名页”命令

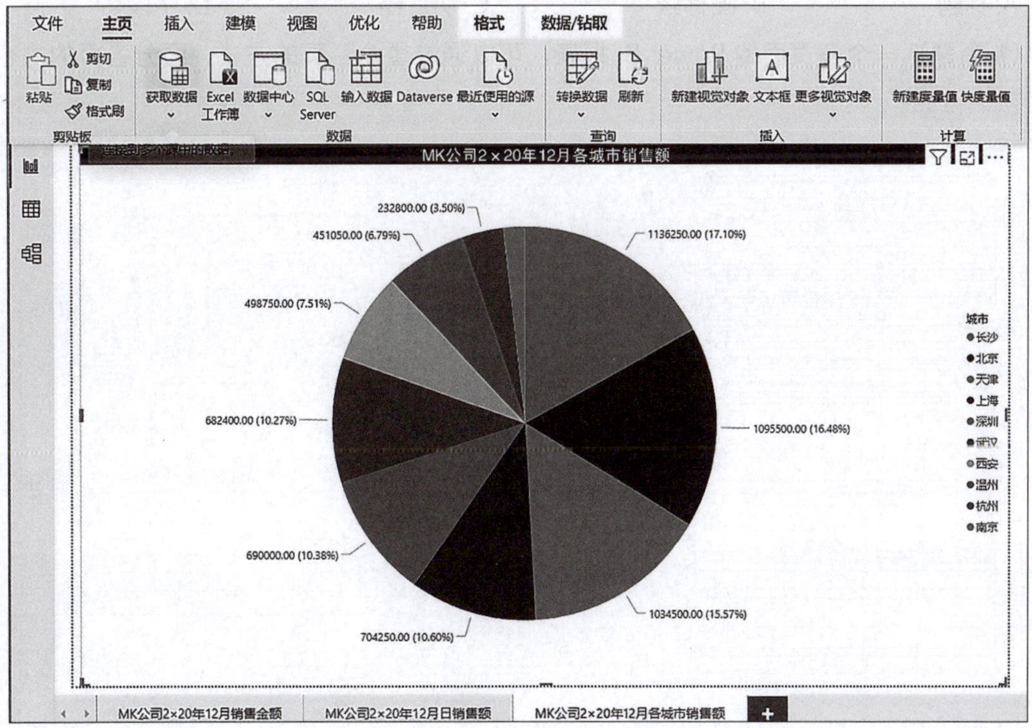

图 5-20 重命名报表页

思维导图

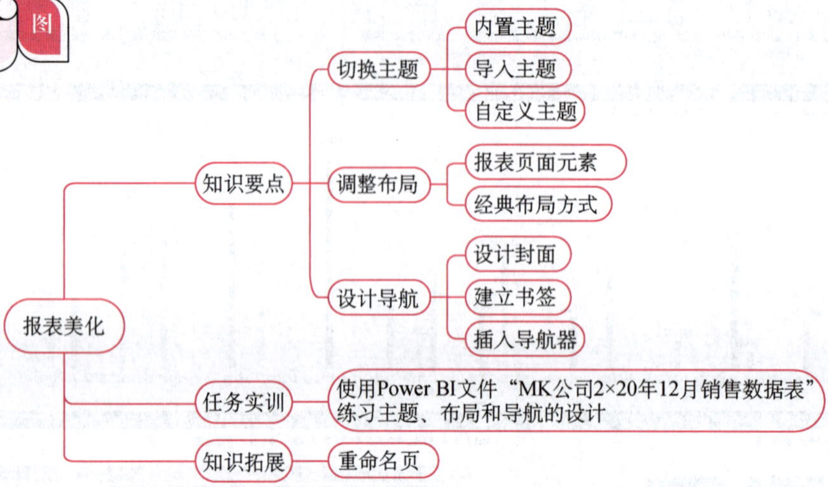

赛证融通测试题

1. （多选题）报表页面一般都会含有（　　）几种元素。

A. 标题　　B. 图标区　　C. 切片器　　D. 字段

2. （判断题）一个多页面的 Power BI 报表，可以通过重命名页的方式，区分各页的内容。（　　）

任务二
报表交互

情境导入

在 Power BI 中，通过图表的筛选、钻取、编辑交互和工具提示等功能，可以实现更多的动态效果，对数据进行更加深入的探索。其中，筛选器可保留用户最关切的数据，删除其他冗余数据。对于有层级关系的数据，想查看当前展示数据的下一层数据时，可用到钻取功能。编辑交互功能有助于同一页报表上的不同视觉对象数据的联动分析。工具提示功能允许用户将自己的可视化作品放置到工具提示中，通过鼠标悬停的方式来展示它们。

根据本节知识点和本任务要求，思考如何根据报表需要设计交互功能。

知识要点

一、筛选

筛选，是指通过可视化对象属性筛选器的设置而完成的筛选。筛选视觉对象（如条形图）时，只更改相应视觉对象中的数据视图，并不会以任何方式修改源数据。

微课 60：筛选和钻取

（一）筛选器的类型

在“筛选器”窗格中可以创建三种标准类型的筛选器，如图 5-21 所示。

1. 视觉对象筛选器

视觉对象筛选器可应用于报表页上的一个视觉对象。选择报表画布上的视觉对象就可以看到视觉对象筛选器。即使无法编辑报表，也可以选择一个视觉对象并对其进行筛选。对特定的可视化对象进行筛选后，对其他可视化对象没有影响。

2. 页面筛选器

页面筛选器可应用于报表页面上的所有视觉对象。对特定的可视化对象进行筛选后，

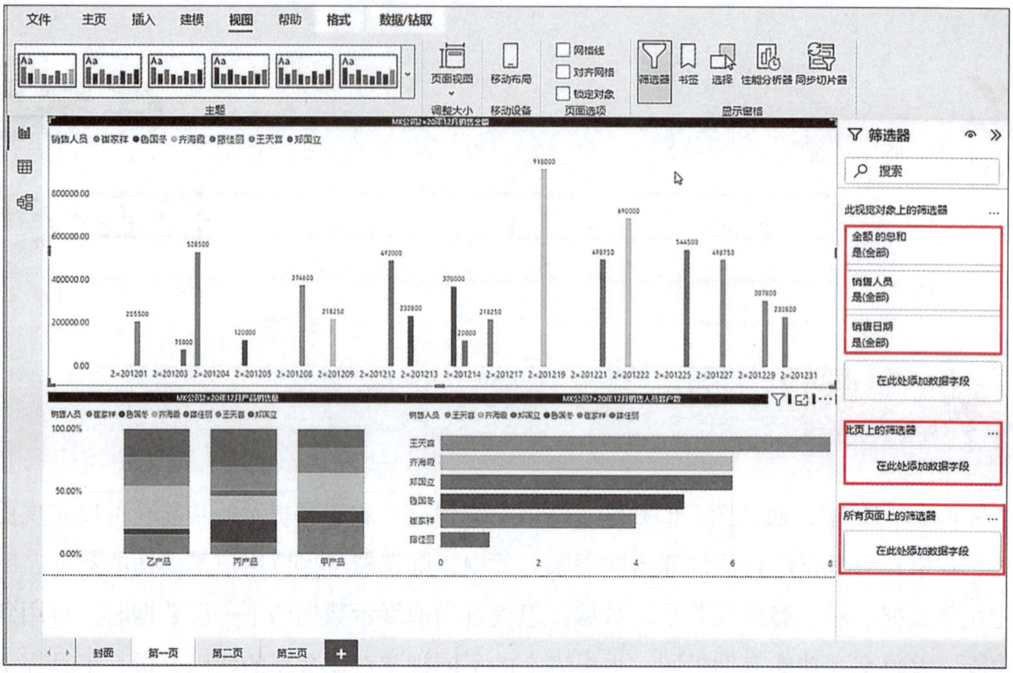

图 5-21　筛选器

本报表页其他可视化对象也会受到影响。

3. 报表筛选器

报表筛选器可应用于报表中的所有页面。对特定的可视化对象进行筛选后，所有报表页的可视化对象均受到影响。

（二）应用筛选器

使用 Power BI 文件 5-5“MK 公司 2×20 年 12 月销售数据表（筛选）”，介绍如何应用筛选器，具体操作步骤如下：

5-5

1. 在“视图”选项卡下，点击“显示”窗格中的“筛选器”命令可以打开或关闭筛选器。

2. 在“筛选器”窗格中选择“数据”窗格里的字段“销售人员”建立页面筛选器，如图 5-22 所示。

3. 选中“齐海霞”，报表页面的所有视觉对象都会突出显示与销售人员“齐海霞”有关的信息，如图 5-23 所示。

4. 从“数据”窗格选择字段“销售金额”拖动到“所有页面上的筛选器”，可以使用“报表筛选器”，如图 5-24 所示。

5. 在“金额的总和”对话框中输入筛选条件，点击“应用筛选器”，在视觉对象“MK 公司 2×20 年 12 月销售金额”中会显示出满足条件的所有信息，如图 5-25 所示。

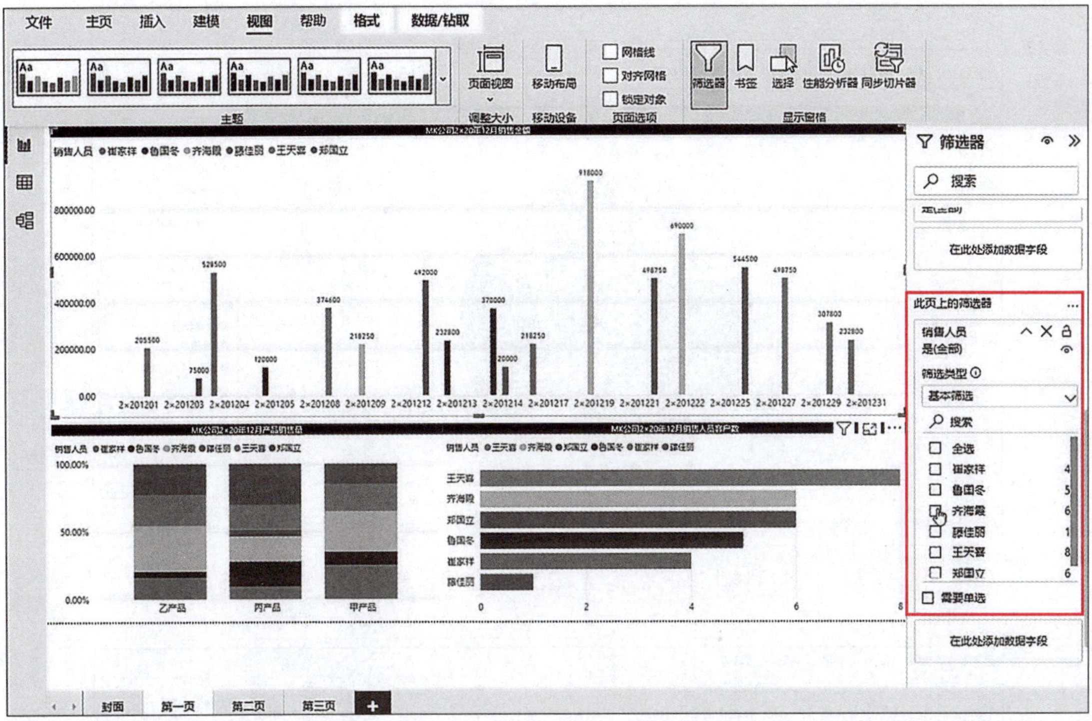

图 5-22　建立页面筛选器

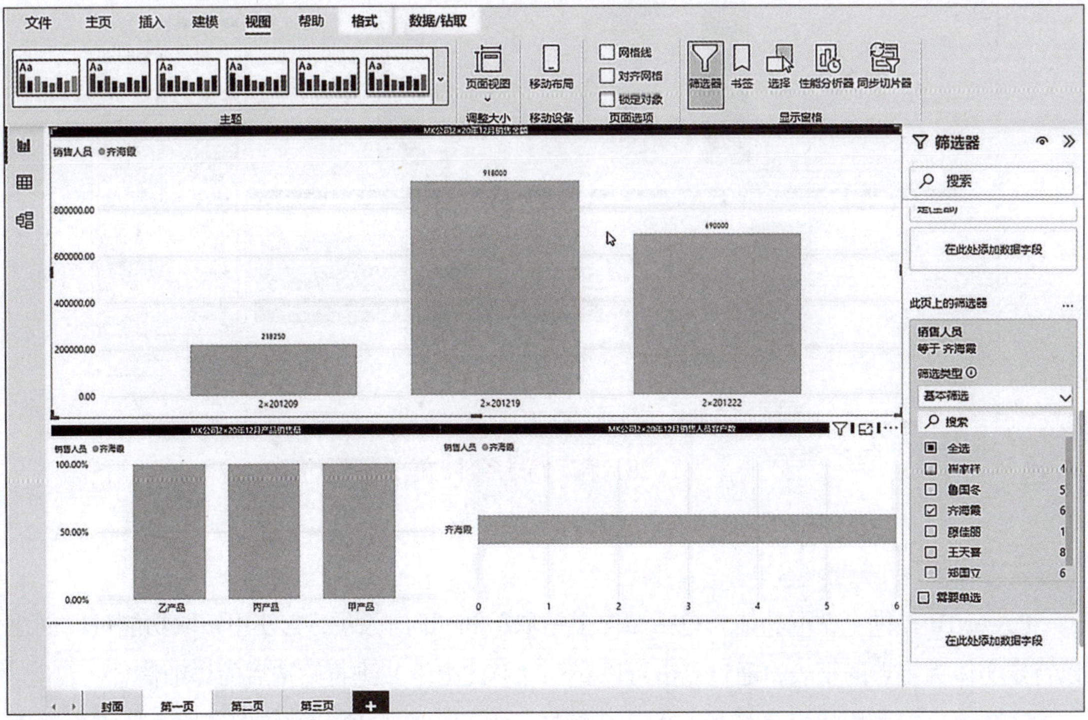

图 5-23　关于“齐海霞”的筛选结果

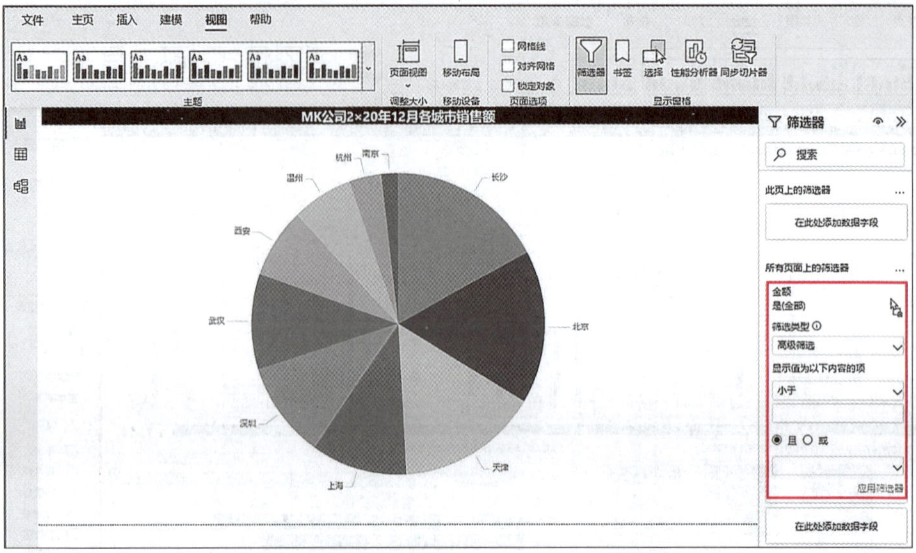

图 5-24　视觉对象“MK 公司 2×20 年 12 月销售金额”默认的筛选器

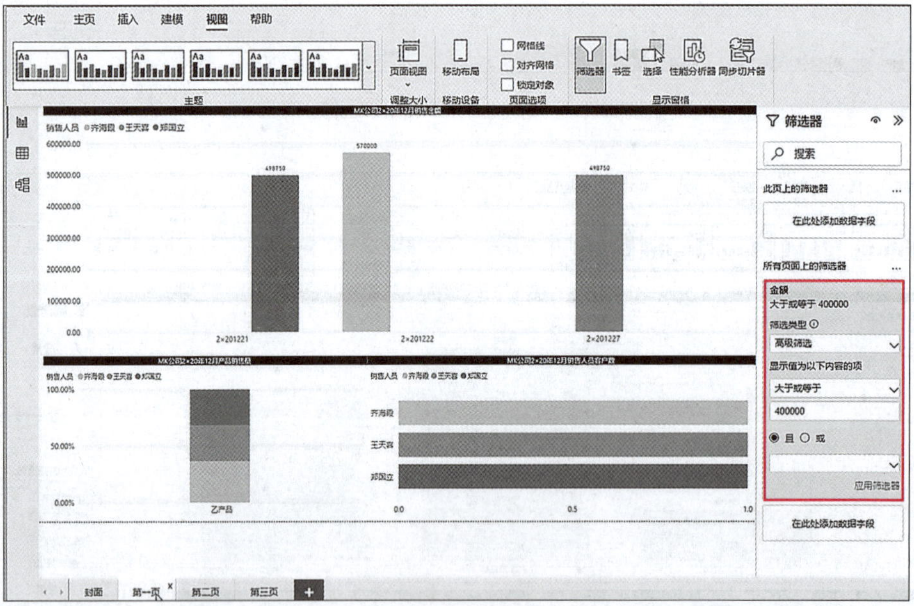

图 5-25　满足筛选条件的信息

二、钻取

Power BI 提供了钻取功能，包括“向上钻取”和“向下钻取”，使用钻取功能可以创建以特定实体为重点的报表，通过点击可以获取针对此上下文进行筛选后的详细信息。

钻取的功能适用于以下场景：例如，领导不但想要查看项目的整体情况，还需要查看项目的年度或者月度进度；或者当领导点击某一视觉对象展示的某一项任务时，希望当前报表会显示当前任务的某一条信息；又或者针对某个部门的成本信息，领导还希望可以查看某一资源的工时成本。这样的报表实现的效果更加贴合实际生活，也更加直观。

使用 Power BI 文件 5-6“PQ 公司 2×20 年 12 月销售金额表”，介绍如何应用钻取功能，具体操作步骤如下：

1. 导入文件，在报表视图“可视化”窗格的“生成视觉对象”列表中出现“钻取”选项，如图 5-26 所示。

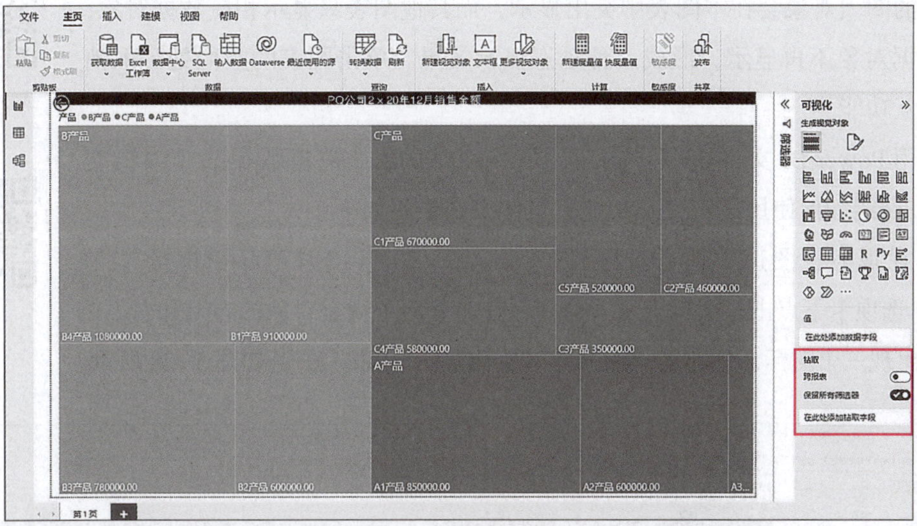

图 5-26 钻取功能

2. 将“数据”窗格中的字段“子产品”拖动至钻取对话框，可以查看某一子产品的销售金额，如图 5-27 所示。

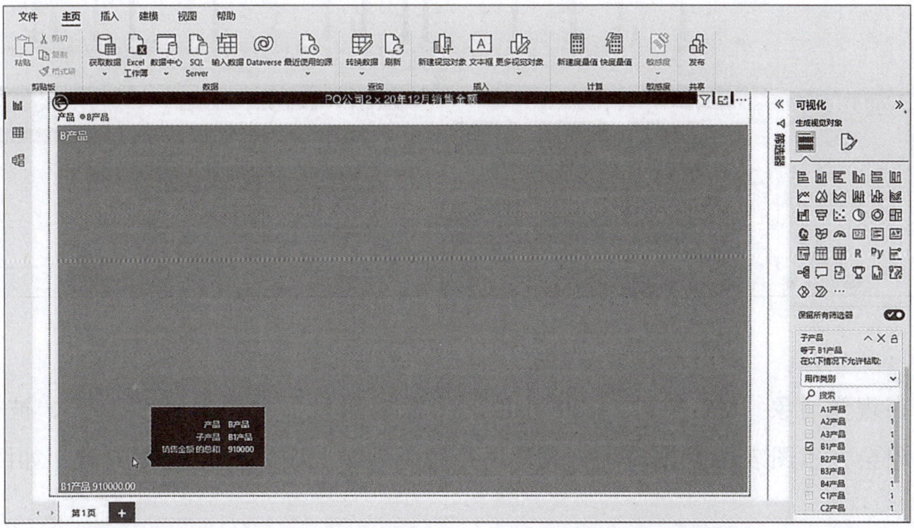

图 5-27 查看子产品的销售金额

钻取的一部分功能是可以通过筛选实现的，但这样做在报表中势必会出现多个筛选，影响到报表的直观性。当然也不是所有的数据都适合用钻取进行展示，钻取用于展现相关数据时效果最好，如任务的工期或者资源成本等信息。

三、编辑交互

编辑交互功能属于数据的联动分析，是指单击某一图表的数据对象时，被单击的图表对象会在本图表中突出显示，而其他图表只显示相应数据对象，其他数据对象不再显示，形成一种动态显示效果。单击图表的空白处可取消编辑交互功能。

微课 61：编辑交互和工具提示

使用 Power BI 文件 5-7“MK 公司 2×20 年 12 月销售数据表（编辑交互）”，介绍如何使用编辑交互功能，具体操作步骤如下：

5-7

1. 在报表视图选中视觉对象“MK 公司 2×20 年 12 月产品销售量”，在“格式”选项卡下点击“编辑交互”命令，在另外两个视觉对象的右上和右下侧会分别出现三个图标，分别是“筛选器”“突出显示”和“无”，如图 5-28 所示。

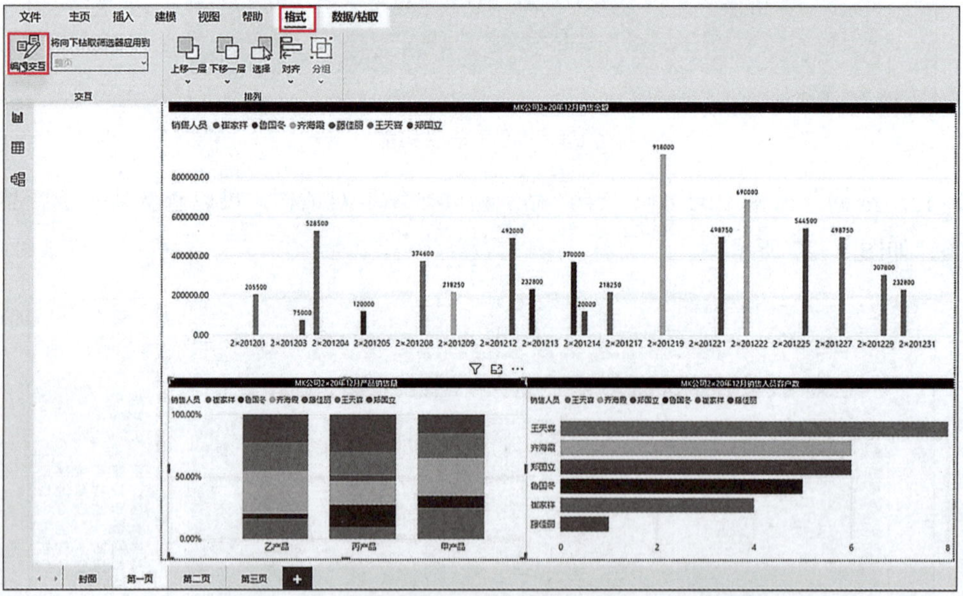

图 5-28　建立编辑交互

2. 在视觉对象“MK 公司 2×20 年 12 月产品销售量”中选中“齐海霞”，被单击的图表对象会在本图表中突出显示，其他两个视觉对象只显示相应数据对象，如图 5-29 所示。

3. 控制编辑交互功能，使某一图表对象突出显示时，其他图表的相应数据并不联动变

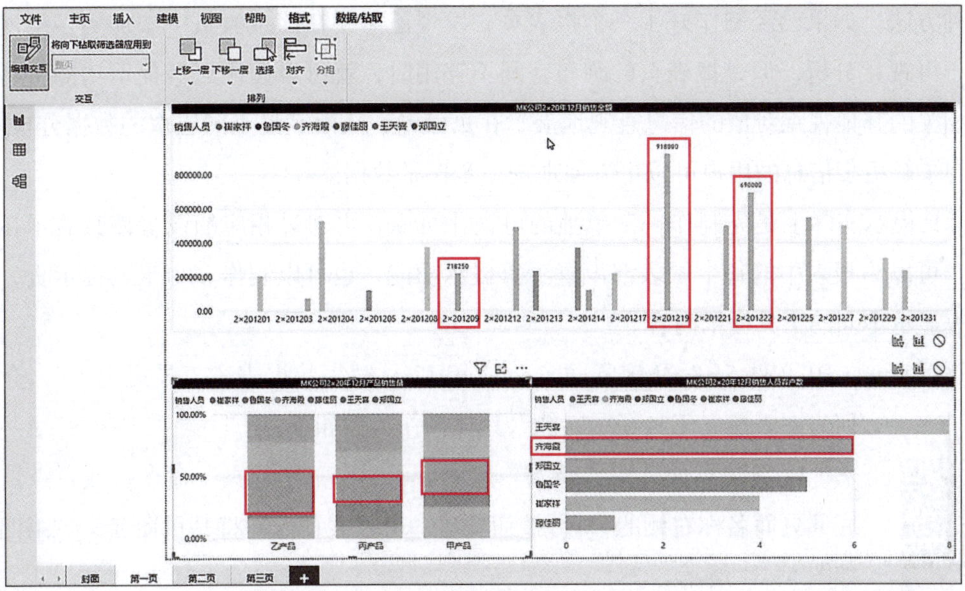

图 5-29 突出显示

化。点击“MK 公司 2×20 年 12 月销售金额”图表右下侧的第三个图标“无”，图标变成实体黑圈则成功取消联动，如图 5-30 所示。

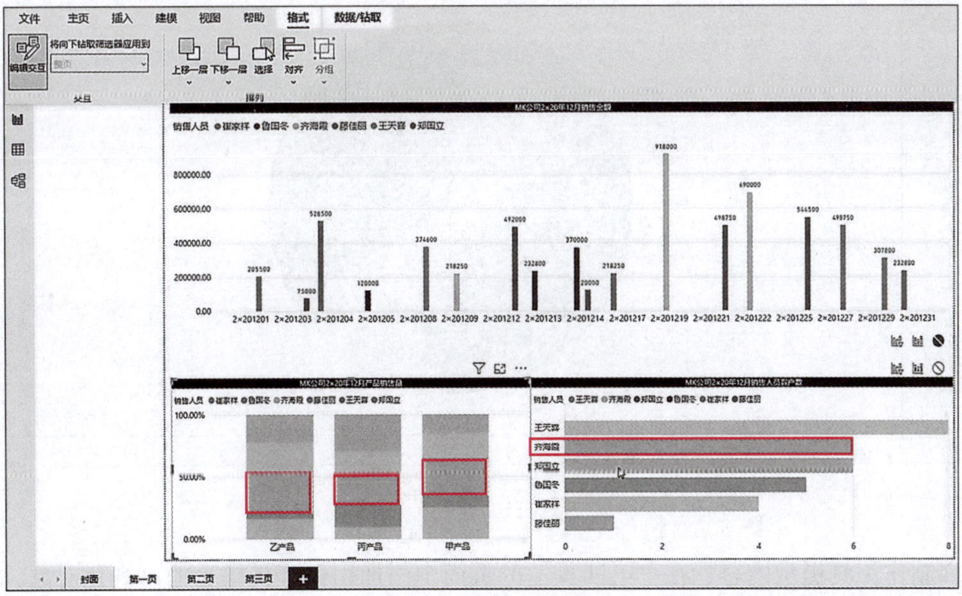

图 5-30 取消联动

四、工具提示

工具提示，是用来为可视化对象中的数据点提供详细信息或提供上下文中的其他信息的一种方法。如果已经制作好了一个报表页，发现还需要在该报表页中添加更多维度的数据用于可视化分析，但是报表页的画布空间不够用时，就可以使用工具提示功能将与视觉对象相关的其他视觉对象的信息直观地展示在页面中，从而满足不同层次的数据分析需求，也让想了解更多信息的用户可以更方便地进一步探索数据。

工具提示实际上是先制作一个单独的可视化页面，再通过相应的设置使其展示在提示框中。可以为报表中的每个图表都设置工具提示功能，也可以制作多个工具提示页，使每个图表显示不同的工具提示内容。

使用 Power BI 文件 5-8“MK 公司 2×20 年 12 月销售数据表（工具提示）”，介绍如何为图表建立工具提示功能，具体操作步骤如下：

5-8

1. 新建页面。在“插入”选项卡下点击“新建页”命令，或者点击报表底部页面名称右侧的“+”按钮新建一个报表页，并将其重命名为“第四页”，如图 5-31 所示。

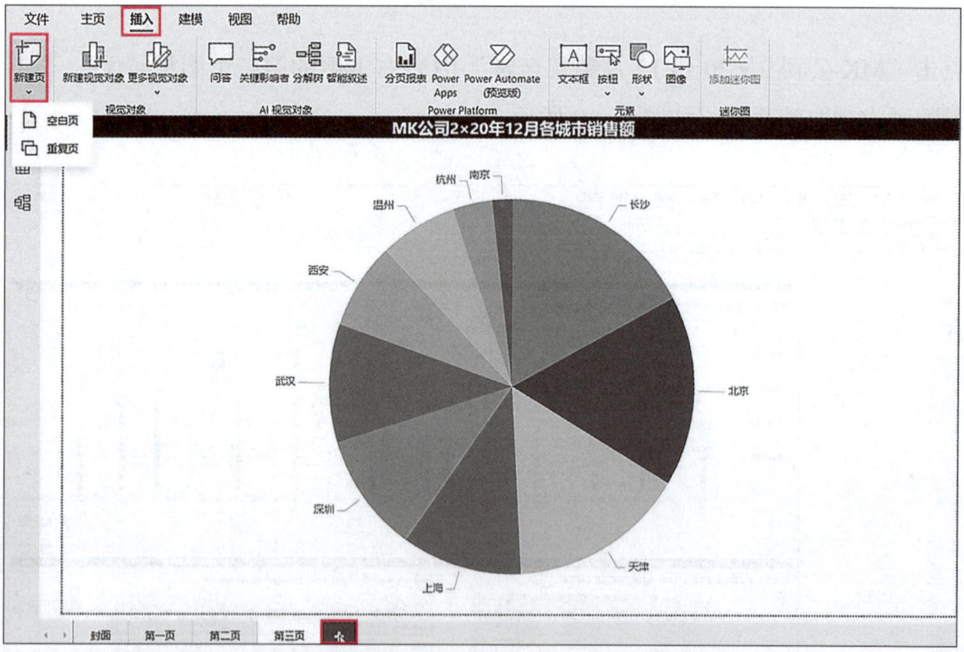

图 5-31　新建页面

2. 制作工具提示内容。在“第四页”的页面中添加用作工具提示的可视化对象，和制作图表一样，这里添加了饼图、堆积柱形图和百分比堆积条形图，如图 5-32 所示。

3. 设置为工具提示页。单击“第四页”页面的任意空白处，选择右侧“可视化”窗格下的“设置页面格式”，在“页面信息”的设置中打开“工具提示”功能，如图 5-33 所示。

4. 设置画布大小。在“可视化”窗格下的“设置页面格式”中找到“画布设置”，类型

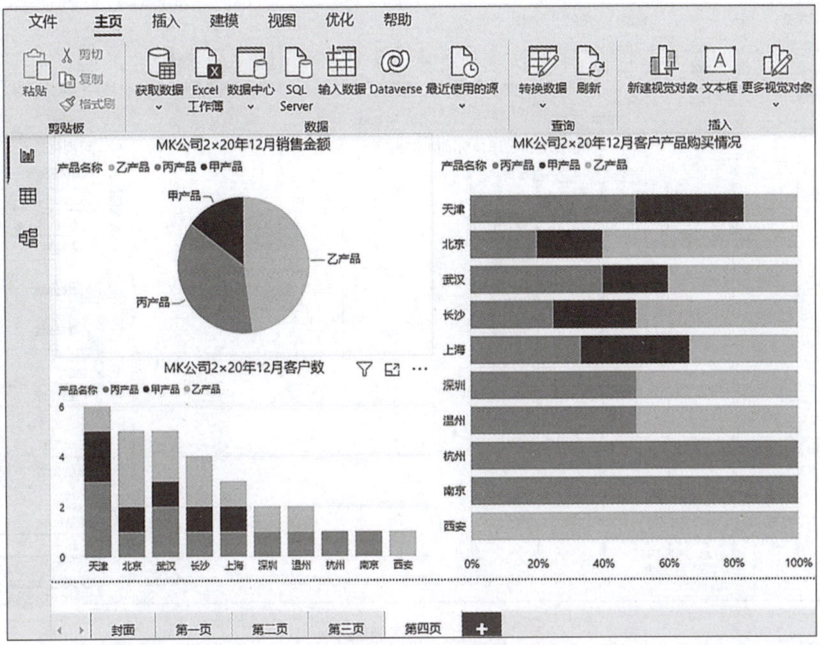

图 5-32　制作工具提示内容

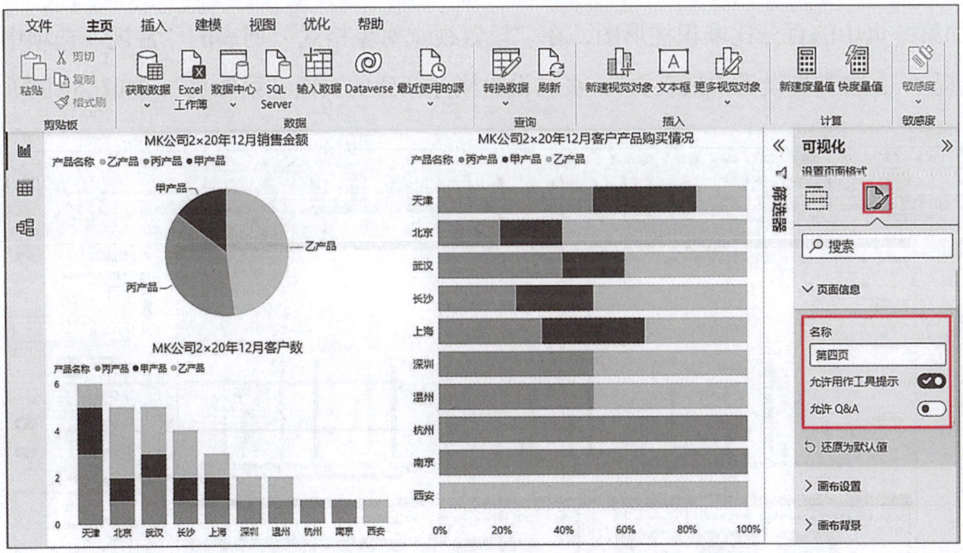

图 5-33　设置为工具提示页

选为“工具提示”，如图 5-34 所示。此时页面会变为适合工具提示的尺寸，接下来把刚才制作的可视化图表在新的页面尺寸下调整到合适位置。

这里说明一下，该页面的尺寸并不是一定要选择为“工具提示”，可以根据自己的需要自定义尺寸，系统为工具提示内置的默认尺寸为 320 mm × 240 mm，比较适合常规情景下数据的展现。

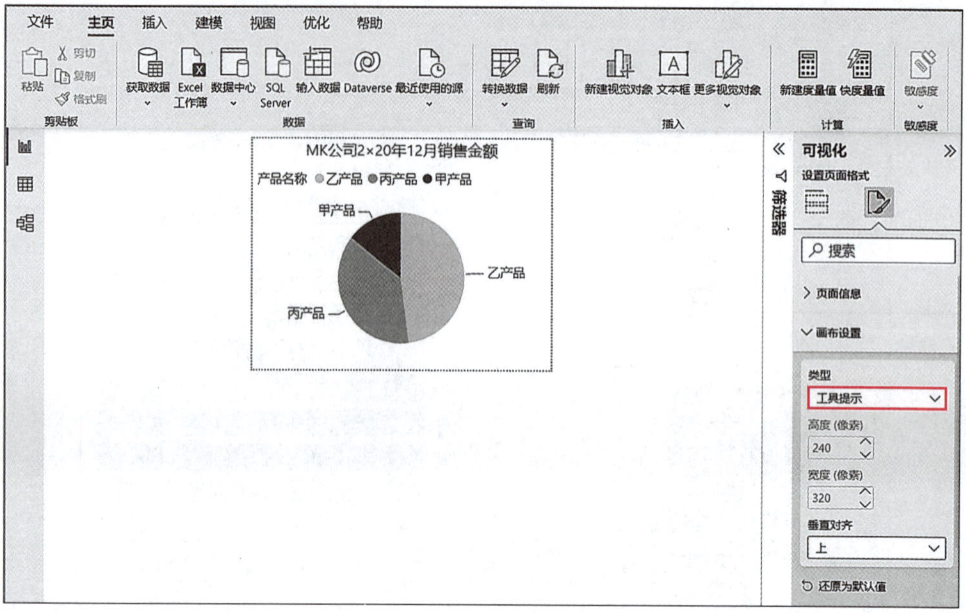

图 5-34　设置画布大小

5. 为图表添加工具提示。在需要使用工具提示的报表页面选中使用工具提示的某个图表，如第一页中的百分比堆积柱形图，在“设置视觉对象格式”列表的“常规”选项中找到“工具提示”，将类型设为“报表页”，页码设为刚才新建的页面“第四页”，如图 5-35 所示。

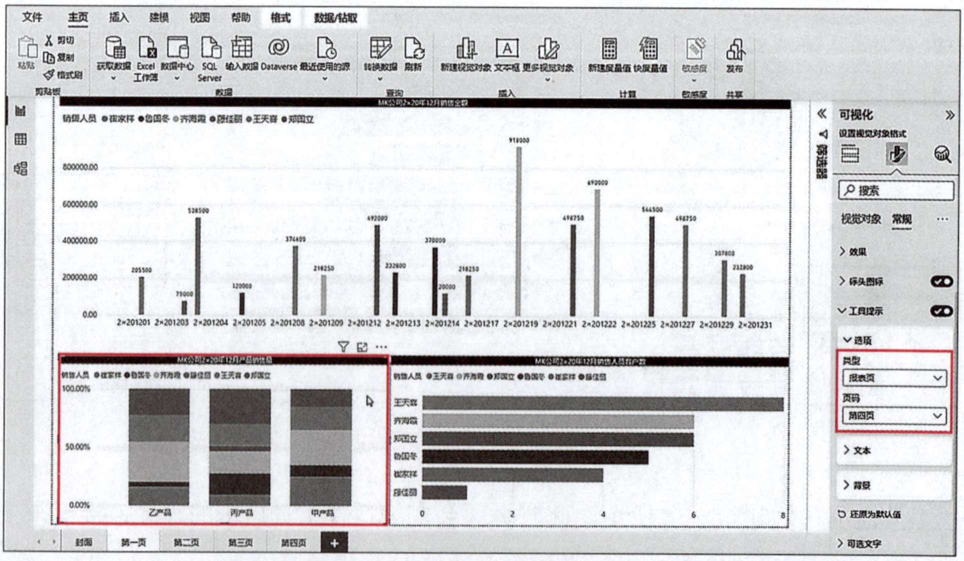

图 5-35　为图表添加工具提示

6. 设置完成后，在百分比堆积柱形图中就有了工具提示功能，当鼠标在图上悬停时就会出现相应工具提示的页面，如图 5-36 所示。

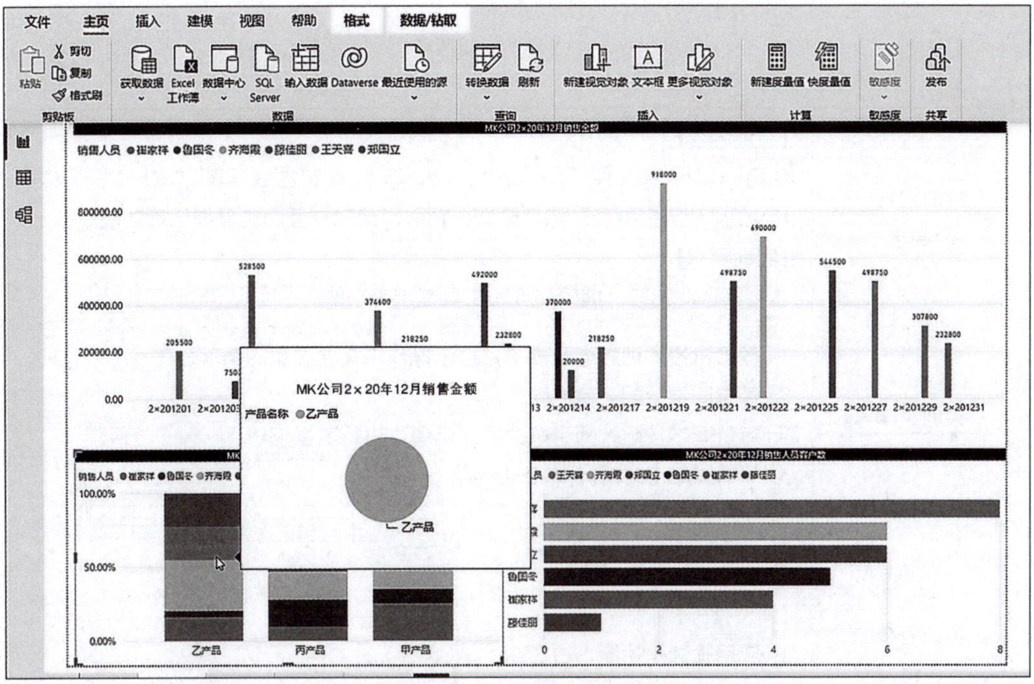

图 5-36 设置工具提示后的效果

任务实训

一、实训任务

使用 Power BI 文件“MK 公司 2×20 年 12 月销售数据表”“PQ 公司 2×20 年 12 月销售金额表”练习筛选、钻取、编辑交互和工具提示等功能。

二、任务实施

任务实施单

实训目标	能够使用筛选、钻取、编辑交互和工具提示等功能完成报表交互。
实训环境	投影仪、具备网络查询功能的电脑。

（续表）

实训内容及要求	【实训内容】 使用 Power BI 文件“MK 公司 2×20 年 12 月销售数据表”“PQ 公司 2×20 年 12 月销售金额表”练习筛选、钻取、编辑交互和工具提示等功能。 【实训要求】 学会筛选、钻取、编辑交互和工具提示等功能。
实训步骤	1. 教师讲授实训内容及要求，提示操作中需要注意的事项； 2. 每位同学分配一台电脑； 3. 每位同学按照教师讲解的操作步骤，进行实操演练； 4. 将 Power BI 文件保存到 U 盘。
实训考核评价	【评价载体】 保存的 Power BI 文件。 【评价指标】 1. 应用筛选器功能，占 25%； 2. 应用钻取功能，占 25%； 3. 应用编辑交互功能，占 25%； 4. 应用工具提示功能，占 25%。

知识拓展

显示和导出报表数据

Power BI 的可视化效果是使用集中的数据创建的、可以显示和导出用于创建视觉对象的数据。

1. 显示数据

选中视觉对象，点击右上角的“…”按钮，在弹出的快捷菜单中选择“以表的形式显示”，如图 5-37 所示。

在图表编辑区会以表格的形式显示出建表的数据，如图 5-38 所示。

2. 导出数据

（1）选中视觉对象，点击右上角的“…”按钮，在弹出的快捷菜单中选择“导出数据”命令。

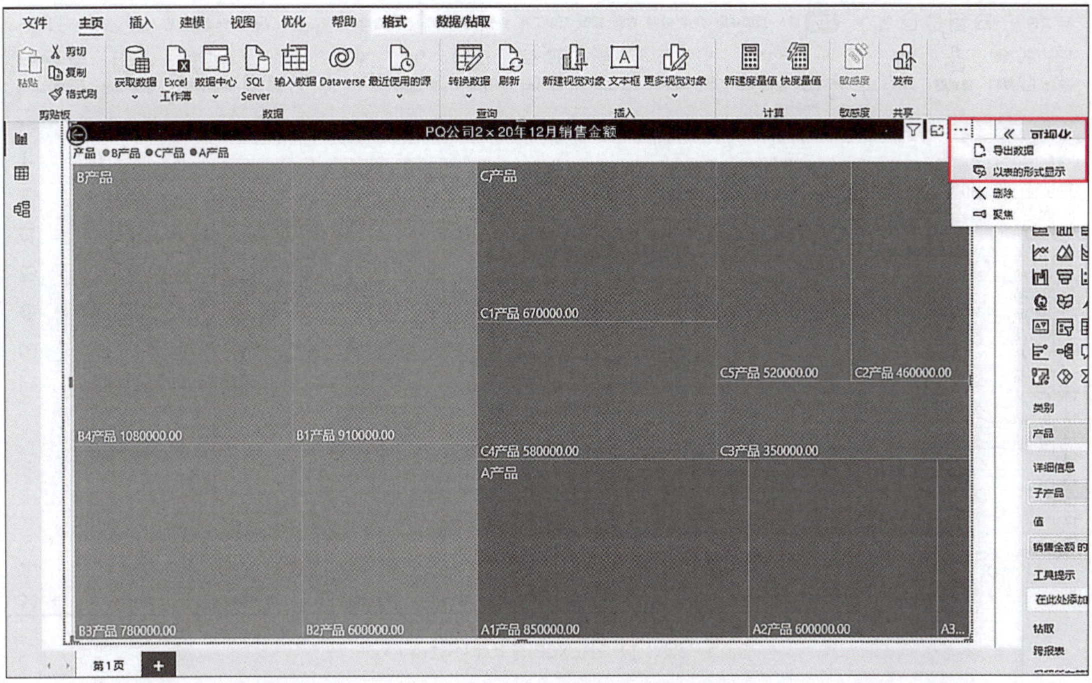

图 5-37 “以表的形式显示”命令

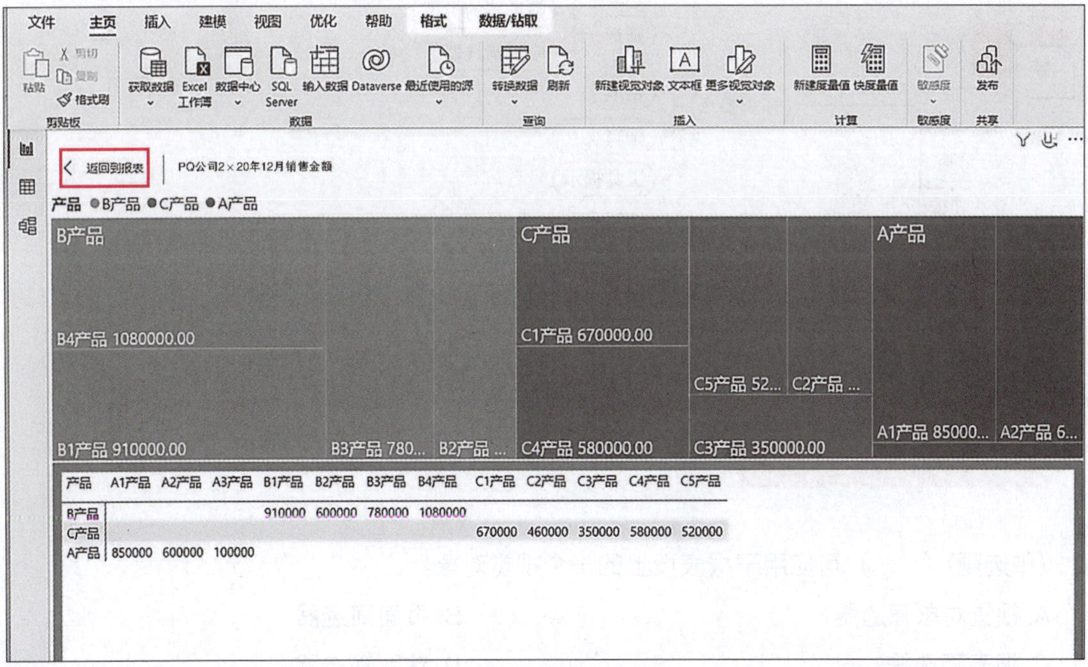

图 5-38 数据显示效果

（2）在弹出的“另存为”对话框中可以将数据导出并存为“.csv”文件，使用 Excel 可以直接打开文件，如图 5-39 所示。

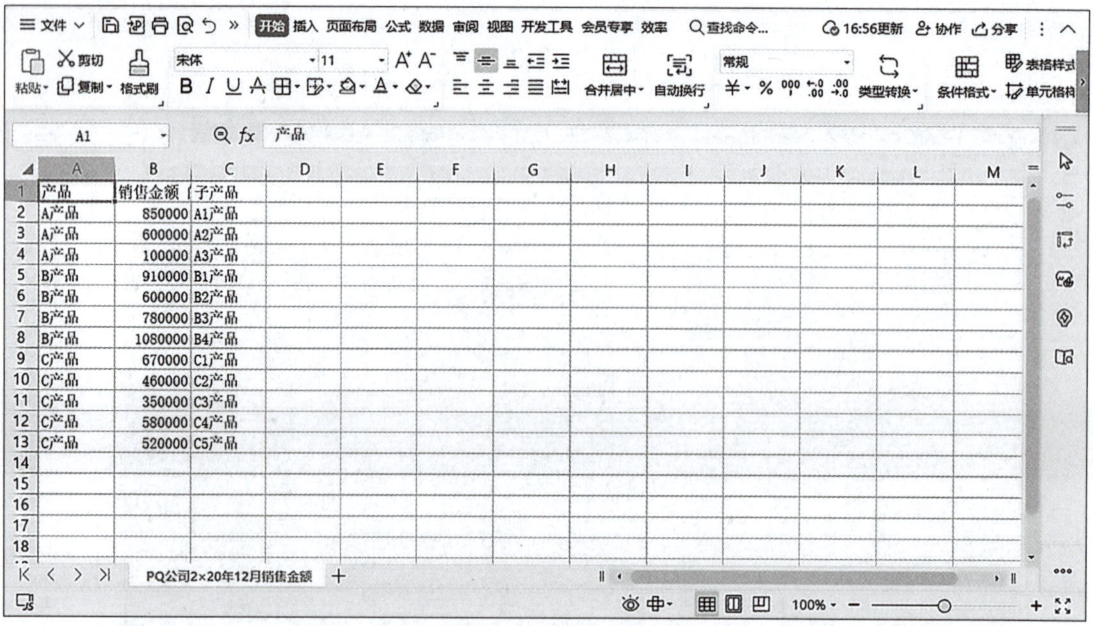

产品	销售金额	子产品
A产品	850000	A1产品
A产品	600000	A2产品
A产品	100000	A3产品
B产品	910000	B1产品
B产品	600000	B2产品
B产品	780000	B3产品
B产品	1080000	B4产品
C产品	670000	C1产品
C产品	460000	C2产品
C产品	350000	C3产品
C产品	580000	C4产品
C产品	520000	C5产品

图 5-39　使用 Excel 打开导出的文件

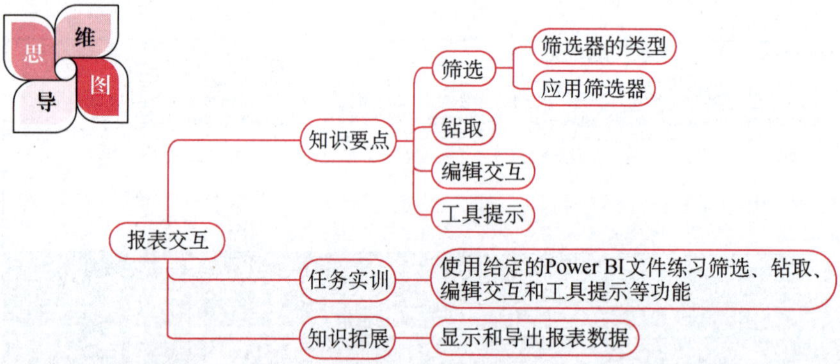

赛证融通测试题

1. （单选题）（　　）可应用于报表页上的一个视觉对象。

A. 视觉对象筛选器　　B. 页面筛选器

C. 报表筛选器　　D. 钻取筛选器

2. （判断题）Power BI 可视化与传统图表的一大区别，就是可视化分析是动态的，通过页面上筛选、钻取、突出等交互功能，可以快速进行访问，发现、探索数据背后的规律（　　）。

任务三
动态分析

情境导入

静态分析有时不能满足日常工作的需要，这就需要引入动态分析，即通过增减某个维度的数据来观察其对分析结果的影响。在 Power BI 中可以使用参数，并以切片器的形式来控制变量，使之与其他指标进行交互，从而完成动态分析，如 TOPN 分析、动态折扣率等。

微课 62：动态分析

根据本节知识点和本任务要求，思考如何新建参数进行动态分析。

知识要点

一、新建参数

新建参数的具体操作步骤如下：

1. 在报表视图下点击“建模”选项卡中“参数”组中的“新建参数”命令，在弹出的对话框中有“数值范围”和“字段”两个选项，点击“数值范围”选项，如图 5-40 所示。

2. 默认的值建立的参数是建立一个从 0 到 20 的整数序列，点击“创建”按钮，画布上将出现一个切片器，如图 5-41 所示，这是因为新建参数时，左下角有“将切片器添加到此页”默认选项。滑动切片器可以调整参数的值。

3. 在“数据视图”下可以看到这个参数表实际上是利用 DAX 函数 GENERATESERIES 新建的表，只是这里是通过单击图形界面的方式创建的。通过新建参数的方式不只是新建了这张表，同时也新建了一个度量值“参数值”，并将其自动添加到数据模型中，使其可以在整个报表中使用。在“数据”窗格可以看到这个度量值，如图 5-42 所示。这个度量值就是提取被选中的参数值，切片器滑到哪个数值，该度量值就返回相应的数值，通过切片器和度量值的结合来自由地控制变量。

图 5-40 “参数”对话框

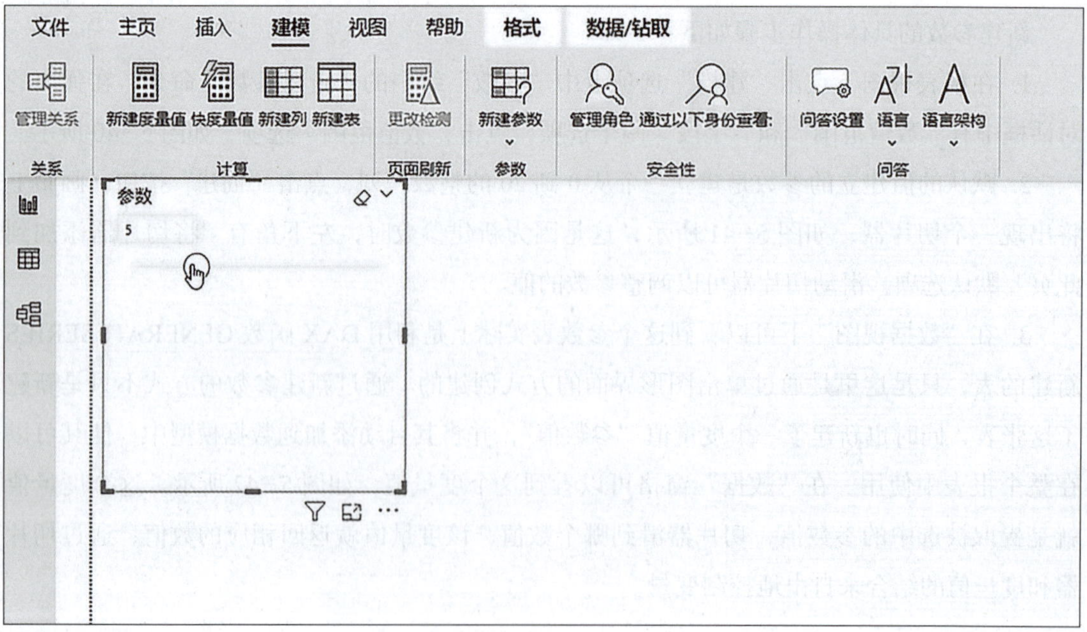

图 5-41 参数切片器

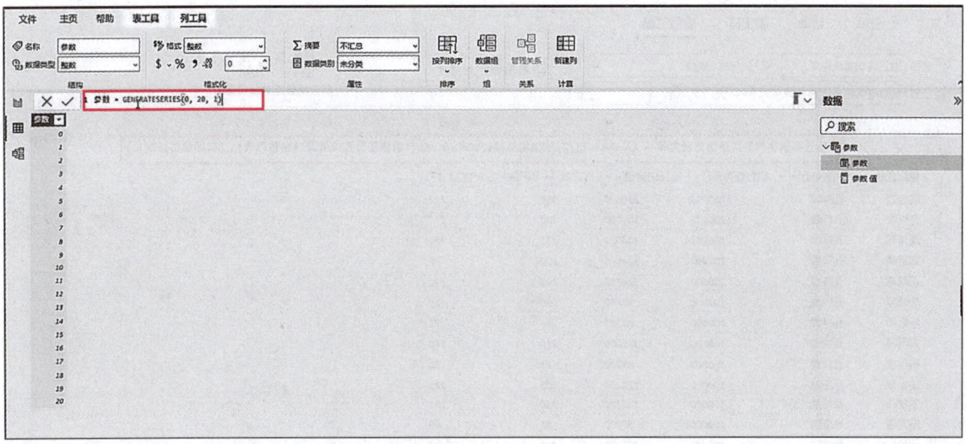

图 5-42 参数表

二、TOPN 分析

使用 Excel 文件 5-9“WP 公司 2×20 年 12 月销售任务完成情况表”，介绍如何使用参数完成 TOPN 分析，具体操作步骤如下：

1. 查看前五名销售代表的实际销售额之和。先将文件导入 Power BI，然后新建度量值“实际销售总额”和“前五名销售代表实际销售额之和”，分别如图 5-43 和图 5-44 所示。

5-9

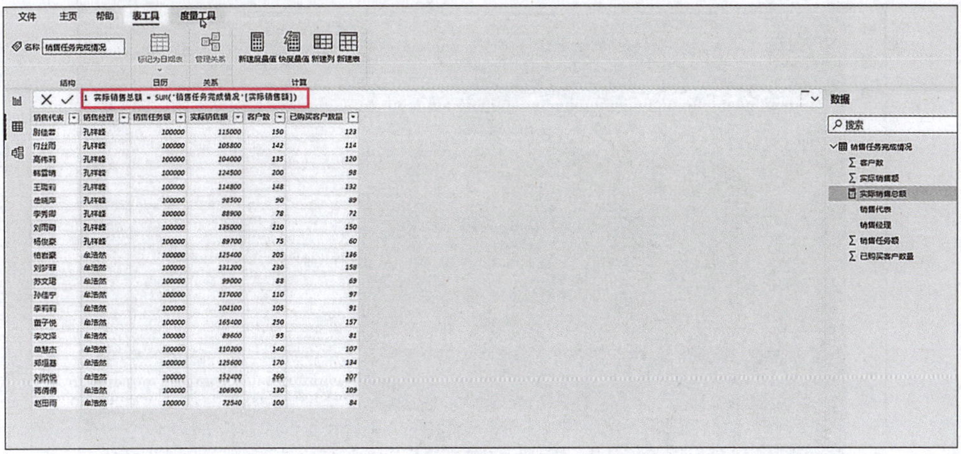

图 5-43 度量值“实际销售总额”

这里使用了 TOPN 函数，第一个参数是要返回的行数，第二个参数是被筛选的表，第三个参数是排序依据，还有第四个可选参数，默认为 0，即按降序排列，并提取前 N 位的行数；如果为 1，就是按升序排列，将返回最小的 N 行。

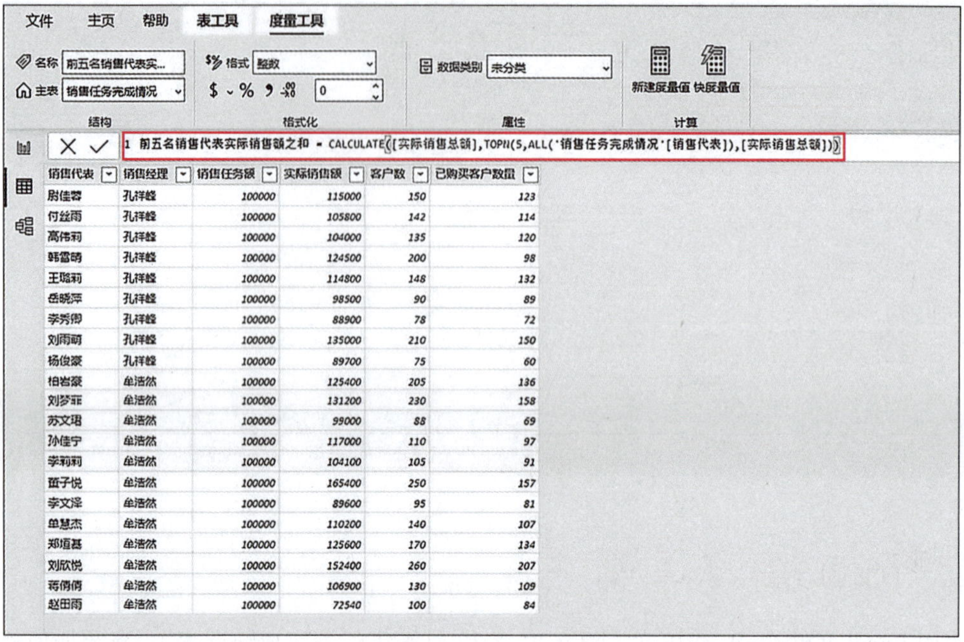

销售代表	销售经理	销售任务额	实际销售额	客户数	已购买客户数量
尉佳蓉	孔祥峰	100000	115000	150	123
付丝雨	孔祥峰	100000	105800	142	114
高伟莉	孔祥峰	100000	104000	135	120
韩雪萌	孔祥峰	100000	124500	200	98
王璐莉	孔祥峰	100000	114800	148	132
岳晓萍	孔祥峰	100000	98500	90	89
李秀卿	孔祥峰	100000	88900	78	72
刘雨萌	孔祥峰	100000	135000	210	150
杨俊豪	孔祥峰	100000	89700	75	60
柏岩豪	单浩然	100000	125400	205	136
刘梦菲	单浩然	100000	131200	230	158
苏文珺	单浩然	100000	99000	88	69
孙佳宁	单浩然	100000	117000	110	97
李莉莉	单浩然	100000	104100	105	91
苗子悦	单浩然	100000	165400	250	157
李文泽	单浩然	100000	89600	95	81
单慧杰	单浩然	100000	110200	140	107
郑垣基	单浩然	100000	125600	170	134
刘欣悦	单浩然	100000	152400	260	207
蒋倩倩	单浩然	100000	106900	130	109
赵田雨	单浩然	100000	72540	100	84

图 5-44　度量值“前五名销售代表实际销售额之和”

2. 在“报表视图”建立卡片图，查看计算结果，如图 5-45 所示。

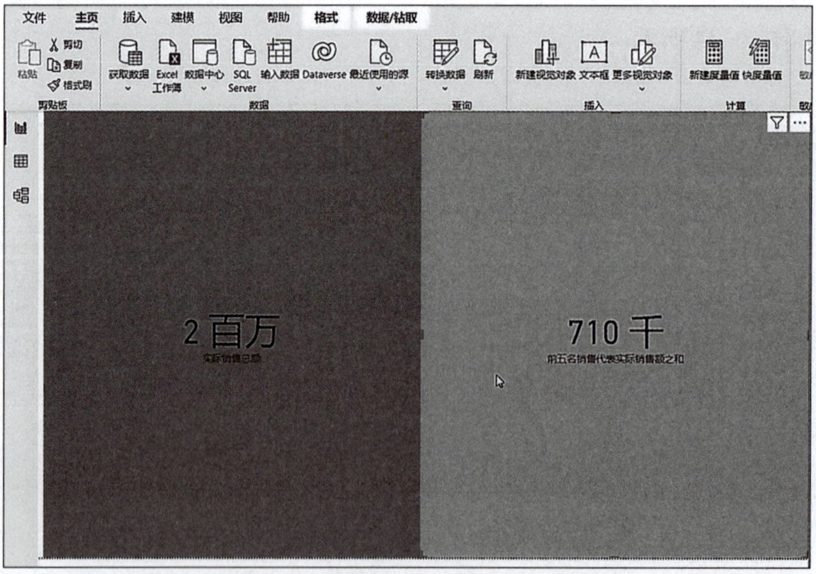

图 5-45　查看“前五名销售代表实际销售额之和”

这个度量值计算的是前五名之和，如果想知道前十名之和，把 TOPN 函数的第一个参数值改为 10 即可。但是在分析过程中，不能总是手动更改度量值，这时就可以利用参数来自动实现。

3. 新建一个从 1 到 10 的参数，自动生成的度量值可以重命名为“TOPN 参数”，然后用这个度量值的“参数值”来替换 TOPN 函数的第一个参数，如图 5-46 所示。

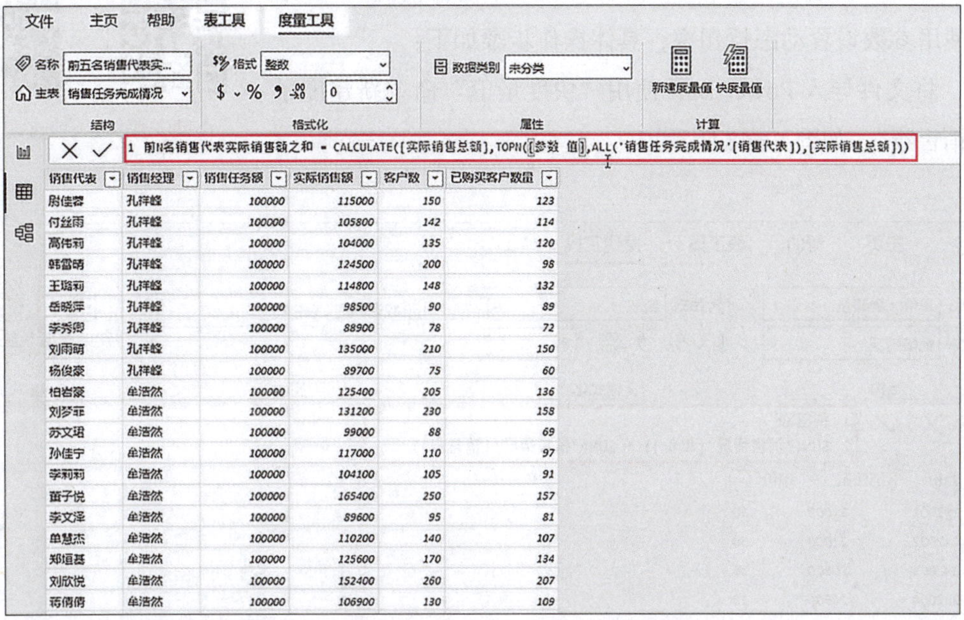

图 5-46 度量值“前 N 名销售代表实际销售额之和”

4. 通过拖动切片器可以实现动态的 TOPN 分析，例如，将切片器拖动至参数 7，就是前七名的销售代表的实际销售额之和，如图 5-47 所示。

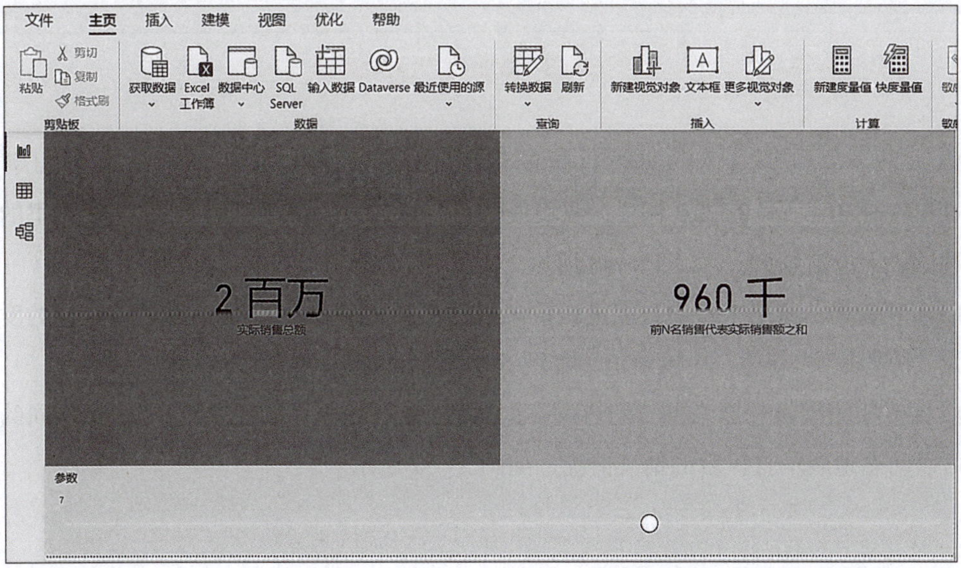

图 5-47 动态 TOPN 分析效果

三、动态折扣率设置

使用 Excel 文件 5-10“YT 公司 2×20 年销售情况”，介绍如何使用参数设置动态折扣率，具体操作步骤如下：

微课 63：动态折扣率设置

5-10

1. 将文件导入 Power BI，使用“快度量值”命令新建度量值“销售额”，如图 5-48 所示。

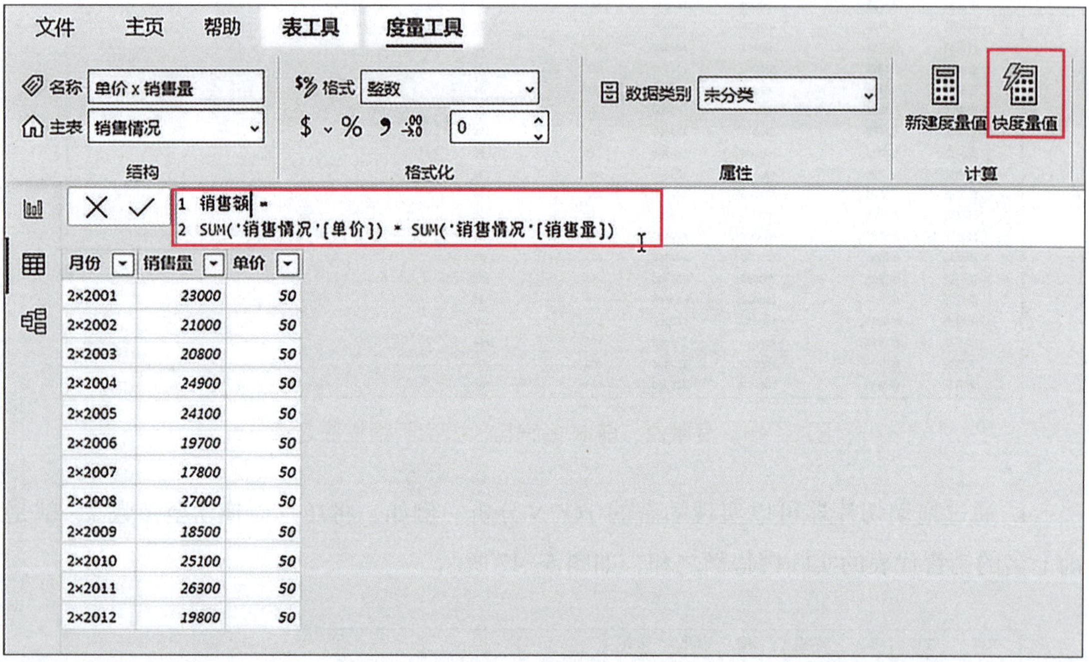

图 5-48　度量值“销售额”

2. 如果需要测算对商品进行打折的情况下的销售额，可以新建一个折扣率参数“GENERATESERIES（0.5,1,0.1）”，假设最低打 5 折，设置最小值为 0.5，注意这里的数据类型选择“十进制数字”，如图 5-49 所示。

3. 在“数据”窗格中将参数度量值重命名为“折扣率参数”，原有计算销售额的度量值假设为“销售额”，新建一个度量值，如图 5-50 所示。

4. 将折扣销售额和原来的“销售额”同时放入柱形图中，通过切片器选择不同的折扣率就可以动态地展示打折后的销售情况，如图 5-51 所示。

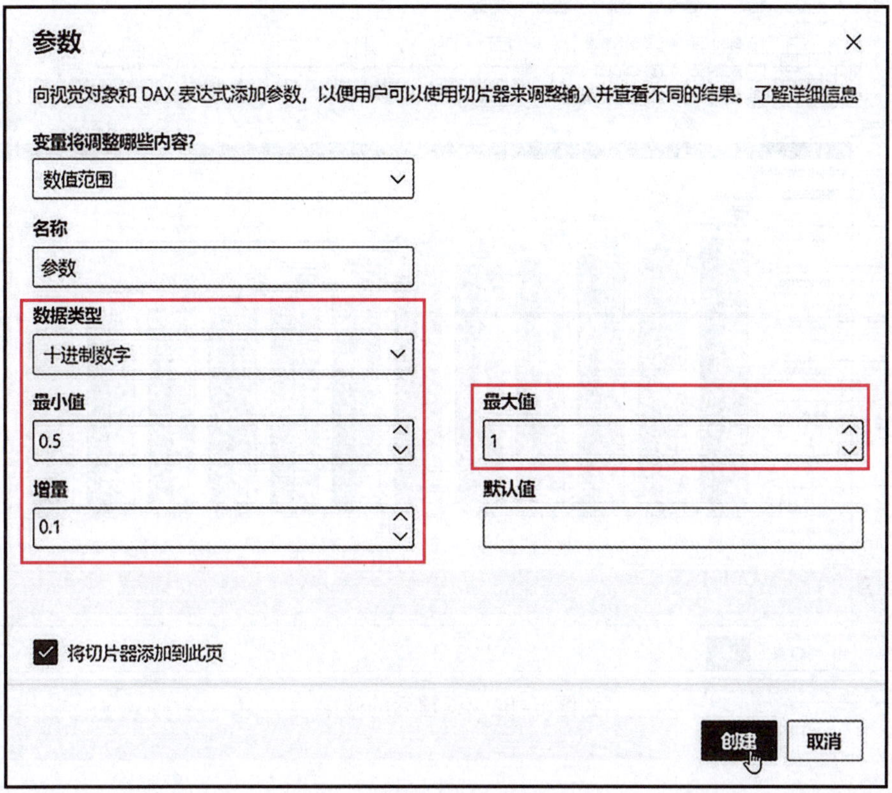

图 5-49 新建折扣率参数

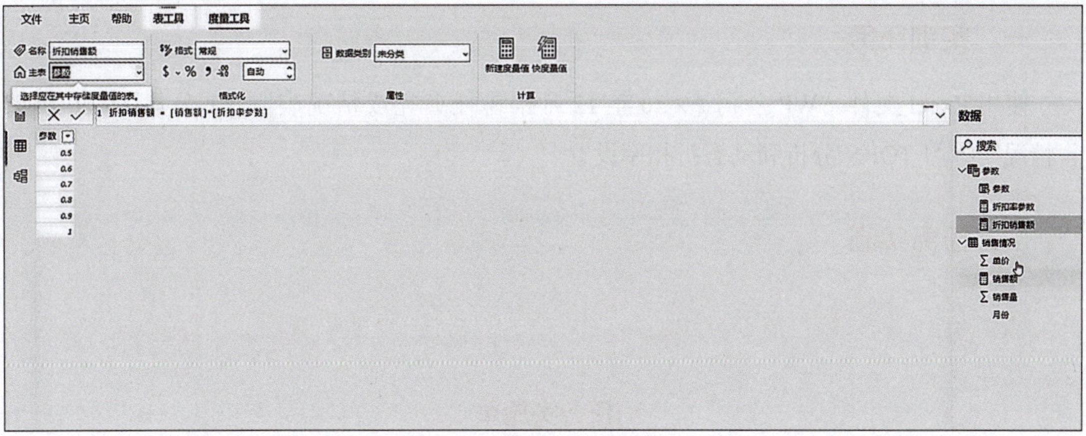

图 5-50 折扣销售额

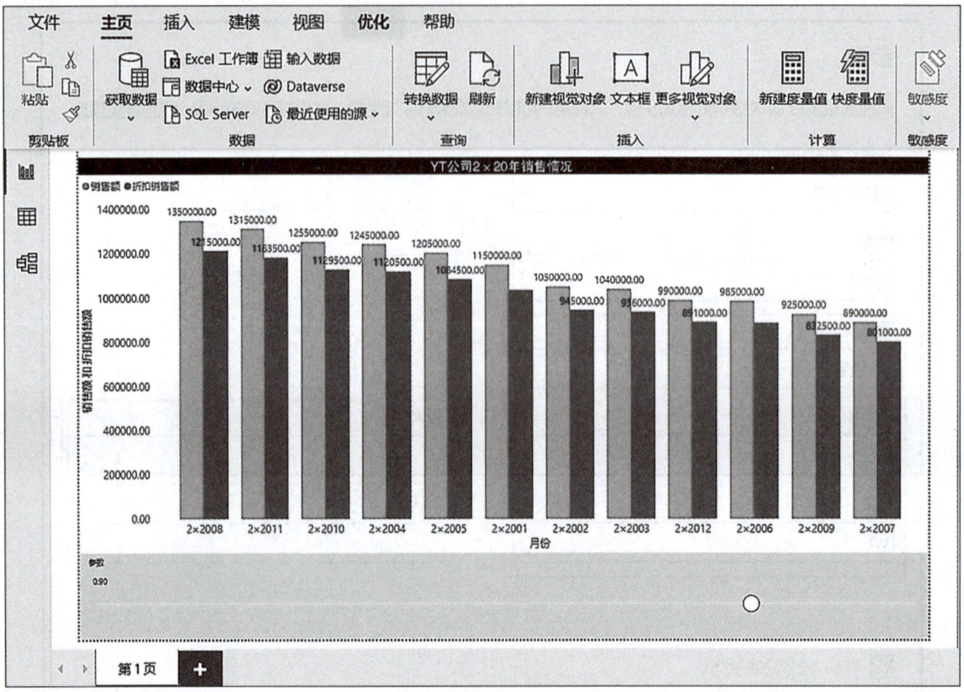

图 5-51　设置后的效果

任务实训

一、实训任务

使用 Excel 文件“WP 公司 2×20 年 12 月销售任务完成情况表”“YT 公司 2×20 年销售情况”练习 TOPN 分析和动态折扣率设置。

二、任务实施

任务实施单

实训目标	能够新建参数进行动态分析。
实训环境	投影仪、具备网络查询功能的电脑。

（续表）

实训内容及要求	【实训内容】 使用 Excel 文件“WP 公司 2×20 年 12 月销售任务完成情况表”“YT 公司 2×20 年销售情况”练习 TOPN 分析和动态折扣率设置 【实训要求】 学会新建参数进行动态分析。
实训步骤	1. 教师讲授实训内容及要求，提示操作中需要注意的事项； 2. 每位同学分配一台电脑； 3. 每位同学按照教师讲解的操作步骤，进行实操演练； 4. 将 Power BI 文件保存到 U 盘。
实训考核评价	【评价载体】 保存的 Power BI 文件。 【评价指标】 1. TOPN 分析，占 50%； 2. 动态折扣率设置，占 50%。

知识拓展

动态切换数据单位

Power BI 一个不方便之处是数据单位只能用千、百万等英美的习惯单位来显示，而没有中文中常用的万、亿等单位，但这里可以通过一定的技巧，来达到将数据单位按照中文习惯显示的目的。例如，希望切片器以“万”为单位显示，就让度量值除以 10 000；以“亿”为单位显示，就让度量值除以 100 000 000。

使用 Excel 文件“YT 公司 2×20 年销售情况”，介绍如何使用动态切换数据单位，具体操作步骤如下：

1. 手动建立一个单位表，如图 5-52 所示。该表不要与模型中的其他表建立关系。

2. 使用单位表的字段“单位”生成一个切片器，如图 5-53 所示。因为这个切片器多选会导致数据无意义，所以直接将“单项选择”的状态设为 。

3. 新建列“销售额”，如图 5-54 所示。

4. 新建度量值“新建销售额”，如图 5-55 所示。这里要求与原销售额不能重名。新建

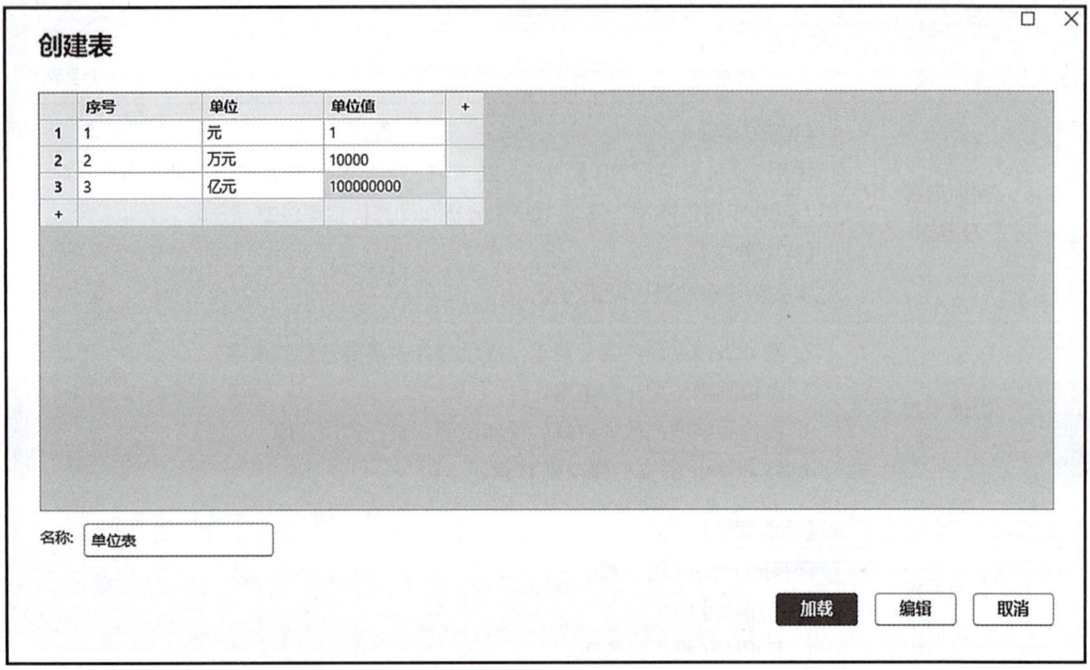

图 5-52　创建单位表

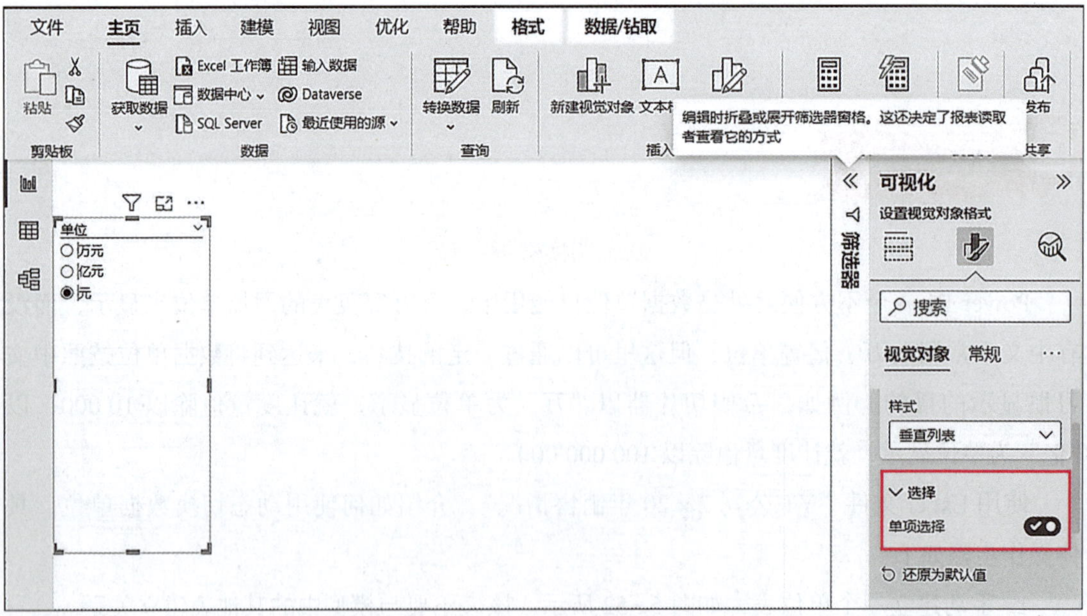

图 5-53　生成单选切片器

销售额就是在原来的基础上除以“单位值”，SELECTEDVALUE 函数可以根据切片器的选择来动态更换分母（单位值）的数据。

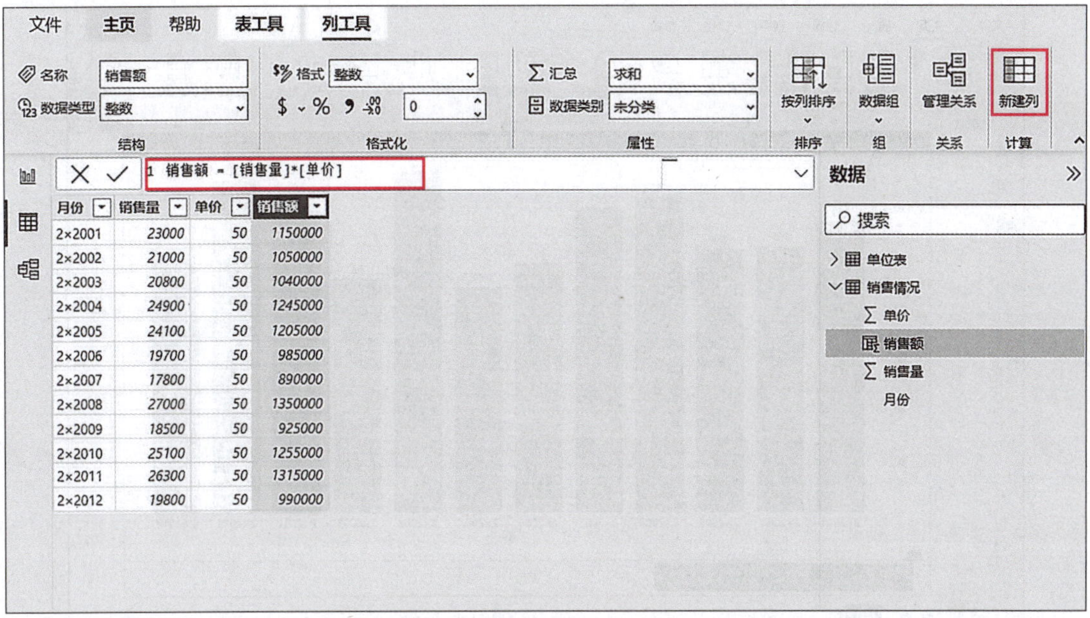

图 5-54 新建列“销售额”

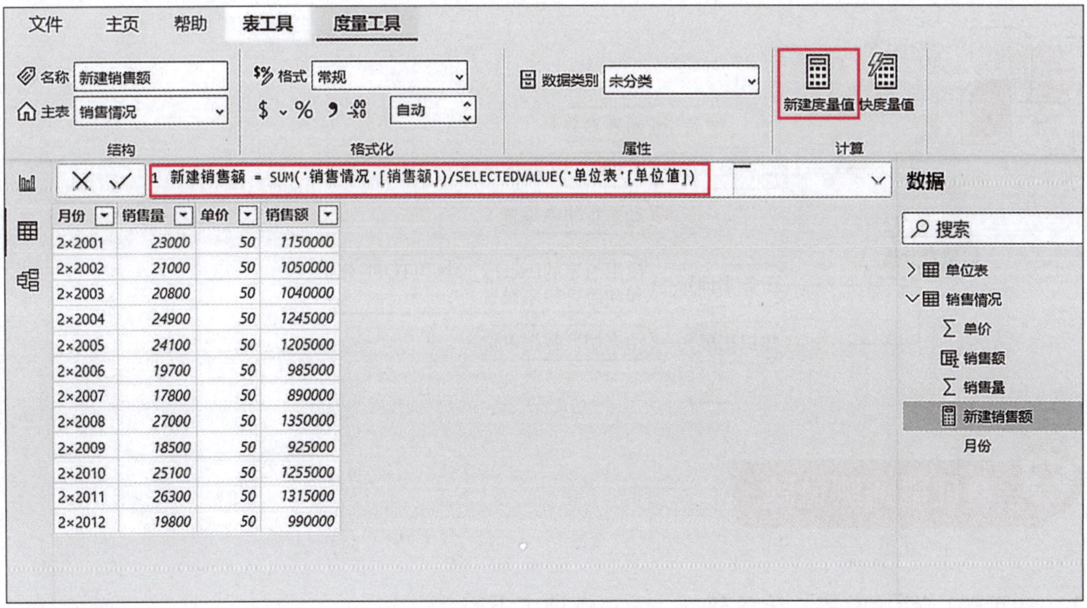

图 5-55 新建度量值

5. 使用堆积柱形图显示新建销售额来查看切换单位的效果。其中，“Y 轴”的“值”显示单位设置为“无”，点击切片器的“万元”，如图 5-56 所示。

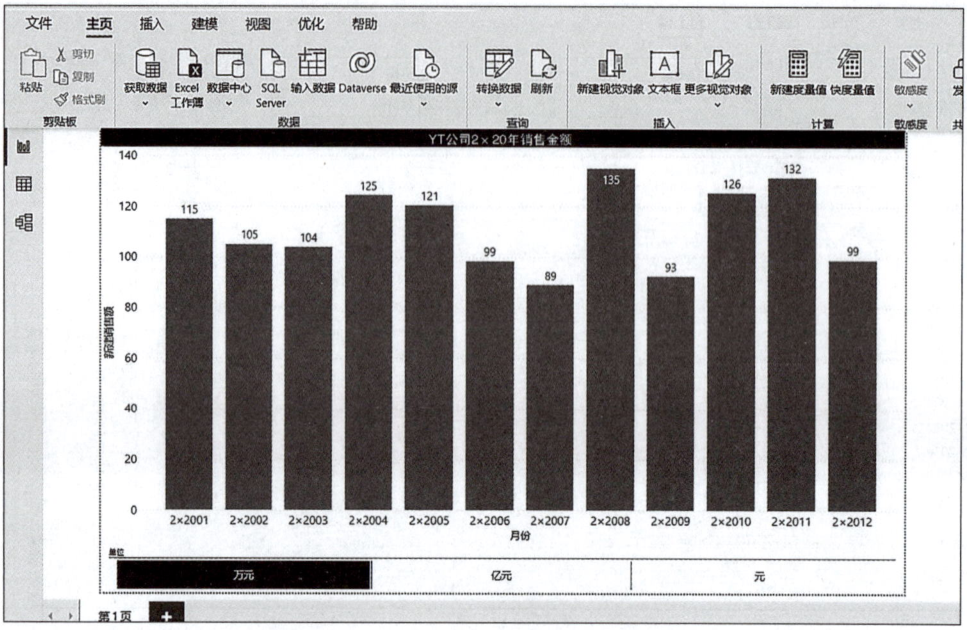

图 5-56　动态切换数据单位效果

思维导图

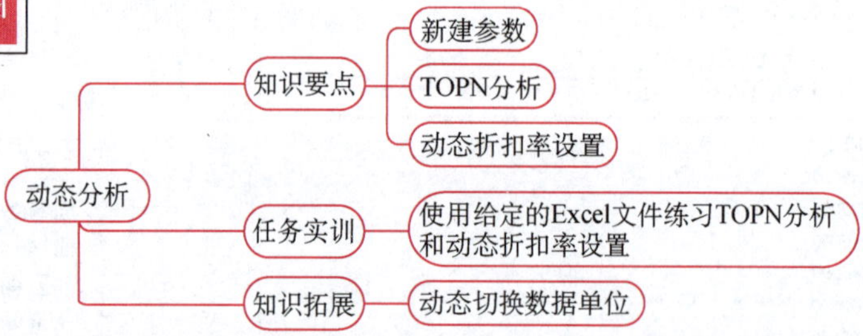

赛证融通测试题

1. （单选题）“新建参数”命令在（　　）选项卡下。

A. 主页　　B. 插入　　C. 视图　　D. 建模

2. （判断题）以切片器的形式控制变量可以进行动态分析。（　　）

任务四 可视化报告

情境导入

学到这里，从数据分析建模到可视化报表都可以为我们所用，进行更加灵活、强大的数据分析。本节任务将通过一个实例梳理一下使用 Power BI 进行财务大数据分析与可视化的流程，重温学习过的 Power BI 编辑器、数据建模、数据可视化等内容，整体认识 Power BI。

根据本节知识点和本任务要求，思考财务大数据分析与可视化的流程。

知识要点

从获取数据到生成可视化报表，一般包括几个步骤，下面以使用金融界数据分析东北制药 2021 年主营业务为例，进行步骤讲解。

一、数据获取

数据获取是进行数据分析与可视化的第一步。在 Power BI 中，获取数据的方式有多种，可以使用企业编制的数据表格，如 Excel、PDF、文本等多种格式；可以从企业的财务软件中导出；还可以从免费网站直接获取外部数据。

微课 64：可视化报告（上）

1. 到金融界网站提取东北制药 2021 年主营业务数据，如图 5-57 所示。

2. 复制网址后从网页导入数据，在“导航器”对话框中有多张表格，挑选需要导入的表格，如图 5-58 所示。

3. 在“数据视图”中查看导入的表格，将其重命名为“东北制药 2021 年主营业务”，如图 5-59 所示。

图 5-57　东北制药 2021 年主营业务数据

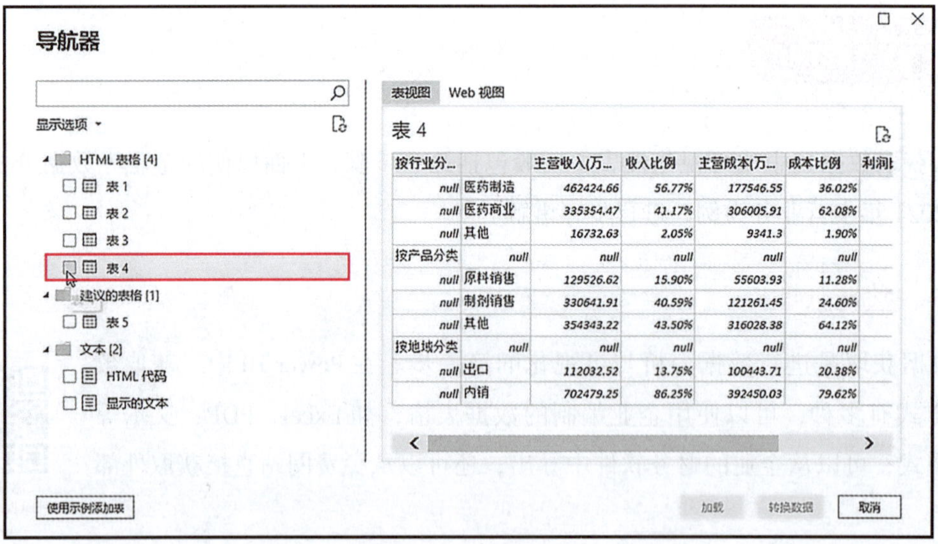

图 5-58　加载表格

从图 5-59 中可以看出，导入的数据存在以下四个问题：

（1）第一种分类“按行业分类”在标题上，需要调整到第一行上。

（2）“按产品分类”“按地域分类”两行没有数据。

（3）第二列字段是第一列字段的子分类，但是在第一列上的文字缺失。

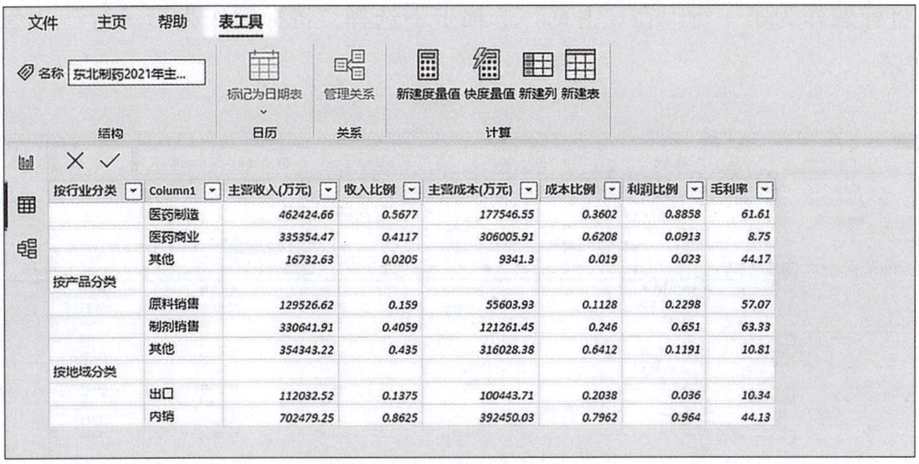

图 5-59 查看导入的数据

（4）有毛利率，但是没有毛利的数值。

对于上面的问题，可以通过清洗数据和数字建模的方式加以解决。

二、数据清洗

数据清洗是在“Power Query 编辑器”中完成的。针对导入数据存在的问题，从以下七个方面进行整理：

微课 64：可视化报告（中）

1. 打开“Power Query 编辑器”。任选一列，右击鼠标，在弹出的快捷菜单中点击“编辑查询”，打开编辑器，如图 5-60 所示。

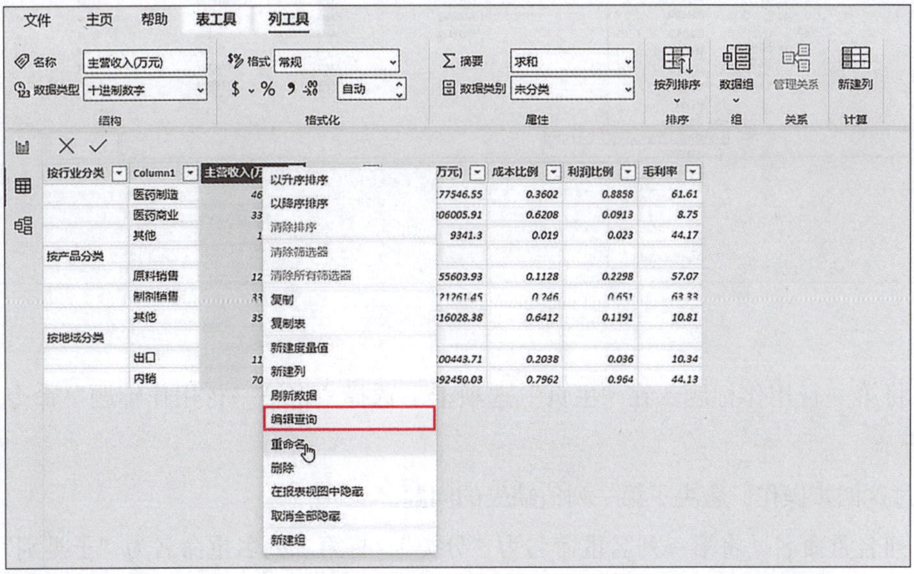

图 5-60 编辑查询

2. 将标题作为第一行。在“主页”选项卡下选择“将标题作为第一行”命令，如图 5-61 所示。

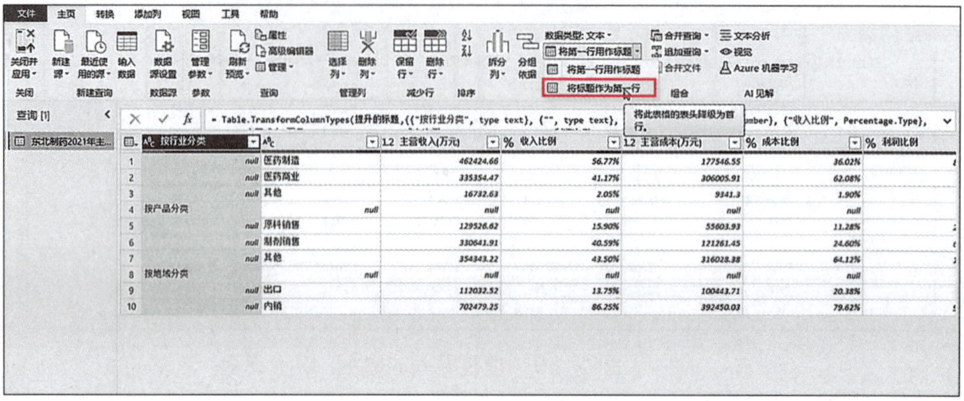

图 5-61　将标题作为第一行

3. 第一列向下填充。选中第一列，右击鼠标，在弹出的快捷菜单中执行向下填充命令，如图 5-62 所示。

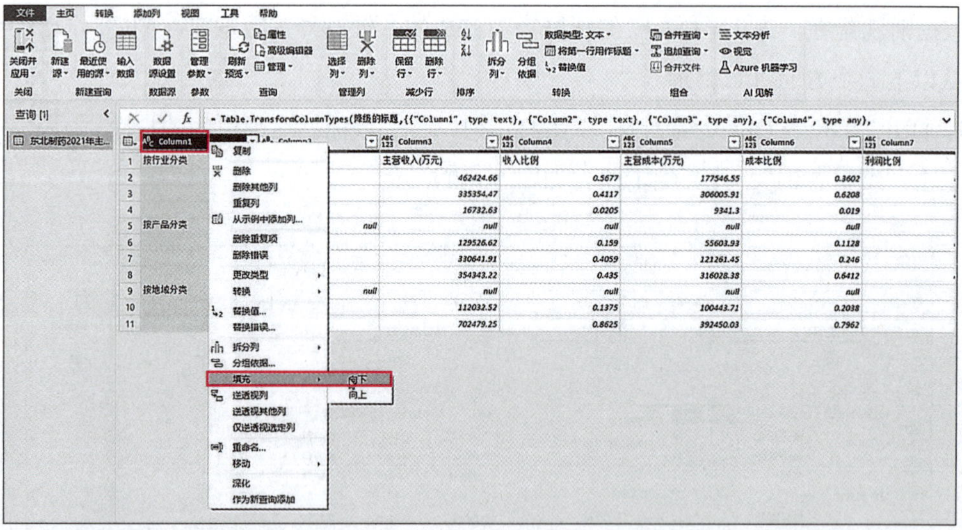

图 5-62　向下填充

4. 将第一行用作标题。在“主页”选项卡下选择“将第一行用作标题”命令，如图 5-63 所示。

通过这四步操作，解决了第一列值缺失的问题。

5. 列名重命名。将第一列名重命名为“分类”，将第二列名重命名为“子类别”，将毛利率一列重命名为“毛利率（%）”，如图 5-64 所示。

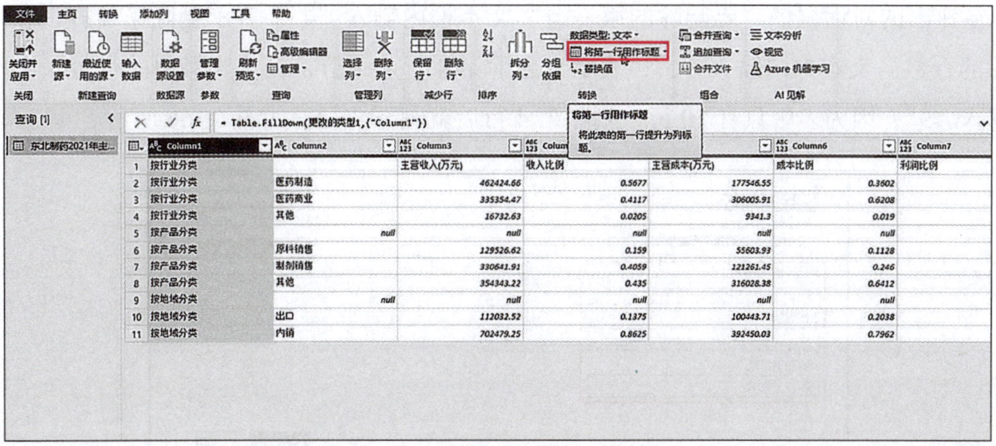

图 5-63　将第一行用作标题

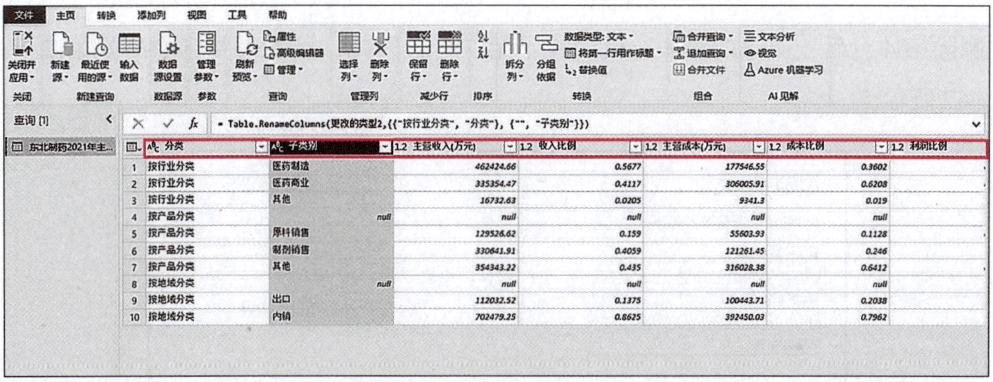

图 5-64　重命名列名

6. 删除无用的行。填充后，第 4 行和第 8 行中已经没有数据了，可以使用“删除间隔行”命令将这两行删除，如图 5-65 所示。

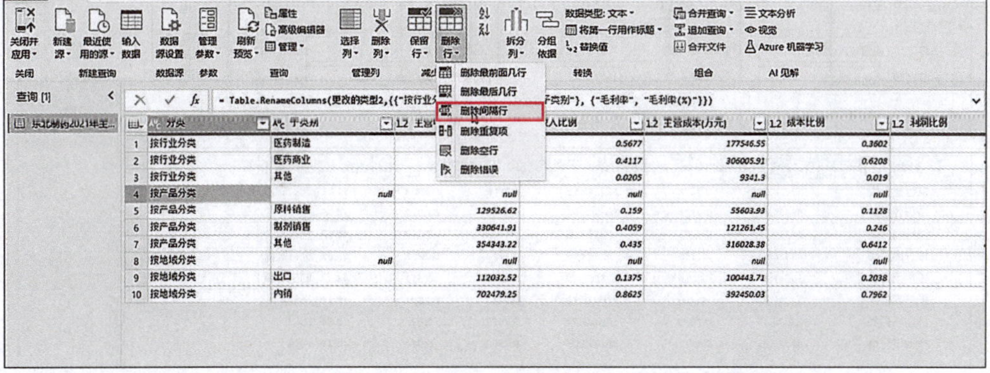

图 5-65　删除间隔行

在弹出的对话框的“要删除的第一行”文本框内输入“4”，表示删除第 4 行，在“要删除的行数”文本框内输入“1”，表示只删除第 4 行这一行，在“要保留的行数”文本框内输入“9”，因为表中只有 10 行，删除第 4 行后就剩下 9 行。如图 5-66 所示。

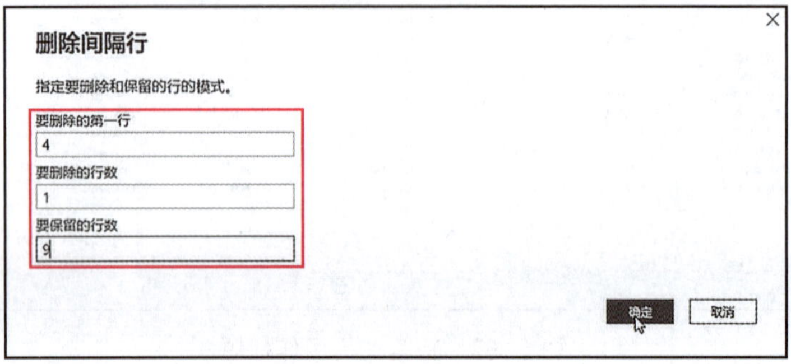

图 5-66　删除第 4 行

删除第 4 行后，原来的第 8 行就变成了第 7 行，因此，接下来要删除的是第 7 行，如图 5-67 所示。

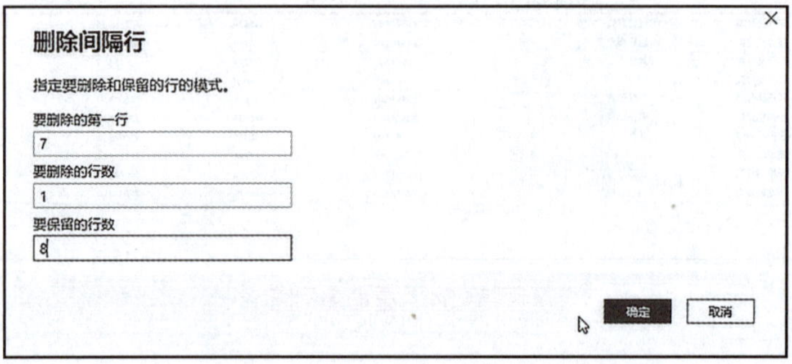

图 5-67　删除第 7 行（原第 8 行）

7. 应用并关闭“Power Query 编辑器”。完成清洗后的数据如图 5-68 所示。

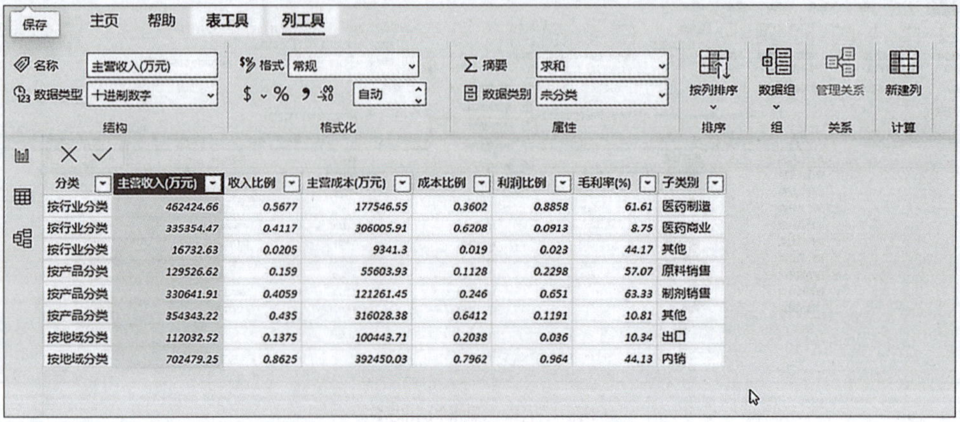

分类	主营收入(万元)	收入比例	主营成本(万元)	成本比例	利润比例	毛利率(%)	子类别
按行业分类	462424.66	0.5677	177546.55	0.3602	0.8858	61.61	医药制造
按行业分类	335354.47	0.4117	306005.91	0.6208	0.0913	8.75	医药商业
按行业分类	16732.63	0.0205	9341.3	0.019	0.023	44.17	其他
按产品分类	129526.62	0.159	55603.93	0.1128	0.2298	57.07	原料销售
按产品分类	330641.91	0.4059	121261.45	0.246	0.651	63.33	制剂销售
按产品分类	354343.22	0.435	316028.38	0.6412	0.1191	10.81	其他
按地域分类	112032.52	0.1375	100443.71	0.2038	0.036	10.34	出口
按地域分类	702479.25	0.8625	392450.03	0.7962	0.964	44.13	内销

图 5-68　清洗数据后效果

根据表格数据存在的问题，采用类似操作，把“东北制药2021年利润数据”“东北制药2021年利润表”等文件导入Power BI并清洗数据，如图5-69至图5-72所示。注意，营业外支出项目以负数列示。

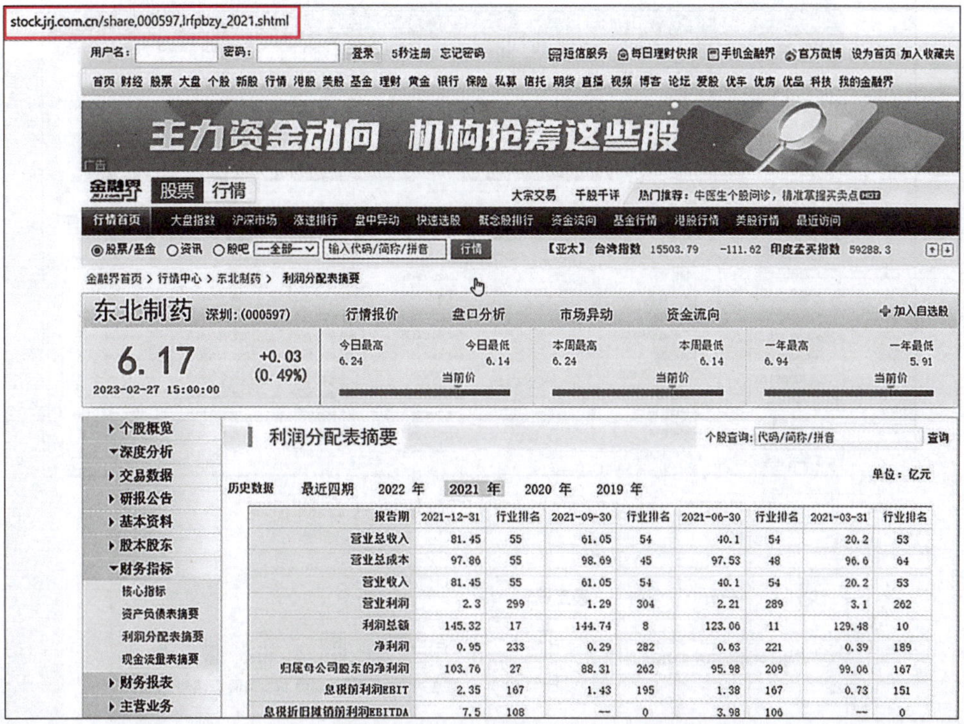

图5-69 导入的“东北制药2021年利润数据”

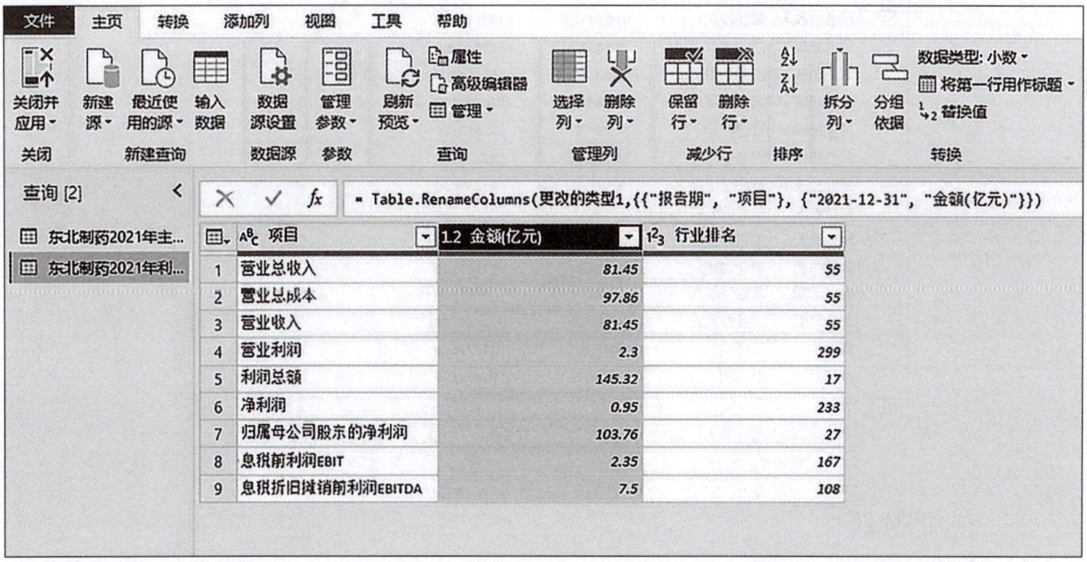

图5-70 清洗后的“东北制药2021年利润数据”

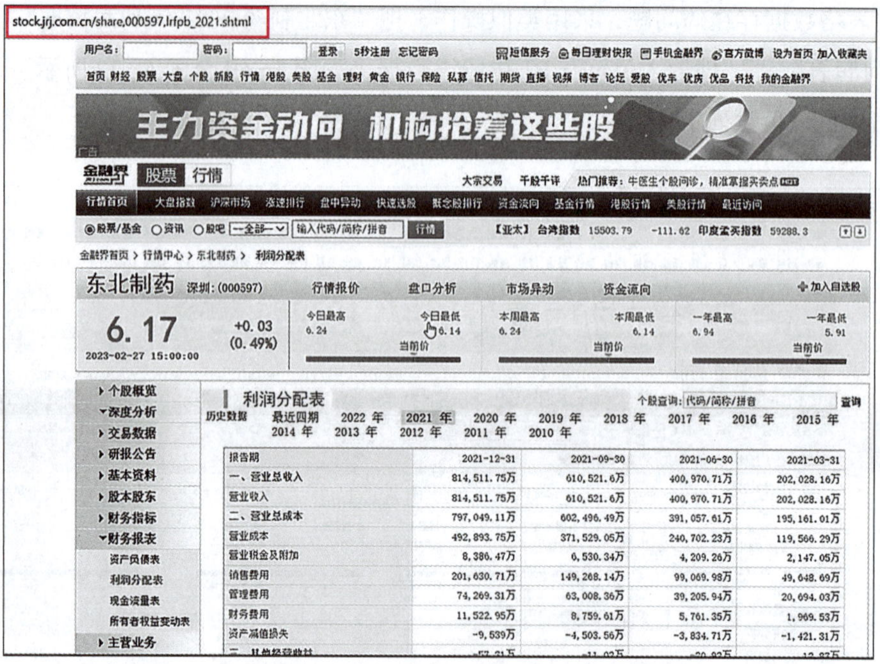

图 5-71　导入的“东北制药 2021 年利润表”

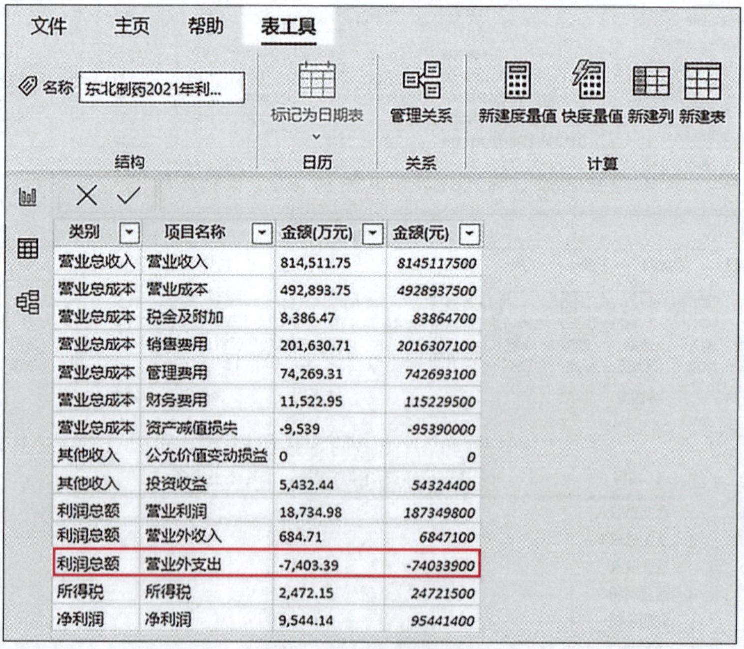

图 5-72　清洗后的“东北制药 2021 年利润表”

三、数据建模

在 Power BI 中，字段、度量值、事实表、维度表、关系的集合构成了数据模型。在一个数据模型中，可以将来自不同表，甚至是不同数据源的表建立关系，使各个独立的表变成相互联系的有意义的数据模型，接下来即可在一个图表中或者报告中分析来自不同表格的数据。数据模型是进行数据分析的基础，数据模型能够处理更大量级的数据，并且速度更快。

1. 创建表关系。为“东北制药 2021 年利润数据”和“东北制药 2021 年利润表”创建表关系，如图 5-73 所示。

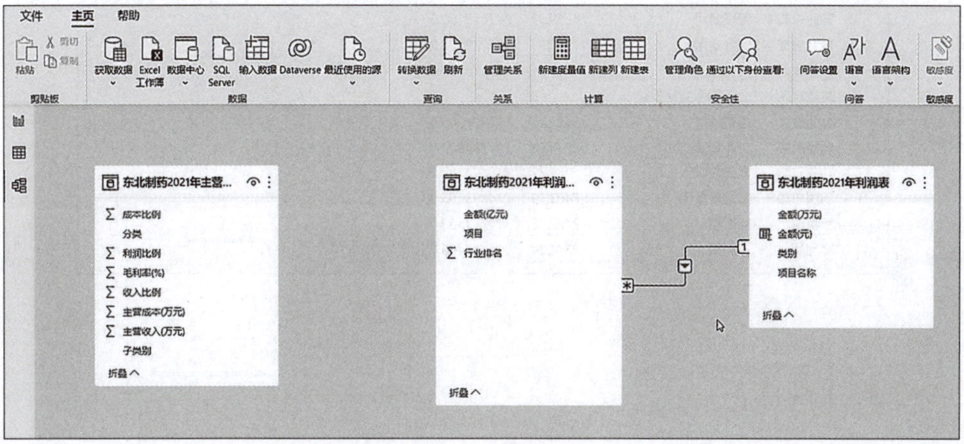

图 5-73　创建表关系

2. 创建计算列。在表“东北制药 2021 年主营业务”中新建计算列“毛利（万元）”，如图 5-74 所示。

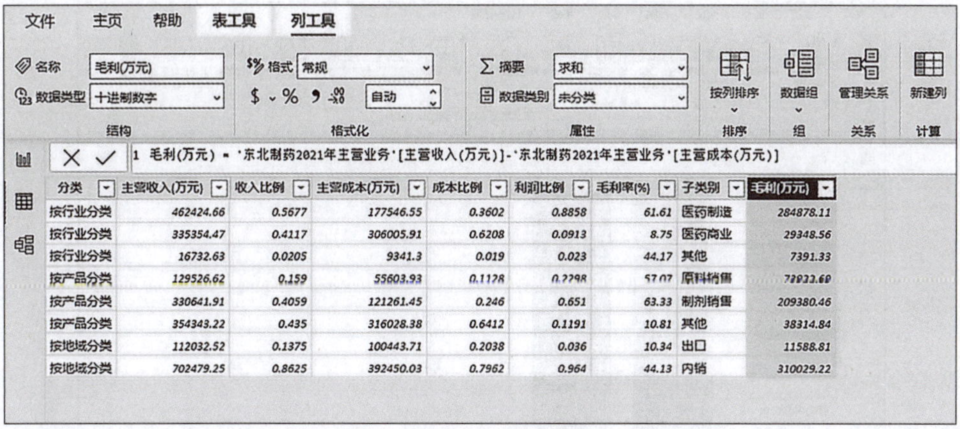

图 5-74　新建计算列“毛利（万元）”

在表“东北制药 2021 年利润表”中新建列“金额”，把列“金额（万元）”的金额单位转换为元，如图 5-75 所示。

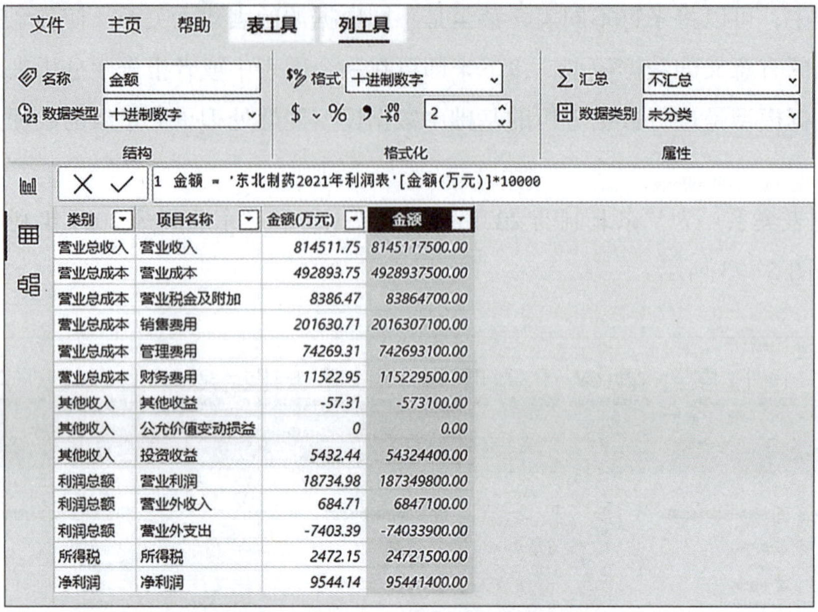

类别	项目名称	金额(万元)	金额
营业总收入	营业收入	814511.75	8145117500.00
营业总成本	营业成本	492893.75	4928937500.00
营业总成本	营业税金及附加	8386.47	83864700.00
营业总成本	销售费用	201630.71	2016307100.00
营业总成本	管理费用	74269.31	742693100.00
营业总成本	财务费用	11522.95	115229500.00
其他收入	其他收益	-57.31	-573100.00
其他收入	公允价值变动损益	0	0.00
其他收入	投资收益	5432.44	54324400.00
利润总额	营业利润	18734.98	187349800.00
利润总额	营业外收入	684.71	6847100.00
利润总额	营业外支出	-7403.39	-74033900.00
所得税	所得税	2472.15	24721500.00
净利润	净利润	9544.14	95441400.00

图 5-75 新建列“金额”

四、数据可视化

数据可视化将数据以视觉对象的形式呈现出来，Power BI 提供了 27 种默认的视觉对象，可以根据数据特点选择合适的视觉对象进行可视化分析。

微课 64：可视化报告（下）

1. 在报表页第一页使用“东北制药 2021 年利润表”分析利润表项目，如图 5-76 所示。

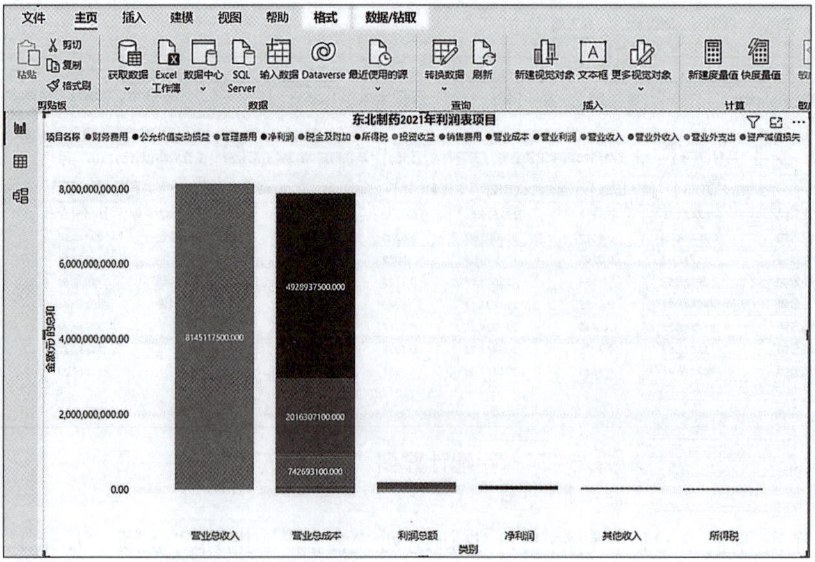

图 5-76 利润表项目

2. 在报表页第二页使用“东北制药 2021 年主营业务”分析不同分类下的各项目比例关系，如图 5-77 所示。

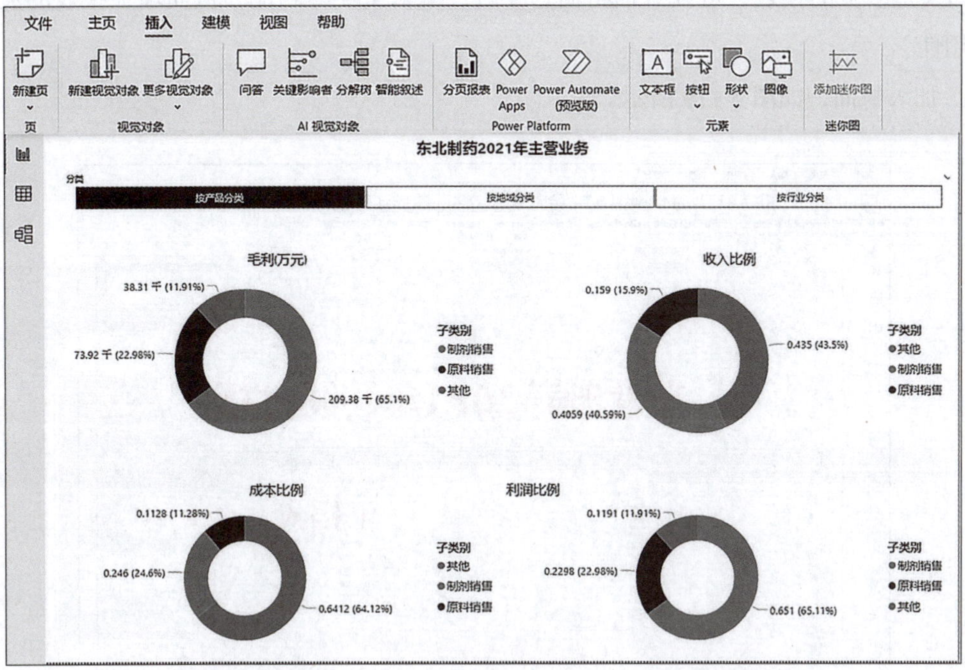

图 5-77 东北制药 2021 年主营业务分析（按分类）

3. 在报表页第三页使用“东北制药 2021 年利润数据”分析东北制药利润数据在行业的排名情况，如图 5-78 所示。

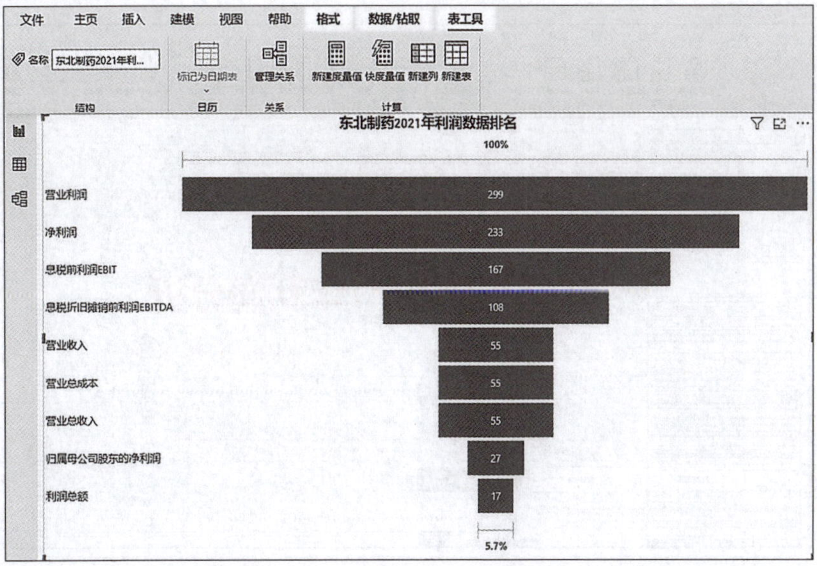

图 5-78 利润项目行业排名

五、可视化报表

如果是多页的报表，可以添加封面、导航、编辑交互等功能，从而增加报表的灵活性和实用性。

1. 加入封面，如图 5-79 所示。

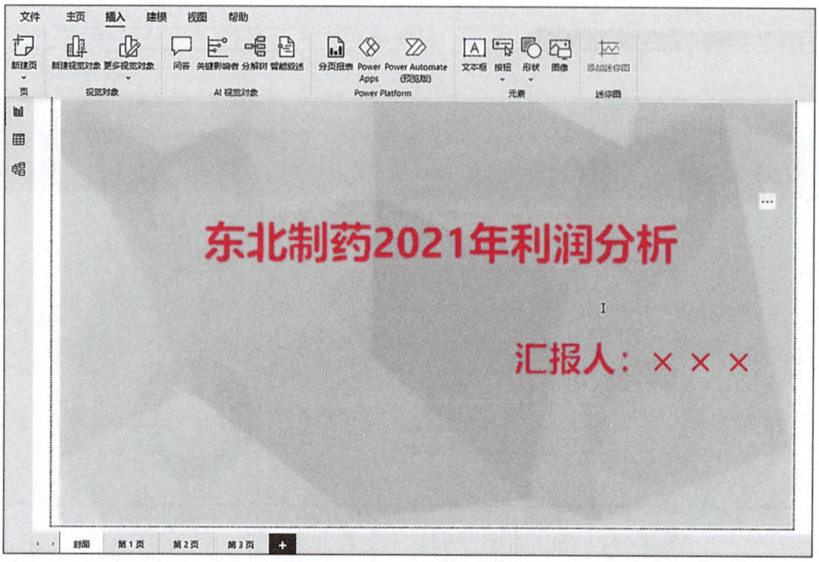

图 5-79　设计封面

2. 加入导航功能，如图 5-80 所示。

图 5-80　设置导航

3. 当一张报表上有多个视觉对象时，可以设置编辑交互功能，如图 5-81 所示。

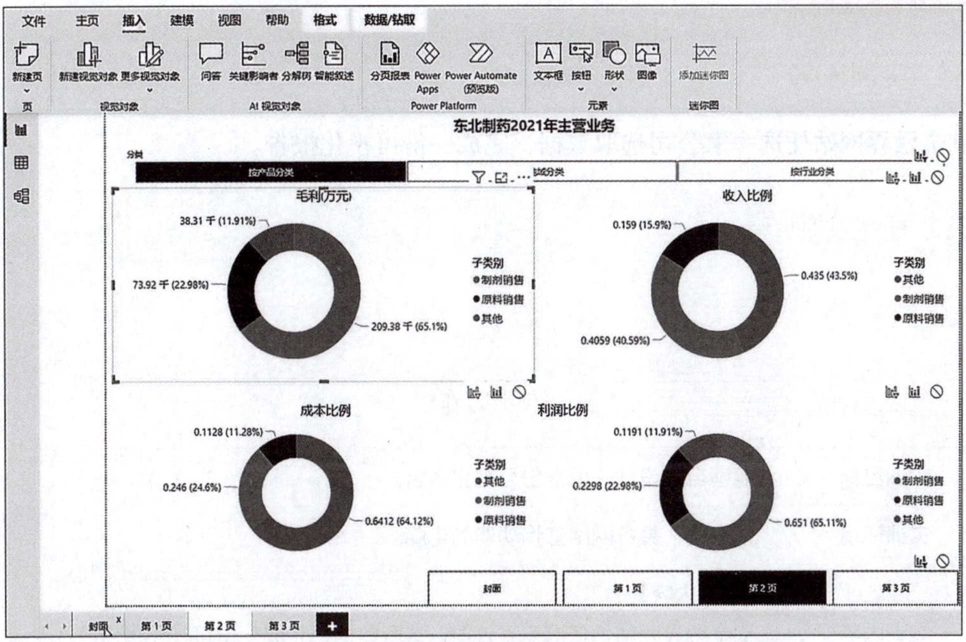

图 5-81 设置编辑交互

至此，一个简单的可视化报表制作完成。

六、分析结论及建议

数据分析与可视化的最后一步是形成可视化报告，完成以上步骤后，还要根据报表内容进行深入细致的分析，得出分析结论，并有针对性地提出建议。

5-11

1. 从利润表项目中可以看出，2021 年，东北制药的净利润为正，利润总额主要来自营业利润，非经常性损益较少。营业总收入大于营业总成本，其他收入较少。在营业总成本中，营业成本较多，销售费用较高。建议适当地控制销售费用。

2. 2021 年，东北制药获取的毛利绝大部分来自制剂销售，这与利润占比是一致的；从收入和成本占比分析，制剂销售的收入占比略低于其他，但是成本占比远远低于其他，说明制剂销售的利润高是源于高收入、低成本。建议可以加大制剂销售的比例。

3. 2021 年，东北制药的营业收入在行业中排名第 55 位，营业利润排名第 299 位，说明公司期间费用较高，或投资收益相对较少；利润总额排名第 17 位，说明非经常性损益较多，但是这部分收益具有偶发性，不能长期依赖。建议控制期间费用、适当投资。

综上，东北制药未来可以考虑把产品重点放在制剂方面，控制期间费用、适当对外投资，增加其他收入，以实现营业利润的提升。

任务实训

一、实训任务

到金融界网站任选一家公司选取数据，完成一份可视化报告。

二、任务实施

任务实施单

实训目标	能够自主设计完成一份可视化报告。
实训环境	投影仪、具备网络查询功能的电脑。
实训内容及要求	【实训内容】 到金融界网站，任选一家公司，选取数据，完成一份可视化报告 【实训要求】 设计完成一份可视化报告。
实训步骤	1. 教师讲授实训内容及要求，提示操作中需要注意的事项； 2. 每位同学分配一台电脑； 3. 每位同学按照教师讲解的操作步骤，进行实操演练； 4. 将 Power BI 文件保存到 U 盘。
实训考核评价	【评价载体】 保存的 Power BI 文件。 【评价指标】 1. 获取数据，占 10%； 2. 清洗数据，占 20%； 3. 数据建模，占 20%； 4. 数据可视化，占 20%； 5. 可视化报表，占 20%； 6. 分析结论及建议，占 10%。

知识拓展

学习 Power BI 的五个网址

1. 官方 Power BI 学习教程

Power BI 官方中文教程的内容按模块整理，每个模块后还有知识检查，目前已经发布 90 多个模块，如图 5-82 所示。

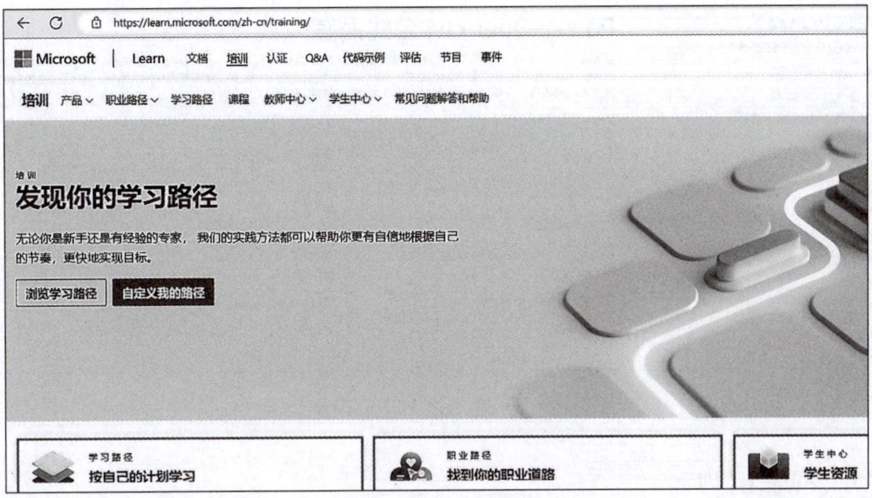

图 5-82 官方 Power BI 学习教程

2. 官方 DAX 文档

掌握 DAX 的语法，查找函数的用法，可以参考《数据分析表达式（DAX）参考》文档，如图 5-83 所示。

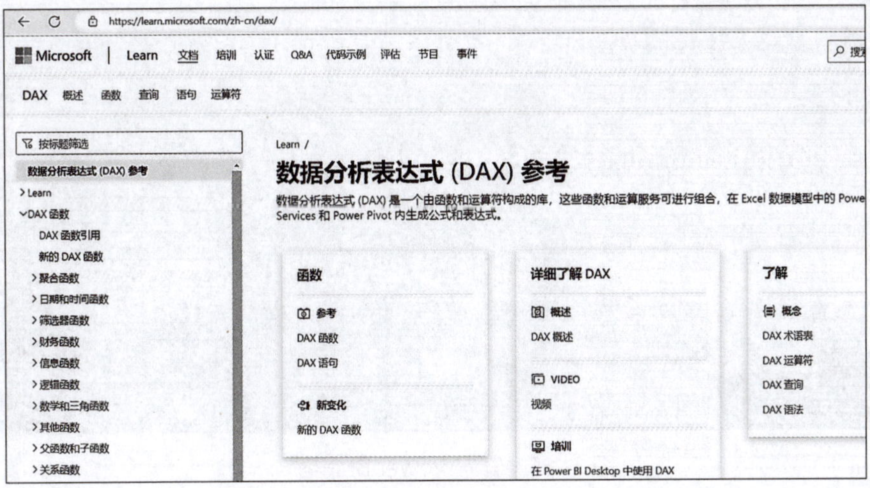

图 5-83 官方 DAX 文档

3. 官方 M 文档

在 Power Query 中，当面对一些特殊的数据处理，需要参考 M 公式时，打开“Power Query M 公式语言”文档即可查询每个 M 公式的用法，如图 5-84 所示。

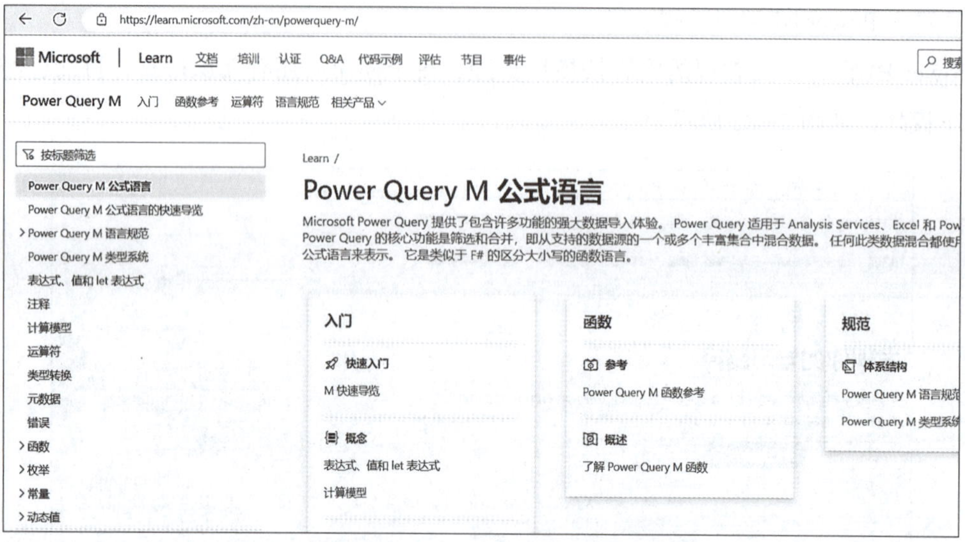

图 5-84　官方 M 文档

4. 官方 Power BI 博客

在 Power BI 博客中能及时了解 Power BI 的动态和资讯以及每月 Power BI 的功能更新，如图 5-85 所示。

图 5-85　官方 Power BI 博客

5. Power BI 中国社区

这里有历届可视化大赛的作品集，可以带来很多 Power BI 报告制作和设计思路，如图 5-86 所示。

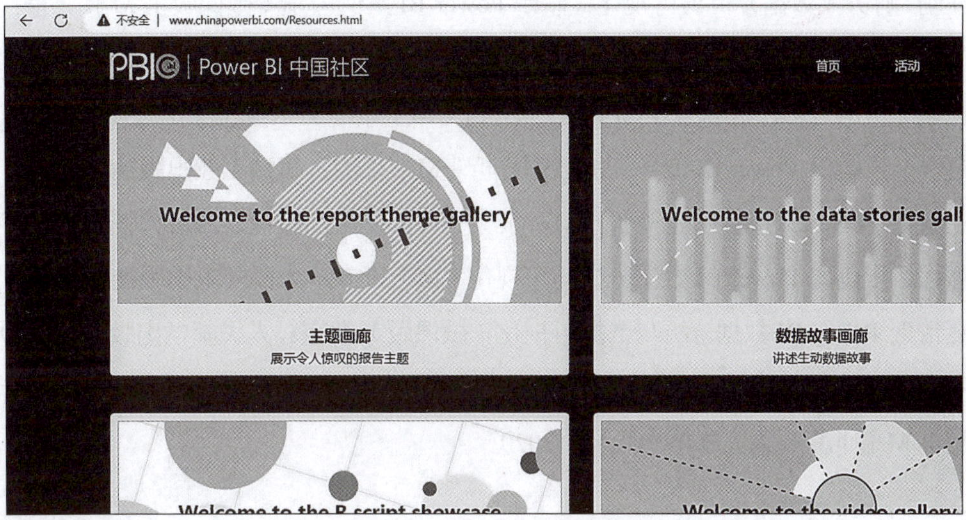

图 5-86　Power BI 中国社区

思维导图

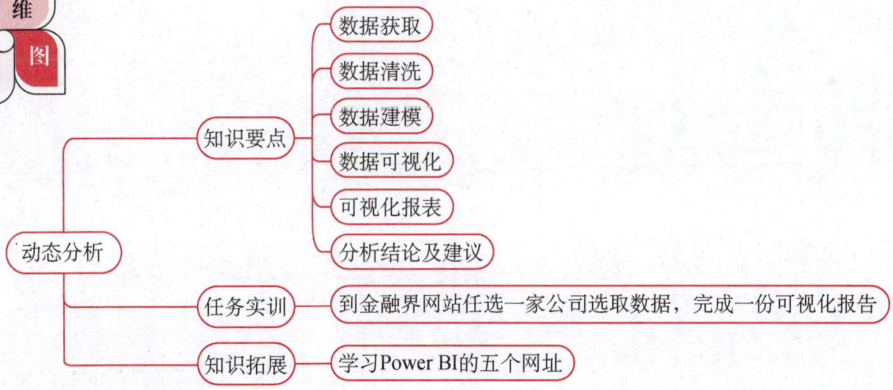

赛证融通测试题

（多选题）数据分析与可视化的流程包括（　　）。

A. 数据获取　　B. 数据清洗　　C. 数据建模　　D. 数据可视化

参考文献

［1］汪刚．财务大数据分析与可视化：基于 Power BI 案例应用（微课版）［M］．北京：人民邮电出版社，2021．

［2］恒盛杰资讯．商业智能：Power BI 数据分析［M］．北京：机械工业出版社，2019．

［3］赵悦，王中超．Power BI 商务智能数据分析［M］．北京：机械工业出版社，2020．

［4］胡永胜．Power BI 商业数据分析［M］．北京：人民邮电出版社，2021．

［5］潘强，张良均．Power BI 数据分析与可视化［M］．北京：人民邮电出版社，2019．

［6］夏帮贵．Power BI 数据分析与数据可视化（微课版）．北京：人民邮电出版社，2019．

［7］牛永芹，喻竹，钭志斌，等．智能数据分析基础与应用（Power BI 版）（经管类专业适用）［M］．北京：人民邮电出版社，2020．